JUSQU'AU BOUT DE LA

Résistance

Fédération nationale des déportés
et internés de la Résistance

Union nationale des associations
de déportés internés et familles de disparus

Bernard Fillaire

Jusqu'au bout de la Résistance

Préface de Jacques Chirac,
président de la République

Dessins Dominique Beccaria

Stock

« Qui répondrait en ce monde à la terrible obstination du crime si ce n'est l'obstination du témoignage. »

Albert CAMUS

Monsieur Jacques Chirac,
président de la République

Préface

Pour ceux qui ne l'ont pas vécue, il est impossible d'imaginer une expérience aussi terrible. Pour les rescapés, il y a peu de mots pour la raconter : « Il y a les faits et il y a autre chose que les faits et sans cette autre chose, ils cessent d'être ce qu'ils furent. »

A ceux qui sont revenus de ce terrifiant voyage, il incombe pourtant un devoir, celui de parler, si difficile que cela puisse être pour eux.

En entrant dans la Résistance, ils savaient qu'ils risquaient leur vie. Ils avaient accepté l'idée de ce sacrifice. Ce qu'ils ne pouvaient imaginer, c'était qu'ils risquaient plus encore et qu'ils deviendraient, dans les camps, les témoins d'« un crime inconnu des âges révolus, un crime sans exemple et sans précédent, le crime contre l'humanité ».

Ceux qui, par miracle, ont échappé aux fours crématoires, à la pendaison, au typhus, ceux qui ont survécu à la mort lente que leur avait programmée l'idéologie nazie, ont un message à nous confier. Celui que murmurait dans son agonie l'un de leurs camarades : « Je suis là pour dire non. »

Quand ils furent emportés dans la plus grande entreprise de déshumanisation de tous les temps, quand ils y eurent fait l'expérience radicale, indicible, de la nudité de l'être, c'est ce « non » auquel ils se raccrochèrent. C'est ce « non » qui les a soutenus. C'est ce

« non » qu'ils veulent nous transmettre en mémoire de leurs frères de misère disparus derrière les barbelés. Ce « non » qui reste la plus cruelle et la plus belle leçon d'humanité que nous puissions tirer de ces années de ténèbres, car il nous permet de dire : « Dès l'instant qu'un homme, fût-il seul, a su demeurer homme au milieu de ces épreuves, la cause de l'homme n'est pas désespérée. »

Cet ouvrage rend hommage à tous ces hommes et à toutes ces femmes qui, jusqu'au bout de leur Résistance, ont incarné, face à l'Immonde, cet espoir et cette confiance en la dignité de l'homme.

Aussi, je souhaite qu'à sa lecture, notre mémoire, d'ordinaire si fluide, se fasse soudain de bronze.

Jacques CHIRAC

Introduction

Il n'y a plus de morts à Buchenwald, au Struthof, à Ravensbrück, à Mauthausen, à Auschwitz-Birkenau, à Neuengamme, à Dora, à Oranienburg-Sachsenhausen, à Dachau, à Flossenbürg, à Bergen-Belsen. Ni dans aucun kommando satellite, ni dans aucune baraque.

On n'entend plus de cris, plus d'orchestre pour les pendaisons. On ne voit plus de tortures, ni de convois. Il n'y a plus de gaz dans les douches, plus de corvées de la mort, plus d'appels, plus de poux, plus de typhus, plus de râles la nuit, plus de fumée en haut des cheminées. Plus de SS ni de kapos.

Là où des millions d'hommes et de femmes furent numérotés, humiliés, effacés, on trouve des plaques de bronze, des stèles, des bas-reliefs, quelques baraques témoins et des wagons, des poteaux recourbés entourant des champs d'herbe tondue, que parcourent chaque saison des chapelets de visiteurs, et des millions d'ombres.

Pourquoi s'en souvenir? Et de quoi faut-il se souvenir? Malgré les centaines de livres et les nombreux films qui rappellent au monde les horreurs du totalitarisme nazi, la déportation reste l'un des épisodes de l'histoire contemporaine les plus méconnus. Derrière les images de squelettes vivants filmés à la libération des camps, les barbelés, la commémoration de la Shoah, se cache une incroyable diversité : celle des sept cent cinquante kommandos attachés aux camps, de leur organisation interne, de leur mélange de dix-sept nationalités, de «verts», de «rouges» et de «roses»... de sans-grade et de privilégiés. La mémoire du monde concentrationnaire s'est fondue dans une sorte de halo.

L'historien Pierre Vidal-Naquet déclarait dans un entretien au *Monde* : « *Il y a, en somme, trois périodes. Une première, où l'on ne s'est pas intéressé du tout à la déportation juive : à la Libération, les déportés étaient une seule et même catégorie. Cela a duré une quinzaine d'années. Ensuite, on s'est intéressé au caractère absolument spécifique de la déportation juive. Aujourd'hui, à mon avis fort heureusement, on revient à un certain équilibre : on reconsidère aussi l'autre déportation*[1]. »

Dans l'histoire de cette « autre déportation », la confusion est de rigueur. Gaullistes, communistes, trotskistes, socialistes, simples patriotes, détenus de droit commun, raflés, détenus politiques vidés des prisons sont mêlés. Mais qui connaît la singularité des Déportés-Résistants ?... Ce livre voudrait être la pierre à l'édifice commun de la mémoire nationale apportée par des hommes qui ont été jetés de l'autre côté du monde pour avoir dit « non » au nazisme. Le seul point commun des témoins de ce livre est de n'avoir jamais combattu un totalitarisme pour en soutenir un autre. Ce choix initial n'a pas facilité leur traversée du monde concentrationnaire. Il ne faudrait pas qu'aujourd'hui il les précipite à l'arrière-plan de l'histoire.

La forme de ce livre pourrait surprendre. Le lecteur n'y trouvera pas le moindre commentaire, mais un enchaînement de propos, de pensées, de témoignages écrits et oraux, de cartes et de croquis... La déportation représente une souffrance indicible. Il convient d'en parler avec beaucoup de prudence, de retenue, et même, disons-le, de délicatesse. Le drame est « spectaculaire ». Il existe une fascination de l'horreur, dont il faut se garder. Le voyeurisme du mal s'ajoute au mal. La déportation réclame beaucoup de silence. Les familles de déportés connaissent bien le mutisme des survivants, ce voile qui tombe à l'occasion sur leur regard. Elles savent qu'il est des blessures qui ne se refermeront jamais, que nul pansement, nul penseur et nulle littérature ne guériront ; n'essayons pas d'y mettre un baume, un filtre ou un lyrisme qui se glisseraient entre la réalité concentrationnaire et le lecteur... Donner de l'émotion ? Traduire la souffrance ? Ces mots-là seraient toujours en trop : trop forts, trop beaux, trop mièvres, trop intelligents. Et demande-t-on à quelqu'un d'autre d'écrire son testament ?

1. *Le Monde* du 4 mai 1996.

Ce sont ces hommes et ces femmes qui prennent donc aujourd'hui la parole, parfois la plume. Ils sont plus de deux cents à avoir envoyé leur témoignage et près de cinquante à avoir répondu à nos questions. Certains sont connus du public français, placés sous le feu des projecteurs à cause de leur destin ultérieur. D'autres jouent un rôle de premier plan dans les organisations de déportés. La plupart sont inconnus de l'opinion publique.

Ces hommes et ces femmes constituent un échantillon aléatoire – un nom aurait pu souvent en remplacer un autre. Nous avons limité le nombre des intervenants à cinquante. C'est assez pour rendre compte du kaléidoscope des camps. Ajouter d'autres voix aurait pu perdre le lecteur dans le dédale concentrationnaire. C'est également pour cette raison que nous avons gommé de leur témoignage la plupart des noms de détenus, de SS ou de kapos. C'est l'universel concentrationnaire qui est le sujet de ce livre.

En lisant ces pages, la plupart des témoins ont demandé l'anonymat. La répétition de leur nom ne sera-t-elle pas interprétée comme la mise en avant d'une aventure personnelle, une vanité ? Et pourquoi avoir privilégié ce camarade plutôt que tel autre ? Nous avons tenu à garder les véritables identités, car la déportation est avant tout singulière. Il convenait de respecter la citadelle intérieure de chacun, tout en sachant que les expériences se recoupent et qu'un acte aurait pu prendre la place d'un autre.

Ces témoins forment avec leur cortège d'amis, de souvenirs, de blessures, l'armée de l'ombre luttant à jamais contre le mensonge et la folie. Ces hommes et ces femmes refusent que les déportés de la Résistance soit relégués dans un compartiment de la mémoire collective. L'esprit de Résistance, transfiguré dans le laminoir des camps, existera toujours. A chaque génération, des hommes se lèvent qui ne prennent leur parti de rien, qui ne s'accommodent ni de l'occupation de leur territoire, ni de la dérision de l'humanité, ni de la misère, ni de l'humiliation, ni du mensonge. Si la déportation ne fut pour personne un choix, avant la déportation, il y eut le choix de la Résistance.

Ce livre n'est pas un livre d'histoire au sens générique du terme. Certains s'étonneront de l'absence de tel ou tel site, ou d'une chronologie stricte (à quelques mois d'intervalle ce n'était plus tout à fait le même camp). Mais tel n'est pas le propos de cet ouvrage. Il a été écrit en puisant dans la vie de ceux qui ont subi l'un des plus effroyables épisodes de l'histoire de l'Europe. Il veut transmettre aux jeunes générations l'« esprit » de la Résistance. C'est pourquoi nous tenons à remercier la Fédération nationale des déportés et internés de la Résistance (FNDIR) et l'Union nationale des associations de déportés internés et familles de disparus (UNADIF) de la confiance qu'elles ont accordée à une équipe éditoriale née après la guerre. Nous apprécions également leur volonté de voir le livre traduit et édité en Allemagne. Au cours de cette année de travail, d'entretiens, de réunions nous avons pu observer le souci du bien commun qui les anime.

Il faut désormais espérer que ce livre sera reçu pour sa sagesse et sa simplicité. Qu'il agisse simplement comme cette mère qui, après avoir noué une écharpe au cou de son enfant, lui dit : « Surtout, n'oublie pas ! »

Bernard FILLAIRE

1
Les racines de la Résistance

«Devant la menace d'asservissement,
on verra toujours se dresser le petit groupe
de ceux pour qui la paix ne s'achète pas
à n'importe quel prix; l'éternelle poignée
de ceux qui, pour témoigner, sont prêts
à se faire égorger. Pour ceux-là,
le 18 juin 1940 restera le symbole de l'espoir».

François JACOB

GENEVIÈVE DE GAULLE-ANTHONIOZ : «Dans notre famille, la patrie avait une grande importance. Il y avait une sorte de mystique autour de la France. Nous étions passionnés d'histoire. Il y avait aussi ce que nous savions de Hitler. Mon père, Xavier de Gaulle m'avait fait lire *Mein Kampf*. Dans la famille de Gaulle, tout le monde était antimunichois, et ce n'était pas fréquent à l'époque, surtout dans notre milieu... nous étions déconsidérés.»

FRANÇOIS PERROT : «J'étais passionné d'histoire. J'adorais Péguy, je lisais Lyautey, *Le Rôle social de l'officier*, et toute une série de livres de prix de mon père, reliés rouge, dorés sur tranche, dont huit sur dix étaient consacrés à la guerre de 70, à la ligne bleue des Vosges.

«L'histoire, c'était la France avec un F majuscule depuis la nuit des temps. L'Honneur, de Vercingétorix à nos jours. J'étais complètement dans le mythe. D'ailleurs, l'enseignement y contribuait. De même que la tradition familiale. Je me destinais à Saint-Cyr, pour conserver l'Alsace et la Lorraine, défendre mon pays. La transition a été très simple. La déclaration de guerre, c'était la certitude de gagner!»

LÉON BOUTBIEN : «Nous avions commencé à connaître ce régime nazi à l'arrivée de Hitler au pouvoir grâce à des camarades socialistes allemands. Ma résistance était inscrite dans une logique. J'étais socialiste. Au-delà de ce mot très restrictif, j'étais d'abord républicain, démocrate. J'avais, à vingt-cinq ans, un passé politique : la guerre dans les corps francs, sans compter la guerre d'Espagne.»

JACQUES RICHARD-MOUNET[1] : «A la maison, la montée du nazisme en Allemagne avait été suivie dès son origine avec angoisse. Munich avait été considéré comme l'antichambre de la guerre et l'Espagne, son champ d'expérience ou sa répétition générale. La guerre d'Éthiopie avait également joué son rôle et l'inaction de la Société des nations, condamnée. La mainmise du régime nazi sur la France, sur l'Europe en fait, ne pouvait être acceptée sans réaction.»

JEAN-PIERRE RENOUARD : «Munich, c'est vingt ans après 1918. L'hécatombe de 14-18, un million huit cent mille morts en France! Pour beaucoup, il fallait à tout prix éviter une nouvelle guerre, et nos dirigeants ont tout essayé, y compris la lâcheté, en croyant au miracle, en pensant qu'à force de céder, Hitler s'arrêterait… Alors que les nazis prenaient leur élan.»

LÉON BOUTBIEN : «Notre génération avait été élevée dans la haine de la guerre. Il s'était développé un courant pacifiste inconditionnel qui aboutit parfois à l'indifférence. Il y avait là une décomposition morale qui résultait de "bons" sentiments, d'une vision d'un monde idyllique.»

MAURICE BRAUN : «Je me suis rendu en 38 à Nuremberg pendant une grand-messe nazie. En rentrant dans ces brasseries lourdes de bière, j'étais frappé de voir les Allemands convaincus de l'excellence du régime national-socialiste. Ils ne comprenaient pas pourquoi les démocraties se refusaient à en apprécier les bienfaits. J'ai eu l'impression d'une Allemagne reniant son passé de haute culture pour un présent tout de cruauté et de dérision barbare. Un romantisme puéril et arrogant.

«Lorsque je suis rentré, j'avais compris que l'hitlérisme était un cyclone tournant sur lui-même, qu'il anéantirait tout. Mais on ne me suivait pas. Mes amis me répondaient : victoire de 14-18. Ils étaient tellement loin de la réalité que j'étais épouvanté.»

1. Extrait d'un document écrit. Nous avons choisi deux caractères typographiques différents afin de distinguer les documents écrits des entretiens oraux.

André Rogerie : «J'ai eu onze ans à Noël 1932. Un mois plus tard, le 30 janvier 1933, Hitler arrivait au pouvoir en Allemagne. Je ne comprenais pas trop ce que cela signifiait, mais on avait déjà entendu parler du nazisme en Allemagne et de ses manifestations de masse. J'entendis parler de l'incendie du Reichstag – on disait que c'étaient les nazis eux-mêmes qui l'avaient provoqué –, des livres que l'on avait brûlés à Berlin (...)

«Les informations concernant la nouvelle Allemagne totalitaire étaient de plus en plus précises et je grandissais en prenant conscience du drame qui se préparait. On parlait ouvertement de guerre future et l'Allemagne devenait de plus en plus puissante sans que les pays occidentaux ne réagissent.

«La Rhénanie fut réoccupée par l'armée allemande, puis ce fut l'annexion de l'Autriche. Les bruits de guerre s'amplifiaient. A Munich, l'Angleterre et la France acceptèrent l'inacceptable et la Tchécoslovaquie fut à son tour sacrifiée sans que nous réagissions autrement qu'en paroles.

«J'allais redoubler ma classe de première au lycée d'Angoulême quand, le 1er septembre 1939, l'armée allemande pénétra en Pologne. Cette fois, l'Angleterre et la France déclarèrent la guerre à l'Allemagne, mais restèrent l'arme au pied pendant que l'Allemagne se partageait la Pologne avec l'URSS. Ce fut une période qu'on appela "la drôle de guerre". Si l'armée française était mobilisée, le reste du pays continuait, sous mes yeux, à vivre dans l'insouciance.»

Jacques Richard-Mounet : «En juin 1940, c'est la défaite et l'occupation. Les "conquérants" étaient chez eux. Les brasseries, restaurants, cinémas étaient réservés aux "*Soldaten*", ou aux "*Offizieren*". La plupart des voitures portaient des numéros de l'armée ou de la police allemande, à moins que ce soit le fameux «SS» que j'avais cessé de prendre pour un «44».

«Les gens qui résidaient en zone libre ressentaient assez peu ce poids : ils avaient un gouvernement "français" avec à sa tête un maréchal "français"; il y avait bien une mission militaire allemande à Vichy, mais elle était, si mes souvenirs sont exacts, assez discrète. En tout cas, dans le reste de la zone "nono[1]", comme on disait alors, on n'apercevait jamais l'ombre d'un uniforme allemand. D'où une certaine indifférence à la situation politique, sinon une attente ou un espoir de retour rapide des 1 500 000 prisonniers de guerre.

«A Vichy, où m'avaient envoyé mes parents à la débâcle, j'ai été confronté à toute la gamme des réactions des Français après l'armistice. Il y avait le

1. En langage populaire, la zone «non occupée».

soulagement. Alors qu'on avait craint les massacres, les pillages, les viols... Tout se passait, aux yeux de beaucoup, le moins mal possible, compte tenu des circonstances. Ils étaient corrects ces jeunes gens, et bien beaux – quelle race tout de même, et quelle discipline ! Il est vrai que quand on les comparait aux restes de notre armée, dépenaillée, désabusée.... Certains trouvaient qu'être envahis et dominés par un pays qui avait produit Beethoven, Schumann, Goethe, était somme toute un moindre mal.

« L'immense majorité, en 1940, c'était le "marais" stagnant, indifférent, intéressé par la bouffe du lendemain, et consacrant tout son temps libre à la chasse aux cigarettes, premier produit rare. »

JEAN-PIERRE RENOUARD : « La mentalité générale des Français a été passive durant toute la guerre. On oublie qu'il n'y a que cinquante mille personnes immatriculées dans les réseaux de Résistance à Londres pour quarante millions de Français ! Une fraction infime de la population s'est engagée dans une action contre ou pour les Allemands. La grande majorité a attendu que ça se passe. Dans un monde déchaîné où toute la jeunesse du monde se battait : les Allemands, les Russes, les Britanniques – que sais-je encore – les Américains, les Australiens... Les Français fermaient leurs volets...

« Pour les militaires, le chef de l'État était le Maréchal Pétain dont il aurait été choquant de penser qu'il pouvait faire cause commune avec l'ennemi... Résister, c'était entrer en dissidence. Pour un fonctionnaire, se posait le problème de l'obéissance à l'État. Pour un jeune, celui de l'autorité des parents. Arrêter ses études pour distribuer des tracts ou partir en province avec des paquets mystérieux, c'était affronter des phrases du genre : "Tu ferais mieux de passer ton bac !" »

HÉLIE DE SAINT MARC : « Chez nous, il y avait une lutte entre le refus de l'occupant et le respect de l'ordre. On estimait que l'on ne devait pas tricher, même si l'occupant était honni. On n'abattait pas une sentinelle. On se battait à la loyale. Cette vision était partagée par toute une partie de la population française. La Résistance était en rupture avec ce goût de l'ordre et de l'obéissance. Mon rejet instinctif de l'occupation contrariait cette morale familiale. »

MAURICE BRAUN : « Aujourd'hui, parce que nous connaissons le déroulement de la Seconde Guerre mondiale et son issue, la voie de la Résistance paraît simple, la droite ligne. Mais à l'époque cette voie ne se trouvait confrontée à aucune certitude. En 40, l'avenir était indiscernable. Lors du désastre de l'armée française, nos interrogations sonnaient dans le vide. Tant d'alternatives étaient possibles! Ceux qui empruntèrent le chemin de la Résistance balayèrent les doutes, c'était celui de l'honneur, même s'ils eurent l'impression de s'engager dans un labyrinthe dont ils ignoraient l'issue, ni même s'ils en sortiraient un jour. »

ANDRÉ ROGERIE : « Brutalement, le 10 mai 1940, l'armée allemande a déferlé sur la Hollande, la Belgique, le Luxembourg et le nord de la France. J'étais persuadé que l'armée française était invincible, qu'elle était la meilleure armée du monde ; j'étais sûr que nous allions à nouveau raccompagner les Allemands chez eux.

« Mais il fallut rapidement comprendre que l'avance allemande était irrésistible. Lorsque le général Maxime Weygan, l'ancien chef d'état-major de Foch, fut désigné pour commander nos armées, puis quand le maréchal Pétain prit en main le gouvernement, je vis, dans ma grande naïveté le salut de la France. Je pensais qu'enfin nous allions être commandés, et repartir comme à la bataille de la Marne.

« Mais le 17 juin, à la TSF, le maréchal Pétain parla à la nation : "Je me suis adressé, cette nuit, à l'adversaire pour lui demander de cesser le combat..." (...)

« J'étais effondré, je suis allé dans ma chambre et j'ai pleuré. La France capitulait devant la barbarie, ma peine était immense. A la peine, s'ajoutait la honte d'être vaincu et le sentiment d'avoir été trompé par les chefs en qui j'avais eu confiance. »

GENEVIÈVE DE GAULLE-ANTHONIOZ : « Pour moi, le début de la Résistance ne fut pas l'appel du 18 juin que je n'ai pas entendu, mais l'intervention du maréchal Pétain à la radio vingt-quatre heures avant! J'avais dix-neuf ans. Je n'arrivais pas à le croire. A tel point que j'ai dit à mon père : "C'est un type de la cinquième colonne qui se fait passer pour le Maréchal!" »

ANDRÉ ROGERIE : « Dans les jours qui suivirent, j'ai appris par des camarades qu'un général français continuait la lutte en Angleterre. Sans savoir quoi que ce soit de ce général dont je n'avais jamais entendu parler, j'ai compris que tout n'était pas terminé. »

JEAN-PIERRE RENOUARD : « En juin 40, je me trouvais à Bordeaux. Mon père était le directeur de cabinet du ministre Louis Marin dans le gouvernement de Paul Reynaud. Avec mon père, mon frère et Louis Marin, nous avons entendu l'appel du général de Gaulle. Le ministre s'est retourné vers nous et a dit : "Ça ne marchera jamais !" Quelques jours plus tôt, il avait éconduit le général de Gaulle qui voulait lui parler. Le Général avait levé les bras et lancé : "Eh bien tant pis", avant de s'éloigner.

« L'après-midi du 18 juin, avec mon frère, nous avons rencontré un officier britannique de la marine marchande. Il a accepté de nous prendre à bord de son bateau qui partait le soir même. Nous sommes rentrés, nous avons bouclé nos valises et écrit un mot d'adieu à nos parents. Nous sommes partis à la nuit tombée avec un peu d'argent de poche. Sur les quais nous avons marché plusieurs heures sans trouver notre lieu de rendez-vous. Finalement le navire est parti sans nous. »

JEAN MATTÉOLI : « Dans la France envahie, l'esprit de résistance fut presque immédiat. Il suffisait de contempler toute la journée les drapeaux allemands aux fenêtres, les panneaux en langue allemande sur les places. Il suffisait d'être obligé de descendre d'un trottoir parce qu'un soldat allemand venait en face ; d'entrer dans un magasin rempli de soldats allemands qui achetaient tout ce qu'ils voulaient parce qu'ils disposaient de sommes d'argent prélevées sur le trésor français, et que la France était devenue le grenier de l'Allemagne... Cette occupation était physiquement insupportable. »

JACQUES MOALIC : « En Bretagne, nous n'avons jamais eu l'illusion que la guerre était terminée. La présence des Allemands était ressentie comme une meurtrissure, une humiliation terrible. Lorsque les avions anglais, dès juillet 1940, survolaient nos têtes, nous étions extraordinairement heureux. A tel point que le drame de

Mers el-Kébir[1] n'a pas engendré de réaction anglophobe en Bretagne –, il y avait pourtant beaucoup de Bretons sur les 1700 morts. On reprochait aux marins français qui s'étaient fait rapatrier d'Angleterre de ne pas avoir continué la guerre.»

MAURICE BRAUN : «Officier, j'étais à cette époque mobilisé à la direction de l'entrepôt de l'armée de l'air. Il y avait là beaucoup d'ouvriers civils plus quelques réservistes comme moi qui étaient mobilisés. J'étais stupéfait par l'atmosphère du mess des officiers. Par exemple, le jour où nous avons appris que la guerre était déclarée, la conversation roulait sur la solde que nous allions toucher.

«J'ai vu des communistes saboter nos instruments. "Nous sommes en guerre contre l'Allemagne", leur disais-je. "Oui, mais une sale guerre", me répondaient-ils.

«Quand j'ai appris que les Allemands avaient si facilement percé le front, étant juif, je n'ai pas attendu. Je suis allé voir un camarade qui était au bureau des effectifs. Sous un prétexte quelconque, j'ai pris des cartes militaires et je me suis fait une fausse identité. Je la garderai jusqu'à la fin de la guerre.»

*

HÉLIE DE SAINT MARC : «Il y a eu tellement de résistants de la onzième heure, d'utilisation politique de la Résistance après la guerre, de romans et de films outrés que les jeunes générations peuvent penser que des millions de Français ont fait partie d'un réseau de renseignement ou ont organisé des opérations militaires à partir des maquis. La vérité est à la fois plus prosaïque et plus belle.»

ANDRÉ ROGERIE : «J'habitais Angoulême. Les troupes allemandes étaient attendues le jour où l'armistice entrait en vigueur. Je me suis rendu chez un quincaillier qui avait un magasin derrière le palais de justice et j'ai acheté un kilogramme de clous de

1. Le 14 juillet 1940, une escadre britannique attaque la flotte française au mouillage dans la rade de Mers el-Kébir, près d'Oran.

sabots. Rentré chez moi, je retirai les poignées en caoutchouc de mon guidon de bicyclette et j'enfournai les clous à l'intérieur du guidon que je refermai avec deux bouchons. Le 24 juin, après-midi, alors que les Allemands étaient arrivés à Poitiers, je partis à bicyclette sur la route de Bordeaux ; il n'y avait personne, un grand silence régnait sur cette route si encombrée d'habitude.

« Tout en roulant, je retirai les bouchons et les clous se mirent à tomber sur la route. Je revins, comme il se doit, par un autre chemin. Les avant-gardes allemandes étaient constituées de motocyclettes et de side-car, j'espérais ainsi que leurs pneus seraient crevés, retardant de quelques minutes leur arrivée. Geste inutile, geste puéril, mais geste symbolique. C'est ainsi que la Résistance a commencé, par des actes isolés, individuels, ignorés. »

GENEVIÈVE DE GAULLE-ANTHONIOZ : « Mon premier acte de résistance fut aussi inutile que de décrocher un fanion à croix gammée placé sur le pont d'une rivière. Puis, comme nous avions besoin de partager notre indignation face au nazisme, nous avons fait des tracts. »

LÉON BOUTBIEN : « Les premiers balbutiements de la Résistance consistaient à rechercher parmi les amis ceux et celles qui pouvaient être susceptibles de ressentir une même volonté de Résistance, non seulement à l'humiliation de la défaite mais au système national-socialiste. »

FRANÇOIS PERROT : « Mon père s'est dit qu'un garçon de dix-huit ans comme moi ne supporterait pas de côtoyer des Allemands dans la rue "sans faire de bêtises". Il décida donc de m'envoyer, en septembre 40, pour l'année scolaire à Gap, chez des amis. »

ANDRÉ LAROCHE : « J'avais dix-sept ans en juillet 41. J'ai rencontré un garçon dans l'Ardèche, Fernand Beucler, ingénieur aux Câbles de Lyon[1]. Nous avons commencé par écrire sur les murs "Vive de Gaulle" ou "À bas les boches"... »

1. L'équipe de Résistants des Câbles de Lyon était principalement constituée de Fernand Beucler, mort en déportation, de sa secrétaire Jeanette, devenue Mme Deloule, de Lucien Clavreul et d'André Bollier, jeune polytechnicien, abattu à l'âge de vingt-quatre ans par la Milice.

André Rogerie : « La nuit, nous sortions arracher les pancartes de l'armée allemande que nous cassions en sautant dessus ou nous déchirions les affiches placardées par les Allemands.

« Un journal collaborateur fit paraître la photographie de ceux qu'il appelait des traîtres. Le général de Gaulle y était naturellement en bonne place. Pour moi, c'était la première photographie de celui que j'avais décidé de suivre dès le premier jour et, comme je faisais de la photographie d'amateur, j'en fis immédiatement une reproduction que je diffusai à mes amis. J'ai gardé dans mes archives une pellicule faite de façon malhabile.

« J'avais acheté aux Nouvelles Galeries une petite imprimerie d'enfant, qui me permit de faire un tampon sur lequel j'avais inscrit cette phrase d'un haut niveau intellectuel : "*A bas les boches*". Avec un bloc de papier à lettres coupé en huit morceaux, je fis environ quatre cents tracts au verso desquels j'imprimai une croix de Lorraine au moyen d'un tampon découpé dans une gomme. Un camarade qui m'avait aidé pour cette tâche assura la diffusion des tracts en traversant la ville à bicyclette, très tôt le matin, laissant tomber les feuilles de dessous sa pèlerine. »

André Laroche : « La grande histoire consistait à réunir quatre ou cinq personnes autour de soi, à trouver des "boîtes aux lettres" et des locaux car il fallait en changer régulièrement. »

François Perrot : « Aussitôt arrivé à Gap, je me suis lié avec un réfugié du Nord, Georges Damien, et nous avons créé un petit noyau de cinq ou six "Résistants", que nous avons baptisé "Maillon d'Ornano[1]".

« J'écoutais le soir dans ma chambre Radio Londres et je transmettais le lendemain matin les nouvelles aux autres. Mon ami dessinait des pochoirs que nous allions coller sur les établissements publics. C'étaient des tracts symboliques avec des slogans comme : "France libre. Honneur et patrie", ou bien une tête de mort avec la mèche et la moustache de Hitler, des tibias entrecroisés en forme de croix gammée, avec la mention "*poison*".

1. Le colonel d'Ornano, rallié dès les premiers jours à la France libre, fut tué dans l'attaque du fort italien de Mourzouk, en Libye, le 11 janvier 1941.

«En février 41, on s'est dit qu'il devait exister dans cette ville des patriotes. Nous les avons cherchés. Mais aucun maillon n'a voulu s'attacher.»

JACQUES MOALIC : «Évacué de Brest à cause des bombardements continuels, je suis arrivé à Paris. Il n'était pas facile de trouver une filière de Résistance. Pendant les vacances, j'allais dans ma famille à Nevers. Mon oncle avait, chose rarissime, un appareil à polycopier qu'il avait l'autorisation de posséder car il imprimait les formulaires de la Kommandantur. Le soir, on en profitait pour éditer des tracts. Notamment la lettre adressée par des Résistants aux étudiants de France contre le Service du Travail Obligatoire (STO) *: "Lettre ouverte des étudiants des universités de Paris et des grandes écoles au chef de l'État*[1]".

«J'en ai mis dans ma valise un paquet, pour le diffuser à Paris. Ce qui était de la bêtise pure. Si on me faisait ouvrir ma valise pour chercher un jambon ou quelques œufs, je risquais de gros ennuis.»

ANDRÉ ROGERIE : «Nous ne nous rendions pas compte du danger que nos enfantillages auraient pu provoquer.»

ANDRÉ LAROCHE : «Au début, nous ne prenions pas de précautions de langage. Ce n'était pas encore l'époque des dénonciations. On parlait trop. Mes amis des Câbles de Lyon se réunissaient dans un café du VIIe arrondissement où ils discutaient ouvertement. Les précautions sont arrivées progressivement. Il faut toujours avoir en tête un calendrier quand on parle de Résistance. La situation de 1941 n'est pas celle de fin 42 ou de 43.»

HÉLIE DE SAINT MARC : «Quelle sincérité d'engagement! Mais aussi quelle immaturité des jeunes Résistants, quel amateurisme face à des professionnels du renseignement! Nous étions peu disciplinés, brouillons, sans compter les luttes intestines entre mouvements. Beaucoup de gens dévoués jusqu'à la mort n'ont pas donné l'efficacité qu'ils auraient pu avoir.»

1. Rédigée par le révérend père Riquet.

GEORGES GUILLEMIN : « En novembre 40, à Paris, à Henri-IV, je trouvai un milieu étudiant très propice à la Résistance. J'écoutais la BBC : "Les Français parlent aux Français". Jamais Maurice Schumann, porte-parole de la France libre puis de la France combattante, ne saura ce que sa voix avec son éloquence particulière a pu apporter aux Français. Radio-Londres et les interventions du général de Gaulle nous donnaient confiance et approfondissaient notre engagement. J'avais senti que je devais faire quelque chose. Nous étions un petit groupe. Nous avons fondé un mouvement de khâgneux d'Henri-IV et de Louis-le-Grand, et quelques élèves de la faculté de droit et des lettres : "Les volontaires de la liberté".

« Nous avons édité un bulletin qui compta plus de cent numéros pendant les quatre années d'occupation. Nous le ronéotypions dans une cave de l'hôpital Tarnier, près du jardin du Luxembourg. »

HÉLIE DE SAINT MARC : « Ma Résistance a grandi en chemin. Au départ, c'était un jeu, un défi de passer la ligne de démarcation en fraude. Cela me donnait un petit prestige. Lorsque j'ai été recruté comme passeur par le réseau Jade-Amicol, j'ai mis toute la fierté et le sens du secret dont est capable un adolescent de dix-neuf ans à qui l'on confie une mission et qui veut en être digne. C'est en résistant que je suis devenu Résistant. En discutant avec mon chef de réseau, le colonel Arnould, j'ai pris conscience que mon rejet de l'occupant participait à un mouvement plus vaste, que c'était une attitude de vie, une éthique qui a marqué ma vie. »

JEAN MATTÉOLI : « Après une réaction presque épidermique à la présence allemande, l'engagement dans une action plus précise et organisée a été pour beaucoup d'entre nous un phénomène de circonstance.

« Connaissant les relations amicales que j'entretenais avec les filles du préfet de la Côte-d'Or, un garçon m'a demandé un jour si je ne pourrais pas obtenir des cartes d'identité pour des soldats anglais qui avaient fui devant l'invasion allemande, des prisonniers français qui désiraient passer en zone "libre", des familles anglaises qui ne voulaient pas être internées… tous ces gens voulaient passer la ligne de démarcation.

«J'en ai parlé au préfet qui m'a répondu : "Je vous fais entrer à la préfecture à titre provisoire. Une fois dans la place, vous aurez les cachets de la préfecture. Vous pourrez faire vous-même les papiers qui vous sont nécessaires." Et il m'a remis quelques cartes d'identité vierges pour que nous puissions tout de suite opérer. Ce fut le début de mon engagement dans la Résistance...

«Progressivement, circonstance après circonstance, obligation matérielle après obligation matérielle, j'ai commencé à fournir ces faux papiers. Il fallait organiser les franchissements de la ligne de démarcation, il fallait trouver un certain nombre de points de passage, contacter les hommes et les femmes acceptant de prendre le risque, et progressivement, en quelques semaines, un noyau s'est formé – je découvrirai plus tard que le véritable patron de notre organisation était le chanoine Kir.

«Pour beaucoup d'autres, cela commença de la même façon. Cela ne s'appelait pas encore la Résistance, mais c'était de la résistance. Ceux qui se sont efforcés de camoufler les armes qu'ils détenaient encore, de créer des dépôts de munitions. Ceux qui faisaient passer la ligne de démarcation, qui écrivaient sur les murs ou distribuaient des tracts manifestaient vraiment un esprit de Résistance. Donc tout cela était une somme d'interventions extrêmement modestes, très dispersées, éparpillées...»

PIERRE LE ROLLAND : «J'avais vingt ans. Mon premier acte fut de faire paraître un petit journal, *En captivité*, qui est sorti à Nantes pendant trente-cinq semaines, du 23 novembre 40 jusqu'au mois de juillet 41. Certains numéros ont pu atteindre mille exemplaires, grâce au recopiage de certains car il fonctionnait un peu comme une chaîne.»

JACQUES RICHARD-MOUNET : «Une des premières tâches des "Résistants de l'intérieur" a été de diffuser une information qui vienne "corriger" la propagande officielle et de redonner du moral à la population.

«Les postes de TSF que nous possédions étaient peu performants et encombrants. L'audition même des émissions de Londres fut très rapidement rendue difficile par le brouillage allemand.

«C'est ainsi qu'après plusieurs conversations auxquelles je me mêlais, Marcel Lepape, un ingénieur électricien, nous remit un exemplaire d'un journal clandestin, *Pantagruel*. Ce canard avait un appétit féroce de nouvelles très déplaisantes pour l'autorité occupante : ce n'était pas encore, à cette période paléolithique de la Résistance, des nouvelles de victoires sur le front terrestre ou maritime, mais déjà l'échec de la tentative d'invasion de l'Angleterre, et les résultats catastrophiques pour le maréchal Göring et sa Luftwaffe de la bataille d'Angleterre pouvaient être commentés et redonner espoir aux populations jusque-là atterrées par la défaite de juin 40. Ce journal servait aussi, et surtout, à tester les réactions des gens de notre connaissance à qui nous le distribuions, afin de pouvoir les classer : "amorphes", "sympathisants", "résistants potentiels". Il fallait savoir "à qui nous pouvions demander quoi".

« Dans le même temps, j'avais repris contact avec mes amis et camarades de classe qui partageaient les mêmes convictions. Nous formions un petit groupe qui rêvait de se distinguer, ou au moins de "faire quelque chose" d'utile. Je m'en ouvris à Marcel Lepape qui, dans un premier temps, me demanda de faire circuler son *Pantagruel*. Cela ne correspondait pas exactement à ce que nous souhaitions mais, faute de mieux, nous nous acquittâmes de cette tâche. Ce fut un peu mieux lorsqu'il nous fut demandé, lors du déclenchement de l'attaque allemande contre l'URSS en plein 1941, de relever systématiquement les numéros d'immatriculation des véhicules militaires allemands, de surveiller les garages allemands et de signaler les chargements des véhicules. Il s'agissait, nous fut-il précisé, de noter les déplacements de troupes en direction ou en provenance du front russe.

« Ceci dura jusqu'à un certain jour où je devais rencontrer Lepape à son bureau. Il passa ce matin-là chez mes parents pour dire : "Que Jacques ne vienne pas me voir ce soir. Je lui ferai signe dès que je pourrai..." Il ne le put jamais. Il avait été arrêté ainsi que plusieurs de ses camarades. Ils furent tous exécutés à Cologne en 1942. »

JACQUES MOALIC : « Pour moi, seul le passage aux Forces françaises combattantes m'intéressait. En juillet 43, j'ai trouvé une filière vers la Savoie. J'ai été très bien accueilli dans un petit village entre Moutiers et Albertville. Le climat était anti-Allemand et particulièrement anti-Italien, mais il n'y avait rien : aucun maquis, aucune organisation. J'ai décidé alors de passer les Pyrénées pour rejoindre l'Afrique du Nord. "Ne pars pas, me disaient les Savoyards, ça va s'organiser, on va avoir des parachutages..." Une attente vraiment démoralisante. Les gens avaient envie d'y aller mais ils étaient mains nues. Je suis parti tout seul vers les Pyrénées. »

FRANÇOIS PERROT : « Comme nous étions isolés, après avoir réuni nos économies, nous sommes partis, au mois de mars 41, pour Marseille avec l'intention de rejoindre les Forces françaises libres. Nous nous sommes installés dans un hôtel du Vieux-Port. L'un de nous est allé au consulat des États-Unis où il s'est fait éconduire, car les Américains reconnaissaient à l'époque Vichy. Et quatre jours plus tard, la police est venue nous cueillir.... surtout parce que nous étions mineurs. Nous avons eu de la chance. Quelques semaines plus tard, une décision de Vichy condamnait à la prison tous ceux qui essayaient de rejoindre les Forces françaises libres.

« Notre aventure valut à trois d'entre nous l'exclusion du lycée, pour *"absence injustifiée et concertée avec l'intention pour chacun d'eux de se soustraire à l'autorité de leur famille (...) Parce qu'ils ont, au moins à l'extérieur du lycée, une activité de propagandistes, qui ne peut que nuire à leurs études..."* »

ANDRÉ ROGERIE : « Nous étions à la fin 1941. Jusque-là je n'avais rien fait de sérieux. Je voulais participer à la lutte. Je savais qu'il existait des mouvements clandestins travaillant contre les Allemands. Nous entendions la radio de Londres, nous lisions les affiches annonçant que des Résistants avaient été arrêtés et fusillés. Mais comment prendre contact avec ces groupes clandestins dans une époque où chacun se méfiait de l'autre ? »

ANDRÉ LAROCHE : « Nos actes de résistance ont pris rapidement un peu de sérieux. Nous effectuions des liaisons et le transport de journaux. Ensuite j'ai fait partie d'une mouvement qui dépendait des Auberges de Jeunesse, "Les camarades de la route"[1]. »

GEORGES GUILLEMIN : « Je faisais partie de ceux qui voulaient sortir de la Résistance "artisanale". Mais il était difficile de trouver des contacts. Les filières étaient peu fiables. En fin 42, l'un de nos professeurs de khâgne me mit en contact avec mon futur chef de

1. « Les camarades de la route », organisme affilié aux Auberges de Jeunesse. Le seul mouvement mixte. Sous le couvert d'activités culturelles et sportives, ils convoyaient vers la Suisse de jeunes Juifs.

réseau récemment parachuté en France, Georges Broussine. Il s'agissait de monter, à destination de l'Angleterre, un réseau d'évasion d'aviateurs alliés et d'agents. J'ai accepté tout de suite et j'ai commencé à convoyer des fugitifs. C'est ainsi que j'ai fait avec des groupes d'une douzaine d'aviateurs la ligne Paris-Toulouse toujours de nuit, afin de limiter les risques.

«D'autre part, on en recueillait en Normandie qu'on ramenait à Paris. Il fallait les nourrir, les vêtir, les héberger, leur donner une carte d'identité, d'alimentation, un laissez-passer, un beau jour les rassembler et les aider à rejoindre l'Angleterre.

«Notre réseau était constitué d'une demi-douzaine d'élèves de la khâgne d'Henri-IV et de quelques étudiantes. Les filles accomplissaient les mêmes missions que les garçons avec le même courage. Certaines franchissant les Pyrénées deux fois à pied en hiver!

«Une grande partie de notre mouvement "Volontaires de la liberté" est devenue membre des Forces françaises combattantes, c'est-à-dire immatriculé au BCRA[1]. Nous avions alors un grade. Notre Résistance prenait une structure militaire.»

JACQUES RICHARD-MOUNET : «Nous restions, après l'arrestation de Marcel Lepape, sans contact avec un groupe constitué. Notre occupation principale a été pendant un certain temps de rechercher ce "contact". C'était, avec le recrutement, la partie la plus dangereuse de notre action car elle nous mettait à la merci des traîtres et des mouchards.

«L'un d'entre nous trouva un contact avec un radio qui émit malheureusement un peu trop longtemps. Il fut localisé par les voitures de radiogoniométrie allemandes et arrêté : la Gestapo avait fait son travail plus professionnellement que nous. Deuxième coupure.

«Le contact est repris avec un mouvement qui s'intitulait "Ceux de la Résistance" dont une branche "propagande" diffusait un journal clandestin, *Résistance*. Une autre branche était consacrée au renseignement. Les questionnaires qui nous parvenaient étaient précis et portaient sur des points dont nous ne comprenions pas toujours l'intérêt, par exemple une demande portant sur la

1. Les Forces françaises combattantes ont succédé aux Forces françaises libres à la fin 1941. Le Bureau central de renseignements et d'actions (BCRA), service secret de la France libre, était dirigé par le colonel Passy.

fabrication de toile de tente légère de couleur sable. Une troisième branche était reliée au réseau de l'organisation britannique Buckmaster, et spécialisée dans la réception et le stockage des parachutages d'armes... »

HÉLIE DE SAINT MARC : « La plupart des Résistants n'étaient pas formés à la clandestinité. L'occupant avait tout pour lui : la force et la loi, la menace des représailles et l'aide de la délation, sans parler de la collaboration de certains services de police français...

« Il n'y a rien de plus apparemment facile, matériellement parlant, que de distribuer des tracts, de servir de boîte aux lettres, de recueillir des renseignements sur les transports de troupes ou de matériel, de fabriquer des faux papiers, de cacher des clandestins. Cela ne demande pas un entraînement physique particulier, ni un QI exceptionnel, mais un courage solitaire. Les Résistants anonymes devaient mobiliser toutes leurs forces mentales. »

ANDRÉ LAROCHE : « Je me suis trouvé dans un mouvement qui s'occupait particulièrement de la propagande de "Combat". Cette propagande était importante. Il s'agissait d'expliquer à la population ce qui se passait. »

FRANÇOIS PERROT : « En septembre 41, je suis rentré à Paris au lycée Henri-IV. A peine arrivé, j'ai cherché un mouvement pour continuer la Résistance. Nous avons constitué un petit groupe puis nous sommes tombés sur le Front national étudiant qui avait ses ramifications, ses journaux ronéotypés que l'on distribuait. J'en suis devenu très vite le responsable au lycée. Nous faisions essentiellement de la propagande et des manifestations. Quand il y eut à la Sorbonne une chaire d'histoire du judaïsme, nous avons répandu des boules puantes; une autre fois, nous nous sommes promenés sur le boulevard Saint-Michel avec des étoiles jaunes.

« Ma sœur, lycéenne à Fénelon, appartenait à un autre groupe de Résistance. Nous partagions l'appartement inoccupé de nos parents qui vivaient à Bar-le-Duc. Les réunions de nos deux groupes s'y tenaient. Nous organisions aussi des séances de préparation militaire. Un officier de réserve nous expliquait comment démonter un pistolet, le remonter; un médecin nous faisait des cours de secourisme, etc.

«L'année suivante, je suis devenu responsable du Front national étudiant à Sciences Po. Mais cela ne me satisfaisait toujours pas. Comme beaucoup de mes camarades, je rêvais de combattre les armes à la main. J'en avais assez de lutter dans l'ombre.»

ANDRÉ ROGERIE : «...je fus mis en contact avec un membre du mouvement "Ceux de la libération". Par son intermédiaire, je pus rencontrer Mme Blain, du même réseau, qui travaillait à la Préfecture de la Seine. Elle faisait de faux papiers d'identité pour les prisonniers de guerre évadés, pour les Juifs pourchassés et, d'une façon générale, pour tous ceux qui avaient besoin de se camoufler. Je fus donc embauché pour ce travail.

«Mais je voulais avoir une part plus active à la lutte et Mme Blain me disait : "Ne vous faites pas prendre pour des sottises, je vous assure que le moment venu, nous vous donnerons des armes." Moi, je voulais me battre tout de suite et elle me promettait de tout faire pour que je puisse rejoindre l'Angleterre.

«Revenu en vacances à Angoulême, je rencontrai en cet été 1942 des camarades de lycée qui portaient sur leurs vêtements une étoile jaune. Cette nouvelle mesure renforça encore ma détermination. Là encore, sans mesurer le véritable risque, je fis un tour en ville avec deux camarades en arborant sur nos vestes une étoile bleue sur laquelle nous avions marqué J3, ce qui était notre catégorie alimentaire.»

JACQUES RICHARD-MOUNET : «J'étais devenu un "professionnel" : cela signifiait que j'étais enregistré à Londres comme agent "P2" du réseau "Manipule", de la centrale "Praxitele", avec le grade de lieutenant et la responsabilité d'un certain nombre de filières de renseignement. Je disposais d'un budget qui me permettait de faire face aux dépenses de voyages, de rémunérer certains services.»

*

TRAITÉ DU RÉSISTANT

Il y eut les résistants primaire, secondaire, tertiaire.

Le premier sentit la révolte patriotique gronder en lui, mais ignorait ce qu'il ferait pour résister.

Le second se mit immédiatement à chercher, à deviner, à trouver un début d'organisation avec ceux qui, comme lui, étaient décidés à faire quelque chose pour résister.

Le troisième avait tout lâché, famille, emploi, pour tenter de rejoindre le phare qui au loin lançait un jet de lumière dans les ténèbres : Londres, de Gaulle.

S'il n'y arrivait pas tout de suite, il recrutait et groupait autour de lui ce qui allait devenir — il ne le savait pas encore — l'amorce d'un réseau, d'un mouvement, d'un maquis.

La Résistance fut une spirale, une tornade naissante qui s'amplifiait chaque jour. Celui qui était happé ne s'en détachait plus. Il se sentait d'une autre espèce que les prudents pétainistes. Sa volonté de résister, ses premiers actes de Résistance, sa décision de contrer le destin par n'importe quel moyen constituait son blason de noblesse.

Deux cas se présentaient chez le résistant de la première heure. Celui qui en avertissait ses proches, formant ainsi de nouveaux adhérents, mais augmentant d'autant le risque d'indiscrétions... Et celui qui, par prudence élémentaire et pour ne pas compromettre sa famille, gardait le secret.

Si tous étaient résolus, il y avait ceux qui, ayant courageusement mesuré le danger, n'avaient cependant pas peur. Ceux qui, maîtrisant leur peur, rêvaient chaque nuit à ce qui leur arriverait s'ils tombaient dans les griffes de la Gestapo.

Et les inconscients du danger, ceux qui, emportés par le grand souffle de la Résistance, ne daignaient pas se rendre compte qu'ils pussent un jour se retrouver en prison ou dans ces camps de concentration dont ils ne cherchaient pas à savoir ce qui s'y passait vraiment — ni d'échouer un jour, au mont Valérien, devant un peloton d'exécution.

Mais ce qui liait ces variétés de francs-tireurs est bien que chacun, dans la plus modeste action de Résistant, voyait briller un morceau de libération du pays, dans le lointain.

Ainsi, le Résistant, lancé dans les dangereux engagements, trouve un nouveau sens à sa vie. Comme si, sortant d'un long tunnel, il retrouvait le soleil et la campagne. Mais il le paie cher, ce renouveau d'espérance. L'inquiétude, désormais, ne le quittera plus, ni jour ni nuit. Ses voisins, qui n'écoutent que la radio de Vichy, ont-ils remarqué ses changements d'heure et d'itinéraire quand il va relever les "boîtes aux lettres" ? Et quand des inconnus viennent apporter les messages pour son chef ou pour telle ou telle "boîte aux lettres" ? Quand il prend son vélo pour aller comme d'habitude au bureau, quel est le type sur le trottoir d'en face qui a l'air de le guetter ? Dormaient-ils vraiment, les enfants, quand sa femme et lui ont branché cette nuit la BBC? Et s'ils allaient en parler à leurs camarades d'école?

Desserrer les boulons de traverse avec un grand T, poser le pain de plastic contre le rail, puis installer le détonateur... Le Résistant n'a pas peur. Il est bien trop occupé! Surtout qu'il a enlevé ses gants pour mieux travailler, et toucher le plastic à mains nues occasionne de pénibles maux de tête. C'est après, quand il est rentré chez lui qu'il mesure le danger. Et si la Gestapo, trouvant le dépôt d'armes et d'explosifs, remontait jusqu'à lui et jusqu'à ses camarades? Ah! Un bruit de moteur, est-ce déjà la Gestapo? Non, ce n'est qu'un gazogène, les Allemands marchent à l'essence, eux...

La lune perce doucement à travers les nuages. L'équipe de parachutage est là, au complet. Même deux hommes de plus. Pourquoi ce camarade les a-t-il amenés? Est-il si sûr d'eux? Vont-ils courir dès demain dénoncer tout le monde à la Kommandantur?

«Couli! Couli! Écoutez!» dit le vieux forestier. C'est le cri du courlis qu'on entend dans la nuit. En attendant, l'air frais de la nuit fait frissonner. D'anxiété aussi. Le message est passé deux fois hier, deux fois aujourd'hui. Chacun est à son poste, chacun guette, mais tous sont inquiets. Et si l'avion ne venait pas? Et si les miliciens avec les hommes de la Gestapo surgissaient?

Un bruit de moteur bien connu, enfin, là-haut. La lampe verte et la lampe rouge s'allument. Les signaux convenus. Et déjà les premiers parachutes balancent mollement leur container dans la nuit claire. Le cœur bat à 120. Vite faire disparaître les parachutes, surtout ceux malencontreusement accrochés aux arbres. Vite! vider les containers et gagner la planque. Le jour se lève si tôt et avec lui les dangers de se faire repérer!

Maurice BRAUN

2
L'arrestation

«La plus haute forme de l'espérance,
c'est le désespoir surmonté.»

Georges BERNANOS

GEORGES GUILLEMIN : «Mon activité était voyante… A force de voyager sur la même ligne, je me suis fait remarquer. Les trains et les gares étaient l'objet d'une surveillance attentive. J'ai été dénoncé par un agent que nous avions recruté dans l'Ariège. J'ai été arrêté le 28 octobre 43 à Saint-Girons.»

HÉLIE DE SAINT MARC : «Mon chef de réseau ne voulait pas me faire passer en Espagne. Il trouvait cela trop dangereux et il préférait m'utiliser en France. J'avais envie de me battre. Sur un coup de tête, en entendant parler d'une filière à Perpignan, j'ai foncé. Mon père m'a donné un peu d'argent. Je suis arrivé dans un café. Le mot de passe était "La parole est à l'Évangile"… Nous étions une dizaine d'adolescents. J'ai hésité à rester. Et puis le passeur est arrivé. On est montés dans un camion bâché. Au bout de dix kilomètres, il s'est rangé sur un chemin de vigne où nous attendaient les Allemands.»

ANDRÉE RIVIÈRE : «Des membres de la Gestapo allemande accompagnés de trois miliciens sont venus nous arrêter à notre domicile. Un autre Français les accompagnait, menottes aux mains, jouant la comédie. Il avait dénoncé le même soir neuf Résistants de réseaux différents dans lesquels il s'était infiltré…»

MAURICE BRAUN : «Mon adjoint et ami, de même qu'un cheminot de Thomery, père de six enfants, chez qui nous déposions les réserves nécessaires pour faire sauter les voies, avaient été arrêtés. "Et si je les faisais évader?" me suis-je dit. Je ne devais pas m'occuper de cela. Londres m'avait ordonné de me tenir à l'écart. J'ai désobéi et me suis lancé dans une action rocambolesque qui m'a mené directement dans une Citroën noire de la Gestapo, laquelle me conduisit 84, avenue Foch.»

DENISE VERNAY (17 juin 44) : «Barrage... Tous les instants de ma vie se bloquent derrière. Il fallait que ça arrive... Aviser le chauffeur? Cela ne changerait rien... J'ai une chance sur mille de ne pas être fouillée...

«Paysage, sans une haie, aucun espoir de fuite devant la fatalité. Je suis descendue... route grise de campagne, champs et taillis.

«Mes mallettes ouvertes, leur contenu épars, entièrement "made in England". Les postes émetteurs, enfin, que j'étais allée chercher si loin... belle prise pour eux et perspective de récompense... "Terrorist"!

«Disproportion entre ma personne et toute la machine allemande (vingt-cinq camions et voitures, une centaine d'hommes l'arme au poing) [1].»

JACQUES MOALIC : «J'ai été arrêté dans les Pyrénées, du côté du Perthus, par une patrouille allemande. C'était le 16 octobre 43, vers 5 heures de l'après-midi. J'avais d'abord eu beaucoup de chance. Le train pour Perpignan étant bondé, un soldat de la Wehrmacht m'avait invité à m'asseoir dans son compartiment! J'aurais réussi à passer si j'avais été moins imprudent. Or, je marchais un peu le jour, ce que je n'aurais jamais dû faire.»

ANDRÉ ROGERIE : «La Gestapo m'intercepta à Dax avec de faux papiers, le 3 juillet 1943.»

JACQUES RICHARD-MOUNET : «Mon "professionnalisme" n'égalait sans doute pas celui de nos vis-à-vis allemands. Le 17 juillet 1943, j'avais rendez-vous avec un nommé Jacques Vigne qui devait m'apporter des renseignements. Je me rendis compte tout de suite que quelque chose clochait. Trop tard, j'étais pris.»

1. Extrait d'un témoignage paru dans *Franc-Tireur*, 23 août 1946.

Geneviève de Gaulle-Anthonioz : « Nous avions des distributeurs de notre journal *Défense de la France*. On ne pouvait pas toujours savoir ce qu'il y avait dans leur cœur. Un étudiant, qui avait déjà fait prendre toute une partie du mouvement "Combat" en zone Sud, était un indicateur rémunéré par la Gestapo. Il avait une fiche de paye et touchait une prime par arrestation. Après avoir servi contre "Combat" et "Défense de la France" il a poursuivi ses activités dans le nord et provoqué d'autres arrestations[1]. »

François Perrot : « Un jour, comme j'explique à mon boulanger qui partageait mes idées, que je voudrais aller me battre dans les Forces françaises libres ou dans un maquis, celui-ci me prend un rendez-vous avec Mme Germaine Peyrolles[2]. Elle me dit que pour Londres elle n'a pour le moment pas de filière, et que pour le maquis c'est encore un peu tôt. Elle me fera signe.

« Quelque temps après cette rencontre, mon chef me demande d'héberger deux garçons, en attendant qu'ils rejoignent un maquis. Un soir, on sonne. J'ouvre. Deux gestapistes en manteau de cuir noir arrêtent les deux hommes que j'hébergeais et qui étaient en fait des mouchards. Puis moi-même, ma sœur, tout le monde.

« J'ai été menotté avec ma sœur. Emmené dans une traction avant noire, direction rue des Saussaies. Nous étions le 23 mars 1943. »

Jean-Pierre Renouard : « La plupart du temps, c'est à la suite de la dénonciation par des Français, que les Résistants ont été arrêtés. Sans cette aide, la répression aurait été moins efficace. »

Gilbert May : « Lors de mon arrestation, une balle m'avait traversé la gorge. Dans le maquis de la Creuse, nous étions tombés sur une colonne SS. Nous nous étions battus pendant deux heures, à cent contre deux mille. Mon frère, qui a été fusillé plus tard, m'a pansé.

1. Finalement, ayant toujours plus besoin d'argent et faisant des trafics de devises, il est arrêté par la Gestapo qui, ne pouvant plus l'utiliser, l'a envoyé en camp de concentration. Il en est revenu, a été jugé et fusillé.

2. Cette avocate sera après la Libération vice-présidente de l'Assemblée nationale, députée MRP.

J'étais allongé quand les Allemands sont arrivés. Il m'a relevé. Les neuf autres blessés qui étaient restés à terre ont été achevés tout de suite. »

GEORGES GUILLEMIN : « Lorsque j'ai été arrêté, j'ai ressenti comme un soulagement. »

ROGER JOLY : « Je n'ai ressenti aucun soulagement car je n'imaginais pas être pris un jour. »

*

MAURICE BRAUN : « Dans le bureau de la Feldkommandantur, le Résistant, menottes aux mains, est assis face à l'officier qui l'interroge. Ce n'est pas un SS ordinaire, il porte le brassard SD, celui de la redoutable police des polices de la SS. Le Résistant ne panique pas. Il a mille fois réalisé et appréhendé ce qui lui advient. En espérant que cela n'arriverait jamais.

« Son cerveau calcule à toute vitesse. Les ordres sont formels : coûte que coûte, tenir quarante-huit heures afin de laisser aux camarades le soin de fermer les "boîtes aux lettres", puis de se mettre eux-mêmes à l'abri en changeant de place les dépôts. » *(Traité du Résistant.)*

GEORGES GUILLEMIN : « On n'a pas idée de ce que peut être la torture, c'est un passage de l'autre côté du mur.

« La peur était totale au début. Le saut dans l'inconnu, l'angoisse. Ensuite, ça fait partie de notre condition. »

ANDRÉ LAROCHE : « On me conduit à l'École de santé, de Lyon… la cave en descendant à gauche. J'y ai croupi toute la journée. Le soir suivant, on nous emmène à la prison de Montluc. Enfermé dans une cellule de trois mètres sur deux (nous y étions six), j'ai entendu de mes codétenus des paroles décourageantes : "On va te fusiller… Tu vas passer à la baignoire…" Mettant l'œil au judas, je voyais passer des gars en sang, dans un état pitoyable… »

JEAN-PIERRE RENOUARD : « Craquer, c'était une question de circonstances. Ça dépendait de la pression qui était mise sur vous. Si les Allemands y mettaient le prix, le Résistant craquait ou mourait. Ceux qui n'ont pas craqué sont ceux qui n'ont pas eu droit au traitement le plus extrême, ou en sont morts.»

Georges Guillemin : «De toute façon, craquer n'était pas le vrai problème. On luttait contre le temps. Tout ce qui était avoué avec une heure de retard, était une heure de gagnée. Il fallait se dire : "Dans 48 heures mes camarades auront fait le ménage." Le problème était de "promener" son enquêteur.

«Nous étions engagés dans un combat. Les raisons de ce combat n'étaient pas effacées par la prison, la torture.»

André Laroche : «Je pars pour l'interrogatoire, dans le fourgon, vers 8 heures du matin. On arrive à nouveau à l'École de santé. Là, il fallait s'asseoir sur une chaise, regarder le mur, ne pas bouger, ne pas dire un mot. Par chance, j'avais à ma gauche un garçon de "Combat", un communiste très sympa.

«– Tu as quel âge? me demande-t-il.

«– Dix-neuf ans.

«– Tu es bien jeune. Écoute, ça fait cinq fois que je passe à la baignoire. Tu sais ce qu'il faut faire?... Ne réponds surtout pas non à toutes leurs questions, tu te ferais fracasser. Il faut que tu les orientes sur une fausse voie. Tu racontes toujours la même histoire... Surtout, ne te coupe pas, sinon tu entres dans le circuit des grands interrogatoires.

«J'ai essayé de respecter ce qu'il m'avait dit...»

Maurice Braun : «Ils m'ont enlevé les menottes, ils m'ont fait asseoir et m'ont dit que j'allais maintenant collaborer avec eux.

«– Bien sûr, puisque je suis pris..., ai-je répondu.»

André Laroche : «... Comme j'étais jeune, on pouvait croire plus facilement ce que je disais. A cause de mon âge également, ils savaient que je ne pouvais pas être un chef. Leur grande question était d'essayer de me faire avouer que je connaissais un homme dont la photo était posée sur la table. J'ai compris que c'était pour cette affaire-là que j'étais arrêté. Car j'aurais pu aussi être arrêté pour mon action de Résistance dans les Auberges de Jeunesse.

« Quelque temps plus tard, on me passe à tabac, debout contre un mur. Des coups de poing, des claques, des coups dans le ventre...

« Paul Touvier est arrivé. Il circulait dans les bureaux. Je me souviens de son cran planté dans des cheveux relativement clairs et surtout de sa veste aux revers très larges.

« – On va le faire parler! dit-il, en me balançant un cendrier en bronze dans la figure.

« Tout cela aurait pu très mal finir si, par chance, à midi un quart, le téléphone n'avait pas sonné.

« – Vous êtes attendus au restaurant..., leur dit une jeune femme qui portait le vêtement de cuir de l'un de mes copains pris quinze jours auparavant.

« – Dites-leur qu'on sera là dans vingt minutes.

« Ils m'ont planté là et sont sortis. Une sentinelle m'a ramené à la cave puis, le soir, à la prison de Montluc.

« En prison, j'ai attendu trois semaines, sans autre interrogatoire.

« Même si, dans leur esprit, je n'étais qu'un lampiste, ce n'est pas pour autant qu'ils m'auraient libéré. Un détenu entre leurs pattes ne pouvait jamais ressortir. Le frère d'un camarade qui, n'ayant absolument rien fait, était allé demander des nouvelles de son frère, fut envoyé à Mauthausen où il est mort... »

ROLAND HAAS[1] : « Fresnes, lundi 22 mai 44.

« Brusque réveil à 6 heures et demie. Un soldat allemand entre dans ma cellule.

« – Hervé Raoul, tribunal !

« Et il referme la porte.

« Mon camarade polonais m'explique que je dois me préparer à partir dans une demi-heure à la Gestapo. Je me lève. Toilette sommaire. Je mets mon pain reçu la veille dans la poche de mon manteau, car on me prévient que l'on ne donne rien à manger rue des Saussaies.

« On vient bientôt me chercher. Je sais que je vais au supplice.

« Je redescends ces escaliers que j'ai montés il y a trois jours et je rejoins d'autres détenus, dans le hall du rez-de-chaussée. La plupart sont déjà fort marqués des mauvais traitements reçus précédemment.

« On amène ensuite des détenus d'autres divisions de la prison. »

1. Récit rédigé durant l'été 45, quelques mois après son retour de déportation.

GEORGES GUILLEMIN : «Je ne vous ferai pas un catalogue sado-masochiste. La douleur physique, pour moi, n'était pas le pire. Le pire, c'était l'ignorance de ce que l'on allait nous faire, la crainte de ce qui allait se passer...»

JEAN-PIERRE RENOUARD : «Beaucoup de ceux et celles qui ont été torturés refusent d'en parler. L'émotion est trop forte.»

ROGER JOLY : «L'Allemand m'a dit que je serai fusillé. Mourir ne m'effraie pas vraiment : ce sera vite fait.

«Un bruit de verrou que l'on tire, des bottes qui claquent, des commandements en allemand me réveillent en sursaut. Un sous-officier appelle "Ioli". Sous le porche de la prison Saint-Martin, des soldats en armes. Un camion bâché est rangé le long du trottoir ; il fait encore nuit. Je reçois l'ordre de monter dans le véhicule où se trouve déjà un soldat. Ce dernier me passe les menottes et m'ordonne de m'asseoir sur une sorte de caisse, au centre du plateau. De chaque côté, des bancs disposés parallèlement. Sur un ordre, six soldats s'y installent, trois d'un côté, trois de l'autre. La ridelle arrière est verrouillée et la bâche abaissée.»

ROLAND HAAS : «Arrivés rue des Saussaies, nous descendons tous, sous la menace des mitraillettes et sommes introduits dans la grande salle du rez-de-chaussée. Nous sommes soixante environ.

«Nous montons les cinq étages, menottes aux mains. On m'introduit dans une petite cellule où l'on me laisse seul.

«Là, j'ai le temps de réfléchir à nouveau à ce que je vais raconter à mon interrogatoire. J'ai aussi le temps d'imaginer les moments qui vont suivre. Je sais que je vais souffrir, de toutes les manières possibles et beaucoup.»

ROGER JOLY : «Un grand vide intérieur m'envahit en cet instant. Je me sens déconnecté, presque étranger à ce qui m'arrive. Je visionne pratiquement ma mort imminente : une clairière en sera le théâtre ou bien un simple éboulement de la colline, le long de la route. Subitement la peur me noue les tripes, puis se dissipe, à la manière d'un spasme.

«Un temps encore. La vision fugitive d'un visage casqué, sorti de l'ombre par la magie d'une allumette. Et puis, les pensées qui entrent en moi...»

ROLAND HAAS : «... Mais je suis interrompu dans ces réflexions par le grincement de la serrure. Un homme de quarante-cinq ans, brun, les cheveux en arrière, me dit dans un assez bon français de le suivre. On m'emmène dans un bureau où l'on m'invite à m'asseoir; j'ai toujours les menottes derrière le dos.

«Une jeune femme blonde vient s'asseoir à la table en face de moi. Elle commence à taper à la machine et m'interroge en français. Pendant ce temps l'inspecteur boxeur rôde autour de nous.

«On me prévient que tout mensonge entraînera pour moi des conséquences terribles. Je n'en commence pas moins à raconter ma petite histoire préparée à l'avance. Mais les questions pleuvent. Je suis né à Toul (dont les archives sont détruites); j'ai fait mes études à Alger, mon service militaire à Constantine; ma mère est encore à Alger; mon père est mort. Bref, rien que des faits contrôlables. Je vois que cela énerve mon inspecteur, mais je suis étonné de ne recevoir toujours aucun coup. En ce qui concerne la Résistance, je déclare n'y travailler que depuis quelques semaines. Je suis simple scribouillard et je ne connais rien, ni personne. J'affecte de ne pas vouloir lui donner l'adresse d'un de nos bureaux que je sais évacué depuis longtemps. J'attends d'avoir reçu quelques coups de poing (les premiers) par souci de vraisemblance et je donne l'adresse, espérant leur inspirer confiance.

«Il est midi, on me conduit à ma petite cellule solitaire...»

ROGER JOLY : «Soudain, le véhicule s'immobilise. Le "*Feldwebel*[1]", aidé du chauffeur, rabat la ridelle arrière et ordonne aux soldats de relever la bâche. Les premières lueurs du jour envahissent l'habitacle. Poussé vers le trou de lumière, je saute à terre : la seconde qui suit restera l'une des plus étonnantes de ma vie. Là, à quelques mètres de moi, se dresse à nouveau la prison Saint-Martin d'où nous étions partis! Pourquoi cette mise en scène? Tout est si fou dans ma tête que je crois rêver. Je comprends que tout cela ne vise qu'à briser ma résistance. Au lieu de me réintroduire dans ma cellule, on me fait monter directement au deuxième étage où m'attend un officier...»

DENISE VERNAY : «Montluc... dans une cave, une fille pleure, arrêtée ce même jour avec son fiancé, qu'elle devait épouser six jours plus tard. En moi, calme complet... je suis seule. Réveil à minuit, on me fait l'honneur d'une voiture particulière pour Bellecour, où siège la police allemande. Interrogatoire doucereux et sentimental par un policier, homme du monde. Aucune valeur de psychologue.

1. Adjudant.

Réponses aussi vagues que possible. Il n'insiste même pas, je déclare ne pas savoir ce que je transportais. »

Roger Joly : « L'Allemand me fait asseoir et commence l'interrogatoire. Calmement. Devant lui, un dossier contenant diverses fiches dont il énumère certaines données me concernant : nom, prénom, âge, profession, etc. Et soudain les questions fusent : quelle est mon organisation de Résistance ? quand y ai-je adhéré ? qui m'y a fait entrer ? quel était mon rôle à Egletons ou ailleurs ? quels étaient mes contacts... quels sont les maquis avec lesquels j'étais en relation et où sont-ils situés ?

« Fidèle à ma ligne de conduite, je nie toute participation active à la Résistance et déclare ne connaître aucun maquis.

«Mon interlocuteur écoute mes réponses, calmement, sans humeur, presque aimablement; il note seulement deux ou trois choses. Il n'est pas vraiment antipathique ; quarante ans peut-être et, au revers de sa vareuse, le ruban de la croix de fer. Il me regarde un instant, en silence ; puis, comme si rien ne s'était passé, reprend les mêmes questions sous une forme à peine différente. Je débite les mêmes réponses... Alors, toujours calmement, il me dit que si je ne veux pas mieux coopérer il va m'en coûter cher. De toute façon, je parlerai. Comme j'affirme ne pouvoir en dire plus, il hoche la tête avec un air de lassitude et referme le dossier à sangles...

« Nous descendons d'un étage, longeons un couloir et stoppons devant une porte capitonnée. Je me dis que je vais avoir affaire à la pointure au-dessus. Mon gardien m'introduit dans la pièce, qui est vide. Elle donne sur le quai de la Corrèze... »

Roland Haas : «... Vers 15 heures, on revient me chercher. L'interprète antipathique me dit tout de suite qu'on a vérifié un point de ma déposition et qu'il est faux. Je proteste, assurant que je ne sais pas de quoi il s'agit. Le grand Allemand entre. On lui traduit et l'interprète me dit de les suivre. »

Denise Vernay : « On m'emmène... l'ascenseur... quatrième étage... la mort certaine si on saute. Une vaste pièce d'angle à trois fenêtres, meublée de bureaux... »

Roland Haas : «... c'est une salle de bains et je suis invité à me déshabiller pendant que mon inspecteur ôte sa veste et retrousse ses manches. Une fois nu,

salle de torture de la baignoire.
5e étage de la rue Saussaies.

je crois bon de faire une concession! "Non, dis-je, ce n'est pas depuis trois semaines que je suis dans la Résistance, mais depuis quelques mois." Mais cela ne les contente pas et je suis saisi par le vigoureux Allemand qui me plonge dans la baignoire remplie d'eau glacée, après m'avoir remis les menottes et m'avoir attaché les pieds avec un ceinturon. »

DENISE VERNAY : « – Déshabillez-vous... »

« Une seconde d'hésitation. Mais après tout, sont-ils des hommes? Me voici nue, et dans un détachement d'esprit tel que j'arrive à m'abstraire de l'horreur de leur premier contact. (...)

«Couchée au fond, les pieds en l'air reposant sur le rebord, liés entre eux par une courroie, j'attends, l'esprit vide, la torture que mon imagination ne peut se représenter. J'ai conscience qu'il ne faut pas parler trop vite et que chacune de mes réponses devra être soit mensongère soit imprécise. L'eau coule sur moi, elle s'élève au fond de la baignoire où ma tête est maintenue. Je ne me débats pas, c'est à peine si j'ai tressailli légèrement quand elle m'a touchée. L'eau s'élève à mon nez, à ma bouche. »

Roland Haas : « L'impression est tout de suite terrible. Mais l'Allemand me saisit alors la tête et me l'enfonce dans l'eau. Au bout de quelques secondes, cela devient insupportable. Je suffoque, je me sens partir, disparaître, mourir. C'est atroce. Bientôt, la main qui me maintient sous l'eau me lâche. J'apparais à la surface, mais suffoquant, crachant, grelottant. J'entends alors l'interprète me dire que c'est sur mon identité que j'ai menti : on en a la preuve. A quoi bon nier? C'est ce que je me dis. La découverte de ma véritable identité n'entraînera l'arrestation d'aucun membre de ma famille puisqu'ils sont tous camouflés sous de fausses identités. Celle d'Hervé Raoul ne peut plus tenir si on approfondit trop les choses. J'avoue donc m'appeler Roland Haas. Mais cela ne suffit toujours pas. On en vient maintenant à mes activités. C'est alors une nouvelle plongée dans la baignoire. Cette fois-ci, j'ai eu le temps de faire une inspiration profonde. J'ai une réserve d'air. Mais rien n'y fait. Cette réserve s'épuise et j'étouffe. Souffrance incroyable. A nouveau, je me sens mourir. Mais on me ressort à temps. L'interprète est là, imperturbable, son bloc de sténo et son crayon à la main.

« Je proteste. J'explique que, dans la Résistance, il serait absurde de nous connaître personnellement, de savoir nos adresses. Ils paraissent convaincus.

« Ils en viennent alors à détailler mes occupations dans notre Service. A la moindre occasion, c'est à nouveau l'immersion. Cette fois, j'essaie de faire rapidement le mort, dans l'espoir qu'on me ressorte le plus vite possible. Rien n'y fait. On me pend par les pieds, la tête dans l'eau.

« Je suis là depuis longtemps. Mon corps réagit mal... Je suis violet des pieds à la tête. Je suis à deux doigts de l'évanouissement. Je ne sais plus ce qui se passe. Ma tête tourne; j'ai mal au cœur, j'ai froid, je suffoque, je n'en peux plus.

« Enfin, on me sort. Combien de temps suis-je resté là dedans? Je n'en sais rien. Cela m'a paru une éternité. (...) Je me rhabille tant bien que mal et sors de cette salle de bains encore tout crachant, grelottant, claquant des dents et manquant à chaque pas de me trouver mal. »

Denise Vernay : « Entre chaque plongée : "Parlez... Que savez-vous? Adresse de votre secrétariat? Noms de vos complices?..."

« Je soutiens que je ne sais rien, que j'ai déjà tout dit et, dans ma tête, j'invente de vraisemblables fausses adresses... »

Georges Guillemin : « Après avoir été maltraité à Toulouse, on m'a transféré à Paris le 24 décembre 43. Je fus interrogé à partir de début janvier aux Saussaies par un juge d'instruction allemand qui notait par écrit tout ce que je lui disais. Pour ce qui me concerne, ils savaient ce que je faisais. Mais il voulait savoir "avec qui, et où". Pendant trois semaines, je lui ai raconté la même histoire, en essayant de ne pas me couper. Je n'ai jamais produit un effort intellectuel aussi intense. Il fallait produire une histoire cohérente, et en même temps apparaître comme un benêt, un type sans importance.

«Dans ma cellule, à Fresnes, un garçon très sympathique, le commandant Rivière, "Loup" dans le réseau Alliance (il sera fusillé plus tard) me disait :

«– Continue comme ça. Gagne du temps.

«Alors je continuais à raconter mon histoire.»

ROLAND HAAS : «L'interrogatoire continue, interrompu par de fréquents passages à tabac. Tout ce qui entoure ces messieurs me tombe sur le dos : chaises, encriers, etc.»

MAURICE BRAUN : «Comme l'interprète me questionnait en français et traduisait en allemand, je naviguais. Il m'était facile de leur dire des choses qu'ils savaient déjà. Quand ils s'en sont aperçus, ils m'ont emmené dans une autre salle où j'ai été giflé, boxé au coin de l'estomac et me suis évanoui. Ils m'ont lancé un seau d'eau à la figure, frappé de nouveau. Je me suis évanoui une seconde fois.

«Et je répétais que je voulais bien leur dire tout ce qu'ils voulaient. Je n'étais pas de ceux qui disaient qu'ils ne voulaient pas parler.

– Alors vous êtes juif! me dit soudain l'un d'eux pour me déstabiliser.

Je me lève et lui réponds :

«– Vous êtes officier allemand et moi français. Je jure sur la face de notre vénéré maréchal que je ne suis pas juif. Fusillez-moi si vous voulez mais ne m'insultez pas!...

«Au bout d'un long laps de temps, étonné par l'à-propos de mes réponses, ils ont soupçonné que je comprenais l'allemand. Comme je demandais à boire, Folk a dit en allemand à son aide :

«– Donne-lui un verre d'eau salée!

«Malgré la soif terrible, j'ai pris ce verre d'eau salée; ainsi ils ont continué à croire que je ne comprenais pas l'allemand[1]...»

1. «C'est ainsi que des mois plus tard, alors que mes camarades avaient été déportés depuis longtemps, on me laissait croupir à Fresnes au grand secret, tant mon cas les déroutait...»

GEORGES GUILLEMIN : «Il fallait faire des efforts pour mesurer les conséquences de telle ou telle défaillance, pour s'empêcher de tomber. Cela nécessitait une mobilisation de tous ses moyens intellectuels et moraux.»

DENISE VERNAY : «Combien de plongées, je l'ignore, mais le tout dura une heure, comme je pus m'en assurer en regardant ma montre. J'ai hésité à le faire, craignant qu'un pareil geste ne leur révèle que j'étais encore suffisamment consciente...

«Cependant il avait fallu que je parle. Il me faut, à chaque instant, me surveiller, penser à dénaturer les faits. Je n'ai que la force de les camoufler pour les porter à la limite du méconnaissable...»

ROLAND HAAS : «Mais il est tard. Mon interrogatoire, à peine recommencé, est interrompu. On me ramène vers la cellule d'attente. J'espère que je vais rentrer enfin à Fresnes qui me semble un paradis lointain où je pourrai me reposer, au moins une nuit. Mais non, je reste seul avec mon inspecteur. Il m'ordonne de me coucher par terre. Il m'attache les chevilles avec le ceinturon qui avait servi à me pendre par les pieds dans la baignoire. Et il s'en va en refermant soigneusement la porte...»

ROGER JOLY : «La porte cède d'un coup sous une forte poussée. Trois hommes s'engouffrent dans la pièce. J'identifie aussitôt deux d'entre eux : l'un m'a arrêté, l'autre, Français, a déjà mené mon premier interrogatoire; c'est lui qui m'a promis douze balles dans la peau. Je n'ai jamais vu le troisième.

«Mon interrogateur est grand, la cinquantaine avantageuse : des cheveux noirs soigneusement gominés et peignés en arrière, un profil aigu rehaussé d'épaisses lunettes à monture d'écaille. Ce policier s'appelle Bony. L'homme de deux "affaires" qui ont secoué la France en 1933-1934 : le scandale Stavisky et l'affaire Prince.

«Après la défaite de 1940, il s'est mis au service des Allemands et a fondé une Gestapo "française" intégrée dans la vraie, en s'entourant d'un ramassis de nervis et de gouapes sans scrupules.

«– Alors, on fait la forte tête? On se croit malin. Pourtant, tu as de la chance : nous avons décidé de ne pas t'appliquer la sanction que tu mérites. A deux conditions : que tu nous livres les noms de tes chefs et les gens avec lesquels tu travailles ; deuxio, que tu nous indiques les emplacements de maquis que tu connais. A toi de comprendre où est ton intérêt.

« Je réponds, d'un air accablé, que cela m'est impossible puisque je ne connais rien ni personne. L'autre explose.

« – Tu te fous de moi ? Tu travailles pour les "terroristes", tu es toi-même un "terroriste". Petit con, qu'est-ce que tu crois ? Et tu te figures que je vais gober tes salades ? Qui t'a chargé de transporter ce poste émetteur, où doit-il être utilisé et par qui ?

« Mon air d'impuissance l'exaspère.

« – Allez, tu l'auras voulu ! Soignez-le.

« Les deux sbires, immobiles et muets jusqu'alors, entrent en action. Je suis soulevé de ma chaise, frappé en larges swings, renvoyé de l'un à l'autre tel un punching-ball. Je tombe à terre, les coups de pied pleuvent, comme les injures.

« Bony regarde, calmement.

« Par chance, je n'ai pas de menottes, ce qui me permet de me protéger au mieux. Si j'amortis ainsi bien des coups, pas mal arrivent cependant à destination notamment lorsque, coincé contre un mur, mes deux adversaires me bourrent les côtes et le visage de crochets courts. Je saigne du nez et j'ai les pommettes gonflées ; une oreille me fait mal.

« Bony a fait un geste. Il m'observe attentivement et paraît évaluer les dégâts.

« – Allez, causons maintenant.

« Pour espacer les corrections, il faut meubler les silences. Mais dire quoi ? Alors, je remonte le temps, je parle de mes études, de ma vie à Paris, de mon passage en fraude de la ligne de démarcation pour gagner Toulouse, de ma situation professionnelle, de ma vie rangée, de mon indifférence à l'égard des choses de la guerre...

« Bony paraît alors intéressé : il pense sans doute que je commence à me "dégeler". Il pose même des questions, ce qui prolonge la causette et diffère les roustes. Malheureusement, il en revient toujours au temps présent et à l'objet du délit... »

Denise Vernay : « Je dois avouer qu'après une de ces plongées, je fis un geste dont, maintenant encore, je ne suis pas arrivée à m'expliquer la portée : avant qu'on me mette les menottes, j'avais saisi une de mes épingles à cheveux et j'avais tenté de m'en transpercer la poitrine. Le geste était absurde, et je me rendais parfaitement compte de l'impossibilité de me supprimer par ce procédé. Et, cependant il ne s'agissait pas d'un simulacre. »

ROLAND HAAS : «...La serrure grince. La porte s'ouvre. Un inspecteur me remet les menottes et me conduit au bureau où j'étais interrogé la veille. La pièce est vide. La TSF, posée sur une table, joue une musique militaire allemande. Je ne suis pas encore réchauffé et je tremble de froid dans mon fauteuil. Il ouvre grande la fenêtre qui est juste en face de moi.

« Bientôt, mon inspecteur-boxeur arrive et l'interrogatoire reprend et se poursuit aussi brutal, toute la matinée. (...) D'ailleurs, ces Allemands étaient d'une maladresse insupportable. Ils s'étendaient lourdement sur des questions de détail sans grande importance, par exemple la description précise de tel ou tel personnage. Mais si j'effleurais un point capital, cela glissait sans qu'ils insistent. (...)

«Vers midi, on me ramène dans la cellule où j'avais passé la nuit. (...) A trois heures, on revient me chercher. L'après-midi toute entière passe lentement et péniblement. Il me faut faire un réel effort d'imagination pour trouver à tant parler. Je suis toujours à tout moment menacé de la baignoire, mais je sens que mes interrogateurs, eux aussi, sont fatigués. On expédie cela rapidement, on frappe moins.»

Siège de la Croix-Rouge,
rue Lauriston à Paris
où ont été torturés des Résistants

DENISE VERNAY : « "Signez là !" Je signe, dans l'hébétude, un procès-verbal allemand sans chercher à comprendre. Qu'importe d'ailleurs ? Ils ne peuvent inventer ce que je ne leur ai pas appris... Je feins de pleurer par remords d'en avoir trop dit... »

ROLAND HAAS : « Vers 18 heures, une jeune dactylo arrive. On bâcle la fin de ma déposition car l'inspecteur plaisante avec cette jeune femme. On vide devant moi mon portefeuille. Je suis interrogé sur les quelques photographies que je possède. Je réponds au hasard et heureusement, on ne s'attarde pas là-dessus. »

DENISE VERNAY : « (...) On m'emmène. De nouveau, la petite salle d'attente, puis la grande salle du rez-de-chaussée. Je suis presque joyeuse. Au fond, je n'ai rien dit d'important durant ces deux jours d'interrogatoire. J'ai tenu le coup, peut-être même mieux que je ne l'aurais cru moi-même. »

ROLAND HAAS : « Me voilà tranquille pour quelques jours probablement. Mais certainement, cela va bientôt recommencer. J'ai donné tant de fausses adresses !... »

DENISE VERNAY : « Je suis ramenée à Montluc, exténuée. Durant deux jours, je vis dans la terreur de retourner au siège de la police... »

ROGER JOLY : « La veille de notre transfert, je suis une dernière fois interrogé par Bony. Scénario habituel. Soudain, il ordonne à ses deux aides de quitter la pièce. Il s'assied sur le coin de son bureau, décontracté et me tient ce langage :

« – Ton attitude est stupide ! Tu as vu tout ce qu'elle t'a déjà valu... Et ce n'est qu'un début ! Tu vivras encore bien des séances comme celle-là, avant d'être fusillé. Car tu le seras, je peux te l'affirmer[1]. Et tout ça pour quoi ? Pour qui ? Tes chefs se moquent bien de toi. Ils sont tranquilles, eux, et toi tu payes pour eux.

« Un temps.

« – Écoute bien. Je te propose la liberté. Tu comprends, ta liberté. Et puis ça, avec", dit-il en ouvrant un tiroir du bureau et en tirant un paquet de billets de cent francs de l'époque. Tout ça c'est pour toi, libre ! En échange tu me dis qui sont

1. Jugé par le tribunal militaire, fin 1944, c'est lui qui sera fusillé.

exactement tes chefs, où je peux les "coxer" et les emplacements de maquis que tu connais. A toi de jouer...

«Je réponds que la liberté m'est chère, mais que, ne sachant rien, je ne pourrais qu'aggraver mon cas en donnant de fausses informations ; donc qu'il m'est impossible d'entrer dans cette voie.

«Bony me contemple un instant, hausse les épaules :

«– Petit con !

«Puis il sonne et me fait reconduire en cellule.»

DENISE VERNAY : «A mesure que les jours s'écoulent et que mes courbatures s'évanouissent, j'ai la sensation triomphale de les avoir dupés. Mais, si mon corps a oublié, mon esprit n'en garde pas moins des marques profondes. (...) Ma joie éclate et pourtant je pense à tous ceux qui ont souffert davantage et qui n'ont recueilli de la même expérience, que désespoir, mutilation et mort. Intacte, ils m'ont laissée dans mon corps. En serais-je devenue inhumaine ?»

*

MAURICE BRAUN : «D'une ruade, le "*Scharführer*[1]" a poussé le Résistant dans la cellule et refermé à clé la lourde porte. Où est-il ? C'est de nuit qu'on l'a amené, dans un panier à salade où il était seul. Épuisé par les interrogatoires. Assommé de coups et de fatigue.» *(Traité du Résistant.)*

HÉLIE DE SAINT MARC : «En prison, on est détruit moralement. J'ai compris en prison comment on pouvait devenir fou.»

MAURICE BRAUN : «On m'a mis dans la cellule 262 du second étage, au grand secret. Il y avait à ma porte une pancarte : "*Vorsicht*" (Attention). Ma porte ne s'ouvrait jamais. On me passait la nourriture par le guichet. Les autres avaient droit à une douche et dix minutes de promenade. Je n'avais droit à rien. Certains pouvaient envoyer une lettre par quinzaine, et en recevoir, pas moi. Ils recevaient des "paquets du Maréchal", pas moi. Et je n'avais pas droit à la lecture.

1. Sous-officier SS.

«Au moment précis où je me suis retrouvé dans cette cellule, mon cœur s'est mis à battre. Il ne s'est plus arrêté. Je me creusais la tête : "Ont-ils arrêté ma famille ? Ceux que j'ai protégés ont-ils eu le temps de se sauver ?"

«On descend en soi-même pendant un jour, deux jours, trois jours ; on descend au fond de sa mine jusqu'au fond, quitte à trouver le grisou qui fait tout sauter. Quand on a essayé de meubler son désert en pensant mille fois à ses problèmes de Résistant, en se récitant les quelques poésies que l'on sait encore par cœur, puis deux théorèmes… on voit qu'on a tout fait et qu'il faudra recommencer. Alors se fait un vide dans le crâne, une chose épouvantable.

«Je marchais. Dès que le jour se levait, je marchais. Je ne pouvais pas m'arrêter. J'ai compris les bêtes en cage. Je ne me recouchais que lorsque le jour ne franchissait plus mon petit soupirail : 35 000 pas, l'hiver ; 38 000, l'été.

«J'ai eu droit à tout l'hiver 43. Les murs ruisselaient. Je n'avais rien à me mettre. Et je ressassais : "Comment faire pour sortir de là"…

«A force de me creuser la tête, une idée a remonté en moi. Je n'en pouvais plus. Quand on m'a passé la nourriture de midi, j'ai dit :

«– Je voudrais voir l'interprète, j'ai une communication à faire.

«Rien. Le lendemain je recommence :

«– J'ai une information de la plus haute importance à révéler.

«Pour la première fois, le 21 octobre 43, la porte s'ouvre. Un SS entre. Je lui répète que j'ai des révélations à faire.

«Le lendemain, à 5 heures, on me met dans un panier à salade. On roule un peu, puis on me fait descendre devant l'église de Montrouge. Un SS me menotte à la barrière de l'église et reste à côté de moi.

«Au bout d'un quart d'heure, une voiture arrive avec deux SS armés. Ils m'emmènent rue des Saussaies. De là, avenue Foch…

«– Il paraît que vous avez des révélations à faire ? me disent aussitôt mes interrogateurs. Qu'est-ce que c'est ?

«– Je ne le dirai qu'à la condition que je puisse téléphoner chez moi à des gens qui n'ont rien à voir avec la Résistance. Vous prendrez le récepteur, vous entendrez.

«– D'accord.

«– J'aimerais également une chemise et du linge car j'ai froid.

«Après un conciliabule, l'un d'eux donne son accord.

«– Première chose, leur ai-je dit. Vous avez une marchandise d'échange d'un intérêt considérable que vous retenez prisonnier. Vous avez un membre de la famille de Churchill[1] ! D'autre part, il va y avoir un débarquement. Je sais la phrase : "Il ne faut pas traverser la frontière de Syrie..."

« Ils ont parlé entre eux à voix basse. J'entendais : "Rapport... Kaltenbrunner..."

« Puis, après que j'ai passé mon coup de téléphone qui, en mots codés, m'a permis d'être rassuré sur le sort de ma famille et de mon réseau, on m'a ramené à Fresnes. J'avais eu quelques heures de "liberté". Hélas ! ils m'ont remis dans ma cellule avec la mention "*Vorsicht*". Et la terrible solitude continua. »

FRANÇOIS PERROT : « J'ai passé cinq mois à Fresnes, de mars à septembre 43. J'étais dans une cellule tout seul. Mes parents m'envoyaient une fois par mois du linge et quelques provisions. Ma mère venait tous les mois de Bar-le-Duc à Paris avec deux valises. Une pour ma sœur, une pour moi qu'elle déposait à l'entrée.

« Il y avait une paillasse dans un coin, une planche contre le mur de l'autre côté, une cuvette de w-c avec un robinet d'eau au-dessus et une chaise. Une gamelle, un quart, une pelle et une brosse. Une fenêtre en verre dépoli, fermée.

« Et puis la routine quotidienne : de jour et de nuit le judas qui s'ouvre et la ronde qui passe et puis, le matin, le "*Kalfaktor*[2]" accompagné d'un soldat allemand. Le matin, on verse le contenu de sa pelle dans le seau, on fait sa toilette comme on peut. On tend son quart, où on vous verse une sorte d'eau noire avec un petit bout de pain.

« Dans la journée, une soupe claire où marinaient quelques choux. Je souffrais de la faim, du froid, de l'isolement, de la crainte des interrogatoires et surtout du manque d'air.

« Pendant les trois ou quatre premiers jours il ne se passait rien. Vous entendiez vaguement des bruits un peu lointains, mais vous étiez vraiment seul. C'était une sorte de quarantaine de la part des

1. « Parmi mes amis anglais de mon réseau Buckmaster, il y avait en effet un certain Peter Churchill que nous plaisantions à cause de cette homonymie. Ce Peter avait été arrêté bien avant moi. »

2. Homme de corvées (notamment dans les prisons et dans les maisons de SS).

voisins. Un “nouveau” peut être un “mouton”. Quelques jours plus tard, on commençait à créer des liens.»

MAURICE BRAUN : «J'entendais des martèlements sur la colonne d'eau qui communiquait à la cuvette. Parfois, c'était un message à transmettre de cellule en cellule.

«La sentinelle venait sans arrêt regarder dans l'œilleton. Elle portait des chaussons pour qu'on ne l'entende pas. Nous nous signalions son passage par trois coups rapides. Quand elle était partie, on criait en soulevant un petit peu un carreau : “Où es-tu ? Quelle nouvelles ? Et quand, dans ma solitude, j'entendais des camarades dire qu'ils partaient sans doute en camp, je les enviais. Je me disais : “Et moi, quand vont-ils aussi me déporter ?” Ne sachant pas ce que c'était.»

FRANÇOIS PERROT : «Dans la journée, quand le garde vient de passer, une voix semble sortir du mur.

«– Hé ! la 201 ! Tu m'entends ?

«– Oui.

«– Mets-toi au milieu de ta cellule… regarde le mur de gauche… tu m'entends ?…

«Quelque temps après, j'entends taper du côté du robinet.

«– Dévisse le bouton du robinet ! dit une voix.

«… Nous parlions dans le tuyau comme dans un téléphone.

«Cette fois-là j'entendis :

«– Je m'appelle Georges comte de Gologorsky, j'étais capitaine des lanciers polonais. J'ai chargé contre les chars allemands à Czestochowa…

«Ce fut mon meilleur copain, pendant cinq mois. Jusqu'à ce qu'il disparaisse.

«– Tu sais, François, me disait-il, après la guerre tu viendras chasser le lynx sur mes terres !…

«On arrivait même avec une ficelle à se passer des bouts de papier par l'ancienne colonne du chauffage.

«– Regarde la plinthe à gauche de la fenêtre, me disait un autre. Dans l'angle, il y a un morceau qui bouge.

«J'y trouvai un crayon…

«– Tu sais que tu peux ouvrir ta fenêtre sans clef ? Prends ta brosse.

En faisant levier tu vas casser un bout de fer qui soutient ta paillasse. Tu aiguises un côté en pointe en frottant sur la bordure de ton évier… »

JACQUELINE FLEURY : « J'avais au-dessus de moi une camarade qui avait été brûlée avec des cigarettes et souffrait beaucoup. J'arrivais à lui parler. »

FRANÇOIS PERROT : « Régulièrement des copains qui partaient pour être fusillés au mont Valérien criaient par les murs, par les tuyaux, par les petites fenêtres : "Adieu, je suis fusillé demain, tu diras à ma famille que…". Ou bien : "Adieu les copains, courage, Vive la France !" Le 14 juillet 1943, *La Marseillaise* retentit partout dans la prison. Les chanteurs furent privés de paillasse pendant plusieurs jours. »

3

Les camps de regroupement

« Ils ont quitté leur toit, leur terre et, tête nue,
ils ont pris le chemin tout droit de la mort inconnue. »

Marie Noël

Jean Mattéoli : « Le départ de la prison a été pour beaucoup d'entre nous une sorte de délivrance. Se dire qu'on en a fini avec les interrogatoires, que son dossier est classé. On était libéré de l'angoisse des sévices, de la peur que les nazis ne découvrent des faits nouveaux à propos de nos activités de Résistance. »

François Perrot : « Royallieu, en bordure de Compiègne, était un ancien casernement français. Il avait été transformé en "Front Stalag", c'est-à-dire en camp de prisonniers de guerre (sous-officiers et hommes de troupe) sur le front. Mais il était devenu un point de rassemblement de toutes les prisons de France, sorte de gare de triage gardé par la Wehrmacht avant la formation des grands convois qui partaient en déportation. »

Marcel Arbez : « Enfin Compiègne. Terme de ce premier voyage. Nous sommes le 13 avril 44 au soir. La ville est à peu près déserte. Tout au moins les rues, car nombreux sont les yeux derrière les rideaux...

« Cortège lamentable : nous n'avons rien mangé depuis quatre jours, les habits sont sérieusement fripés et les barbes noircissent les visages... »

Roger Joly : « Comme pour beaucoup d'"arrivages" à Royallieu, les gardiens allemands s'arrangèrent pour que notre convoi parvienne à destination à la nuit tombante, dans les conditions le plus discrètes possible. »

JEAN MATTÉOLI : «J'ai eu l'impression d'entrer au paradis. On voyait très peu les Allemands qui étaient hors du camp. On pouvait se promener au soleil, en plein air. La plupart d'entre nous mangeaient à nouveau grâce à des camarades qui leur faisaient partager leurs réserves puisque certains d'entre nous recevaient des colis.»

HÉLIE DE SAINT MARC : «Contrairement à mes camarades qui, avant d'arriver, avaient connu la prison pendant des mois et la torture, l'arrivée à Compiègne n'a pas été pour moi un soulagement, mais un choc. J'avais toujours vécu dans un milieu protégé, bien nourri, avec ce halo invisible qui entoure les enfants de notables. A Compiègne, j'ai eu un aperçu du vivier humain qui allait être mon univers pendant deux ans, ce patchwork incroyable de Résistants de tout poil et de droit commun vidés des prisons. Des bagarres éclataient à tout bout de champ. Il fallait trouver ses marques. Le monde que j'avais quitté était mort. J'ai encaissé le coup.»

ROGER JOLY : «Enregistrement individuel, affectation à un baraquement, installation dans la chambrée désignée. J'appartiens à l'A8, chambrée 5. Une grande pièce, libre en son centre et bordée de châlits à deux étages munis d'une paillasse éculée et grouillante de vermine.

«Le lendemain matin, une sonnerie nous réveille et nous recevons l'ordre de nous rendre à l'appel. Des milliers de prisonniers sont là : dix mille, douze mille peut-être ; ce camp se remplit et se vide à tours de bras.

«La marche intérieure du camp de Royallieu est assurée par les détenus, que l'on surnomme les "permanents", car les convois se succèdent en direction de l'Allemagne tandis qu'eux-mêmes restent à Royallieu. Fameuse planque ! Certains sont là depuis des mois. Il y a le "doyen du camp", personnage étrange avec ses soixante-dix ans et son abondante crinière blanche ; les "chefs de baraques" qui règnent sur leur bâtiment, et un certain nombre de "fonctionnaires" à compétence bien marquée : cuisine, infirmerie, service incendie. Tous opèrent sous le contrôle des Allemands dont ils facilitent la tâche. Ils ne sont pas, en règle générale, follement appréciés par les autres détenus.

«Entre les appels, nous sommes libres de notre emploi du temps. C'est fabuleux ! Pouvoir aller et venir, visiter des camarades quand on le veut, dans les blocks voisins, s'asseoir quelque part et s'adosser à un mur, à l'écart, en évoquant un passé récent ou ancien, tout cela tient du prodige lorsque l'on a vécu, pendant des semaines, l'entassement dans d'étroites cellules. Sans doute y a-t-il des miradors, garnis de sentinelles, les chiens dans le chemin de ronde, les barbelés électrifiés; il reste que nous nous sentons des "prisonniers libres" dans une enceinte redevenue humaine. Il y a même, chose inimaginable, une chapelle où les prêtres captifs peuvent, chaque jour, célébrer la messe!»

FRANÇOIS PERROT (juillet-août 43) : «Des étudiants, des paysans, des ouvriers, des professions libérales, des prêtres, des aristocrates et, dans ma baraque, un ancien des bataillons d'Afrique qui nous exhibait ses magnifiques tatouages. Une vie communautaire s'installait. Certains jouaient au foot…

«Il y avait également une vie intellectuelle. Des conférences étaient faites par des internés. Je suivrai celles du bâtonnier de Nancy, Henri Teitgen, qui donnait des conférences dignes des cours à la faculté de droit et de Sciences Po. Un prêtre lorrain, le père Georges Stenger, donnait des cours, disait la messe. Il n'y avait pas de travail, sauf quelques corvées élémentaires comme celle des patates. Nous ne manquions que de liberté et de bonne nourriture.»

GEORGES GUILLEMIN : «Je vois un homme maigre avec des lunettes, visiblement plus âgé que moi. On se présente.

«– Robert Desnos, me dit-il.

«– Vous êtes le poète surréaliste! lui dis-je.

«Je sens qu'il a peur et se rétracte.

– J'étais en khâgne, lui dis-je pour le rassurer, je viens de lire un livre sur André Breton et le surréalisme…»

JEAN-PIERRE RENOUARD : «Un noir organisait des combats de boxe. Comme prix, on gagnait des colis Croix-Rouge. Je me suis porté volontaire. Je suis tombé sur un Ch'timi qui m'a cassé une dent.»

ANDRÉE RIVIÈRE : «Après dix-sept jours de cellule à Montluc, on m'a emmenée au réfectoire. Nous étions contentes de retrouver des camarades, de pouvoir parler de nos familles, dont nous étions sans aucune nouvelle. Il y avait là Denise Vernay, et sœur Elisabeth qui comptera tellement dans l'épreuve de ma déportation et au cours de ma vie.

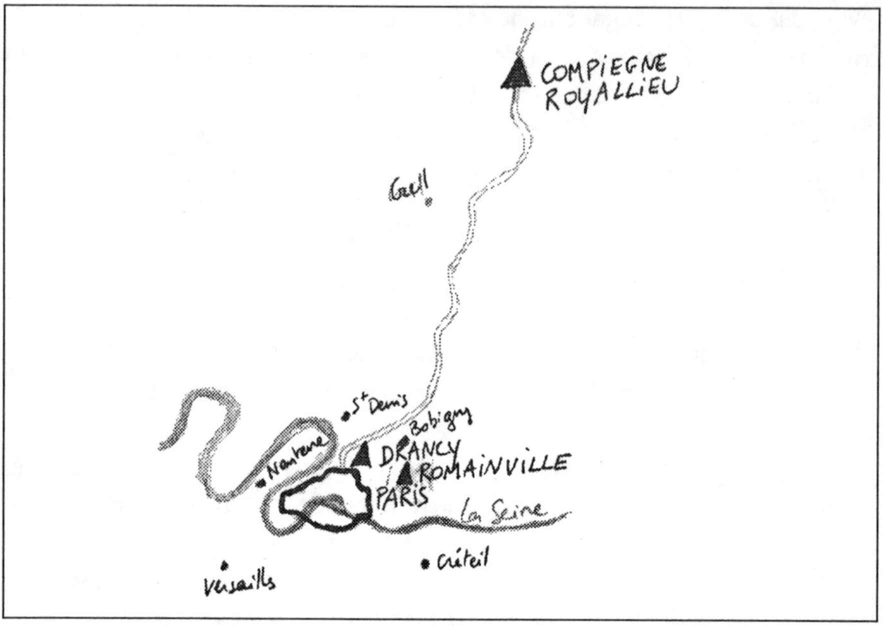

«Nous avons mis quatre jours pour aller au fort de Romainville, en wagon de voyageurs. Dix par compartiment, rideaux tirés, portes fermées. Sur des petits bouts de papier nous écrivions quelques mots à nos familles que nous faisions tomber dans les toilettes. Les cheminots se chargeaient de les ramasser.

«Au fort de Romainville, on nous a redonné les bijoux qu'on nous avait pris en prison. Ça nous a redonné un peu d'espoir. Nous ignorions que les Allemands venaient régulièrement au fort chercher des otages pour les fusiller, surtout chez les hommes.»

SIMONE ALIZON : «Je fus frappée par l'accueil brutal de la garde de ce fort de Romainville. Dans aucune prison nous n'avions été traitées d'une manière si rogue et si méprisante. J'ignorais que ces hommes appartenaient au même corps que les SS des camps de concentration et d'extermination.

«Après une attente assez longue, nous étions enfin amenées dans le bâtiment principal où étaient logées toutes les prisonnières. Elles étaient partagées en deux catégories; celles qui étaient au secret : "Nuit et Brouillard" (*Nacht und Nebel* ou NN) et les autres. Les NN vivaient ensemble dans diverses salles qui étaient fermées à clef et situées au dernier étage de l'édifice où je n'ai pu pénétrer.

« Toutes les autres prisonnières étaient réparties dans des salles de dimensions inégales ; quelques-unes ne contenaient que trois ou quatre châlits. Dans d'autres salles nous étions trente ou quarante.

« Les personnes rassemblées dans notre salle et une salle voisine étaient des Résistantes transférées de diverses prisons de France. Arrivées par petits groupes, seules, ou à deux au plus, chacune avait son histoire. Certaines avaient été arrêtées pour des actes de Résistance personnels ; d'autres appartenaient à des réseaux d'évasion ou de renseignement ou de passage de la ligne de démarcation. Quelques-unes avaient été arrêtées pour des raisons mystérieuses ou sur simple dénonciation.

« Ma sœur Marie et moi-même sentions dans ce lieu une atmosphère particulière que nous ne pouvions nous expliquer. Tout d'abord, une femme, parmi le groupe des communistes, venait trouver les nouvelles arrivantes comme pour les accueillir — en fait, afin de pouvoir situer, approximativement, leur milieu social et leur position politique. Comme nous avions le droit de circuler dans le bâtiment, hormis le dernier étage, très vite nous nous enhardissions et bavardions avec les unes ou les autres. Nous découvrions alors que toutes ces femmes, venues de milieux différents, se tutoyaient, semblaient bien se connaître. De plus, une grande cohésion transparaissait à travers leur langage et nous sentions que régnait, parmi elles, une étroite discipline.

« De certaines chambres, les plus petites, partaient des consignes et des projets pour tenir en alerte. Petit à petit, nous apprenions qu'elles étaient toutes communistes ou sympathisantes, à part quelques-unes, et qu'il y avait, rassemblées là, plusieurs grosses affaires liées au parti communiste.

« Les arrestations, pour celles-ci, s'étaient produites fin 1941 ou début 1942. Nombre d'entre elles étaient à Romainville depuis le mois d'août. Au fur et à mesure que le temps passait, nous apprenions que la plupart des hommes avaient été fusillés au cours des mois précédents. Certains de ces hommes l'avaient été dans des casemates, à l'autre bout du fort, face à nous, précisément en août. Toutes les épouses avaient pu dire un dernier adieu à leurs maris, soit à la Santé, soit ici. »

« Nous apprenions également qu'il y avait là des personnalités très importantes et des cadres du parti communiste. Beaucoup de ces femmes étaient des intellectuelles, des scientifiques ou des littéraires.

« Pour nous occuper, les responsables de ce groupe décidèrent de nous faire monter des spectacles. Leur préparation occupait tout le monde. Il fallait créer des décors avec peu de chose. Les costumes étaient faits d'emprunts de vêtements aux unes et aux autres. Nous avions aussi parmi nous une femme ayant été assistante de Louis Jouvet. C'était elle qui créait les mises en scène.

«Les "comédiennes" jouaient avec tant d'intensité que toutes les spectatrices en étaient bouleversées. La plupart de ces artistes improvisées étaient de jeunes veuves de quelques jours ou de quelques semaines et les mots d'amour venaient encore facilement à leurs lèvres...

«Nous fûmes toutes photographiées à Romainville. Quelques femmes enceintes furent libérées... Une atmosphère sinistre s'installait au milieu de nous. Quel serait notre sort? Irions-nous dans une prison allemande ou irions-nous dans un camp de rassemblement pour aller travailler dans une usine?

«Notre inquiétude était d'autant plus grande que l'on nous avait informées qu'il fallait renvoyer toutes nos affaires à nos familles. Pourquoi? Que cachait cette nouvelle lourde de menaces?

«A part quelques dirigeantes communistes, nous ignorions l'existence des camps de concentration et, même elles, ignoraient ce que pouvaient être les camps d'extermination. Encore moins l'existence d'un lieu comme Auschwitz-Birkenau, lieu de notre destination finale où, pour 180 d'entre nous sur 229, ce serait la mort[1]...

«Sans nous en rendre compte, le temps passait. Il y avait aussi un jour dans la semaine où nous recevions des colis et des lettres, pour celles qui n'étaient pas au secret. Entre deux attentes, c'étaient l'espérance et l'inquiétude puis, le jour arrivé, c'était, pour les unes et les autres, des moments d'émotion, souvent de déception ou d'angoisse. C'est ainsi que nous avions appris, huit jours avant le départ pour l'Allemagne, la mort de notre mère, survenue en juillet. Nous n'étions pas les seules, Marie et moi, à recevoir de mauvaises nouvelles et, parfois, ce qui était pire, pas de nouvelles du tout...»

MADELEINE PERRIN : «Le 23 ou 24 avril 1943, à Romainville, visite médicale par un docteur allemand, un "scribouillard", allemand également, et une doctoresse française, prisonnière, qui était autorisée par le Bureau à visiter les malades du camp; à part quelques-unes reconnues trop malades ou âgées de plus de soixante-cinq ans – lesquelles d'ailleurs vinrent huit mois plus tard à Ravensbrück – et quelques autres pour affaires spéciales, toutes les femmes furent admises au départ. Le commandant du camp avait autorisé le prêtre des Lilas à dire une messe le jour de Pâques, 25 avril 1943; elle fut dite dans une casemate[1].

1. Le convoi de Simone Alizon est tristement célèbre. C'était celui de Danièle Casanova et de Marie-Claude Vaillant-Couturier. Sur les 229 femmes de ce convoi, 119 étaient communistes ou sympathisantes; 77 résistantes; 33 avaient été arrêtées pour des raisons diverses. Seulement 49 en revinrent.

« On nous donna l'ordre de garder juste du linge de rechange et de renvoyer à nos familles tout ce qui ne nous était pas absolument utile... On nous dit que nous partirions le mardi 27 avril 1943 au matin...

« – Habillez-vous chaudement, au moins trois jours de voyage, il fait froid dans les wagons la nuit, pas de gros colis.

Le bruit courait que nous allions aux environs de Berlin.

« Le mardi matin, nous partîmes dans des cars, accompagnées par des SS armés jusqu'aux dents : environ deux cent cinquante femmes, gare du Nord. Nous fûmes embarquées dans le train pour Compiègne. On essayait de glisser des billets pour prévenir nos familles, mais très peu réussirent. Les SS étaient très nombreux et vigilants.

« A notre arrivée à Compiègne, en avril 43, il y avait pour nous transporter de la gare au camp – "Oh ! rigolade !" – des charrettes à fourrage ; ceci nous amusa beaucoup. Nous chantâmes à gorge déployée pendant le trajet *La Marseillaise, Le Chant du départ*... On se serait crues revenues au temps de la Terreur, où des charretées entières partaient à la guillotine. Les habitants rentraient chez eux et n'osaient pas nous regarder.

« Nous vîmes des hommes qui devaient partir eux aussi. Tous nous disaient : "Ne vous en faites pas, ce ne sera pas pour longtemps..." Nous couchâmes la nuit dans les chambres, juste une paillasse, de la vermine et pas de couverture. On a pu dormir quelques heures. Au matin, celles dont le mari ou le fils étaient là purent les voir, on nous distribua un gobelet de papier, une boule de pain, un morceau de saucisse pour trois jours, une couverture, mais rien à boire. Puis nous repartîmes pour la gare de Compiègne en camions bâchés escortées par des Feldgendarmes. Là commençait la dure épreuve. »

GENEVIÈVE DE GAULLE-ANTHONIOZ : « Je suis restée dix jours à Royallieu. Les conditions matérielles n'étaient pas excellentes. On avait seulement un demi-litre d'eau qui devait servir à nos ablutions et à boire. Pas de toilettes, mais une feuillée. Nos conditions étaient plus dures que celles des hommes. Sans doute parce que nos baraques n'avaient pas été aménagées. »

1. Ce prêtre leur distribua des Livres de messe du prisonnier autorisés par le Reich, en principe, en France. Huit jours après, à leur arrivée en Allemagne, ils devaient tous être confisqués.

ROGER JOLY : « "Mon petit, prie le ciel de rester ici le plus longtemps possible à Royallieu", m'avait dit un chef de baraque. "Là-bas c'est l'enfer..."

« L'enfer est pour demain. Il commence par un appel général. De grandes tables sont amenées, avec des chaises, pour assurer à la hiérarchie du camp son confort.

« Ce jour-là, dans la masse des détenus immobiles, 1990 prisonniers sont appelés individuellement. J'en fais partie [1].

« Les Allemands nous isolent : une fouille individuelle poussée va avoir lieu avant que l'on ne nous entasse dans le camp C, dit "des Américains", ainsi nommé parce que des internés américains y avaient séjourné. Une haie de soldats se déploie devant nous ; nous passons individuellement devant eux pantalons baissés sur les talons, slips abaissés jusqu'à mi-cuisses, chaussures tenues à la main, nourriture pour le voyage, qui vient de nous être distribuée. Nous devons en outre écarter les jambes pour bien montrer que nous ne dissimulons vraiment rien... Nos autres vêtements, veste, chemise, maillot de corps font l'objet d'une inspection minutieuse. Après quoi nous sommes autorisés à nous rhabiller. Formés en colonnes par cinq, et ce sera désormais la règle, on nous fait passer dans l'enclave des "Américains". »

MARCEL ARBEZ : « Périodiquement un millier de types partaient. Mais on ne savait pas où. Personnellement, je n'imaginais rien. Beaucoup pensaient aller dans un autre camp de prisonniers, un peu plus dur.... D'indécrottables optimistes espèraient encore des événements propres à arrêter notre départ : les bobards couraient à qui mieux mieux. Un tel n'a-t-il pas lu hier dans un journal : "La marine anglaise bombarde les côtes de France" ? »

LÉON BOUTBIEN : « Nous nous étions faits beaucoup d'illusions. Nous ne savions même pas où nous allions. Le gouvernement français lui-même ne savait pas exactement le sort qui nous était réservé, sinon une condamnation à mort différée... »

FRANÇOIS PERROT : « Des officiers allemands nous disent que nous allons partir en Allemagne pour travailler. "Vous serez payés et bien traités." Cela nous paraissait incongru. »

1. Les convois à destination de l'Allemagne partaient à la cadence d'un toutes les deux ou trois semaines. Chacun d'eux comprenait de mille à deux mille personnes.

André Laroche : «J'imaginais un lieu de travail puisqu'ils avaient besoin de main-d'œuvre. Même ayant lu certaines choses sur les camps de concentration nous pensions qu'ils étaient réservés aux Allemands ou aux Juifs.»

Pierre Le Rolland : «La déportation et les camps de concentration étaient assez méconnus du public français. J'avais lu, en 33 : *Le Livre brun* paru aux éditions du Carrefour. Ce livre composé par des réfugiés allemands, sous le contrôle du parti communiste soviétique, donnait une description du camp de concentration de Sonnenburg, qui deviendra ensuite une forteresse. Mais on n'imaginait pas que cela pouvait nous arriver. Il ne faut pas oublier que mis à part le départ des mineurs du Nord en automne 41, pour le camp de Sachsenhausen, les premières déportations se situent début 42. Les gros départs, sauf pour les Juifs, commenceront en 43.»

Geneviève de Gaulle-Anthonioz : «Nous imaginions que nous allions dans un camp plus dur que le camp habituel, mais nous étions encore dans le pensable. Certaines espéraient même une amélioration de leur sort, après ce qu'elles avaient connu en prison. Les camps allaient bien au-delà de ce nous avions pu imaginer. Nous pensions être internées dans une prison très dure, être torturées, fusillées... Mais un tel univers était impensable!»

Roger Joly : «...la plupart pensent que nous allons dans des camps en tous points semblables aux stalags et aux oflags de prisonniers de guerre. D'autre estiment que nous allons être répartis selon la gravité des charges qui pèsent contre chacun : cela irait du camp de "travailleurs libres" (les STO) jusqu'à la forteresse en passant par des camps disciplinaires.»

Jean-Pierre Renouard : «Pourtant mon père m'avait fait écouter, en 1934, le discours de Nuremberg... Il avait des livres de témoignages de gens qui avaient fui l'Allemagne... J'avais lu le numéro de *Match* donnant le règlement du camp de Buchenwald de 1940.»

André Rogerie : « Nous recevions en famille une revue qui s'appelait *Les Lectures pour tous*.. Je venais d'avoir douze ans quand le numéro de mars publia un article qui attira mon attention et qui est resté dans ma mémoire. Un journaliste français avait pu visiter un camp de concentration allemand où étaient incarcérés des opposants au régime hitlérien. Il avait pu prendre des photographies. Ce qu'il racontait était si épouvantable que j'en avais été frappé. Ce camp s'appelait Dachau. »

Léon Boutbien : « Ces reportages évoquaient l'existence des camps, et peu leur contenu. Le régime qui s'était abattu sur l'Allemagne à travers Hitler entretenait un secret jaloux de ce qui pouvait se passer à l'intérieur.

« Cette méconnaissance a prévalu tout au long de la guerre. Les Allemands eux-même connaissaient l'existence des camps de concentration mais ne savaient pas ce qui s'y passait réellement. Ces camps étaient entourés d'un tel climat de terreur ; l'on appréhendait ce problème comme on aurait appréhendé un enfer, mais sans en connaître le contenu. »

Geneviève de Gaulle-Anthonioz : « Ces reportages portaient sur des camps qui en étaient à leur première phase. Mais les chambres à gaz d'Auschwitz sont arrivées bien après. Ces descriptions ne nous auraient pas permis d'imaginer ceux où nous irions un jour. »

4
Les convois

« L'homme, c'est celui qui porte
en lui plus grand que lui. »
SAINT-EXUPÉRY

MAURICE BRAUN (de Pantin à Buchenwald) : « Nous étions trois mille, ce 15 août 44, en gare de Pantin. Une pagaille extraordinaire : environ quatre cents femmes, deux mille six cents hommes. Toutes les prisons avaient été vidées : la Santé, Fresnes, le Cherche-Midi. Sortant d'une année d'isolement, j'étais très faible. Deux jours auparavant, quand on m'avait mis dans une cellule collective, j'avais perdu connaissance. Je n'avais plus l'habitude que l'on me parle.

« Sur le quai, notre convoi s'est formé. Nous étions désespérés. Leclerc était aux portes de Paris. J'entends encore les cheminots nous crier : "Vous n'irez pas loin. La guerre est finie. Les Alliés ont débarqué à Saint-Tropez." Je revois ce jeune SS aux yeux clairs, au visage de Siegfried sportif. Comme il faisait très chaud, il avait enlevé sa veste et la courroie de son fusil mitrailleur collait contre son dos en sueur. Ce qui me choquait le plus était ce ciel pur de 15 août, avec un soleil implacable comme un reproche. Un soleil de grandes vacances qui ne comprenait pas pourquoi, en ce jour férié, il éclairait cette scène de départ et de mort.

« Les Allemands en civil de l'avenue Foch appelaient de wagon en wagon les *"Vorsicht* [1]*"*. Ils les appelaient tranquillement, par leur nom qu'ils prononçaient à l'allemande, comme s'il s'était agi d'un changement de train pour la prochaine correspondance, mais j'avais entendu un Sturmbannführer discuter avec un officier de Feldgendarmerie sur l'emplacement des exécutions.

« Pourquoi me serais-je présenté? Est-ce qu'on meurt dans une gare de marchandises d'une tristesse si désespérée quand c'est le 15 août et qu'on

1. « Attention » (détenu faisant l'objet d'une surveillance spéciale).

pourrait être en vacances, étendu sur une plage ? Ce soleil m'aveuglait. Ce soleil m'anéantissait : une année tout seul au fond de la prison et puis cette grande lumière qui miroitait sur les armes des SS et qui chauffait à blanc les rails. »

JACQUELINE FLEURY (de Pantin à Ravensbrück, 15 août 1944) : « Plusieurs parmi nous avaient été torturées et souffraient. Que de gémissements, de pleurs accompagnèrent le bruit des roues. Les nombreux coups de freins rendaient encore plus douloureux nos corps.

« Soudain, en pleine nuit – dans le noir total d'un tunnel – et dans des grincements horribles, le convoi s'arrêta.

« Dans mon wagon, il y eut un calme fait d'inquiétude. Angoissées, nous entendions les vociférations des Allemands qui parcouraient le bas-côté du train ; naturellement, nous ignorions l'endroit où nous nous trouvions.

« L'air venant à manquer, nous retenions nos respirations et le silence devint de plus en plus pesant ! C'est alors que la voix merveilleuse d'une de mes compagnes s'éleva. C'était un *Ave Maria*. Toutes les femmes avaient le cœur serré. Après tant d'années, je garde encore le souvenir poignant de cet épisode.

« Mes pensées allaient vers mes parents, arrêtés eux aussi et quittés dans le couloir de Fresnes. Ils avaient été enfermés, comme moi, au secret. Où étaient-ils ?

Après quelques heures d'angoisse — le temps nécessaire sans doute pour accrocher une machine à l'arrière du convoi — le train démarra doucement.

« Puis arrêt, portes ouvertes avec fracas, vociférations et hurlements : *"Los! Los!"*... Tirées du wagon parfois férocement, nous tombons dans les champs qui bordent la voie ferrée. C'est alors que nous découvrons le tunnel dans lequel nous avions été enfermées.

« Hagardes, reprenant souffle, le cœur battant, nous avons dû nous ranger le long du train. Alors s'ébranla une immense colonne pour un parcours de plusieurs kilomètres[1], encadrées par les SS armés, prêts à tirer. Certaines de mes compagnes étaient chargées de paquets reçus en prison. Elles désiraient garder ces "trésors", espérant je ne sais quoi... Si elles avaient imaginé ce qui nous attendait... !

« La soif nous tenaillait atrocement car la chaleur devenait de plus en plus pesante. Des habitants de la région essayèrent de nous donner à boire mais ils furent repoussés. Il y eut des tentatives d'évasion et même des évasions réussies. Les SS tiraient.

« Après un parcours terrible, douloureux — les plus solides aidant les plus âgées ou les blessées — nous nous sommes retrouvées devant des wagons à bestiaux, nouveau convoi préparé au-delà de la Marne que nous venions de traverser.

« Pendant cette marche hallucinante j'avais, vainement, essayé de voir parmi toutes les femmes, devant et derrière moi, la silhouette de ma mère. Je ne devais la retrouver qu'à Ravensbrück.

« Par la porte ouverte de notre wagon, nous avons vu des prisonniers hommes ; certains, marqués par les sévices subis, portaient les paquetages, les cantines des Allemands. Je guettais... mon frère était peut-être parmi eux! A l'opposé, par la petite ouverture grillagée, nous apercevions un train plein de collabos et d'Allemands en uniforme. Ce joli monde quittait la France et ce spectacle nous réjouissait : cette fuite n'était-elle pas la preuve d'une victoire prochaine pour les Alliés ?

« Un peu d'eau nous fut distribuée par les villageois. Puis les lourdes portes des wagons fermées avec fracas, des mitrailleuses installées sur les toits, notre convoi

1. « Les Anglais, qui savaient qu'il y avait dans ces wagons l'élite de la Résistance, ont démoli le tunnel de Nanteuil-Sacy. Les Allemands nous ont évacués les uns par Nanteuil, les autres par Sacy et les derniers, dont la colonne de Maurice Braun et de Mme Fleury, par-dessus le tunnel. Après trois kilomètres ils sont arrivés de l'autre côté. Il y avait là un train de femmes allemandes qui fuyaient. On les a fait descendre pour les mettre dedans. »

reprit sa marche, emmenant près de 2 500 prisonniers vers un destin dramatique où beaucoup trouvèrent la mort.»

PIERRE EUDES : «Notre tour arriva le jeudi 27 avril 1944. La veille, au cours d'un rassemblement général sur la place d'appel du camp de Royallieu, les partants sont appelés un à un et regroupés vers un enclos, isolés du reste, avec leur maigre bagage, pour y passer la nuit. Nous étions environ 1750, répartis dans plusieurs grandes salles vides, avec juste un peu de paille sur le sol.

«Personne n'avait sommeil et les conversations durèrent jusqu'à une heure avancée. Puis un groupe se mit à chanter, avec vigueur, avec fureur. Tous les répertoires y passèrent, et le plus enragé fut notre camarade Robert Desnos.»

FRANÇOIS PERROT : «Au bout de trois semaines, grand rassemblement à Royallieu. On appelle un millier de noms, parmi lesquels Hélie de Saint Marc, Michel Clemenceau, le fils du Tigre. On les met à part pour la nuit et le lendemain ils partent pour Buchenwald. C'était le convoi des 20000. Huit jours après, le 19 septembre 43, même scénario. C'est le convoi des 21000 dont je ferai partie.»

JACQUES MOALIC : «Le 14 décembre 1943, nous quittons Royallieu, c'est le convoi des 38000.»

FRANÇOIS PERROT : «Le lendemain matin, on était fouillés. Certains on pu garder des couteaux, des lames de scie. On nous a donné une couverture, un pain et un saucisson. Et en route en colonnes par cinq, à pied, deux kilomètres, encadrés par la Wehrmacht, jusqu'à la gare, à travers la ville de Compiègne. Nous voyons des gens apitoyés sur les trottoirs. Certains font signe aux fenêtres.»

PIERRE EUDES : «Tout le long de notre trajet des centaines de personnes font la haie, parents ou amis de ceux qu'on déporte, essayant de saisir une dernière fois l'image d'un être cher qu'ils ne reverront sans doute plus. Beaucoup pleurent.»

JACQUES RICHARD-MOUNET (convoi des 41000, 23 janvier 44) : «Premier avertissement : "Vous ne devez garder avec vous que vos vêtements, et jeter immédiatement tous instruments tels que couteaux, etc." Une pluie de couteaux de poche joncha bientôt le sol. Deuxième avertissement. "Nous allons vous fouiller, et si nous en retrouvons..." Deuxième pluie de couteaux...»

MARCEL ARBEZ : «"En route!" Nous sortons du camp par le grand portail. En face, est-ce ironie ou symbole d'espoir, le café de la Victoire. Mais cette vision est bien fugitive; sous une garde vigilante, le convoi se dirige vers la gare. Feldgendarmerie ou Wehrmacht barrent les carrefours. Une équipe spéciale passe à l'avant du cortège pour fermer les portes cochères et barrer les passages qui auraient pu être une occasion (oh! bien minime) de fuite.

«Nous longeons l'Oise au lever du soleil dans l'air frais de ce matin de printemps, un peu partout des lilas en fleur. Malgré l'heure matinale, la population nous fait un adieu discret. Nous savourons encore ces dernières impressions de notre douce France, ce soleil, ce printemps lorsque nous atteignons la gare. Contraste brutal, ces wagons sales, noirs...»

*

JACQUES MOALIC (14 décembre 1943) : «Sur le quai de Compiègne, on commence à comprendre. On nous entasse à environ quatre-vingt-dix dans un wagon en bois. Ce n'était pas le voyage que nous imaginions. Un officier nous avertit : "Tentative d'évasion, on en fusille dix."»

FRANÇOIS PERROT : «Les SS prennent la relève. Train de marchandises. Wagons à bestiaux garnis de paille. On est disposé à quarante par wagon. A cette époque tous les wagons portaient l'inscription : "Hommes : 40; chevaux en long : 8". Les règles étaient respectées. Puis les portes ont été bouclées. Il ne restait plus que de petites ouvertures obturées par des barbelés.»

MADELEINE PERRIN (avril 1943) : «...on nous fit monter dans ces wagons, sans marchepieds, avec nos valises, très peu de paille sur le plancher. Je crois me souvenir que nous étions environ quarante; ils firent glisser les portes et plombèrent les wagons.»

Pierre Eudes (27 avril 44) : « Un nouvel appel est fait sur le quai et nous devons monter par groupe de cent vingt dans chaque wagon. L'opération se fait sans brutalité : nous sommes encore en France et il y a beaucoup de témoins dans la gare. Je me trouve à peu près dans le milieu du convoi. Un SS d'une trentaine d'années nous fait un discours dans un français impeccable ; il nous recommande la discipline, de ne pas tenter de nous évader. Il nous précise que si, quelqu'un s'évade d'un wagon, les autres seront contraints de continuer le voyage nus. Il termine avec un sourire ironique et nous souhaite bon voyage... »

Marcel Arbez (12 mai 44) : « Nous sommes cette fois un bétail anonyme et, qui plus est, sans valeur marchande. Cent par wagon. Un officier nous lit la règle du jeu dans un français très approximatif. Les portes sont roulées dans un grincement sinistre, puis verrouillées et plombées. Les ouvertures sont obstruées, sauf une.

« Cent dans un si petit wagon : nous ne réalisons pas le tragique de la situation. Dans quelques heures, ce sera la lutte pour la vie, pour quelques bouffées d'oxygène, ou pour quelques centimètres carrés de plancher. »

Roger Joly : « Je suis monté parmi les premiers dans ce cercueil roulant. Tout naturellement je me suis mis sous l'orifice aéré. J'aurais du moins un peu d'air. Mais je suis enchâssé dans d'autres camarades de misère que je ne connais pas. »

Pierre Eudes : « ... Nous nous retrouvons dans la semi-obscurité ! Seules les fentes entre les planches, les portes coulissantes et le lanterneau laissent passer un peu d'air et de lumière. »

Maurice Braun : « Maintenant nous étions en place, strictement emboîtés les uns dans les autres, cent dix par wagon[1] : ceux qui croyaient au ciel et ceux qui n'y croyaient pas, ceux qui allaient mourir et ceux qui allaient survivre, ceux qui partaient pour Ellrich et ceux qui seraient fusillés le lendemain à Nanteuil-Sacy.

« "Eh ! l'interprète, on vous appelle !" C'était pour me dire que je serais fusillé s'il y avait tentative d'évasion dans mon wagon.

1. « A la gare du camp de Neuengamme, sur un socle en ciment près d'un wagon témoin, ont été figurées des empreintes de pieds. C'est la superficie au sol que représentait un wagon. 21,3 mètres carrés pour cent personnes. Soit : 21 centimètres par personne... »

« Une grande bouffée d'air. Un dernier regard derrière l'Allemand qui me parle, au ciel toujours bleu, à l'immeuble gris tout là-bas où une femme a mis du linge à sécher. C'est fini, au revoir la France. Les lourdes portes du wagon sont poussées. Puis, on entend les coups de masse qui les verrouillent. A travers les fentes, nous essayons d'apercevoir les baraquements de la gare de Pantin[1]... »

MADELEINE PERRIN (avril 1943) : « Nous nous trouvions dans une complète obscurité et sans air. Un vieux cylindre métallique devait nous servir pendant soixante-douze heures de w-c, placé au milieu du wagon. Nous avions certes le cœur serré ; on apprit que notre convoi était composé d'environ mille deux cents hommes parqués dans les même conditions que nous et sûrement plus serrés, nous ignorions d'où ils venaient. C'est alors que quelques camarades se dévouèrent et, à l'aide de limes à ongles, usèrent les gros fils de fer qui tenaient fermées les fentes d'aération placées à chaque bout des wagons, ce qui demanda de gros efforts et plusieurs heures ; enfin, nous eûmes un peu d'air et de lumière.

« (...) Ce n'est que le lundi matin, en passant dans une gare allemande, que l'on put avoir un petit gobelet d'eau passé par les lattes que nous avions ouvertes, nous ne pouvions plus manger tellement nous avions soif ; dans le courant de la journée, ils ouvrirent les portes et deux femmes furent désignées pour vider la fameuse tinette qui débordait sur nous à chaque secousse ; c'était une infection ; la nuit suivante se passa encore à rouler, puis on s'arrêta et les wagons des hommes furent décrochés ; c'était, je crois, Berlin (convoi pour le camp d'Oranienburg-Sachenhausen) ; nous continuons à rouler jusqu'à Fürstenberg où le train s'arrêta, nous voyons des Polonaises en costume de prisonnières déchargeant des marchandises, une camarade parlant polonais leur demande des renseignements ; on apprend qu'en arrivant au camp on nous confisque tout, même la nourriture, elle nous conseille de manger tout ce que l'on peut ; hélas, nous avons encore à peine une demi-heure à rester dans le train et nous avions si soif que c'était fort difficile de manger, de plus, nous sommes harassées de fatigue, courbaturées d'être restées soixante heures sans mouvement et dans si peu d'espace. »

1. « Revenu sur le lieu d'embarquement pour la première fois, un vertige me prend. Je songe à mon vieux professeur quand il disait : "Attention à l'oral. On n'en reçoit qu'un sur trois." Un sur trois ! Notre convoi, qui ignorait encore son titre de "convoi des 77 000", ne devait laisser que trois cents d'entre nous à Buchenwald. Près de deux mille dirigés sur Dora et Ellrich n'allaient rentrer que dans la proportion d'un sur quarante-cinq... »

PIERRE EUDES : « Les quatre lucarnes par lesquelles on aperçoit ordinairement les têtes des chevaux sont obturées par des planches clouées et bardées de fil de fer barbelé. Au milieu du wagon a été déposée une balle de paille compressée, et c'est tout. Pas de réserve d'eau, pas de récipient sanitaire. En vain, nous essayons de nous asseoir, impossible à cent vingt. Il faut se partager : moitié debout, moitié assis. Combien de temps va durer ce voyage ? Quelle destination ?...

«Enfin le train s'ébranle, il est environ 8 heures du matin.

« Nous sommes cahotés, bringuebalés toute la journée à allure réduite. Nous ne comptons plus les arrêts en rase campagne. En s'aidant de matériel de fortune, quelques débrouillards réussissent à ouvrir les quatre lucarnes. Heureusement car l'air venait à manquer. »

GEORGES GUILLEMIN (27 avril 44) : « Les tentatives d'organisation à bord des wagons furent un échec. On ne pouvait pas s'asseoir sans être piétiné. Il n'y avait pas de tour de rôle pour s'approcher des lucarnes... Ce dont je me souviens est que j'avais très soif, que je n'ai pas bu d'urine et, qu'assez costaud, je ne fus pas jeté par terre.

«Je restai le long d'une paroi durant quatre jours. Certains s'écroulaient. D'autres les relevaient pour qu'ils respirent. Il y avait des mouvements de foule et des disputes incessantes. Certains urinaient sur d'autres. »

ROGER JOLY : « Les malheureux qui sont montés les derniers se sont trouvés de l'autre côté du wagon, l'air ne leur parvenait pas. C'est dans cette partie du wagon que le plus grand nombre de morts a été enregistré. Ceux qui descendaient dans la forêt des jambes, n'avaient plus d'oxygène et mouraient. Dans mon wagon, il y avait huit morts à l'arrivée. »

Commandant PALAUD[1] (de Compiègne à Dachau, 18 juin 1944) : «... des heurts devaient fatalement se produire et conduire à la catastrophe si une organisation convenable ne nous permettait pas de résister à l'infortune. Nous étions tous physiquement diminués, qui par les tortures, qui par les privations et cependant, même entre nous, il fallait songer à se raidir.

1. Ce Compagnon de la Libération rend hommage à son camarade de déportation Georges Hubert (agent BOA [bureau des opérations aériennes] à Arpajon, déporté au camp de Dachau).

« Il se trouvait là un tiers de vrais Résistants qui surent affronter toutes nos peines, avec courage et discipline ; il y avait aussi un tiers de pauvres bougres, arrêtés au hasard d'une rafle sans raison précise, qui se trouvaient là sans trop savoir pourquoi ; ils nous aidèrent à imposer silence au dernier tiers des prisonniers qui constituaient un échantillon complet de la pègre internationale : bandits de grand chemin, détenus de droit commun, voleurs, souteneurs, assassins, déserteurs et pillards au service de l'Allemand, puis condamnés par lui (...).

«A peine le train parti de Compiègne, des bagarres éclatèrent, des coups furent échangés entre ceux qui étaient debout et ceux qui étaient assis. Mais du groupe des Résistants, Hubert parvint à imposer la nomination d'un chef de convoi. L'accord unanime se fit sur un nom et une petite équipe qui parvint à remettre un peu d'ordre à la force du poignet. Un tour de relève fut établi pour remplacer ceux qui étaient debout.

« Les Allemands, par intervalles irréguliers (en trois jours de voyage, nous n'eûmes pas cinquante litres) distribuaient trois ou quatre litres d'eau à ceux qui étaient au premier rang et pouvaient ainsi se payer le spectacle de nous voir soumis au supplice de Tantale. Pour quelques gouttes de liquide, certains étaient prêts à se ruer sur d'autres. Dans cette première nuit atroce, un malheureux périt d'étouffement tandis qu'apparaissaient chez d'autres les premiers symptômes de folie. »

PIERRE EUDES (de Compiègne à Auschwitz-Birkenau) : « Alternativement nous devons changer de position : couché en chien de fusil, assis, debout... C'est infernal. Toute la nuit, les projecteurs de tête et de queue du train balayent les deux côtés pour parer à toute évasion. Au cas où quelqu'un s'échapperait par le plancher, une herse métallique a été placée à quelques centimètres du ballast sous le dernier wagon, occupé par la garde SS. »

JACQUES MOALIC (de Compiègne à Buchenwald) : « Étonnant fut notre arrêt à Francfort. Nous voyions sur le quai d'en face les civils allemands qui se baladaient. Ils semblaient ne pas du tout s'intéresser à ces wagons, d'où certainement provenaient des signes d'angoisse, des gémissements... Nous avions une impression d'indifférence, ou d'absence, comme s'ils avaient gommé notre train... »

ROGER JOLY (de Compiègne à Neuengamme) : « Quatre-vingt-une heures pour parcourir mille kilomètres ! Nous roulions une heure puis, la voie étant coupée par l'aviation alliée, nous attendions des heures que la réparation se fasse.»

José Bellec (Compiègne à Buchenwald, 15 au 20 août 1944) : «Au soir du troisième jour, nous mourrons de soif. Dans notre coin de wagon, correspondant à notre espace vital, nous avons décidé d'un commun accord de confier la garde du seul broc d'eau que nous avions reçu à l'unique halte, à un camarade de confiance. Ce "fonds" d'eau était réservé aux compagnons arrivés à la dernière extrémité.

«Dans la nuit du troisième au quatrième jour, plusieurs hommes déliraient... l'un de mes voisins voyait des "Chinois" s'approcher de nous... Soudain je suis bousculé par un homme obèse, énorme. Je reconnus dans la semi-obscurité celui qui s'était dit au départ cuisinier... Le cuisinier "reniflait" l'eau du broc.

«Puis on entendit un cri, un appel étouffé, des râles, l'homme étranglait notre camarade qui tenait bon le broc confié à sa garde. Malgré objurgations, requêtes, menaces, l'homme maintenait son étreinte... Or mon ami avait une importante entaille toute récente au cou, ayant tenté de se suicider avec une lame de rasoir au siège de la Gestapo, rue de la Pompe.

«Avec deux camarades, nous fîmes lâcher prise à l'attaquant à coups de poing... Il s'affaissa. Puis, dans le fatras et la confusion du wagon, nous ne le revîmes plus...

«Le lendemain, après quatre jours et demi de transport, nous arrivions à la gare de Buchenwald... Il nous fallait sauter tant bien que mal des wagons de marchandises. Un des premiers hommes que nous vîmes sur le sol, sans vie, était hélas notre compagnon que la soif avait rendu fou... Aujourd'hui encore, cinquante-trois ans après le drame, il m'arrive d'en pleurer.»

Jean Mattéoli : «Je me souviens d'une certaine nuit, la deuxième ou la troisième, j'avais réussi à me redresser le long d'une paroi. Il y avait là une cornière métallique qui s'était humectée de rosée pendant la nuit, je l'ai léchée. Certains de mes camarades buvaient leur urine. On leur expliquait que c'était de la folie, mais à tout prendre mourir de cette façon ou d'une autre leur devenait indifférent.»

Commandant Palaud : «Le vent de folie se généralisait : l'un des détenus sautait continuellement à pieds joints en hurlant : "Je suis la veuve Albertini !" Il voulait ainsi que d'autres, enhardis par son exemple, se confesser publiquement.

« Bientôt, la confession devint collective. Chacun voulut faire l'aveu de ses fautes et en demander au ciel le pardon. Que les vrais croyants se recueillent avec calme dans le suprême refuge de la prière, il n'y avait rien de plus normal et de plus imposant, mais que des hommes de sac et de corde que, quelques minutes auparavant, le chef du convoi était obligé de maîtriser, en viennent à débiter des oraisons d'après leurs souvenirs d'enfance, uniquement par peur de la mort et par déraison, conséquence de leur surexcitation nerveuse, c'était là une parodie macabre, une hallucinante mascarade pour l'esprit qui gardait encore quelque lucidité.

« L'un de nous, un vrai Résistant, perdit raison. D'autres, furieusement surexcités, voulaient le tuer. Il fallut l'énergie de l'équipe du convoi pour éviter de nouvelles luttes [1]. »

*

ANDRÉ LAROCHE (début mai 44) : « Les gros durs de la Résistance ont dit qu'il fallait s'évader avant le passage de la frontière allemande, à la nuit. Quand ils ont commencé à percer le wagon avec une lame de couteau, il y a eu ceux qui voulaient s'évader, ceux qui étaient passifs, ceux qui voulaient empêcher les autres de s'évader parce qu'ils venaient de dérouiller lors des interrogatoires, et ceux qui avaient peur d'être fusillés.... »

JACQUES MOALIC : « A des types dont j'avais fait la connaissance à Royallieu, j'avais dis que j'étais prêt à risquer le coup. En échange, je leur apportais ma connaissance du terrain : j'avais un frère qui habitait à Reims. Nous pourrions y être hébergé après notre évasion, l'on ne viendrait jamais nous y chercher. Affaire conclue. »

GEORGES GUILLEMIN : « Il fallait un accord presque général du wagon pour préparer une évasion : s'écarter, laisser scier une planche ou deux, y aller en groupe et que les autres acceptent le risque que les SS se vengent sur eux ! »

1. « L'autre wagon où n'avait pas régné une aussi stricte discipline que dans le nôtre, comptait quatre-vingt-dix-sept morts sur les cent malheureux qui avaient pris le départ pour ces camps dont il ne devait revenir que quelques rescapés. »

JACQUES MOALIC : « Notre groupe s'était joint à des Nantais qui avaient réussi, malgré la fouille, à passer une vrille. Avec cet outil nous avons fait un carré dans la paroi côté campagne, point par point. Très habiles, ils s'arrêtaient avant que la pointe de la vrille ne perce à l'extérieur. »

FRANÇOIS PERROT (19 septembre 43) : « Ceux qui avaient réussi à garder un couteau ont dit : "Voilà, on est prêts à entailler la paroi pour s'évader." Il y a eu discussion. Certains avaient peur des représailles ou de se blesser en sautant. J'étais volontaire. Nous avions pris des numéros d'ordre. Pendant ce temps-là, ceux qui avaient des outils travaillaient. On s'était dit qu'il faudrait sauter à la nuit pour être moins facilement repérables. »

ANDRÉ LAROCHE : « L'évasion s'est imposée. Tout de suite un Résistant a dit : "Je prends le numéro 1." Le temps de prendre la parole, j'étais en quatorzième position. »

JACQUES RICHARD-MOUNET : «... nous avons espéré une évasion jusqu'à ce qu'une sentinelle allemande, faisant à l'occasion d'un arrêt le tour des wagons, vit un peu de sciure de bois, ou la trace d'une fente, et se mette à tirer une rafale de mitraillette dans le marche pied, en menaçant de tirer au hasard dans la paroi du wagon si on ne lui envoyait pas immédiatement l'outil utilisé. La foule des "voyageurs" tomba à bras raccourcis sur l'"utilisateur" qui fut désormais dépourvu d'outil. »

ANDRÉ LAROCHE : « L'opération est sur le point de commencer quand le train s'arrête. On entend crépiter des mitraillettes. Un carnage. Des détenus ont voulu s'évader trop tôt. A partir de ce moment-là, les SS ont demandé un responsable par wagon. L'un de nous a accepté courageusement d'assumer cette responsabilité. Il a calmé tout le monde et, grâce à lui, notre wagon s'est tenu dignement, malgré les conditions épouvantables. »

FRANÇOIS PERROT : « Le train roule... En passant à Bar-le-Duc, j'aperçois l'immeuble où habitaient mes parents... Peu après, rafales de mitraillette. Le train s'arrête. Dans un wagon voisin, des camarades ont tenté tout de suite l'évasion. Les premiers s'évadent. La plupart sont tués.

« Les SS passent alors dans les wagons et nous font sauter sur le ballast, à coups de schlague, de vociférations. Ils nous donnent l'ordre de nous déshabiller complètement. Ils vérifient les wagons qui n'avaient pas été entaillés et nous font remonter à cent vingt par wagons. Tous nus, entassés, sans rien sauf une tinette. Ils ferment non seulement les portes mais les ouvertures d'aération. Certains wagons étaient métalliques. Par chance, je fus convoyé dans un wagon en bois. Un peu d'air filtrait entre les lattes de bois. »

JACQUES MOALIC : « Pendant des heures, on se relaie. Soudain les soldats qui nous escortent s'aperçoivent qu'un wagon à côté a été percé. Ils hurlent. Nous entendons des coups de crosse. Et puis le train repart. On s'arrête en gare de Reims. On repart. Quelques kilomètres plus loin, mes compagnons décident d'y aller. On se donne des numéros. Les cinq premiers avaient beaucoup de chances de réussir, les cinq autres un peu moins, les cinq suivants… J'avais le numéro "9"…

«On a mis la paroi en l'air. Ça a fait un bruit terrible. C'était une catastrophe ! Le paysage était complètement nu, couvert de neige. Il n'y avait aucun endroit où se cacher. C'était une nuit de pleine lune. Mais nous n'avions plus le choix… Les types ont commencé à sauter[1].

« J'ai sauté à mon tour, comme si je plongeais. J'avais mis ma boule de pain dans une grosse écharpe de laine pour amortir le choc. Je roulai, j'avais l'impression de ne plus pouvoir me relever à cause de l'élan du train. Au moment où j'ai enfin réussi, les gardiens ont commencé à tirer sur les types qui avaient sauté avant moi (j'étais encore tout près du train). J'ai couru, couru en pensant que c'était foutu. Je suis arrivé à une petite butte où je me suis planqué. Je n'ai plus bougé. Le train s'était arrêté net dès les premières détonations.

1. Je n'aurai jamais plus de nouvelles de ceux qui ont sauté avant moi. Certains ont réussi leur évasion, les premiers se sont vraisemblablement tués car le train allait trop vite.

«Ils sont descendus avec leurs fusils et leurs chiens. Je revois le gradé qui arrive sur moi un revolver à la main. Il me donne un grand coup de poing dans la figure, puis un coup de pied au ventre.

«Ils m'ont ramené vers le train et m'ont mis finalement à l'avant dans un wagon de troisième classe, où je me suis retrouvé avec un camarade évadé qui avait le bras cassé. J'avais le nez coupé en deux.»

5
Première vision de l'enfer

«Aussi misérable que soit le monde où nous vivons,
il est aussi différent de l'univers concentrationnaire
que la nuit l'est du jour, l'enfer du salut
et la mort de la vie.»

Bruno BETTELHEIM
(ancien détenu
de Buchenwald)

JACQUELINE FLEURY : «Le 21 août 44, les portes s'ouvrent. C'est très haut, il faut sauter, même les vieux et les malades. Nous sommes accueillis par les chiens, les SS, les armes, les coups… On nous met cinq par cinq.»

JACQUES RICHARD-MOUNET : «… Nous mourions de soif, d'épuisement, nous avions un énorme œdème aux jambes après être restés debout trois jours d'affilée. Sur le quai de Buchenwald, il y avait un SS tous les dix mètres.»

FRANÇOIS PERROT : «On saute des wagons, toujours à poil. Il y avait une centaine de morts dans les wagons métalliques.»

ROGER JOLY : «…Les SS hurlaient, leurs chiens aboyaient. Nous sautions et tombions. Ça faisait un paquet. Sous la schlague, et les crocs on se relevait.»

JEAN MATTÉOLI : «Il fallait toujours aller vite : *"Los! Los! Schnell, schnell!"* C'était la première fois que nous entendions ces ordres, qui seront répétés jusqu'à la litanie pendant notre déportation. Lorsque nous sommes arrivés, il avait plu. La plupart des déportés se sont allongés à côté des flaques d'eau pour les lécher.»

PIERRE EUDES (30 avril 44, Auschwitz-Birkenau) : « Les portes sont déverrouillées, des SS montent à l'assaut de chaque wagon et frappent pour faire descendre au plus vite le gibier encore engourdi que nous sommes. En quelques minutes tout le monde est sur le quai et les schlagues continuent leur danse infernale, pour nous contraindre à nous ranger. Les morts sont descendus des wagons par les bagnards de service et déposés sur le quai. Nous apprenons que nous sommes au camp d'Auschwitz-Birkenau, en territoire polonais[1]. »

LÉON BOUTBIEN : « L'arrivée au Struthof a été édifiante. Les gens tombaient entre les rails, on les bastonnait. Les chiens aboyaient et mordaient. »

MARCEL ARBEZ : « La première bouffée d'air pur et frais m'a soûlé. Je titube, mon esprit s'égare. Je suis bientôt ramené à la raison par un splendide coup de crosse dans les reins. Des larmes coulent malgré moi. (...) Les wagons se vident rapidement.

« Certains sont fous et courent sans but ou bondissent sur les SS qui les abattent à coups de revolver, de mitraillettes ou même à coups de pelle (...). Les morts sont entassés. Dans un wagon on enregistre vingt-cinq morts. Dans un autre vingt-deux. En moyenne, le voyage a coûté la vie à vingt pour cent de l'effectif. »

1. Contrairement à une idée communément admise, Auschwitz n'a pas reçu que des Juifs. Pour la France il y a eu plusieurs convois, dont le célèbre convoi dit des « tatoués », composé majoritairement de Résistants et d'une quinzaine de prêtres en soutane, parti le 27 avril 1944 de Compiègne et arrivé à Auschwitz le 1er mai. Soit environ mille sept cents détenus (moins les morts durant le transport).

PIERRE EUDES : « On entend des cris, des imprécations en français à l'adresse des SS. Je cherche du regard d'où vient ce charivari et perçois plus avant un homme surexcité, en colère, vêtu d'un pardessus jaune, hurlant et ponctuant ses paroles de gestes désordonnés. Puis il enfourche une moto militaire rangée à quelques mètres de lui. Je le reconnais, c'est un ami. Il a mal supporté ce voyage épuisant.

« Il fait le geste d'ouvrir sa poitrine et, s'adressant à un SS armé, lui ordonne de tirer s'il en a le courage. Le malheureux est alors abattu d'une rafale ; une deuxième rafale parfait l'exécution.

« Deux bagnards attachent une corde aux pieds de mon camarade, puis le traînent sur le quai, enveloppé dans son pardessus jaune tout ensanglanté, jusqu'à une sorte de tombereau attelé à un cheval. Son corps est chargé avec des bagages. »

FRANÇOIS PERROT : « Nous étions nus, nos vêtements avaient suivi dans un des wagons éventrés. Sur le quai, ils nous ont distribué à chacun un pantalon tiré au hasard. Trop long, trop court… »

MARCEL ARBEZ (Buchenwald, 14 mai 44) : « Il faut soutenir les plus faibles. mais nous sommes tous épuisés et la triste colonne avance lentement. »

ROGER LEROYER (Sachsenhausen, 17 septembre 1944) : « Une colonne par cinq se forme entre deux files de gardiens le fusil au poing ; à intervalles réguliers, un maître chien tient une bête au bout de sa main gantée, une cravache sous l'autre bras. Ahuris par cette soudaine rupture de rythme, cet affichage de violence, cette atmosphère glacée où la haine se sent à en devenir palpable, nous avançons presque sans un mot, collant nos pas aux pas du précédent, et malheur à celui qui, sur le flanc de la colonne, trébuche sur la terre inégale : les crosses de fusil s'abattent pour le redresser. »

JACQUES SONGY : « C'est avec des coups de bâton et des hurlements que les SS nous ont accueillis à notre descente de wagon dans la gentille gare fleurie du camp de Dachau. Nous arrivions du camp de Natzweiler-Struthof. J'étais, comme beaucoup de détenus, épuisé par un début de dysenterie. Il fait beau, si beau, et je suis si malade que j'ai envie de pleurer. Je me suis raidi parce qu'on est passés devant des gosses qui jouaient à l'entrée du camp avec des mitraillettes en bois et de vrais couteaux... des gosses blonds qui nous ont regardés intensément avec quelque chose de drôle dans les yeux, comme un doute... Certains ont fait le geste de nous lancer des pierres... »

MARCEL ARBEZ (14 mai 44) : «Je voudrais avoir une photo prise à ce moment, elle serait éloquente. Le plus loqueteux des mendiants n'a pas un aspect plus minable que le nôtre... Hirsutes, avec des barbes de trois à quatre centimètres (personnellement, il y a plus d'un mois que je ne me suis pas rasé), poussiéreux, le visage enduit d'une espèce de boue où la sueur a tracé des sillons, le visage émacié, les yeux hagards.

« Nous comprenons dès lors que nous sommes dans un guêpier peu ordinaire, nous n'avons rien à attendre désormais, sinon de notre volonté, de notre chance, de notre débrouillardise... ou de la Providence. »

*

PIERRE EUDES (30 avril 44, Auschwitz-Birkenau) : «Pas de gare, pas de plaque indiquant un nom. A quelques centaines de mètres, nous distinguons un vaste camp, et au centre de l'enceinte clôturée, une entrée monumentale coiffée d'une tour carrée, fermée par un toit triangulaire. Derrière sont disposés des bâtiments en dur, avec des cheminées, un peu comme une usine. Une voie ferrée et une route nous conduisent depuis le débarcadère. Nous examinons ce site, mais nous n'avons pas d'opinion précise. Sur les quais grouillent des SS, les uns armés, les autres tenant un chien en laisse, et enfin des dizaines de prisonniers tous plus maigres les uns que les autres et portant un uniforme de bagnard à rayures verticales bleues et grises, coiffés d'un calot rond. »

GEORGES GUILLEMIN (30 avril 44, Auschwitz-Birkenau) : « Nous sommes arrivés dans un coin où il y avait des baraques en bois. On aurait dit des écuries à chevaux. On a dormi sur la cendre qui y était répandue. Un camarade qui était monté sur un pilier à cause des rats avait remarqué des cheminées. "Des flammes énormes !" disait-il. Nous ne comprenions toujours pas où nous étions. Je me souviens également d'avoir vu à notre arrivée deux petites isbas peintes en blanc. Je saurai plus tard qu'elles étaient les premières chambres à gaz. »

ROGER JOLY : « Une bizarre inscription surmontait le porche du camp de Neuengamme : *"Arbeit macht frei"* (le travail rend libre). Singulière maxime dont l'expérience va, très tôt, nous révéler le sens : la seule liberté passe par la cheminée du crématoire.

« Une vaste place d'appel, des blocks misérables qui l'enserrent, une haute cheminée qui crache en permanence une âcre fumée grise, des barbelés, des miradors ; tel est le décor.

« Soudain le camp s'anime, c'est la fin de la journée de travail. Une troupe de musiciens, en tenue rayée, sort d'un block et se forme en orchestre à l'entrée du camp. C'est fou ce qu'ils sont nombreux, quatre-vingt, cent peut-être... Et la musique éclate, puissamment cadencée : *"Ich batte eine kameraden"*.

« Portail ouvert, voici la rentrée des kommandos du camp. Longues colonnes par cinq, en tenue zébrée, qui martèlent le béton au rythme de l'orchestre. C'est hallucinant. Pour la première fois nous voyons des concentrationnaires de près : hâves, les traits creusés, ils flottent dans leur uniforme de bagnards. Certains squelettes marchent, sans qu'on sache bien comment, soutenus par des camarades moins épuisés.

« On les contemple, automates grotesques qui manœuvrent pour venir se ranger avec précision sur la place d'appel. D'autres détenus, moins maigres, mieux habillés hurlent, le long des colonnes, et distribuent des ordres. Les SS couvrent le périmètre, schlague à la main, immobiles, attendant que le rassemblement soit complet.

« Une colonne passe près de nous.

« – Y a-t-il des Français parmi vous ? lançons-nous.

« Pas de réponse. Nouvelle question. Finalement deux ou trois bagnards se présentent. Une question brûle nos lèvres :

« – Depuis combien de temps êtes-vous ici ? »

« – Un mois... six semaines... »

« Puis on s'allonge sur la place d'appel. Pas pour longtemps. Une cohorte de SS, jaillie du poste de garde, accourt, matraques en mains, frappant au hasard, et nous enjoint de nous relever. Une estrade est amenée, portée par d'étranges personnages en tenue rayée qui disparaissent aussitôt. Peu après s'avance un petit groupe de SS ; des personnalités assurément. Celui qui marche en tête monte avec souplesse sur l'estrade. Flanqué d'un interprète il nous tient le langage suivant : "Vous êtes le premier convoi de prisonniers arrivant de France. Vous êtes à Neuengamme, KZ[1] proche de Hambourg. Vous y êtes parce que ennemis du Reich. Certains sont déjà condamnés à mort : ils seront pendus prochainement. Ils resteront au camp et devront travailler en attendant leur exécution. Tous les autres devront également travailler, soit au camp soit dans les kommandos extérieurs. Sachez qu'ici ce n'est pas un sanatorium ; le maximum de survie est trois mois."

« Il a parlé lentement en nous dévisageant pour apprécier l'effet produit. Cet ange de la mort, dans son uniforme de colonel, s'appelle Thuman. Il est le chef du camp. »

JEAN MATTÉOLI : « Je n'ai pas eu d'impressions en entrant au camp de Neuengamme. J'étais tellement abruti de faim, de soif, de fatigue. On ne peut même plus parler de peur. Je ne savais plus où j'en étais. »

*

FRANÇOIS PERROT : « On arrive aux abords du camp. On voit le fameux poteau avec une flèche indiquant la gauche et montrant des SS avec l'inscription : "SS Kaserne" ; et de l'autre côté, des silhouettes malingres : un Juif, un curé et un criminel s'en allant vers le camp. »

JACQUES MOALIC : « Le célèbre portail de Buchenwald était construit en dur. Ce n'était pas quelque chose d'improvisé, comme

1. Abréviation populaire pour camp de concentration.

L'attente devant le mur d'entrée de Mauthausen

les baraquements en bois des stalags. J'ai eu l'impression d'une institution. Le noyau dur du système. Le Reich de mille ans.»

MARCEL PETIT (16 août 1944) : «A la sortie de la gare, nous nous engageons dans une rue parfaitement empierrée et entretenue qui conduit au camp. A une bifurcation, un colossal et inélégant aigle de pierre, lourdement posé sur un socle, déploie ses ailes.

«Au fronton de l'entrée, on lit cette inscription cynique qui semble vouloir justifier les inqualifiables monstruosités qui s'accomplissent dans l'enceinte de Buchenwald : *"Recht oder unrecht mein Vaterland"* et qui signifie "Qu'elle ait tort ou raison, c'est ma patrie." »

FRANÇOIS PERROT : «Ce fut pour moi un encouragement extraordinaire. Toute ma déportation a été placée sous le signe de cette inscription. "Tu vois, me disais-je, eux-mêmes te disent que ta patrie a raison." Donc tu as raison d'être là pour la France. Pendant presque deux ans, ces mots m'ont aidé à résister.»

MARCEL PETIT : «A la porte de l'entrée, une seconde inscription, plus courte mais non moins significative : *"Jedem das Seine"* (A chacun son dû). Le dernier du convoi est à peine entré dans le camp que la lourde porte se referme.»

JACQUES MOALIC : «Une fois franchi la porte, ayant débouché sur la place d'appel, je vis soudain des silhouettes en rayé. J'ai pensé à *Tintin en Amérique,* Sing Sing… Sauf que les rayures n'étaient pas dans le même sens. J'avais l'impression de tomber…»

FRANÇOIS PERROT : «On se dirige vers la droite et on voit une immense place, éclairée par les projecteurs. Je vois la clôture de barbelés électrifiés, les chemins de ronde, les lumières à chaque poteau. On passe devant un bâtiment avec une cheminée. Optimiste, je dis à un copain : "Regarde, il y a une boulangerie[1]!" Et on se dirige vers un grand bâtiment où on est accueillis par des hommes en tenue rayée qui nous disent où nous sommes et nous expliquent que nous devons abandonner tout espoir.»

1. Évidemment, il s'agissait du crématoire.

Poteau de signalisation
à l'entrée de Buchenwald

MARCEL ARBEZ (Buchenwald, mai 1944) : « La fanfare du camp sur la grande place joue des marches militaires pendant que le SS de service compte les rangs qui défilent. Dans le ciel d'un bleu très vif, plusieurs appareils allemands exécutent des piqués et des acrobaties. Sur notre passage, quelques rares individus, curieusement vêtus d'habits rouges, bleus et blancs, le crâne tondu ; des punis, pensons-nous, car nous ne savons pas encore que nous sommes dans un bagne. Qui nous l'aurait dit ? Quel juge aurait prononcé l'arrêt ? Ce qui se passe autour de nous est curieux. Mais nous ne voyons rien. La soif, dont il est impossible avec des mots de faire ressentir l'horrible torture, nous dévore d'autant plus que nous espérons percevoir bientôt la boisson tant désirée. Un homme à côté de moi est pris de délire, il divague, il voit défiler devant lui de splendides bocks de bière qu'il essaie de saisir au passage, il quitte les rangs pour courir après cette insaisissable boisson. Un coup de crosse sur le crâne le ramène à la raison.

« Enfin, nous paraissons être à destination, la colonne fait halte devant un immense bâtiment. Mais une bousculade, des cris "de l'eau, de l'eau !". De grands récipients en bois à quelque cent mètres, c'est une ruée. J'arrive dans les premiers car il me restait encore assez de force pour courir mais c'est la bousculade, d'autres arrivent, c'est la mêlée bestiale, inhumaine ; j'arrive tout de même avec mon soulier à puiser un peu de cette eau ; elle est délicieuse, elle glisse dans ce gosier aride, encore de l'eau, encore de l'eau. Nous sommes insatiables. Sans réfléchir aux conséquences possibles, je bois toujours de cette eau déjà salie, souillée par les innombrables mains qui y ont plongé, certains même y ont immergé la tête ou le buste tout entier. J'ai peut-être bu plus de cinq litres et j'ai encore soif. Mais on nous rassemble et d'ailleurs la provision d'eau est épuisée. »

MARCEL PETIT : « Le ciel de Buchenwald a ceci de particulier que, malgré sa limpidité, il n'est traversé par aucun oiseau »

*

ANDRÉE GROS (Sonderlager de Neue Bremme, juin 1944) : « Devant la grande porte du camp, trois gardiens nous attendent. Celui du milieu est effrayant, il nous dévisage en frappant ses bottes avec un gourdin. Nous apercevons des camarades du convoi précédent qui nous font des signes désespérés.

« Dès notre arrivée, nous assistons à des tortures horribles et inhumaines. Nous voyons des êtres décharnés, les mains liées dans le dos, certains, les fers aux pieds, obligés de faire le tour d'un bassin sous les hurlements hystériques des SS qui frappent à grands coups de bottes et de gourdins ; ces malheureux doivent courir puis s'allonger, se relever et recommencer jusqu'à épuisement. Je les ai vus aussi sauter accroupis, les mains derrière les genoux, sous les coups, jusqu'à épuisement, ils tombent, les gardiens les laissent mourir, certains sont poussés, à coups de bottes, dans cette eau puante. Nous avons tous ressenti la même frayeur, une panique dont le souvenir me paralyse encore. J'ai vraiment pensé que nous étions tombées par erreur dans un asile d'aliénés.

ANDRÉE RIVIÈRE : « Situé près de Sarrebrück, le Sonderlager de Neue Bremme est un petit camp avec des bâtiments très bas. On nous donne l'ordre de nous mettre en ligne et de vider tous les colis que la Croix Rouge nous avait distribués à la gare du Nord. Je me souviens de Denise Vernay narguant les SS en mangeant son saucisson et sa tablette de chocolat. Puis on nous mit dans les baraques, dont nous ne sommes plus sorties avant huit jours.

« Par les petites vitres, nous voyions de jeunes SS de seize, dix-sept ans qui s'exerçaient à martyriser des détenus. (J'apprendrai par la suite que c'était un centre de formation SS.) Ils les faisaient sortir des baraques, les faisaient s'agenouiller, se lever. Ils les battaient…

ANDRÉE GROS : «Des prisonniers sont chargés de nous apporter la soupe dans des marmites cylindriques, les SS donnent des grands coups de pied dans les récipients qui se renversent dans cette terre noire du bassin minier. Ils laissent approcher des hommes squelettiques, presque nus, qui essaient, malgré les coups, de récupérer, dans le creux de la main, cette infâme soupe d'herbe mélangée de terre... »

ANDRÉE RIVIÈRE : «Nous n'avions pratiquement rien à boire. Un quart d'une sorte de café par personne, par jour. Un quart restant pour la toilette. Et il faisait une chaleur torride.

ANDRÉE GROS : «Après trois semaines dans ce sinistre camp, nous sommes embarquées dans des wagons à bestiaux pour un horrible voyage de trois jours. »

ANDRÉE RIVIÈRE : «Notre moral était à zéro. Nous étions anéanties. Nous avions hâte de connaître autre chose. Deux d'entre nous, des Lorraines, étaient enceintes. Cette lenteur de voyage! Et une chaleur épouvantable. Encore quatre jours avant d'arriver en pleine nuit à Ravensbrück. »

MADELEINE PERRIN (Ravensbrück) : «Nous descendons sur un quai en pleine forêt de sapins rabougris, dans une zone sablonneuse. Avec nos valises, nous marchons environ un quart d'heure. Voici quelques beaux chalets[1] avec jardins, pelouses, et les premières fleurs de la saison, puis voici la porte du camp... »

JACQUELINE FLEURY : «Le 21 août 1944, nous avons quitté le wagon pour partir sur la route qui nous emmenait vers le camp. Un long chemin pour des femmes épuisées par le voyage. Il y avait des femmes âgées, des malades, des femmes très abîmées par les interrogatoires.

«Nous sommes arrivées dans l'après-midi à Ravensbrück. Des femmes allaient et venaient dans leur costume rayé, certaines tondues. Je me souviens surtout de Françaises qui nous disaient de ne

1. Les maisons des femmes SS.

surtout rien garder, de leur donner ce que nous pouvions avoir à manger car on nous prendrait tout. Que bientôt nous serions dans le même état qu'elles. Ce qui nous paraissait complètement impossible ! Nous pensions qu'elles devaient avoir fait des choses horribles pour en être là, qu'elles avaient tué père et mère !

« C'est là aussi que je vis aussi mes premiers "petits lapins", de jeunes Polonaises qui avaient servi de cobayes. N'ayant plus de muscles aux mollets, elles sautillaient pour avancer, certaines se traînaient. Et j'étais effrayée par les cris, les hurlements des SS, des chiens qu'ils retenaient au dernier moment. Je sentais une odeur de chair brûlée.

« Sur l'immense place d'appel, nous mourions de soif. L'une de nos camarades qui parlait bien l'allemand s'est adressée à un SS et lui dit poliment : "A boire, s'il vous plaît !" Nous avons alors vu arriver des femmes traînant une espèce de tuyau d'arrosage… mais elles ont arrosé toute la partie que nous n'occupions pas ! Nous avions l'impression d'être dans un cauchemar. »

HÉLIE DE SAINT MARC : « Les déportés avaient un regard unique. Il n'y avait plus d'étincelle ou d'attention. C'était un regard tourné vers la mort, un regard absent, terrible ; vide. J'étais effrayé. »

LÉON BOUTBIEN : « La prise de contact avec le camp du Struthof se résume par ce discours repris par d'autres commandants de camps : "Vous êtes entrés ici par la porte vous en sortirez par la cheminée…" »

*

« Le réseau des camps de concentration avait été créé en 1933 pour les opposants allemands, avec Dachau en Bavière, Oranienburg près de Berlin, qui donna naissance en 1936 au camp de Sachsenhausen, et les camps de l'Emsland dans les marais de l'Ouest. Au fur et à mesure que la puissance du Reich s'accroît, les camps se multiplient : Buchenwald (1937) près de Weimar, Flossenbürg (1938) en Bavière, Ravensbrück, camp de femmes (1939) près de Berlin, Neuengamme (1940) près de Hambourg et Gross-Rosen (1940) près de Breslau en Silésie.

« Avec les annexions territoriales du Reich et la guerre, le réseau des camps se développe, à la fois en extension et en densité : Mauthausen est créé en Autriche en 1938, Stuthoff sur la Baltique en Pologne en 1939, Auschwitz dans le sud de la Pologne en 1940 et enfin Lublin-Maïdanek à l'est de la Pologne en 1941. C'est aussi en 1941 que le camp du Struthof (Natzweiler) est créé en Alsace.

« Tous les camps essaimeront à partir de 1942 en des centaines de camps annexes, sous-camps, kommandos extérieurs, surtout quand les détenus seront utilisés dans les usines d'armement. Le camp de Dora, d'abord annexe de Buchenwald, devient camp principal en 1944 avec l'achèvement des immenses usines souterraines d'assemblage des V1 (avions sans pilote) et des V2 (fusées). Tous les camps, lorsque les premiers Français y arrivent en 1943, dépendent de l'Office central d'administration économique de la SS dirigé par l'Obergruppenführer Oswald Pohl, bras droit et ami personnel de Himmler, lequel est à la fois le chef de la police et de la SS.

« Ceux qui pénètrent dans ces camps sont destinés à y mourir tôt ou tard, ils ne sont pas immédiatement massacrés sauf dans les camps de Maïdanek et d'Auschwitz où les SS pratiquent à l'arrivée une sélection pour la chambre à gaz.

« Il faut distinguer radicalement les camps de concentration des quatre centres de mise à mort immédiate, situés en Pologne, où les populations juives d'Europe étaient gazées dès l'arrivée des trains. Ces quatre centres d'assassinats collectifs Chelmno (créé dès 1941), Treblinka, Sobibor et Belzec, dépendaient de la direction de la police allemande en Pologne et n'avaient aucun lien avec le réseau des camps de concentration dirigé par Pohl.

« Cependant, devant les difficultés techniques que rencontraient les tueurs dans ces centres de mise à mort, Himmler eut l'idée d'installer, dans l'enceinte de deux de "ses" camps, à Lublin-Maïdanek et surtout à Auschwitz, des installations de gazage et d'incinération beaucoup plus vastes et plus modernes.

« En 1943, de véritables complexes industriels de mise à mort seront construits au fond du camp d'Auschwitz-Birkenau, qui se substitueront progressivement aux centres de mise à mort de Pologne. Les chambres à gaz d'Auschwitz n'absorberont pas tout à fait la totalité des victimes qui arrivent par trains successifs. A chaque convoi — ou presque — quelques dizaines d'hommes ou de femmes en âge de travailler vont être provisoirement épargnés et versés dans le camp où ils seront mêlés aux autres prisonniers. Ainsi Auschwitz-camp de concentration et Auschwitz-centre de mise à mort immédiate seront désormais étroitement imbriqués l'un dans l'autre. »

André Rogerie

6
Le baptême du camp

« Nu et dépourvu de tout, chacun pouvait faire le bilan de ce qui lui reste de personnel quand lui sont arrachés tous les signes extérieurs de richesse, d'honneur et de respectabilité. »

R. P. RIQUET

ANDRÉ LAROCHE : « Nous voyons des gens qui circulent, tondus à ras avec un trait de cheveux au milieu de la tête. C'est l'étonnement... »

ROGER LEROYER : « D'abord perdre ses liens avec le monde civilisé : défiler devant des détenus vêtus en bagnards, leur remettre tout ce que nous avons encore... »

GEORGES GUILLEMIN : « On nous fait déshabiller complètement, mettre nos affaires dans des sacs en papier. On nous délivre un reçu. »

MADELEINE PERRIN : « A Ravensbrück, ordre nous est donné : "Entrez par dix, remettez tous vos colis, remettez tous vos bijoux sans exception. Si vous en gardez, vous serez punies. Remettez tous les objets de piété, chapelets, médailles, livres et autres, remettez tout votre argent. Ici, il n'a pas cours. Déshabillez-vous entièrement, bas, chaussures, etc. Laissez tout ici, gardez seulement un peigne, une brosse à dents et un savon si vous en avez, et passez à côté."

« La salle de douche peut contenir deux cent cinquante à trois cents femmes... »

GILBERT MAY : « Deux heures après notre arrivée au Struthof, on s'est retrouvé nu. Étant juif, je me suis dit : "C'est fini, ils vont voir que je suis circoncis." Je me suis retourné et j'ai vu l'évêque de Clermont-Ferrand, le prince de Bourbon-Parme et le doyen de la

faculté de droit. Ils étaient également circoncis ! Ça m'a sauvé. "Aussi longtemps que tu seras avec moi, tu seras catholique", me dit l'évêque.

« Puis, après ces trois jours et trois nuits sans boire, on nous a dit : "Allez à la douche !" On a tous couru. On était heureux. Il s'agissait de vraies douches et non de chambres à gaz comme à Auschwitz... »

JACQUES MOALIC : « C'est le grand choc. Être dépouillé de ses vêtements, tondu, mis dans un bain de désinfection. A la chaîne... »

MADELEINE PERRIN : « Ensuite, salle à côté, tout le monde les bras en l'air, visite des poux. Puis trois prisonnières allemandes visitent les cheveux ; sur deux cent cinquante, soixante-dix pour cent environ ont eu les cheveux rasés à la tondeuse. »

JACQUELINE FLEURY : « Les cheveux prélevés sur les détenus servaient à faire des couvertures ou une sorte de feutre que les militaires mettaient dans leurs bottes. »

MAURICE BRAUN : « On s'asseyait sur un tabouret. Ou bien le "coiffeur" rasait toute la tête en laissant une crête en plein milieu. Ou bien il traçait à la tondeuse un boulevard dans le milieu et laissait un peu de cheveux à droite et à gauche de façon à nous rendre ridicules et bien repérables… »

FRANÇOIS PERROT : « Il fallait plonger dans un bassin plein de grésil. Y compris la tête, en fermant bien les yeux et le nez et la bouche. Puis on allait à la douche… »

MARCEL ARBEZ : « Nous sommes entassés dans une grande salle à usage de douches, serrés les uns contre les autres. C'est curieux de voir ce troupeau sans réactions, ne comprenant même plus qu'il vient de souffrir une épreuve physique considérable. Je pense aux photos représentant les parcs à bétail de Chicago, le même effet d'entassement, la même expression sans âme. J'en fais la remarque à mes voisins. Ils ne sourient même pas. Où sont les Français vifs et désinvoltes, raillant jusqu'à leur infortune même et tels qu'on les voyait encore à Compiègne ? Quelques heures de wagon et tout ce qui était humain s'envolait, les intelligences étaient bouleversées, l'échelle sociale renversée, pauvre humanité, si riche et pourtant si fragile. »

JACQUELINE FLEURY : « Nous sommes passées à la douche très tard, dans la nuit. C'est là que j'ai vu sortir ma mère vêtue en épouvantail. Cette vision a été dramatique. J'avais espéré qu'elle n'était pas partie en déportation. »

ANDRÉ LAROCHE : « Comme uniforme, on avait une chemise, un caleçon… une veste et un pantalon en tissu rayé bleu et blanc ; la "*Mützen*" (bonnet rond), les chaussettes russes (carré de tissu que l'on entortillait autour de son pied). »

HENRY CLOGENSON : « Le caleçon n'est changé que tous les trois ou quatre mois (ou à l'occasion d'un transfert). La chemise est extra-courte, ceux qui l'ont précédemment portée ont pris les pans pour se faire des mouchoirs ou des "chaussettes russes". Bien entendu, il n'y a pas de boutons et le fil des coutures est brûlé par la désinfection. »

MADELEINE PERRIN : «... Une chemise qui avait été blanche, une culotte fermée très longue avec cordon à la ceinture, une paire de bas gris en laine "ersatz", des godillots trop grands et une robe à rayures bleues et grises – nous n'avions pas le droit d'avoir de ceinture. Nous voici dépouillées de tout, en uniforme, dirigées vers notre block respectif. Avec nos têtes rasées, il était difficile de se reconnaître entre nous. »

HENRY CLOGENSON [1]: «.... les vêtements sont des habits civils ou militaires provenant de tous les pays d'Europe. Il n'est pas rare de voir un détenu en culotte d'officier français et veste de l'armée italienne ou russe. Les vestes et manteaux sont marqués d'une croix, d'un trait ou d'un KL ("*Konzentrationlager*") dans le dos, à la peinture rouge ou jaune. Il m'est même arrivé de voir l'un d'entre nous promener une croix de Lorraine dans son dos, mais le "peintre" ne l'avait certainement pas fait exprès.

« Les bérets, casquettes ou chapeaux portent aussi une marque à la peinture. La marque à la peinture dans le dos est parfois remplacée par une fenêtre, c'est-à-dire qu'un petit carré de la veste ou du manteau a été découpé et remplacé par un morceau de tissu rayé. Les pantalons, eux aussi, sont recouverts d'un trait de peinture sur le côté extérieur de chaque jambe. »

GEORGES GUILLEMIN : « Les kapos nous pressaient à coups de schlague. Sur un tas de vêtements, on s'est hâtés de se trouver un pantalon, une chemise, des chaussures qui n'étaient pas forcément de la même pointure. Il fallait les troquer après. »

MARCEL PETIT : « J'enfile successivement une chemise en étoffe transparente parce que usée à force d'avoir été lavée, qui ne m'arrive qu'au nombril et dont les manches sont courtes, puis un mauvais pantalon en coton marron. Les

1. Causerie faite aux stagiaires du Centre d'instruction de la 5e division blindée de la Ire armée française, à Friedrichshafen, les 5 octobre et 3 novembre 1945.

dimensions de ce vêtement me conviennent si mal que je dois relever une jambe de quinze centimètres. Quant à l'autre, je l'entre dans ma poche[1].

« Je serai officiellement habillé et coiffé lorsque que j'aurais passé un blouson délavé, sans boutons, et recouvert mon crâne dénudé d'une sorte de bonnet de police à pointes, dont l'un des côtés est gris, l'autre noir. (...) J'oublie mes chaussures sans doute ?

« – Non, vous n'aurez pas de chaussures car il n'y en a plus.

« Une vingtaine de camarades sont déjà descendus et attendent. Quelle allure ! On dirait de vrais clochards, sous leurs vêtements trop étroits ou trop amples, aux teintes disparates. Ils ont le crâne surmonté d'invraisemblables coiffures. »

JACQUELINE FLEURY : « Comme il n'y avait pratiquement plus de robes rayées, on nous a donné n'importe quoi. J'héritais d'une robe en coton avec une seule manche, et derrière une grande croix dans un autre tissu pour éviter les évasions. A nous voir, c'était à mourir de rire. »

MARCEL PETIT : « Je m'adosse le long d'un mur, car la fatigue se fait sentir d'autant plus que le soleil darde ses rayons brûlants. Puis je finis par m'asseoir car mon pantalon privé de ceinture et de bretelles tombe sans cesse. »

1. Marcel Petit, unijambiste, passera toute sa déportation au petit camp de Buchenwald où sera installé un block pour handicapés.

ROGER JOLY : « Certains hommes portaient un gros point rouge dans le dos et au bras gauche un brassard sur lequel figurait la mention *"Torsperre"* ("Porte fermée"). Leur crâne était rasé d'un seul côté, du front à l'occiput. C'était un étrange spectacle de voir ces hommes avec de longs cheveux sur la moitié du crâne et une boule à zéro sur l'autre moitié. Ces hommes étaient condamnés à la pendaison : des bouffons de la mort... »

HENRY CLOGENSON : « Dans le kommando de Langenstein où les souliers étaient rares, j'ai vu des détenus marcher dans des petites boîtes en bois fixées à leurs pieds par une lanière de cuir. »

ANDRÉ LAROCHE : « Quand on a quitté ses vêtements, que l'on est passé à la désinfection, que l'on a été tondu, vêtu en bagnard, on est encore affublé d'un numéro... Alors on est entré dans l'autre monde. On a laissé derrière soi toute civilité, toute loi. On se sent vraiment déshumanisé. »

ROGER LEROYER : « Une dérision de baptême qui donne accès à un autre univers. »

Jeune Russe arrivant au camp

François Perrot : «Il fallait coudre sur la poche gauche de la veste, au niveau du cœur, et sur la jambe droite du pantalon, son triangle et son numéro. Ainsi pouvait-on vous reconnaître de face et de profil.»

Henry Clogenson : «Les détenus de droit commun allemands portaient un triangle vert avec leur numéro matricule...»

Marcel Arbez : «Il y avait les verts simples, condamnés à des peines relativement légères; les verts "S[1]", coupables de crimes et condamnés à perpétuité ou à une longue détention (vingt à quarante ans de bagne); enfin les verts "K[2]", en général condamnés par les tribunaux militaires.»

Henry Clogenson : «... les saboteurs et ceux qui avaient refusé de travailler avaient droit au triangle noir; les homosexuels portent un triangle rose; les Juifs se reconnaissaient au triangle jaune, la pointe tournée vers le haut et, par-dessus, un triangle rouge (la pointe vers le bas) s'il étaient "politiques", vert s'ils étaient droit commun, etc.

«Triangles marron pour les tziganes; violets pour les Témoins de Jéhovah; bleus pour les internationaux, c'est-à-dire les Allemands qui avaient émigré et qui avaient été repris...

Marcel Arbez : «Les politiques allemands (communistes ou antinazis) sont reconnaissables à un écusson triangulaire rouge qu'ils portent sur la poitrine. Puis les politiques de tous les pays d'Europe également avec un écusson rouge mais portant la lettre qui précise leur nationalité : F pour Français, B pour Belges, N pour Hollandais, L pour Luxembourgeois, S pour Espagnols, I pour Italiens, P pour Polonais, T pour Tchèques, R pour Russes...»

François Perrot : «Les Autrichiens, de même que les Alsaciens arrêtés en Alsace annexée et les Mosellans n'avaient pas de lettres puisque considérés comme Allemands.

«Tout notre convoi des 21000 portait le triangle rouge. Mais le fait de porter le triangle rouge ne signifiait pas automatiquement que

1. *Schwerverbrecher.*
2. *Kriegsverbrecher.*

vous étiez Résistant ou politique. Il y avait parmi nous quelques trafiquants du marché noir et des gens douteux. »

GENEVIÈVE DE GAULLE-ANTHONIOZ : « Un escroc qui avait grugé un officier allemand pouvait très bien être envoyé en déportation et dire ensuite qu'il était Résistant... Dans mon convoi, nous avions les femmes de toute une maison close de Cherbourg. Ces femmes portaient le triangle rouge. »

MAURICE BRAUN : « Ceux qui avaient été de grands Résistants ou ceux qui ne l'avaient pas été ont eu le même sort. Je songe à ce jeune garçon à vélo, au coin du boulevard Soult et de l'avenue Daumesnil quand nos cars ont quitté la prison de Fresnes pour la gare de Pantin. Nous jetions des boulettes de papier avec nos noms pour que les gens les ramassent et préviennent nos familles.

« A travers la bâche que nous avions percée, je l'ai vu s'arrêter, prendre ma boulette, l'ouvrir. A ce moment-là, un SS qui était dans une voiture a fait stopper notre camion. Ils ont jeté son vélo sur la bâche, l'ont mis avec nous ; il est mort à Buchenwald pour avoir ramassé une boulette de papier. »

7
La quarantaine

FRANÇOIS PERROT : « Après ce terrible voyage, nous étions tout de même arrivés quelque part. On s'était lavés. On avait bu. Puis on a été emmenés en quarantaine, au petit camp, dans une enceinte à part... »

JACQUES MOALIC : « On nous faisait des piqûres, on nous vaccinait. Deux infirmiers tchèques ont soigné les blessures de mon évasion manquée avec des pansements de papier.

« Pendant cette quarantaine, ils faisaient travailler ceux qui n'étaient pas blessés : les détenus partaient le soir aménager l'usine, trimbaler des machines-outils, manier des paquets de laine de verre qui leur coupaient les mains, ou ils étaient conduits à la carrière en rang par cinq en portant des cailloux. »

FRANÇOIS PERROT : « Ça a duré quelques semaines. On rapportait de la carrière une grosse pierre sur notre épaule plusieurs fois par jour. »

JEAN-PAUL LINSIG : « Au petit camp de Buchenwald, gigantesque antichambre de la mort de triste mémoire, nous étions couchés la nuit sous d'immenses tentes[1] en toile des plus vétustes et sans chauffage. Très tôt le matin à tard le soir, les milliers de malheureux que nous étions, à peine vêtus, pataugions dans dix centimètres de gadoue et de neige. Ce mois de décembre 1944 avait été particulièrement

1. Les tentes arrivèrent au camp de quarantaine en été 44 lorsque la population de Buchenwald atteindra des proportions gigantesques.

rigoureux. Les combattants alliés sur le front des Vosges et en Alsace s'en souviennent. »

JACQUES MOALIC : « Nous étions en décembre. On nous mettait à la porte pour laver le sol à grand eau. Il était interdit d'être dans les lits dans la journée. »

MARCEL ARBEZ : « Le petit camp de Buchenwald, destiné à une population de passage, est d'une saleté sordide, mal pavé, boueux. Dans ces conditions, la mortalité assez élevée. Il mourait environ quarante à cinquante personnes par jour en mai-juin 1944. »

JACQUES MOALIC : « Un block a été réservé aux invalides arrivés en janvier 44 : le block 61. Ils ont vécu en permanence en quarantaine. On ne les faisait pas travailler mais ils étaient traités comme des bouches inutiles, avec la terreur de servir de cobayes, d'être sélectionnés et exécutés près du crématoire. »

MARCEL PETIT (20 décembre 44) : « Depuis une semaine, le bruit circule que nous serons bientôt transférés dans un block d'invalides où l'on couche sur des paillasses et où il fait chaud...

Cette rumeur était fondée car nos "*Stubendienst*[1]", de retour de chez le chef de camp, nous annoncent :

« – Les "*Kranken*[2]" vont être transférés au block 61. Seuls partiront ceux qui figurent sur les listes établies ces jours derniers.

« La colonne d'éclopés s'ébranle, clopin-clopant sous une pluie glaciale. Ici, c'en est un qui boite à droite. Là un autre qui boite à gauche. Cet autre est déhanché des deux côtés. Devant nous, il y a un béquillard. Derrière, un bossu et un voûté. Un autre, fiévreux, vacille sur ses fumerons ; on dirait qu'il est ivre.

« Un guenilleux qui me précède donne l'impression d'être à moitié habillé. Il a sans doute oublié d'enfiler une manche de veste ? Ah ! non, c'est un manchot. Lui au moins marche droit, mais sa manche vide sort du rang et flotte au vent.

« (...) Chemin faisant, nous croisons des jambes de bois, des manches vides, des béquilles... Ce sont les anciens des blocks d'invalides.

1. Détenus responsables de chambrée.
2. Malades.

« Deux minutes après cet ordre, les derniers de notre groupe arrivent seulement, soufflant et geignant. Nous sommes devant le block 61. Derrière nous, là-bas, une haute cheminée crache de noires volutes de fumée… C'est le crématoire. »

JACQUELINE FLEURY : « Amenées dans le camp, nous étions complètement perdues. On nous a poussées dans une baraque où il faisait noir. Nous marchions sur des mains, des têtes. Nous passons des heures atroces sur nos châlits, perdues dans les cris, les pleurs, écœurées par l'odeur de la fumée des crématoires. C'était un monde invraisemblable. »

MARCEL PETIT : « Au prix de nombreuses difficultés et non sans récriminations de la part des dormeurs allongés au milieu du passage de la tente, j'atteins la place qui m'a été assignée. Dans la demi obscurité, je me rends compte que je dispose d'environ quinze centimètres. "Vous permettez, camarades…"

« Ouf ! Ça y est. Je vais essayer de dormir, car j'ai grand besoin de sommeil, n'ayant pas fermé l'œil pendant neuf nuits et neuf jours s'ajoutant aux quatre journées précédentes passées à Fresnes dans une cellule surchauffée et infestée de puces... »

JACQUES SONGY : « Il faut se coucher et dormir. "Trois par lit", tel est l'ordre... On se pousse, on s'engueule, on se groupe par nationalité. On expulse l'intrus qui veut absolument vous prendre pour une paillasse alors que soi-même on ne se trouve pas trop mal sur le dos d'un brave copain. (...)

« Donc trois par lit... C'est possible. On dort parfois très bien... Admettons qu'il soit 21 h 30. Tout le monde est théoriquement entassé pour dormir ; l'atmosphère est irrespirable au troisième étage ; au second elle est médiocre ; au premier on crève de froid...

« (...) Des ronflements sonores et agaçants s'élèvent... Et le combat commence. Le combat de la grosse bête maigre contre la petite bête grasse... On se gratte avec ardeur et constance pour déloger les poux, les puces et les punaises, bestioles compatissantes que nous transportons par centaines. »

MARCEL PETIT : « Ah ! une puce. Je connais ça. Évidemment, si je fais le moindre geste pour tenter de l'attraper, je vais réveiller tous mes voisins. Tant pis, lorsqu'elle aura cassé la croûte, elle s'arrêtera. Mais quelques minutes après, je ressens des dizaines et des dizaines de piqûres. Je reçois un coup de pied sur l'oreille par un camarade qui, assailli également, se secoue pour enrayer l'attaque dont il est l'objet.

« Je me suis couché sur le côté car j'étais trop serré et je suis à peu près le seul dans cette position. Tout à l'heure, dans l'inconscience du sommeil, les corps se détendront, se déplaceront et nous serons tous les uns sur les autres. Couché ainsi, j'ai les pieds d'un général sous le nez. Si je me retourne de l'autre côté, je respirerai les pieds d'un autre camarade. Je n'ai donc pas le choix et nous sommes tous logés à la même enseigne. (...) Par l'ouverture de la tente, j'aperçois une lumière qui se déplace. C'est un "*Lagerschutz*[1]" qui fait la ronde. »

ROGER JOLY : « On nous emmène aux blocks 8 et 9. Une soupe nous y est servie et le chef de block assigne à chacun la paillasse qui sera la sienne. La sienne... façon de parler : elle a déjà deux titulaires, actuellement au travail. Un drame va s'ensuivre. Morts de fatigue, nous nous allongeons sur nos paillasses et sombrons

1. Détenu membre de la police du camp.

dans un épais sommeil. Deux heures plus tard, vers 19 heures, arrivent les occupants "légitimes", journée de travail accomplie. Ce sont, en majorité, des Polonais. Ils entrent en fureur lorsqu'ils voient leurs lits occupés par des intrus. Le chef de block ne les a pas prévenus.

« Aussitôt, la bagarre commence : ils jurent à mort et cognent comme des sourds sur les nouveaux venus. Coups de poing, coups de sabots, étranglement, tout est bon. On s'organise, on fait front. Mais nous sommes couchés, eux debout : on mord, on tord, on tire sur tout ce qui pend... Ils sont plus costauds que nous et la plupart sont jeunes, parfois très jeunes. Mêlée confuse et hurlante dans le noir ; le chef de block et ses aides entrent dans la danse et distribuent des jetons tous azimuts. J'arrive tant bien que mal à assurer ma position. Mais au-dessus de ma tête, ça va mal : un brave corrézien de soixante ans se fait rosser par un gamin de quinze ans. Je l'entends lui crier : "Mais mon petit... ne me bats pas ; arrête, voyons, arrête ! On m'a mis ici, c'est pas ma faute, aïe, attends, attends. Arrête de taper !"...

« L'autre, qui ne comprend rien, est ivre de fureur et cogne comme un fou. Finalement, le Corrézien cesse de se plaindre. Moi, je suis en bagarre avec mes propres Polacks et je ne peux rien pour lui. Le calme revenu, je sors de ma paillasse et grimpe auprès de mon camarade. Il est sans connaissance et geint faiblement. J'échange quelques horions avec des détenus polonais, aidé par un autre Français. Toute la nuit, mon camarade va gémir. Au matin, aidé d'un camarade, je le porte au Revier où il est aussitôt hospitalisé. Méconnaissable, le nez cassé à coups de sabot, pommettes éclatées, yeux bouchés ; il se plaint surtout de l'estomac et du ventre, labourés à coups de pied. Aucun soin possible pour lui ; il faut que ça passe... Ça a passé : quatre jours plus tard notre Corrézien, aubergiste à Donzenac, était mort. »

JACQUES MOALIC : « Il y avait à Buchenwald un bâtiment avec des bancs où nous faisions nos besoins. Aucun isolement évidemment. Une centaine alignés en même temps. »

MAURICE BRAUN : « Un arbre servait de poutre. Il fallait s'accroupir sur l'arbre au-dessus de la fosse. Au moindre faux mouvement, on tombait dedans sans grande chance d'en sortir sain et sauf. »

FRANÇOIS PERROT : « C'était également le lieu des bagarres et des règlements de comptes. On tuait dans ces lieux d'aisance où se mélangeaient les odeurs des excréments, des produits désinfectants et quelquefois des cadavres avant leur départ au crématoire. »

MARCEL PETIT : «Je ne puis me résigner à passer mon temps dans les w-c où une foule compacte se presse, discute, marchande, troque, trafique, indifférente aux émanations pestilentielles.

«Ils restent là, malgré tout, parce qu'il fait moins froid que dehors, et, aussi, parce que les w-c sont devenus un véritable marché où les transactions s'opèrent sur des bases solidement établies. Telle chose vaut telle autre. Et le marché noir sévit avec une extrême rigueur.

«C'est dans les w-c, également que se liquident les objets et aliments volés. Mieux, même, ils sont souvent volés sur place, et il n'est pas rare qu'un pauvre type venu en ces lieux pour des raisons intimes, se relève, laissant échapper sa colère : "Ah! les salauds! Ils m'ont barboté mon pain dans ma poche. Je ne me suis aperçu de rien..." (...)

«Un jour... me dirigeant vers la sortie, je devais jouer des coudes pour me faufiler au travers d'un groupe de Juifs polonais. Prudent, j'entre mes mains dans mes poches, mais, à ce moment, une main étrangère se retire! Je me retourne rapidement, résolu à harponner le sacripant, mais celui-ci opérait derrière une haie de complices, chargés de protéger sa retraite. Avant même que j'aie prononcé le moindre mot, je suis pris à partie par ces bandits qui hurlent comme des possédés. Heureusement, d'autres compatriotes se trouvent à proximité, et leur intervention suffit à stopper les tentatives de brutalité des détenus polonais, qui étaient fort capables de me balancer dans la fosse. Combien de malheureux ont été ainsi lâchement assassinés, après avoir été dépouillés du peu qu'ils possédaient.»

GILBERT MAY : «Tous ces excréments étaient ensuite récupérés par le "kommando des vidangeurs" – l'un des pires kommandos – pour les jardins des SS.»

ÉMILE HAUSBERGER : «Les SS vidaient les cendres du crématoire du Struthof dans la merde des latrines. Le tout servait à fumer les jardins du commandant, juste à côté du camp.»

FRANÇOIS PERROT : «Une fois terminée la période de quarantaine, nous étions conduits dans des blocks réservés à l'habitation de l'effectif permanent ou désignés pour des kommandos extérieurs.»

MADELEINE PERRIN : «Chaque block était partagé en deux; un couloir desservait les waters, le lavabo et le bureau de la chef de block, puis, à chaque extrémité

de ce couloir, un réfectoire contenant six tables, quelques tabourets et un dortoir contenant chacun cent soixante et onze lits, soit environ trois cent quarante femmes par block, à condition d'avoir chacune son lit. En 1944, nous étions presque huit cents dans ces même blocks ; dans le fond du camp se trouvaient de grands blocks contenant normalement mille femmes environ ; dans l'année suivante, elles y étaient au minimum mille huit cents. »

HENRY CLOGENSON : « Ce dortoir mesure treize mètres sur treize, ce qui ne fait guère de centimètres cubes d'air à respirer pour chacun. Aussi l'atmosphère est suffocante ; les fenêtres, bien qu'ouvertes, ne suffisent pas à renouveler l'air vicié. ceux qui couchent à l'étage inférieur sont littéralement gelés par le froid qui pénètre par les fenêtres ; les vêtements qui les recouvrent ainsi que leur couverture (quand ils en ont) ne peuvent les réchauffer. En revanche, ceux qui sont au troisième étage sont torse nu et suent à grosses gouttes. De temps en temps, ils doivent descendre de leur lit et aller respirer un peu d'air frais de l'extérieur. De plus, cette pièce est lugubre : une seule ampoule électrique éclaire la chambrée. »

MARCEL PETIT : « Sans se livrer à de grands efforts de comparaison, on ne peut s'empêcher de reconnaître la similitude de construction entre nos boxes et les vulgaires niches à lapins que fabriquent les paysans. Il ne manque que la porte grillagée sur le devant.

« Ceux qui couchent en bas, au ras du sol, sont obligés de s'accroupir pour rentrer dans leurs boxes, et quelquefois doivent passer sous les tables.

« La première travée se trouve à la hauteur des fesses, mais, pour atteindre les troisième ou quatrième travées, il faut grimper à la force du poignet et, prenant appui sur le rebord, se mettre à quatre pattes et s'aplatir le plus possible car le plafond est si bas que les reins touchent.

« Pendant quelques instants, je me suis amusé à regarder mes camarades se coucher aux travées supérieures et n'ai pas manqué d'enregistrer les difficultés qu'ils éprouvaient.

« Certains préfèrent coucher la tête vers l'intérieur du block afin de respirer plus facilement, mais d'autres préfèrent coucher la tête au fond de la boîte et respirer une atmosphère rare et viciée plutôt que de risquer de prendre froid. Des vasistas qui sont ouverts, la fraîcheur tombe. Et puis, du fond du box, on entend moins les bruits de toutes sortes qui se multiplient de toute part. »

ANDRÉ LAROCHE : « On dormait habillé. Un pantalon laissé au bout du lit était forcément volé. Il y avait une couverture pour deux à condition de ne pas arriver le dernier au block. Sinon le détenu n'avait plus ni châlit ni couverture. Il fallait se battre en permanence à Dora où aucun lit n'était attribué. Certains étaient complètement désespérés. Comme ils ne luttaient plus, ils mouraient. »

JACQUELINE FLEURY (Ravensbrück) : « Nous étions trois par châlits. Chaque châlit faisait une largeur d'environ soixante-dix centimètres. Alors on couchait tête-bêche, comme des sardines. Et la troisième au milieu. Il fallait se retourner toutes ensemble. Et ça va devenir de plus en plus dur avec l'arrivée des maladies comme la dysenterie. »

GILBERT MAY : « Les couchettes du haut étaient les meilleures parce que nous avions tous la diarrhée. Les paillasses étaient trouées. Celui du dessous prenait tout sur lui. La première bagarre était pour les couchettes du haut. A partir d'août 44, nous avons été cinq par châlit. »

ANDRÉ LAROCHE : « Nous étions soumis à un obsédant vacarme, à l'agression sournoise de l'air raréfié et empuanti par l'explosion des mines, par l'entassement de tant de corps humains vivants et morts. »

8
Premier avertissement

« Je ne croirai jamais que les hommes
soient faits pour la guerre.
Mais je sais qu'ils ne sont pas non plus
faits pour la servitude. »

Jean GUÉHENNO

JACQUES MOALIC : « A peine étions-nous arrivés que des camarades, des kapos, des Stubendienst, etc. nous mettaient au parfum : "Vous êtes ici dans un camp de concentration, pas dans un sanatorium... N'ayez aucune illusion." La vertu théologale était : comprendre rapidement où l'on était. »

MARCEL PETIT (août 44) : « – Silence, camarades, nous crie un *Stubendienst* (détenu responsable de chambrée) français lors de la répétition de l'appel, après s'être assuré que le SS n'arrivait pas. J'ai quelque chose à vous dire. Des précisions et des conseils à vous donner. Vous en ferez ce que vous voudrez.

« (...) Une discipline très stricte vous sera imposée : vous devez vous y plier, tant dans votre intérêt que dans celui de vos camarades. Votre séjour en quarantaine sera plus pénible qu'il ne le fut pour vos prédécesseurs, car vous êtes en surnombre, et ce camp n'a pu être aménagé assez tôt. Beaucoup coucheront dehors, mais il fait beau, heureusement.

« N'oubliez jamais que vous serez constamment entourés d'ennemis, nombreux et implacables : les SS ; les traîtres qui ont pu se glisser dans vos rangs ; les voleurs ; les criminels ; les condamnés de droit commun qui ne manqueront pas d'exercer leur talent dans les conditions les plus favorables ; la vermine, la faim, et surtout la maladie...

« Évitez d'attirer sur vous l'attention des maîtres de ces lieux. Efforcez-vous de déceler, dans vos rangs, les éléments dangereux et écartez-vous d'eux. S'ils sont trop nuisibles, n'hésitez pas à user envers eux de mesures brutales...

« Parmi vous se trouvent sans doute de fieffés voleurs, des assassins et aussi des "moutons" de l'ennemi. Si vous en découvrez, réglez-leur leur compte discrètement. Personne ne vous en tiendra rigueur. Les SS ne fourrent pas leur nez dans les règlements de comptes entre internés.

« Il est aussi une catégorie de salopards qui vous frapperont traîtreusement, ne laisseront passer aucune occasion de vous voler votre nourriture, vos vêtements, vos chaussures, pour les échanger le plus souvent contre du tabac.

« Entre autres recommandations, je vous conseille de vous imposer des règles très strictes d'hygiène ici, dans ce milieu d'affamés où l'on côtoie toutes les maladies imaginables, aucune précaution ne sera de trop. Et puis vous éviterez sur vous la présence de la vermine. Il n'est pas bon de porter une blessure ou d'être malade, car les soins sont illusoires et, la plupart du temps, une maladie se termine par le passage par la grande cheminée du four crématoire.

« Nous sommes abasourdis par ce que vient de nous apprendre ce brave garçon qui possède un cran peu ordinaire pour parler ainsi, devant des milliers d'hommes dont certains sont attaqués directement et dont certains autres iront peut-être tout à l'heure raconter l'affaire aux SS. »

GEORGES GUILLEMIN : « La logique concentrationnaire échappait tellement à notre entendement que nous ne pouvions pas la comprendre, l'admettre tout de suite. Encore plongés mentalement dans le monde d'avant, on se répétait : "Nous avons été arrêtés comme patriotes, c'est inadmissible…"

« Certains ont refusé très longtemps cette réalité concentrationnaire. Je me souviens qu'a Flossenbürg un kapo bastonnait de manière atroce un détenu assez âgé. Et il criait : "Faire ça à un officier français… à un officier français !" »

JACQUES MOALIC : « Mes deux copains, deux costauds de vingt-six, vingt-sept ans, aussi solides physiquement que moralement, avaient rapidement compris que l'environnement ne nous ferait aucun cadeau. Le savoir était la clef de la survie. Ce n'était pas parce qu'on était Français que nous aurions un statut privilégié ; au contraire nous faisions partie des nations les plus méprisées par les autres détenus : à cause de Munich, de la défaite de 40, du gouvernement de Vichy. »

Georges Guillemin : «Un minimum de connaissance de l'allemand était indispensable. La première chose était de comprendre l'ordre, l'interdit, l'engueulade; de connaître son matricule en allemand pour y répondre. Les Français d'avant-guerre avaient peu voyagé au-delà des frontières et très peu maniaient une langue étrangère avec sûreté. Dans le groupe que nous constituions, la majorité étaient d'origine modeste. Or nous nous sommes retrouvés dans une tour de Babel où l'on parlait toutes les langues et en particulier l'allemand. C'était très déstabilisant pour un petit Français. Je me souviens de ce passeur des Pyrénées à l'accent du terroir qui était matraqué parce qu'il n'arrivait pas à prononcer son matricule.»

Roger Joly : «Se blinder intérieurement, ne pas regarder en arrière, se garder d'évoquer le passé, les douceurs d'antan, le visage des siens, pour conserver intacte sa force de résistance. Ce n'est point là tactique délibérée mais instinct vital.»

Maurice Braun : «Celui qui pensait au confort de sa maison ou aux êtres chers qui l'attendaient était perdu; il fallait vivre l'instant présent sans se laisser amoindrir par les regrets.»

Jacques Moalic : «Celui qui se disait : "Je me suis battu, je suis pris. Maintenant il me faut tenir..." avait plus de chances de s'en sortir que celui qui n'avait pas fait de Résistance. Ce dernier avait l'impression d'être victime d'une injustice.»

Andrée Rivière : «Celles qui avaient été prises dans une rafle, ou à la place d'une autre, étaient à plaindre. On les entourait. "Pourquoi suis-je là?" disaient-elles. C'était terrible. Nous, nous avions un idéal.»

Gilbert May : «Il fallait prendre garde à ne pas devenir la cible d'un regard quelconque. L'esprit devait être sans cesse aux aguets. Nous avions une obsession : ne pas faire de faute, ne pas se faire remarquer...»

François Perrot : «Dès que vous sortiez tant soit peu du moule, vous étiez repéré et c'était la fin. Nous faisions le gros dos.

Nous travaillions sans forcer mais sans jamais nous arrêter pour ne pas attirer l'attention.

« Le paradoxe était là : maintenir sa dignité, sa liberté intérieure tout en filant doux. Il fallait abdiquer en apparence sa personnalité et intérieurement la conserver. »

GEORGES GUILLEMIN : « J'ai ressenti une crainte permanente du grain de sable, de l'incident qui arrive sans prévenir. Pour un rien, la lubie d'un SS ou d'un kapo, on se faisait rouer de coups ou envoyer dans des kommandos terribles. C'est pourquoi nous prenions le parti de raser les murs, de ne pas avoir l'air d'exister. »

MAURICE BRAUN : « Nous n'avions même pas le droit de regarder les SS dans les yeux. La sanction était immédiate. Au minimum une terrible bordée de coups. Nous regardions nos pieds ou à côté. En prison, le mot d'ordre était : “Résister”. Au camp, c'était “Survivre”. »

9
L'appel

«Nous devons chaque jour endurer deux appels.
«Le matin il est bref; le soir il est mortel.»

Léon LELOIR[1]

MARCEL ARBEZ : «Les détenus des blocks sont rassemblés en rangs par dix[2]. Lorsque tout le monde est sur la place, l'appel commence suivant un cérémonial quasi militaire.»

MARCEL PETIT : «– Ceux qui ont une coiffure se la mettent sur la tête, hurle un *Stubendienst.* On va faire une répétition.

« – Une répétition?

« – Ici, il y a des règles à observer qu'il ne fait pas bon transgresser... Lorsque le SS arrivera à votre enclos, le chef de camp se présentera à lui, puis se tournant vers vous, il vous criera : *«Mützen ab!»* Cela veut dire "chapeau bas". Vous devrez exécuter cet ordre avec un ensemble parfait, de façon à ce que l'on ait l'impression qu'une seule main vous ait tous décoiffés. En rabattant votre main droite, dans la position du "garde-à-vous", vous devez frapper votre coiffure sur votre cuisse, afin qu'on entende un "flou" très court.

«A *"Mützen"*, vous portez la main à votre coiffure. A *"ab"* vous retirez celle-ci. Essayez!»

1. *Je reviens de l'Enfer,* Éditions du Rendez-Vous, Paris, 3e trimestre 1945. Cet ouvrage du père Leloir ne contient pas moins de quatre mille vers écrits en camp de concentration à Buchenwald, s'ajoutant aux autres vers écrits à Bruxelles en juillet 44 alors que condamné à mort il pensait être fusillé le lendemain matin. Le révérend père Leloir entre en contact avec la Résistance en juillet 1941. De janvier 1942 à juillet 1944, il visite une soixantaine de maquis du Nord, aussi bien français que belges. Trahi, il est arrêté, questionné, torturé et enfin condamné à mort pour «délit de prêtrise». La sentence ayant été ajournée (dans l'espoir, peut-être, de tardifs aveux), il fut transféré, en août 1944, au camp de Buchenwald, où il resta jusqu'à l'arrivée des Américains, en avril 1945.

2. Dans d'autres camps c'est en rangs par cinq.

MARCEL ARBEZ : «Chaque chef de block rend compte au sous-officier de service de l'état de son effectif, et fait manœuvrer ses hommes : "Fertig (prêt) – *Stillgestanden!* (garde-à-vous) – *Mützen ab!* (découvrez-vous) – *Augen rechts* (tête droite) – *Mützen auf* (couvrez-vous) – *Corrigieren* (corriger la position de votre coiffure)..."»

ROGER JOLY (Neuengamme) : «L'appel du soir pouvait durer des heures. Celui du matin était plus bref car il était calé sur la reprise du travail.»

ANDRÉ LAROCHE : «Ils nous comptaient tout le temps. Les souvenirs d'appel les plus durs sont évidemment ceux de l'hiver. Des gars tombaient. Tout le monde devait être présent à l'appel, y compris les morts de la journée. Il fallait les tenir debout afin qu'ils soient comptés.»

> «*Je le présentai donc sur la place d'appel*
> «*Comme un prêtre offrant la victime sur l'autel.*
>
> «*Nouant autour du cou son bras raidi de glace,*
> «*Étranglé, je criais :* "Hier!" *(Présent) à sa place.*»
>
> Léon Leloir

MARCEL ARBEZ : «Un appel normal dure deux à trois heures; s'il y a erreur, il y a contre-appel, ce qui prolonge les réjouissances d'une heure ou deux.

> «*Armés de calepins, schlagues, crayons et gommes*
> «*Les SS maintenant vont dénombrer les hommes.*
> «*(...)*
>
> «*Si tout* "stimmt" *ou concorde, il n'est pas impossible*
> «*Que s'abrège aujourd'hui la séance terrible.*
>
> «*Malheur! Un kommando compte un homme de trop.*
> «*Pour un seul, veut la règle, on reprend à zéro.*»
>
> Léon Leloir

Place d'appel de Buchenwald

JACQUES MOALIC : « Il suffisait qu'un type se soit endormi sur sa paillasse ou un autre incident pour que l'appel dure trois, quatre heures… »

MARCEL ARBEZ : « Par la pluie ou par temps froid, l'appel est extrêmement pénible : beaucoup de détenus[1] ont déjà fait douze heures ou plus de travail épuisant et n'ont rien mangé depuis vingt ou vingt-deux heures et il n'est pas rare d'en voir s'effondrer et mourir sur place. »

ROGER JOLY : « Un soir de février, l'appel a duré jusqu'à 3 heures du matin. Soit neuf heures d'appel ! Trois cents prisonniers en sont morts. »

1. En allemand : *Häftling (e)*.

MARCEL PETIT : « Les bipèdes sont déjà sortis. Les bancales les suivent de leur mieux, et, à la sortie de la tente, on nous invite à nous ranger à proximité.

« Aux alentours, des milliers d'hommes sont déjà rangés en de longues colonnes serrées, par nationalité et par tente. A droite et devant nous, tous les internés sont vêtus de zébré car ils sont en instance de départ en kommando, en "transport". A gauche, tous les loqueteux, mal rasés, ce sont les nôtres, ceux de notre convoi.

« – Rangez vous aussi, vous, les invalides, nous invite un "Stubendienst" français. Arrangez-vous de votre mieux. Ceux qui ne peuvent pas rester debout n'ont qu'à s'asseoir.

« L'aspect de notre groupe est vraiment impressionnant. Nous sommes là, peut-être trente unijambistes, manchots, tordus, bossus, bancals, malades. Les uns sont assis, les autres à genoux, d'autres couchés.

« Le chef de notre camp, un Allemand, interné depuis quelque douze ans, s'impatiente. Il circule d'une colonne à l'autre, fait rectifier la position et l'alignement, distribue une gifle par-ci, un coup de pied par-là. Ce bonhomme qui mesure environ 1,90 mètre a une gueule de brute.

« Ah ! voilà qu'il vient vers nous, jette un regard d'ensemble et s'emporte. Il appelle les *Stubendienst* puis un sous-chef de camp, puis un autre, car ce personnage, comme tous les chefs de block ou chargés d'une fonction quelconque, est toujours assisté dans ses tâches par une nuée de sous-verge, de serviteurs zélés profitant largement de tous les avantages que peut leur procurer la confiance que leur accordent les SS.

« Il est furieux et les autres font bientôt chorus. Il fait de grands gestes et ses bras démesurés semblent vouloir rectifier la ligne zigzaguante que forment nos corps. J'entends qu'il parle d'appel et de SS.

« Il craint certainement que l'ordre ne soit pas parfait et que, par suite d'erreur, l'effectif ne soit pas exact lorsque tout à l'heure le seigneur SS viendra compter son troupeau. Ses ordres nous sont transmis en français et, aussi vite que nous le pouvons, nous nous alignons à nouveau.

« Le temps passe. Une heure s'écoule sans que le contrôleur n'apparaisse.

« La température fraîchit. Le vent devient plus vif. De nombreux camarades qui, dans l'après-midi, avaient laissé veste et chemise, sont encore torse nu et grelottent. »

MADELEINE PERRIN : « A 21 heures, lorsqu'on nous appelait pour l'appel du travail qui se faisait dehors, en pleine nuit, sans lumière, seule "la chef" du travail (prisonnière russe) avait une lanterne pour compter chaque rang de dix. Nous avions devant les yeux, pendant cet appel, le triste spectacle des flammes du crématoire, montant droites vers le ciel, lueur jaune pâle accompagnée de brume bleuâtre sortant de derrière le mur du camp, puis l'odeur qui s'en dégageait en surplus. Nous savions que montait vers le ciel l'âme de chacune de nos disparues. »

« *Brusquement* "Fertig" *Fin! – La houle de la foule*
« *Vers les baraquements se répand et s'écoule.*

« *Maintenant que l'appel est fini tout de bon,*
« *Les moribonds sont morts, les vivants moribonds.* »

Léon Leloir

10
La population du camp

Henry Clogenson : « Tous les peuples de l'Europe envahie étaient représentés dans les camps, y compris les petits pays comme le Luxembourg, l'Estonie ou l'Albanie. Parmi ces détenus l'on trouvait des bandits, des voleurs ou des assassins que les Allemands avaient sortis de prison, puis les partisans russes et les maquisards français. Également des otages et les innocentes victimes ramassées dans une rafle un jour à Paris, à Bruxelles ou à Prague. »

Maurice Braun : « Les blocks brassaient astucieusement dix-sept nationalités. Ainsi nous pouvions difficilement communiquer, et nos différences engendraient des violences perpétuelles. Un block contenait environ sept cent individus, toujours une nationalité dominante, mais toutes les minorités étaient représentées. Par exemple, dans un block "hollandais" il y avait six cents Hollandais, quinze Français, quinze Russes, quinze Polonais, etc. »

Roger Joly : « Les Polonais abhorraient les Français ; les Russes les Polonais ; les Tchèques les Russes ; les Allemands tous les autres. Les Français n'accordaient guère leur sympathie qu'aux Belges et aux Espagnols. Les Yougoslaves s'enfermaient dans une fierté farouche et les Danois dans un égoïsme hermétique. Quant aux Néerlandais, ils pleuraient un confort passé qui les rendait particulièrement vulnérables : ils constituaient des cibles privilégiées pour le crématoire. »

José Bellec : « La "colonie française" de Buchenwald en septembre 44 comportait environ quatre mille hommes sur lesquels, selon les renseignements officieux et clandestins de l'époque, on comptait environ trente pour cent de résistants et politiques; le reste représentant un amalgame disparate dans une promiscuité invraisemblable.»

MARCEL ARBEZ : «En faisant le tour du petit secteur qui nous est affecté, je retrouve des amis, des connaissances que j'ai souvent peine à identifier. Tel de mes amis, habituellement raffiné et élégant, ressemble à un vagabond des grands chemins. On prendrait le colonel ou le général pour le trimardeur et le député semble être prêt à vous sauter à la gorge.»

ROGER JOLY : «La communauté française comprend des Résistants et des politiques, qui sont les plus nombreux; des otages et des raflés; enfin des "droit commun". Les Résistants sont liés par l'existence d'un idéal commun; ils poursuivent la lutte dans les camps, s'entraident. Les "politiques", communistes pour la plupart, ont une attitude identique. Les raflés et les otages ont souvent un moindre tonus; certains ressentent comme une injustice le sort qui leur est fait... et ils le disent. Quant aux droit commun : souteneurs, trafiquants, voleurs, parfois même criminels, qui auraient eu droit au triangle vert s'ils avaient été allemands, ils sombrent très vite et disparaissent. Ils n'ont pas de vraie motivation pour s'accrocher.»

MAURICE BRAUN : «Au cours de l'hiver 44, en pleine nuit, des SS sont arrivés et ont crié : *"Los! Los! Alles draußen!"* (tout le monde dehors)... Dans l'obscurité complète nous avons évacué notre block 43 pour être poussés vers d'autres bâtiments. Dehors il neigeait.

«Je me retrouve abruti de sommeil dans un bâtiment inconnu, sur un bat-flanc où il y avait de la place pour trois alors que nous étions sept! Dans l'obscurité je m'allonge sur un corps, figure contre figure. Je lui demande de quelle nationalité il est.

«– Hollandais, me répond-il dans un mauvais allemand.

«– Tu es dans les camps depuis combien de temps?

«– J'étais d'abord en prison à Rotterdam, me répond-il. Comme j'étais condamné à mort, les Allemands m'ont déporté.

«– Condamné pour Résistance?

«– Non. J'ai tué quelqu'un...

«Son visage s'appuyait contre le mien.

«– C'était dans un café. Il m'a insulté. Je l'ai assommé avec un

tabouret. On m'a arrêté puis on m'a relâché. Légitime défense. Le deuxième que j'ai tué…

«– Ah bon!…

«– Le gars avait triché, alors je l'ai pris comme ça…

«Dans la nuit noire du block, j'ai senti sa main qui passait entre nous, qui montait et me prenait la gorge.

«– Tu sens, me dit-il, comme je serre? C'est comme ça qu'il est mort…»

ANDRÉ LAROCHE : «Les Polonais acceptaient n'importe quelle tâche pour faire plaisir aux kapos ou aux SS. Ils étaient particulièrement féroces envers les Français.»

GENEVIÈVE DE GAULLE-ANTHONIOZ : «Il n'y avait pas de classes moyennes à cette époque en Pologne. Donc nous avions affaire à des personnes très frustes ou à des aristocrates insupportables. Je me souviens d'une chef de baraque qui giflait nos camarades françaises à tour de bras. Comme je lui dis d'en finir avec ce comportement, elle me répondit : "J'ai toujours giflé mes femmes de chambre!"»

JOSÉ BELLEC : «J'ai connu des Polonais solides et dignes. Mais beaucoup étaient des valets des SS.»

JACQUELINE FLEURY : «Les Polonaises faisaient le travail des SS, mais ce n'était pas général. Des femmes médecins polonaises furent remarquables, même avec des Françaises. Notre affinité allait plutôt vers les Tchèques, même si elles nous reprochaient de les avoir abandonnées à Hitler.»

JACQUELINE FLEURY : «Par rapport aux Allemandes, nous restions distantes.»

MARCEL ARBEZ : «Notre chef de block allemand à Dora détestait par-dessus tout les Français : "Vous êtes trop malins, nous disait-il, mais vous passerez tout de même au crématoire." D'autres fois, nous montrant la direction de l'Ouest, il s'écriait : "Votre patrie était là-bas, elle est maintenant là-haut." Il n'appelait jamais un Français autrement que "chien de cochon" ou "sac de boue", "truie".»

MAURICE BRAUN : « Si je n'avais pas eu le sens de l'à-propos, il y a longtemps que je serais mort. J'étais d'une constitution solide, mais mon année d'incarcération à Fresnes m'avait épuisé. Bien sûr je parlais allemand, immense avantage, mais j'étais plutôt petit et je ne pouvais me mesurer aux grandes brutes polonaises et russes qui faisaient régner la terreur dans la jungle de Buchenwald. D'autre part, les occupants de mon block, en majorité des Slaves, méprisaient les Français. »

JACQUELINE FLEURY : « En face de notre block 24 il y avait une baraque avec des enfants. Je me souviens, quand nous allions à l'appel, les avoir vu derrière les carreaux. Ils avaient des yeux immenses que je ne peux oublier. »

ANDRÉE RIVIÈRE : « Des petits Juifs polonais, des petits tziganes. Des enfants auxquels on ne pouvait donner d'âge. Les plus âgés devaient avoir huit, dix ans. Ils ne travaillaient pas et circulaient dans le camp. Des femmes essayaient de les aider, mais c'était très difficile. »

GENEVIÈVE DE GAULLE-ANTHONIOZ : « Au début, les nouveau-nés mouraient noyés dans un seau d'eau ou la tête brisée sur un châlit. Puis ils ont décrété qu'ils les laisseraient vivre, mais il n'y avait pas de lait. Les enfants ne dépassaient pas un mois[1]. Les mères n'avaient plus de lait, et il n'y en avait pas dans le camp.

« Il y eut au block 31 par lequel je suis passée, une mère et plusieurs enfants. Quand elle partait travailler, la grande sœur gardait ses petits frères. Nous leur donnions une partie de notre propre ration et ce que l'on pouvait récupérer. En général, c'était des familles de Juifs hongrois. Il semble qu'il y ait eu pour les Juifs hongrois un régime "particulier" qui consistait à passer par Ravensbrück avant la chambre à gaz d'Auschwitz.

1. « Tout à fait à la fin, dans les derniers convois, trois femmes françaises ont eu des enfants. Ces trois enfants ont été sauvés par la Croix-Rouge suédoise après un échange, par Bernadotte, le président de la Croix-Rouge internationale… Une fille et deux garçons qui vivent encore. Les autres enfants ont été emmenés vers Bergen-Belsen. Très peu ont survécu. »

«J'ai vu quelques petits garçons gitans et beaucoup de petites filles gitanes qui ont été stérilisées. Elles étaient aussi "privilégiées" parce que leur père était sur le front de l'Est. Les mères devaient signer un papier autorisant cette opération pour leur petite fille. Il y avait d'autres enfants dont nous ne savions rien, qui restaient peu de temps au camp.»

11
La loi

GENEVIÈVE DE GAULLE-ANTHONIOZ : «Les nazis avaient installé au-dessous d'eux toute une strate de responsables qu'ils laissaient faire, tout en les surveillant du coin de l'œil.»

HENRY CLOGENSON : «Des Allemands, des Polonais ou des Russes étaient arrivés à se faire bien voir des SS. Ceux-ci leur avaient donné un emploi dans les blocks, aux magasins, aux cuisines, dans la garde du camp, réalisant ainsi le but énoncé par Hitler dans *Mein Kampf* : faire garder les prisonniers par d'autres prisonniers.»

JOSÉ BELLEC : «L'efficacité du système nazi reposait sur le cloisonnement des activités; la disparité entre détenus.»

JACQUES MOALIC : «Le camp de Buchenwald était arrivé à la perfection. Les SS en assuraient l'étanchéité. Une centaine de détenus s'occupaient de l'administration, du travail et avaient pouvoir de vie ou de mort sur nous.»

MARCEL ARBEZ : «A Dora, pour un effectif moyen de douze mille détenus, il n'y eut jamais plus de cinq cents SS. Ils assuraient d'une part la garde armée du camp et d'autre part la surveillance du travail. Un sous-officier était habilité à régler les questions de discipline, c'est-à-dire à prononcer les punitions.»

FRANÇOIS PERROT : «Nous avions basculé dans un monde inhumain où régnait une double terreur : la terreur SS et la terreur de la hiérarchie interne.»

ROGER JOLY : «Les SS prennent les décisions de principe et décident des grandes orientations, laissant les tâches d'administration subalternes à toute une série de créatures qui règnent en despotes sur le troupeau de déportés. Ici, la mort vient de partout, des maîtres comme des esclaves dès lors qu'ils sont galonnés. Ils gueulent, ils frappent, ils volent la nourriture, ils tuent. Sans raison et sans avoir de comptes à rendre. C'est la loi des camps.»

MARCEL ARBEZ : «Au sommet de la hiérarchie des détenus, un *Lagerälteste* (doyen du camp) était chargé des relations entre les autorités SS, d'une part, et les détenus, d'autre part. On confiait ce poste lourd de responsabilité à un très ancien du camp, souvent détenu depuis dix ou douze ans. Il était assisté d'un ou deux adjoints. Il avait à sa disposition la *Lagerschutz* (police du camp) composée d'une trentaine de détenus allemands ou polonais, qui avaient sur les autres détenus droit de vie et de mort. Bien nourris, bien logés, remarquablement vêtus, ils assuraient leur service avec un zèle très poussé, ne fût-ce que pour conserver leurs avantages matériels, certes appréciables.»

JEAN-PIERRE RENOUARD : «Ils formaient une hiérarchie étrange, à la fois de sous-hommes et de demi-dieux.»

JACQUES SONGY : «La fonction du *Lagerälteste* est très importante. Il n'a qu'à commander. Sous ses ordres se trouvent les tout-puissants kapos et les contremaîtres chargés de la police, de l'ordre, de la discipline, de la surveillance des kommandos.»

MARCEL ARBEZ : «Leur arme favorite était le gourdin ou le "*gummi*", sorte de schlague en caoutchouc d'un mètre de long et d'un à deux centimètres de diamètre. Et Dieu sait s'ils maniaient cet instrument avec dextérité. J'ai vu par exemple un *Lagerschutz* frappant un détenu à coups de bâton déterminer une fracture de l'avant-bras en plusieurs endroits. Un certain matricule 4622, couchait sa victime d'une seule gifle, quel que fût le gabarit de ce dernier, et pour ma part, j'ai eu plusieurs fois l'occasion de mesurer la puissance de ses volées magistrales.

Le commandant Kramer, responsable d'Auschwitz-Birkenau de 1934 à 1944, puis de Bergen-Belsen jusqu'en avril 45.

« Dans chaque block, un *Blockälteste* assisté d'un secrétaire était chargé de la police et de l'administration de son block. Aucune règle ne définissait ses pouvoirs. Le chef de block ne travaillait pas, il était chargé de la distribution des vivres, de la comptabilité des effectifs, de la discipline générale. Jouissant lui aussi d'avantages matériels considérables, il avait tout intérêt à garder coûte que coûte ses privilèges et, dans la plupart des cas, il se faisait l'auxiliaire zélé des SS. »

ANDRÉE RIVIÈRE : « Notre "*Blockova*" (chef de block chez les femmes) était condamnée aux travaux forcés à perpétuité pour avoir tué sa fille. Quand vous avez en face de vous un assassin et que cet assassin est votre kapo, il ne faut pas vous attendre à des gentillesses. »

JEAN-PIERRE RENOUARD : « La grande théorie de *Mein Kampf*, c'est la loi de la nature : les plus forts doivent survivre et les faibles disparaître... Dans les camps de concentration, ils ont réellement fabriqué des hommes qui se sont comportés comme des bêtes folles. »

MAURICE BRAUN : « J'ai eu la stupeur de m'apercevoir que les valeurs morales auxquelles je croyais n'étaient qu'un vernis chez certains. Une fois dépouillés de leur dignité dans cet enfer où les règles

habituelles de la société n'avaient plus cours, ils se laissaient ravaler à leurs instincts les plus primitifs. »

MADELEINE PERRIN : « La fameuse femme SS qui nous gardait, ne rentrait jamais par les portes, elle escaladait les fenêtres du dortoir afin de nous surprendre. Elle s'occupait aussi des colonnes de travail, elle battait les femmes à tour de bras, sans motifs, ou si nous n'étions pas silencieusement au garde-à-vous. Elle parcourait aussi le camp à vélo... en hurlant. »

HENRY CLOGENSON : « Je crois que si des SS avaient été nos chefs de blocks nous n'aurions pas été plus maltraités. La plus grande partie des prisonniers a davantage souffert des "droit commun" que des SS eux-mêmes. »

MARCEL ARBEZ : « Avec notre nouvelle affectation au tunnel, nous changeons de block. Tout le kommando logera désormais au block 132 réputé comme étant le plus mauvais de tout le camp. Le chef de block, du nom de Willy, est beaucoup plus connu sous le nom de "Follette", délicieux sobriquet que lui ont donné les Français du camp. »

ANDRÉ LAROCHE : «Follette avait le triangle rose des homosexuels. Pour une gamelle de soupe, il s'appropriait sans problème un des gamins venus d'Europe centrale.»

JEAN-PIERRE RENOUARD : «Hermann, mon chef de block à Misburg, avait un petit ami, Michka, qu'il nourrissait de chutes de pain et des fonds bien épais de la soupe. Comme il y avait cinq personnes par pain et que nous étions deux cent cinquante personnes, il avait de quoi devenir gros et fort.»

MARCEL ARBEZ : «Haut d'un mètre soixante environ, la figure amincie à l'extrême, des petits yeux ronds et extrêmement mobiles, les lèvres dessinant en permanence un rictus qui n'appartenait qu'à lui seul, Follette était pour le moins anormal. Toujours chaussé de bottes impeccablement astiquées, il n'évoluait jamais sans un énorme gourdin : son "interprète", comme il aimait l'appeler. Détenu depuis le début du régime hitlérien, il était devenu à moitié dément et les SS lui avaient confié la direction du block 132, tâche dont il s'acquittait à merveille.

«Sa seule occupation était d'empoisonner l'existence de ses hommes et il avait pour ce faire une imagination féconde. Il y avait d'abord les réjouissances ordinaires, quotidiennes : au retour du travail, par exemple, nous devions séjourner devant la porte du block jusqu'à ce que l'effectif soit au complet, ce qui prenait bien une demi-heure. Il fallait alors se déchausser et, en cas de boue — ce qui était fréquent —, nettoyer ses chaussures, puis se mettre torse nu; on avait seulement le droit à ce moment de pénétrer dans le block où nous attendait la soupe servie depuis plus d'une heure dans les gamelles. Ces longues attentes étaient très dures en hiver lorsqu'il gelait ou qu'il neigeait et de nombreuses pneumonies ont eu là leur origine. Dans le block, le temps très court du repas mis à part, il était interdit de se tenir dans la salle commune. Nous devions donc aussitôt nous mettre au lit.

«Le réveil était tout aussi mouvementé. Après le réglementaire *"Aufstehen"*, il fallait prestement sauter du châlit et faire son lit. Oh ! ce n'était pas tellement compliqué, puisque la literie se composait en tout et pour tout d'une paillasse et d'une couverture. Seulement, la maniaquerie de Follette exigeait que chaque lit soit rigoureusement plat et, il les explorait dans le moindre détail. Naturellement, la bâton parlait de temps à autre.

« Tout cela prenait du temps. Pendant ce temps il prenait soin de faire ouvrir toutes les fenêtres. Imaginez, l'hiver, ces dortoirs peu spacieux où l'on dormait à plus de deux cents, fermés hermétiquement pendant la durée du sommeil, surchauffés, à l'atmosphère étouffante et qui brusquement, dès le réveil, étaient livrés au courant d'air glacé alors que chacun attendait torse nu la permission d'aller se laver. Il arrivait couramment de rester ainsi plus d'une demi-heure.

« Quant à la toilette du réveil, c'était la plus belle séance de cirque à laquelle il m'ait été donné d'assister. Dans le lavabo d'une vingtaine de mètres carrés, il entassait deux cents individus alors qu'il y avait difficilement place pour plus de vingt hommes et, dès que le dernier était entré, Follette arrivait avec sa matraque et tapait dans le tas ; il appelait ça son "réveil musculaire". Il ne restait plus alors qu'à sauter par la fenêtre, à lui passer entre les jambes ou à ramasser la volée au passage. C'était une scène d'authentique Guignol.

« Enfin, habillés à toute allure, il fallait sortir prestement dehors pour attendre l'heure du départ au travail. Et malheur à ceux qui sortaient les derniers, le bâton de Follette se chargeait de leur "traduire" ses plus secrètes pensées.

« Parmi les réjouissances non périodiques, mais fréquentes tout de même, il y avait le bain à la "piscine" très en usage pendant les mois de décembre et janvier. Notons aussi la visite de poux qui s'effectuait généralement au retour du travail : il fallait alors se déshabiller complètement dehors puis passer un par un devant Folette qui inspectait minutieusement tous les recoins des corps amaigris, ainsi que les vêtements. Cela durait aussi plusieurs heures car nous étions quatre cents dans le block.

« Sous les prétextes les plus divers, il venait nous réveiller pendant le sommeil, tantôt pour s'assurer que nous ne nous couchions pas tout habillés, tantôt pour examiner si nos cheveux n'avaient pas besoin d'être tondus et, dans ce cas, il faisait lever tout le monde afin de passer aux mains du "friseur". J'ai vu ainsi des séances de coupe de cheveux durer de 10 heures du soir à 4 heures du matin et pas un seul n'allait se coucher tant que tout le monde n'était pas passé devant le "friseur".

« Si Follette traitait ainsi tout le monde, il était surtout terrible avec les malades, les éclopés. Lorsque nous arrivions du travail, il nous attendait à la porte du block ; s'il remarquait par hasard sur un visage ou dans une démarche les signes d'une trop forte fatigue ou d'une condition maladive, il désignait aussitôt l'intéressé pour toutes les corvées de la journée. Il aimait à crier tout haut : "Il n'y a de place ici que pour les bien-portants et pour les morts." Aussi se chargeait-il d'envoyer rapidement les malades au crématoire.

«Un de nos camarades avait subi l'amputation d'un doigt à la suite d'un accident mais, faute de bandages, on lui avait supprimé tout pansement quatre jours après l'opération. Follette l'avait repéré et lui confiait plusieurs fois par jour les corvées de w-c... Sa plaie s'infecta... la gangrène s'y mit. Il en est mort.

«Ce dément avait surtout la folie de la persécution. Il s'imaginait toujours que nous conspirions contre lui. Aussi essayait-il à chaque instant de nous dresser l'un contre l'autre : Polonais contre Tchèques; Français contre Belges; Russes contre les autres Slaves; tantôt en favorisant l'un au détriment de l'autre, tantôt en envenimant les moindres querelles. Plusieurs fois par semaine, il bouleversait l'ordre établi, changeant les lits de place, faisant passer les détenus d'un dortoir à l'autre afin d'empêcher les amitiés de se nouer. Ne possédant plus rien, chacun s'attachait à son lit, à sa table, à ses camarades et il fallait chaque fois briser ces attaches.

«Il faut avoir été dénué de tout pour comprendre l'immense richesse que représentait la possession d'une cuillère, d'un couteau, d'une minuscule boîte, tout objet péniblement confectionné avec les moyens du bord. Aussi Follette s'acharnait-il à nous dépouiller de ces objets et, à chaque fouille, il fallait jouer au plus fin avec lui pour les soustraire de sa perquisition. J'ai vu des hommes de cinquante ans pleurer parce qu'ils avaient perdu leur cuillère. (...)

«La confection de ces objets était d'ailleurs un délit de sabotage et la punition minimum était vingt-cinq coups de schlague. C'est dire que l'attachement à chacun d'eux était considérable.»

JEAN-PIERRE RENOUARD : «Contrairement à un SS, on pouvait regarder Hermann, mon chef de block, dans les yeux. Il fallait même le regarder; si on baissait les yeux cela signifiait que l'on était soumis. Hermann était un type dangereux. Il s'enflammait pour un rien. Il se mettait à hurler quand il y avait une infraction. Je ne peux vous l'imiter car je vis dans un immeuble respectable, mais ça commençait ainsi : *"Aber was!... aber was! Was hast du gemacht"* (qu'est-ce que tu as fait?), et il s'énervait de plus en plus. *"Was ist denn los?"* Il se mettait à hurler et à taper. Il devenait incontrôlable, son regard devenait fou, il frappait avec des rrrhan... rrhan.. jusqu'à ce qu'il jouisse. A ce moment-là, le type était souvent mort.»

MARCEL ARBEZ : «Il fallait surtout voir Follette lorsqu'il frappait. Son visage s'éclairait soudain, ses yeux sortaient de leurs orbites, sa bouche dessinait un

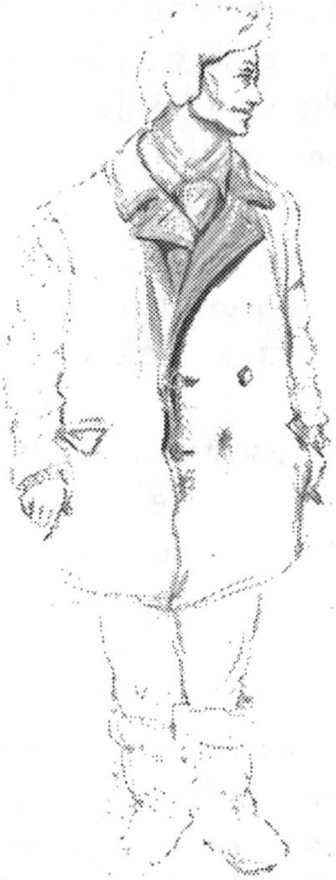

rictus satanique et ce malingre trouvait une vigueur peu commune, cela lui venait par crises, mais celles-ci lui duraient parfois des journées entières. »

ANDRÉ LAROCHE : « A Bergen-Belsen, avant la libération du camp, les Russes lui ont ouvert le ventre et l'ont rempli de pierres. »

JACQUES MOALIC : « Les "*Stubendienst*" étaient généralement de sombres imbéciles.... »

MARCEL ARBEZ : « Le chef de block avait à sa disposition un petit personnel de "*Stubendienst*" ou hommes de corvées chargés des menus travaux dans le block. En général, trois ou quatre par block. Quoique d'ordre inférieur, ce poste était recherché car il permettait à l'intéressé de manger au moins à sa faim, et ce n'était pas là un mince privilège. A Dora, la plupart des chefs de block étaient allemands (verts ou rouges), quelques Tchèques ou Polonais, et vers la fin on vit promouvoir à ce poste quelques Français. »

MARCEL PETIT : « Tous les "*Stubendienst*" sont chaussés de hautes bottes d'excellent cuir et possèdent plusieurs paires de chaussettes de laine. Comme ce sont eux qui distribuent, si besoin est, les vêtements de remplacement, ils se servent les premiers. Ils portent ainsi de propres et quelquefois élégants complets vestons. Ils sont protégés par un ou deux pull-over épais comme la main. Leurs coiffures, très convenables, ressemblent beaucoup aux bonnets de marin, avec le pompon en moins.

« Comble d'élégance, leurs bottes sont impeccablement cirées, le cirage étant fabriqué avec de la margarine et de la suie du poêle.

« Ces "*Stubendienst*" qui sont en fonction depuis plusieurs années se sont fort bien adaptés aux circonstances et en tirent le maximum de profits au détriment des milliers d'hommes déguenillés et mourant de faim dans leurs blocks. Qu'ils appartiennent au petit ou au grand camp, ils sont très liés entre eux et opposent toutes leurs forces et toute leur malice à quiconque tente de les déposséder de leurs avantages. »

Marcel Arbez : « Privilégiés aussi étaient ceux qui formaient le personnel des services tels que magasin d'habillement, dépôt de vivres, dépôt de matériel, hôpital, cuisines. Enfin, la "*Schreibstube*" (secrétariat du camp) groupait une foule de gratte-papier chargés de la paperasse, au moins aussi importante que celle d'une administration française. Tout ceci donc constituait les cadres sédentaires des camps. »

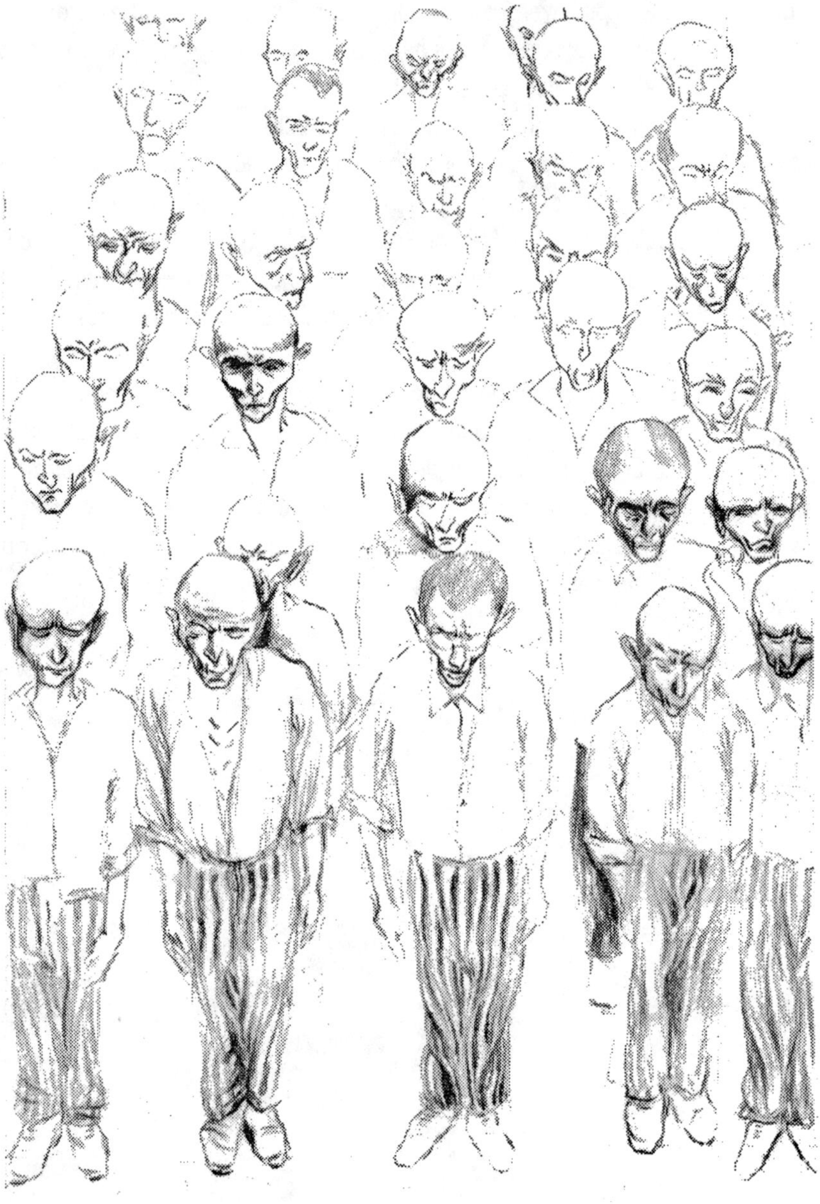

André Laroche : « Des hommes comme Follette vivaient depuis dix ans dans les camps. Dix ans ! C'est pourquoi nous sommes quelquefois un peu indulgents avec les déportés allemands. »

Jean-Pierre Renouard : « Ces Allemands avaient été arrêtés entre 33 et 40[1] ! Mon premier "*Blockälteste*", dans les baraques de transit à Neuengamme, un député socialiste de Hambourg, portait le numéro 3 ! Je puis vous dire qu'il n'avait pas un bon caractère… Le système était tel que n'importe qui, au bout de plusieurs années, se comportait comme un tortionnaire. »

Jacques Moalic : « Ce n'était pas une revanche qu'ils prenaient en frappant d'autres détenus. Mais le camp était devenu pour eux un monde clos. Toutes les vertus de l'humanisme étaient absurdes. Se montrer indulgent ou sensible était un obstacle à la survie. Il leur fallait des détenus d'élite, sans âme. »

Jean-Pierre Renouard : « Hermann n'était pas une sale figure. Seulement un concentrationnaire. »

1. « Hitler est arrivé au pouvoir le 1er janvier 1933. L'incendie du Reichstag organisé par Göring et les SS, le 27 février 33, permet de suspendre les libertés individuelles et de donner les pouvoirs exceptionnels à la Gestapo pour lutter contre le "terrorisme" et l'antinationalisme. Autrement dit, un mois après l'élection de Hitler, les Allemands n'ont plus la liberté politique. Les premiers camps de concentration sont ouverts deux mois après, en mars. »

12
« Une démocratie populaire »

« On a bien tort de ne pas dire la vérité quand on peut,
car on ne la dit pas toujours quand on veut. »

MONTESQUIEU

GEORGES GUILLEMIN (Flossenbürg) : « A l'origine, ce sont les "droit commun" qui dirigeaient. Ils avaient conquis le pouvoir grâce à leur force physique, leur capacité à saisir les opportunités, leur habitude de la prison, et le peu de problèmes de conscience que cela leur posait de collaborer.

« L'arrivée des Résistants dès 42 a bouleversé la donne. Ils apportent leurs valeurs. Ainsi à Buchenwald, à Dachau, au Struthof les politiques et les Résistants vont réussir à retourner le pouvoir en leur faveur. Quand les camps ne servaient qu'à assécher des marais, creuser des carrières, des "Verts" suffisaient. Mais le passage à la production industrielle d'armes de guerre réclamait une hiérarchie plus intelligente. Les nazis avaient besoin d'"administrateurs" et non plus seulement d'hommes de main. »

ÉMILE HAUSBERGER : « Au Struthof les communistes ont supplanté les "Verts" aux postes de baraques et de chambrées. Ils ont pris la direction parallèle du camp. Beaucoup de "Verts" ont été envoyés en kommando extérieur, parfois éliminés physiquement. »

JOSÉ BELLEC : « A Buchenwald, l'appareil communiste, dit "Comité international" du camp, détenait les leviers de commande et d'exécution de l'administration interne du camp, à travers l'ensemble des nationalités. Il avait pouvoir ou délégation de l'autorité nazie pour régir l'essentiel de la vie des détenus, la discipline et toutes les tâches subalternes de gestion. »

MAURICE BRAUN : «Le poids des communistes français sur la direction du camp de Buchenwald a longtemps été nul. Ils n'ont réussi qu'en juin 44 à entrer dans le "Comité international". A partir de cette date, en symbiose avec les communistes allemands, ils ont pris les leviers de commande.»

JACQUES MOALIC : «A Buchenwald, le "Comité clandestin" qui prenait les décisions était en majorité communiste. Les postes les plus importants étaient détenus par eux : les trois doyens, les chefs de blocks, les principaux kapos. Certains de ces communistes allemands étaient suffisamment intelligents pour comprendre qu'il fallait jouer une carte plus large, élargir leur domination en s'appuyant sur certains gaullistes, certaines forces politiques.»

MAURICE BRAUN : «A la tête des communistes français, il y avait Marcel Paul qui deviendra ministre et, avec lui, un garçon que je connaissais bien, un colonel d'aviation : Frédéric Manhes. En réalité, le colonel Manhes était le porte drapeau des communistes, bien qu'il ne possédât pas formellement sa carte[1].

«Il y eut dans ce comité quelques non-communistes comme moi-même. Ceux qui avaient appartenu au BCRA, c'est-à-dire aux réseaux de Gaulle, avaient élu un camarade; tandis que les réseaux Buckmaster m'avaient élu. Mais ce comité ne se réunissait en fait que pour avaliser les décisions du bureau qui était à quatre-vingt-dix pour cent communiste.»

ANDRÉ LAROCHE : «Déjà, au petit camp de Buchenwald, nous voyions arriver de temps en temps le "*Lägeralteste*", accompagné de quelques "*Lagerschustz*". Il appelait des numéros derrière les barbelés. Ces numéros correspondaient à des communistes qui s'étaient fait connaître dès leur arrivée. Il les affectait à de "bons" kommandos au camp même de Buchenwald, et ne menant pas à la mort comme Dora, Ellrich, etc.

«Des dizaines de détenus qui pouvaient servir au parti dans le camp et dans la perspective de la libération étaient ainsi appelés tous

1. Marcel Paul, devenu ministre après la Libération, le prendra comme directeur de cabinet.

les jours. Les sans-grade et sans-parti, comme nous, partaient en kommando extérieur. »

LÉON BOUTBIEN : « Les communistes du camp du Struthof voulaient nous préparer à l'après-guerre. Leur solidarité ne profitait qu'à ceux qui avaient fait allégeance. Nous étions classe contre classe. Comme j'étais socialiste, ils voulaient me faire crever. »

FRANÇOIS PERROT : « Les communistes avaient pris les postes importants, notamment la *"Politische Abteilung"* (section politique détenant le fichier central de chaque camp, en liaison avec la Gestapo) et l'*"Arbeitsstatistik"*. »

MARCEL ARBEZ : « Les employés de l'*"Arbeitsstatistik"* étaient tout-puissants et il dépendait d'eux qu'on fût affecté à un bon ou à un mauvais kommando de travail. »

MAURICE BRAUN : « Il y avait au camp même, certains kommandos où la survie était impossible ; et puis il y avait les transports vers les kommandos dans lesquels la mort était quasi certaine comme Dora, Laura, Langenstein, Ellrich…

« Lorsque les SS disaient : "Il nous faut 1400 détenus pour Dora", ils ne désignaient nommément personne. C'était la *"Politische Abteilung"* et l'*"Arbeisstatistik"* sous direction communiste qui le faisaient. Ils envoyaient qui ils voulaient. C'est ainsi qu'un grand nom comme Marcel Michelin qui comptait les wagonnets – un poste où il aurait pu tenir jusqu'à la libération –, fut évacué un beau jour vers le kommando S3 d'Ohrdruf et les mines de sel où il est mort tout de suite. »

GASTON PAPIN : « J'étais présent cette nuit-là. C'était l'hiver. J'étais dans le même block, numéro 31, que Marcel Michelin. Nous étions inséparables, nous étions dans le même dortoir et à la même table. (…)

« Une nuit de plein hiver, (…), vers 3 heures du matin, on a été réveillés brutalement par les *"Lagerschustz"* qui nous ont sortis de nos paillasses. Ils nous ont intimé l'ordre de sortir du block et de nous ranger dehors où il y avait une colonne d'une trentaine d'autres déportés, prête à partir, encadrée par des SS armés.

«En sortant du block avec Michelin, qui comme moi avait été sorti avec brutalité, (...), Michelin m'a dit :

«– Mon vieux, tu sais où on va. On ne reviendra sans doute jamais.

«– Pourquoi ?

«– J'ai appris que nous allions dans un kommando d'extermination. On est condamnés à mort. On ne reviendra pas.

«– C'est pas vrai, lui ai-je répondu.

«J'étais totalement ignorant de ce qui pouvait nous arriver. Michelin était renseigné car, à notre table, il y avait deux communistes, des vrais résistants, qui étaient horrifiés par les droits anormaux que certains communistes s'étaient attribués, comme *"Stubendienst"*, ou sous-chef de blocks, ou la manière dont ils étaient placés dans des kommandos où ils avaient deux soupes et où ils étaient au chaud. Ces deux-là étaient au courant et avaient répété à Michelin ce qui se décidait...

«– Puisqu'on part ensemble et si le hasard voulait qu'un d'entre nous revienne, il pourra dire à nos familles que nous avons été condamnés à mort.

«– Mais pourquoi ?

«– Parce qu'on n'a pas voulu adhérer au Front national communiste ni devenir communiste, alors on nous envoie à la mort. A moi, on me reproche de ne pas avoir distribué mes petits colis à l'ensemble des déportés[1].

«J'étais chef de table et chargé de la distribution. J'étais bien placé pour savoir que Marcel Michelin avait de tout petits colis qu'il distribuait à ses amis personnels. Il y avait très peu de choses : un peu de chocolat, des biscuits. Dans le block, on n'y faisait même pas attention tant ses colis étaient petits.

«Il a répété : "Nous sommes des anticommunistes. Nous sommes

1. «Jusqu'à la Libération de Paris, des colis Croix-Rouge arrivaient à Buchenwald, contenant des chose aussi merveilleuses qu'un peu de sucre, une boîte de sardines, etc. Or ces colis, quand nous les avions, nous devions les remettre aux délégués communistes pour la "solidarité". Ils disaient que c'était pour l'Armée rouge. J'appris après la guerre que toutes ces choses étaient consommées par les membres de cette nomenklatura. Celui qui refusait de les donner risquait de partir dans les quarante-huit heures en transport... » (Maurice Braun.)

donc condamnés à mort.” Il n’a pas prononcé le nom de Manhes mais j’appris plus tard que lui aussi était dans le coup.

« Et il a pris sa place dans le rang.

« Je n’ai pas voulu partir et je me suis écrasé par terre. J’ai rampé le long de la colonne. Le block était mal éclairé. J’ai tourné derrière la baraque. J’ai couru dans le block de l’interprète luxembourgeois qui était affecté au kommando où je travaillais. Je lui ai expliqué ce qui se passait.

« Il m’a dit : “Reste à ma place dans ma paillasse. J’en fais mon affaire.” Il est allé voir le service technique, l’“*Arbeitsstatistik*”, et il est allé expliquer la chose aux Allemands. Puis il est revenu me voir, disant que tout était arrangé. A 6 heures du matin, je suis parti au travail. Le soir, il m’a dit que je pouvais revenir à mon block. J’ai été sauvé finalement par mon interprète et par les Allemands.

« Deux mois plus tard, la même opération a recommencé. J’étais encore condamné à partir. Mais comme j’avais prévenu mon Luxembourgeois, je ne me suis pas laissé faire. Aussi, je suis prêt à témoigner et à répéter les dernières paroles que m’a dites Marcel Michelin en partant. »

Chant XIV
« Le coup vache est classique entre bons camarades :
« On te glisse en transport à la moindre incartade.

« Ainsi furent virés ceux dont la charité
« Pouvait mettre en échec leur “solidarité”.

« Les termes galvaudés de “copain”, “camarade”
« Et “solidarité” (ironie et bravade ?)

« Gardent à Buchenwald moins de sens et raison
« Que celui de “chéri” en certaines maisons.

« S’appeler “Michelin” ou “Comte Yvon d’Yonne”
« Sont des titres certains que l’“Arbeit” *affectionne.*

Jusqu'au bout de la Résistance

*«On dit l'"*Arbeit*" tout court pour l'"*Arbeitsstatistik*"*
«Où les bagnards dressent ces listes en pratique

«Cette dévolution a permis quelquefois
«De sauver des héros illustres de nos bois.

«(De ce gouvernement intérieur le système
«N'est pas jugé ex professo dans ce poème.)

«Elle a permis après... ce que j'ai déjà dit,
«Que je détaillerais si j'étais plus hardi,

«Ou si tout bonnement, avec papier et plume,
«Je préparais posthume et vengeur ce volume.

«Sous la terreur SS, règne l'autre terreur.
«Gouverner sans amour fut toujours une erreur.

«Amis, pardonnez-moi, ce soir, mon amertume;
«D'un fils de mes maquis, le crématoire fume.

«Moi qui jamais de vos services n'abusait,
«Pourquoi me l'avez-vous, sectaires, refusé?

«Il ne s'affilia point, le pauvre, à telle clique,
«Locale république aux procédés obliques.

«Ne vous réclamez pas, effrontés, d'un parti;
«Je les servis tous, prêtre, et les connais, pardi!

«Vous accaparez seuls toutes les bonnes places;
«Vous vous "organisez [1]" en petit, des palaces,
(...)

Léon Leloir

1. «*Organisieren*» : dans le jargon des camps, signifiait : se débrouiller, pratiquer le système D et, par extension, dérober.

José Bellec : « A la vérité, la vie et l'organisation interne dans le camp de Buchenwald nous avaient incontestablement placés dans ce qui s'appellera ensuite une "démocratie populaire".

Roger Joly : « A l'interrogatoire d'identité de Neuengamme, l'un de mes amis avait répondu dans un allemand si parfait, que le "*Schreiber*" l'avait affecté au bout de quelques jours à un poste inespéré : la "*Politische Abteilung*". Travailler à la section politique du camp central, c'est-à-dire avec les SS, le faisait accéder au circuit du Pouvoir. Certes son rôle était très limité pour les nazis mais il pouvait revêtir pour nous une grande importance.

« Il faut savoir que chacun de nous possédait un dossier. Du Résistant le plus important au raflé malchanceux. Ce dossier nous suivait jusqu'au camp. Le rôle de mon camarade consistait à trier ces dossiers et à les compléter par diverses mentions avant de les transmettre au SS qui partageait le même bureau. Ce dernier visait tous les dossiers et les transmettait à son tour à la hiérarchie.

« A l'échelon supérieur, un tri ultime était opéré : les dossiers I et II (suivant le nombre de barres attribuées par la Gestapo en France) étaient classés ; les dossiers III et IV étaient envoyés à Berlin, au siège central de la Gestapo où ils étaient "étudiés". Après quoi, un ordre était adressé au "*Lagerführer*" du camp concerné qui lui enjoignait de pendre dans les meilleurs délais les détenus dont les noms et les numéros matricule suivaient. A Neuengamme, de tels ordres arrivaient deux ou trois fois par mois. Les pendaisons avaient lieu soit en public, soit dans un bunker spécial, près de la morgue.

« Avec mes trois barres, ce sort m'attendait. Mais il y a eu mon camarade ! En triant "consciencieusement" ses dossiers, il l'avait rempli, complété et mis de côté. Puis, profitant d'une absence du SS, il l'avait glissé sous une pile de dossiers déjà traités.

« Nouvelle émergence de mon dossier "F. 31.422" trois mois plus tard... nouvelle plongée grâce à lui. Et puis une fois encore, durant le sinistre hiver 44/45 [1]... »

Maurice Braun : « La direction communiste du camp a cherché pour ses camarades des postes ou des kommandos où la survie était possible. Lors de la formation des transports, le parti communiste a

1. Transféré sur le Cap Arcona, ce camarade mourra noyé ou brûlé dans l'incendie du bâtiment, le 3 mai 1945, avec sept mille autres rayés.

participé au choix. Il a donc évité à ses militants le départ pour les destinations meurtrières.

«Il est certain qu'à l'Optikkommando où je travaillais, la survie était possible. La baraque était chauffée et nous étions assis. Les communistes avaient donc décidé de me remplacer par un ouvrier des usines de Vierzon qui était membre du parti.

«Le 23 février 1945, on a soi-disant trouvé un poux sur moi, évidemment nous en étions couverts. Une sentinelle, à qui un communiste avait donné mon numéro, est venue me chercher. On m'a emmené à la désinfection. On m'a conduit dans une maison en construction. Les fenêtres sans carreaux étaient béantes. Pas de portes. Un courant d'air terrible. Que du ciment, un toit en ciment. Il faisait moins 18°C.

«J'étais au milieu d'une soixantaine d'autres détenus que les nazis voulaient éliminer, presque tous de l'université de Budapest. On nous a fait déshabiller complètement pour mettre nos vêtements à la désinfection et on a attendu. Nous nous sommes serrés les uns contre les autres. Comme j'étais au milieu, j'ai pu profiter d'une relative protection. Et peu à peu, les uns après les autres, ils se sont mis à tomber...

«Mon esprit était embué par la volonté de tenir. Il se passe un phénomène psychique terrible. A ce moment-là, je me suis rappelé un souvenir idiot, un combattant de 14-18 m'avait dit que quand il y avait des charges à la baïonnette le clairon sonnait la charge : “Tala lala, tala lala...” Dans mon abrutissement, je faisais sonner dans ma tête ce clairon... Nous n'étions plus que sept quand on nous a dit que l'on pouvait venir reprendre nos habits.»

HÉLIE DE SAINT MARC : «Je ne juge pas les détenus qui ont obtenu des privilèges dans les camps. J'avais tellement froid et faim, je pesais quarante-deux kilos pour un mètre quatre-vingts, j'étais dans un état effroyable. Si on m'avait dit : “Vous allez garder un block, vous serez bien nourri et chauffé...”, peut-être aurais-je accepté ces privilèges. Je ne leur demande seulement un peu de pudeur, du silence.

«Mes camarades qui, dans les camps de concentration, ont accepté de faire parti de la Nomenklatura, avaient des motifs compréhensibles : mieux manger, mieux se vêtir, être à l'abri des brutalités;

certains aussi mettaient en avant une motivation plus avouable : étant à un poste de responsabilité, ils amélioreraient les choses, en sauveraient quelques uns, etc. Mais cela était aussi la logique de certains collaborateurs, du “vichysme honorable” : composer pour sauver ce qui peut encore être sauvé…

« Certains parmi eux aujourd’hui s’instaurent nos porte-parole dans les médias. J’ai parfois envie de leur dire gentiment, sans polémique : “Je me souviens de toi avec ta belle veste capitonnée et tes bottes. Et ces livres que tu pouvais lire à la bibliothèque du camp…” Quand on a eu un destin concentrationnaire tranquille, on ne va pas se vanter de ses tourments ni récupérer ceux des sans-grade pour s’en vêtir comme d’une tunique. J’ai l’impression qu’ils nous volent une seconde fois notre malheur.

« Dans ma chute, j’ai éprouvé la validité de quelques attitudes élémentaires : refuser la lâcheté, la délation, l’avilissement. Ceux-là qui sont restés confortablement dans les bureaux à établir des listes au gré des opinions de chacun doivent vivre maintenant avec un poids énorme. »

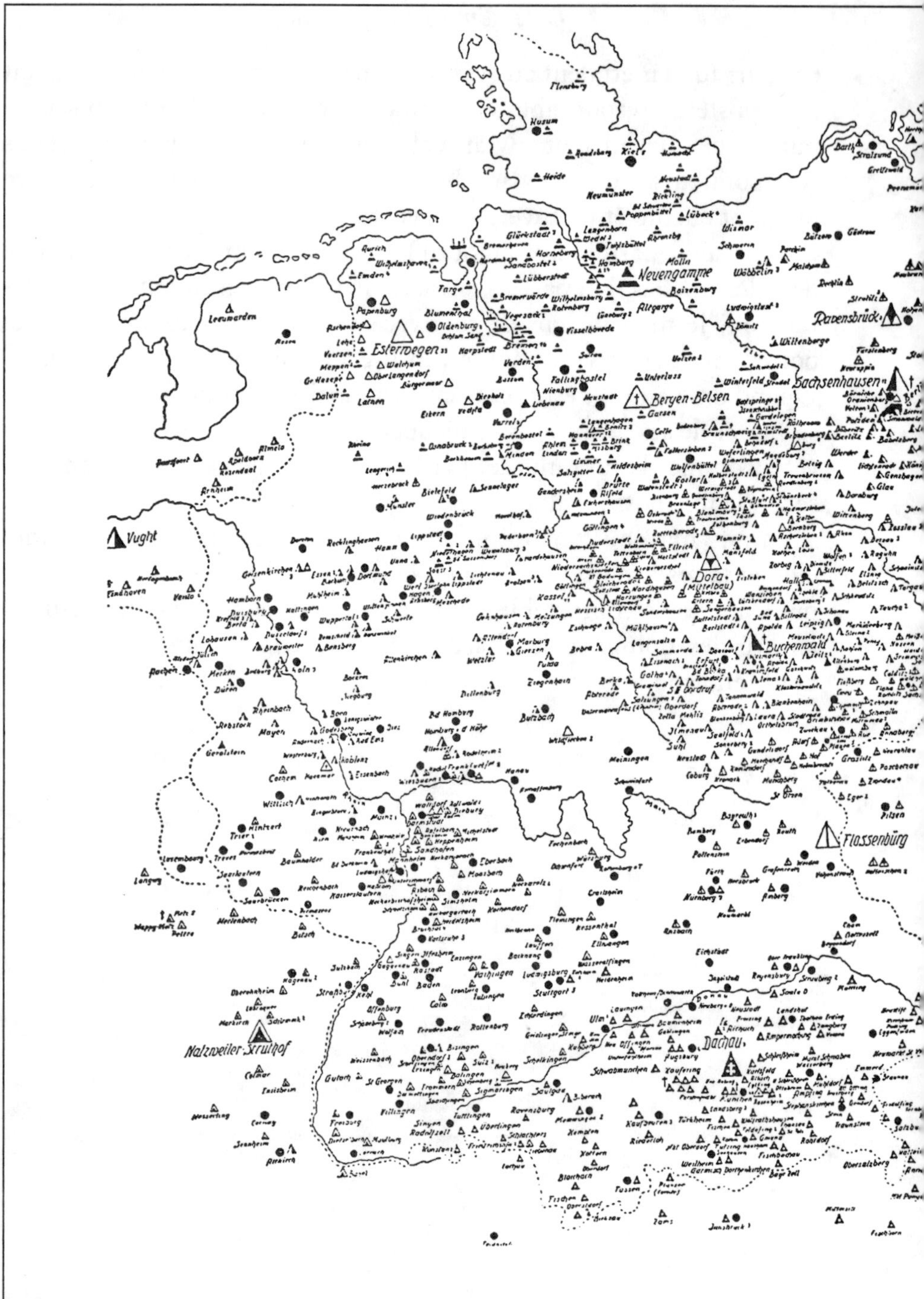

Neuengamme
Ravensbrück
Sachsenhausen
Bergen-Belsen
Esterwegen
Vught
Dora (Mittelbau)
Buchenwald
Flossenbürg
Dachau
Natzweiler-Struthof

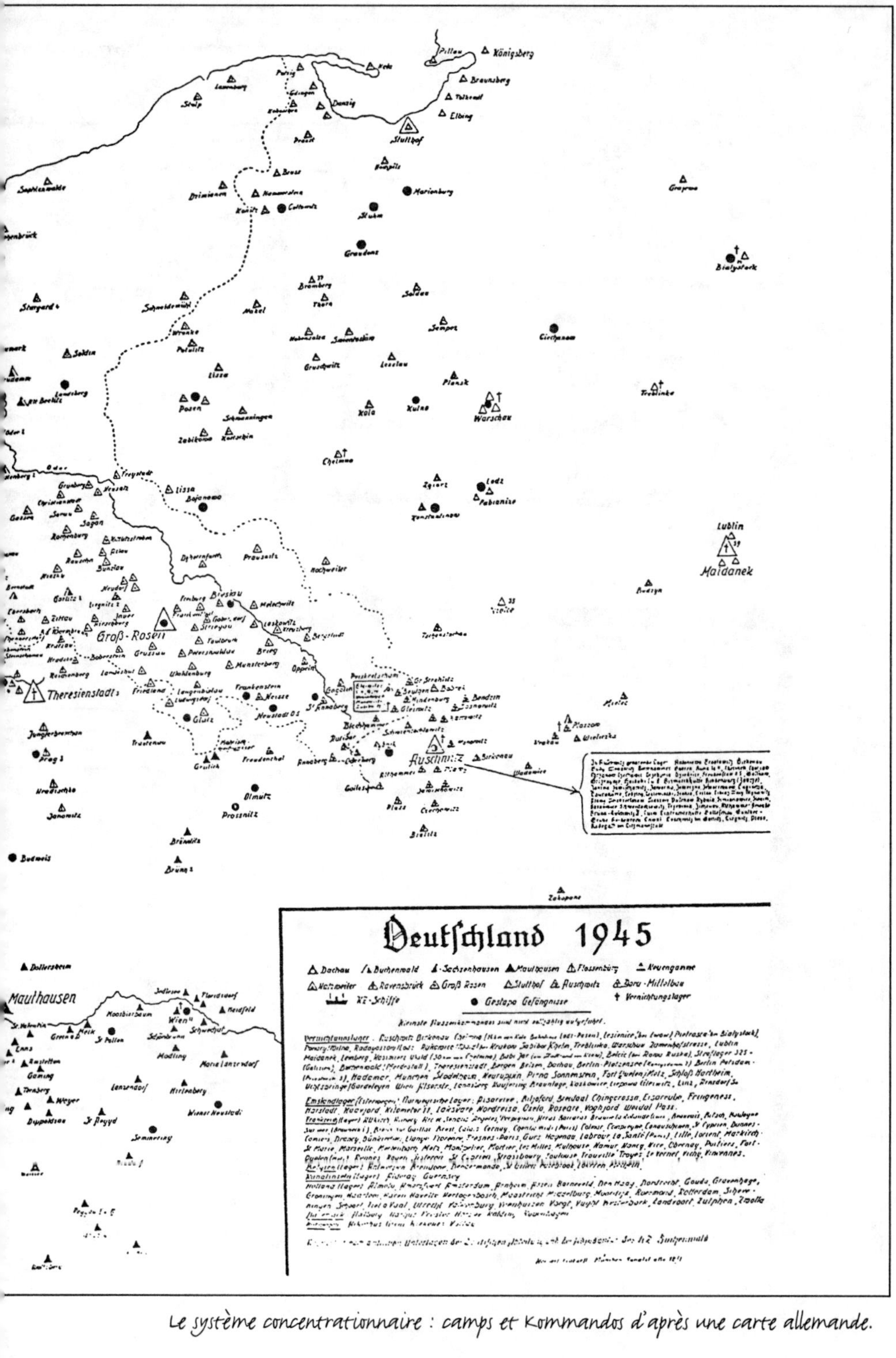

Le système concentrationnaire : camps et Kommandos d'après une carte allemande.

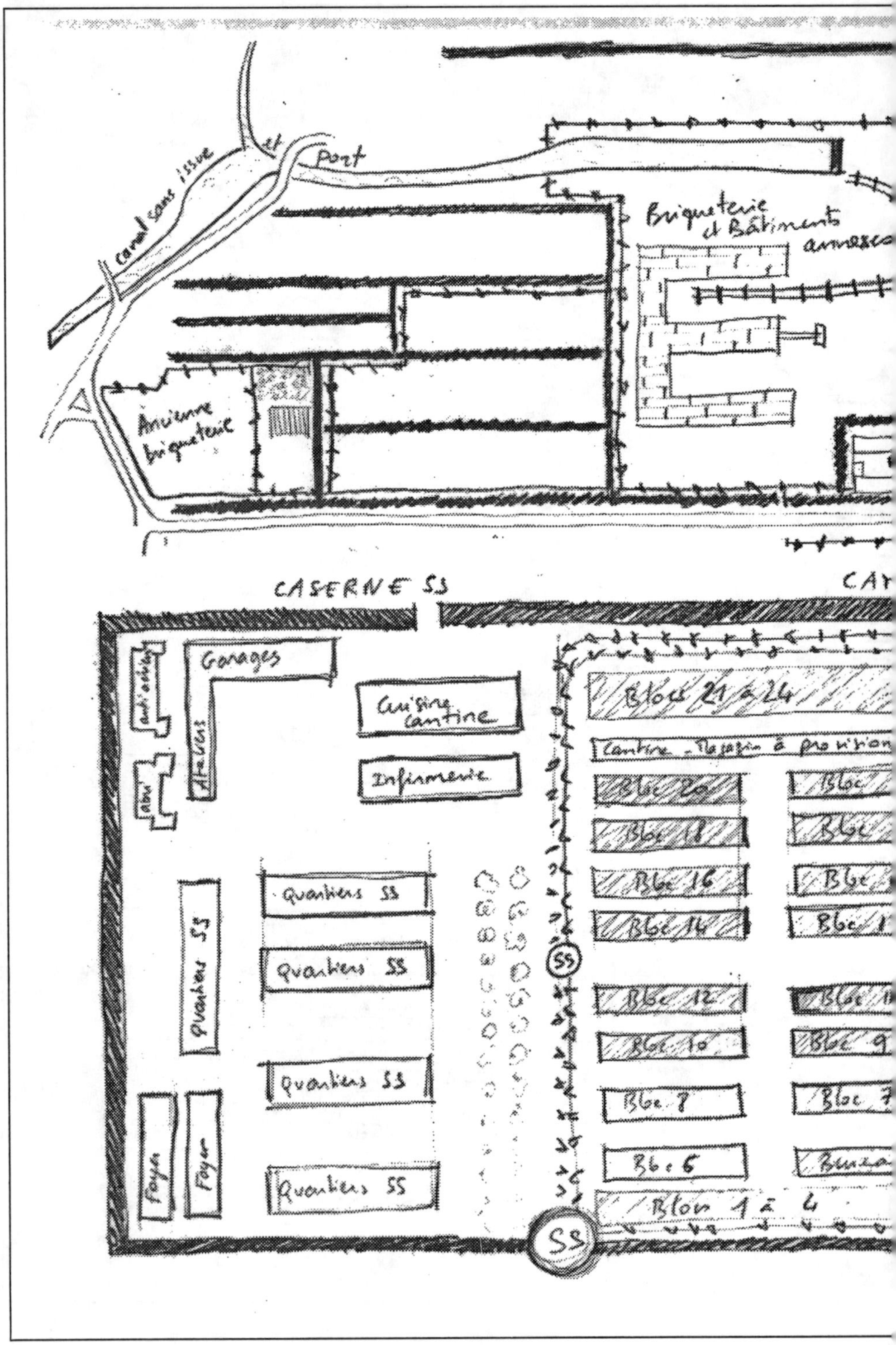

Canal sans issue
et Port
Briqueterie et Bâtiments
Ancienne briqueterie
CASERNE SS
Garages
Ateliers
Abri
Abri
Cuisine cantine
Infirmerie
Bloc 21 à 24
Bloc 20
Bloc 18
Bloc 16
Bloc 14
Bloc 12
Bloc 10
Bloc 8
Bloc 6
Bloc 1 à 4
Bloc 9
Quartiers SS
Quartiers SS
Quartiers SS
Quartiers SS
Quartiers SS
Foyer
Foyer
SS
SS

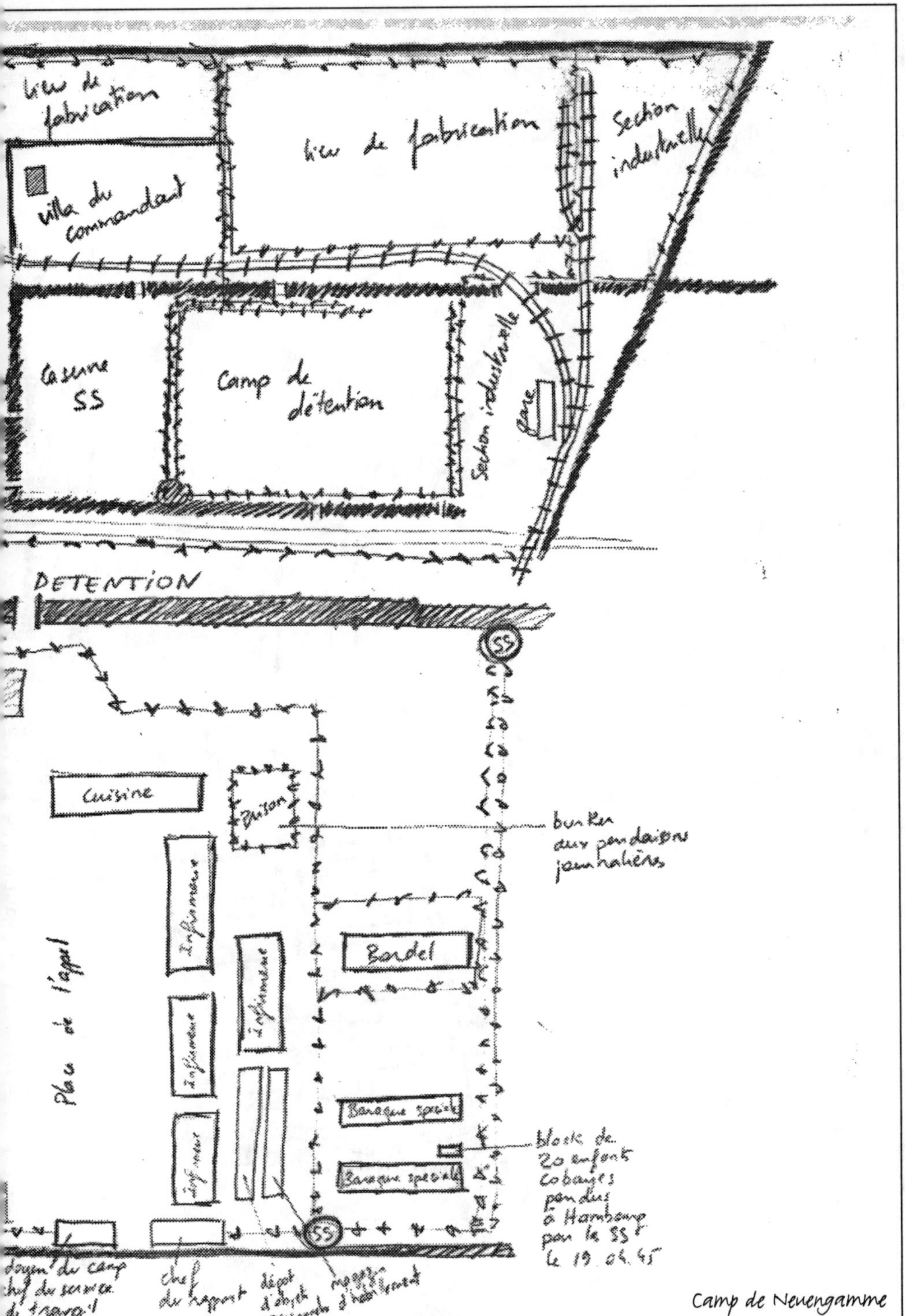

Camp de Neuengamme

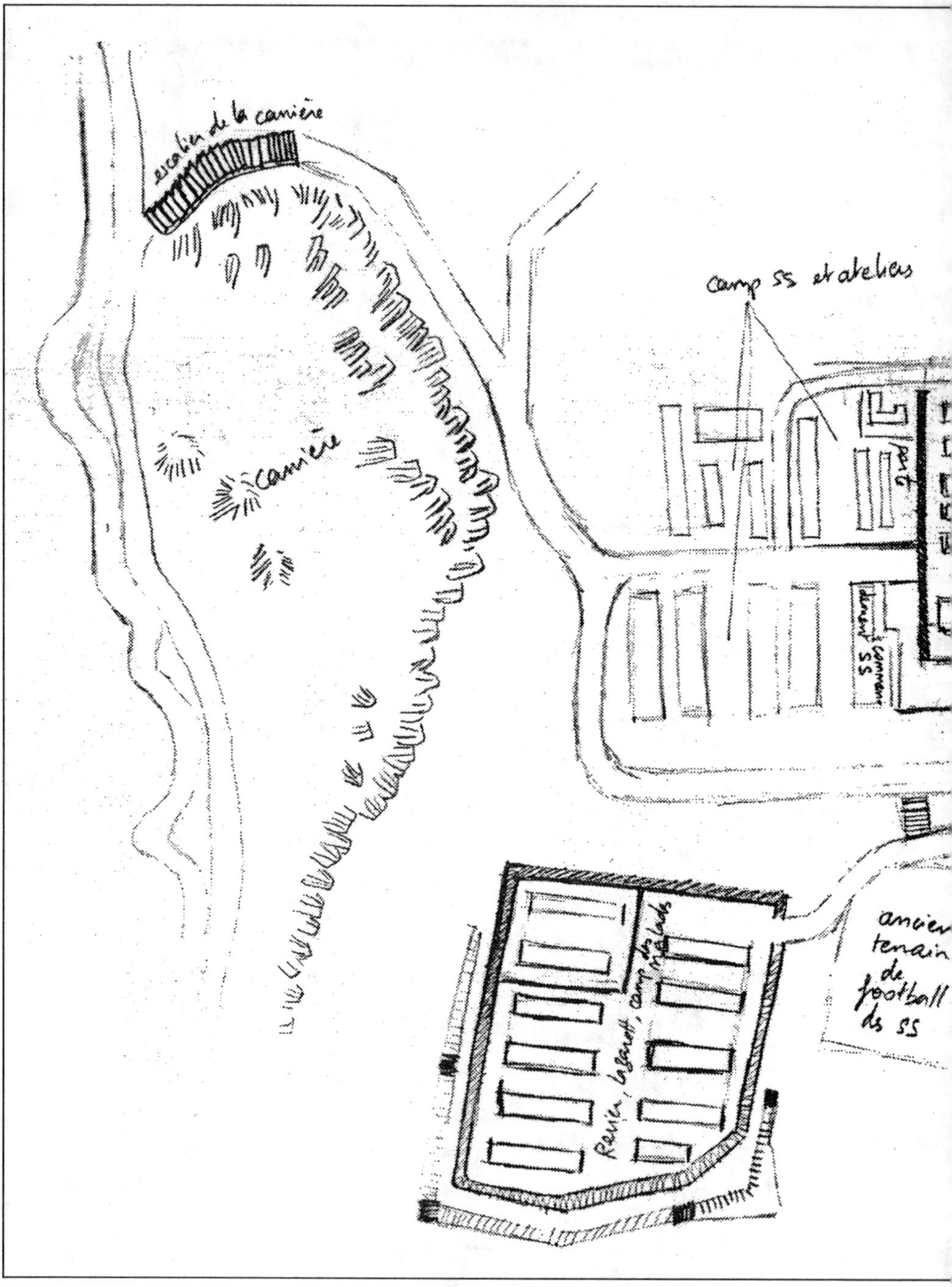

escalier de la carrière
carrière
camp SS et ateliers
poste
commandant SS
Revier, Lazarett, camp des malades
ancien terrain de football ds SS

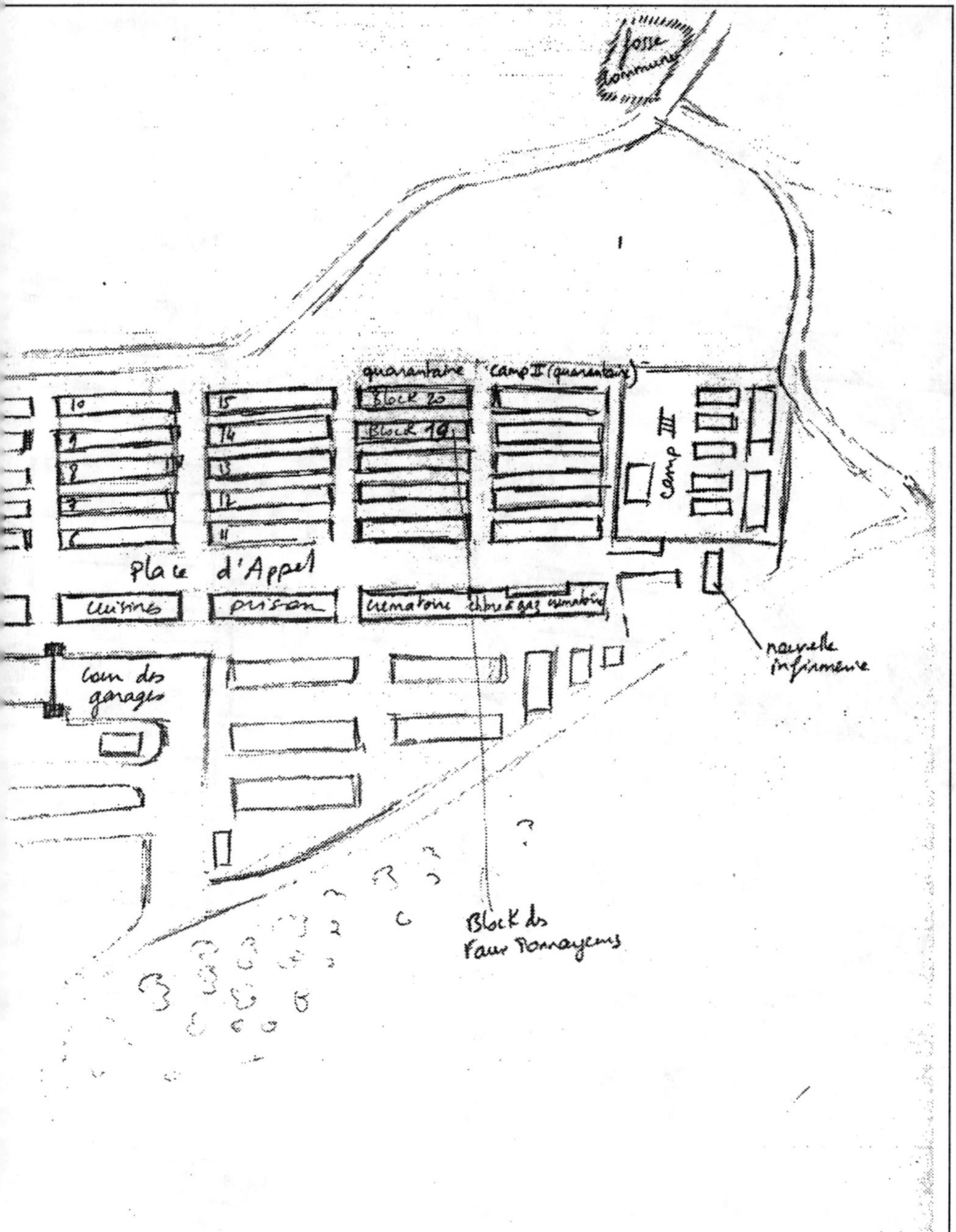

Camp de Mauthausen

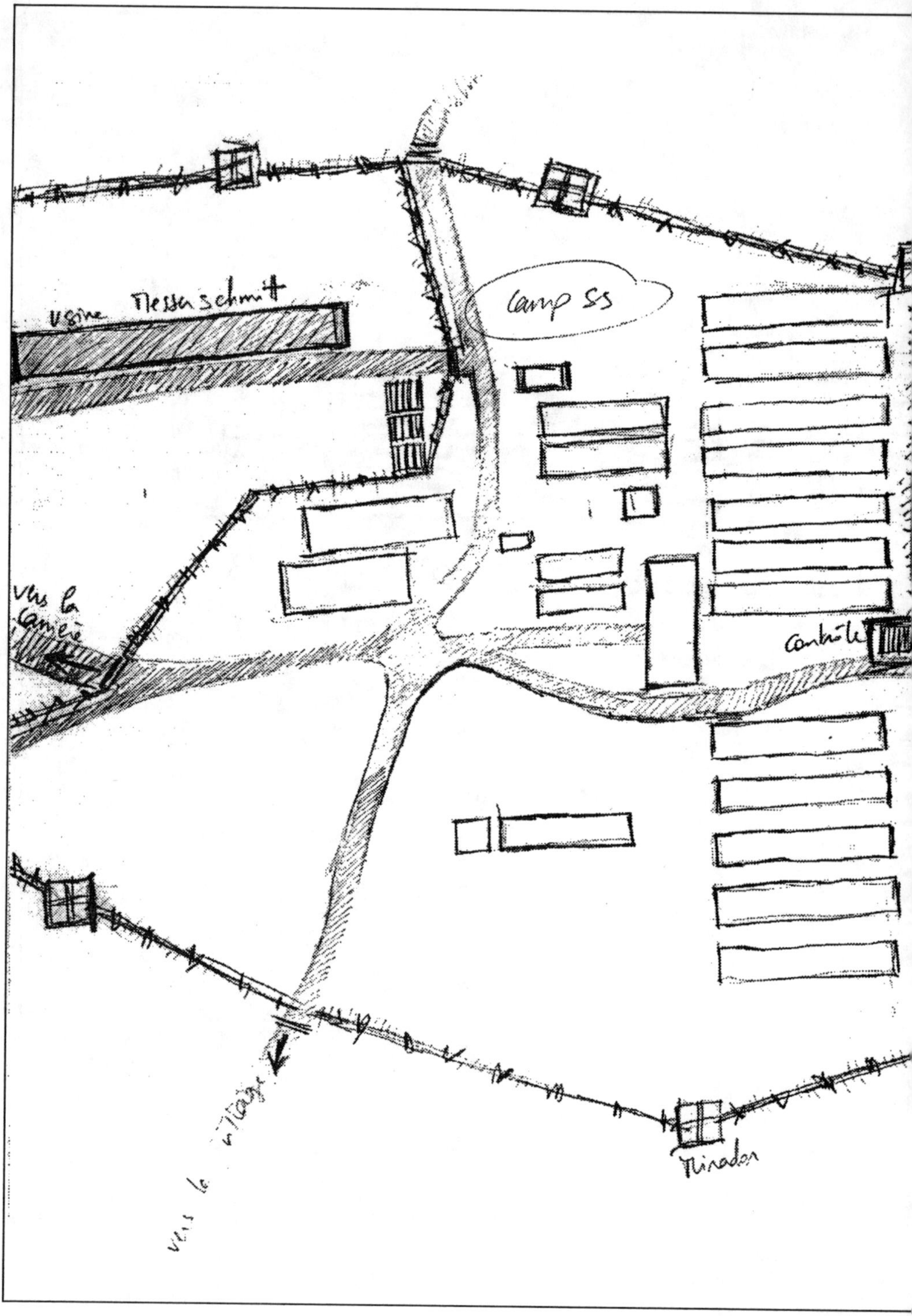

Usine Messerschmitt
Camp SS
Vers la carrière
Contrôle
Vers le village
Mirador

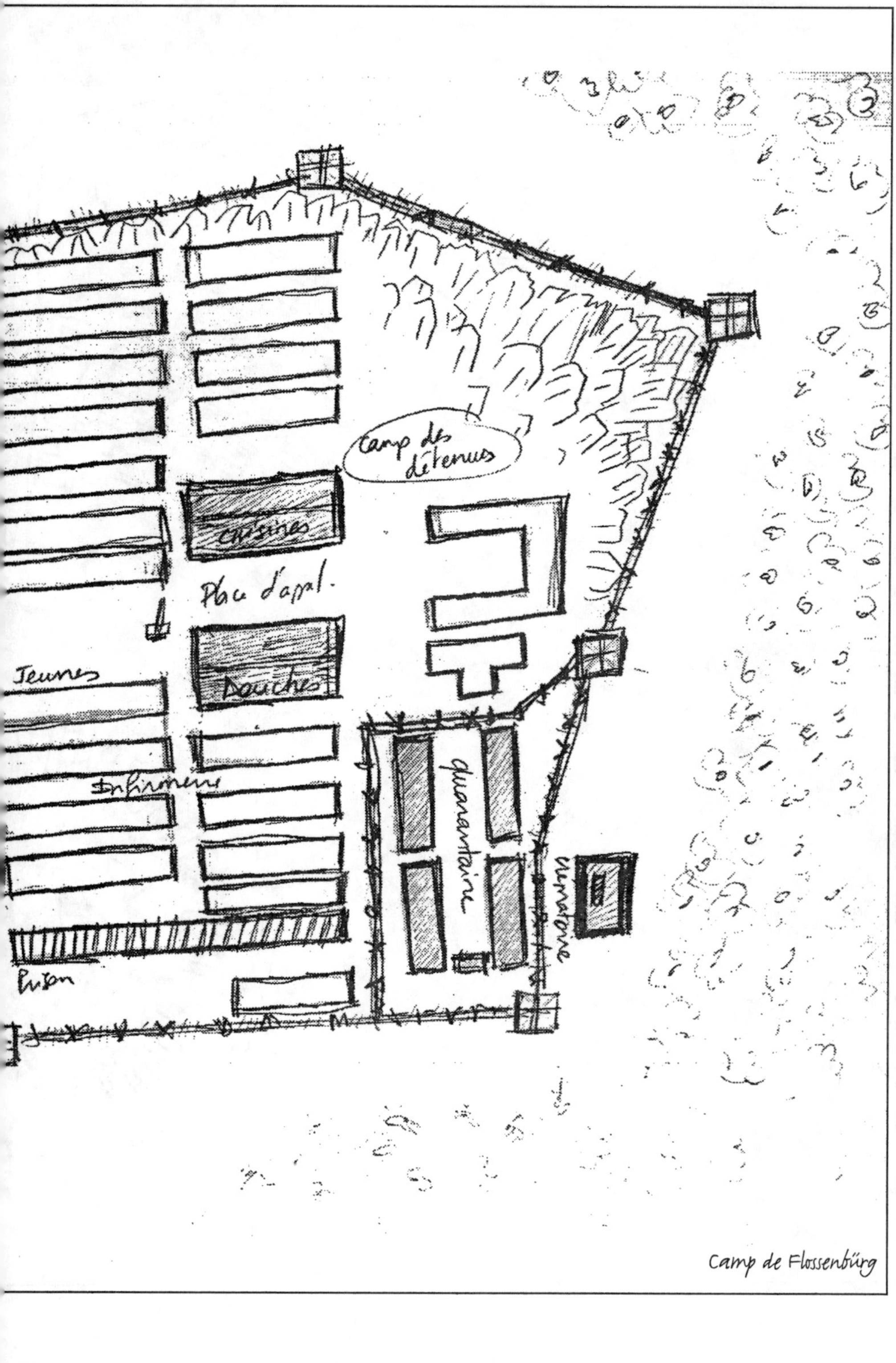

Camp de Flossenbürg

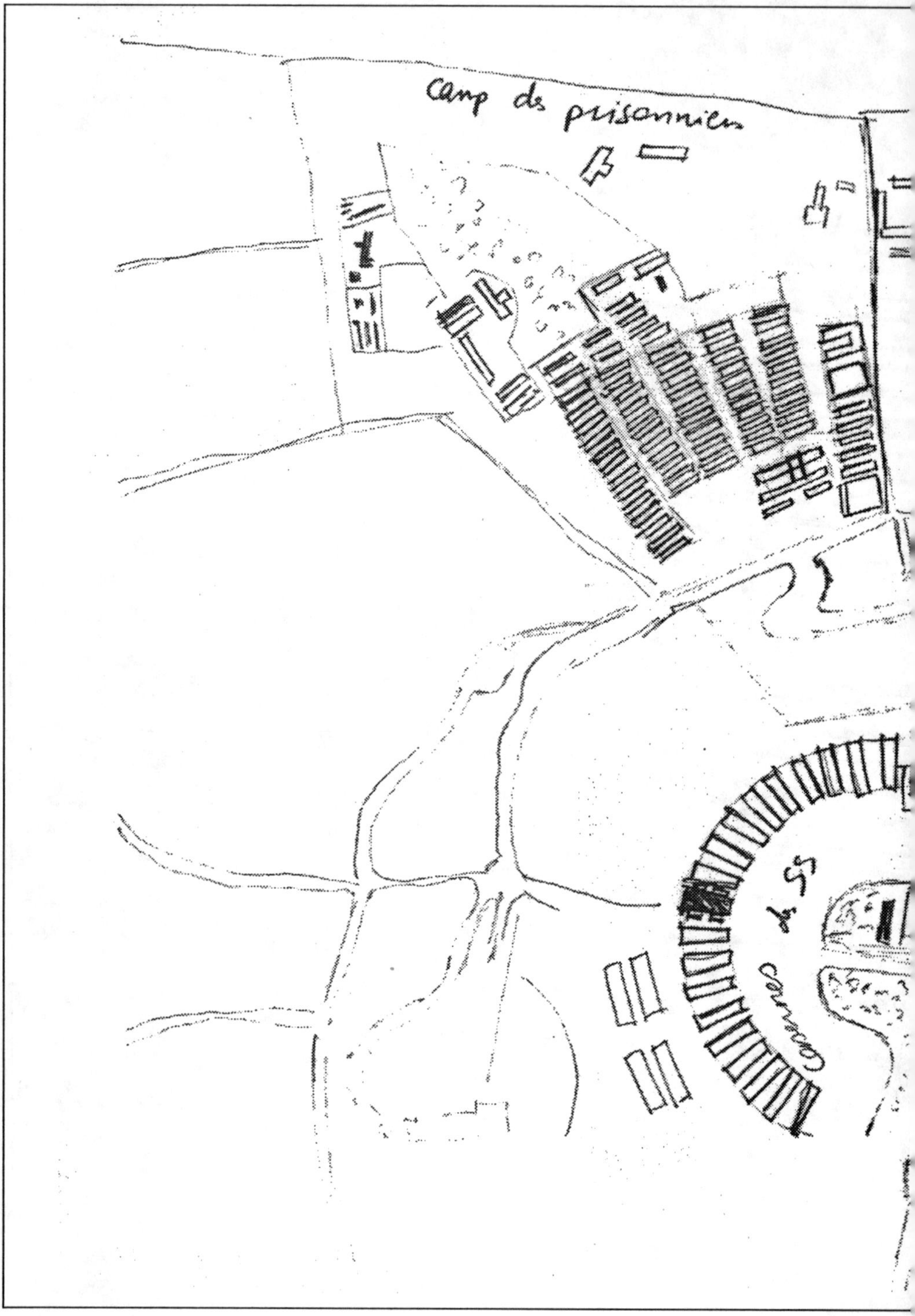
Camp des prisonniers
Casernes de SS

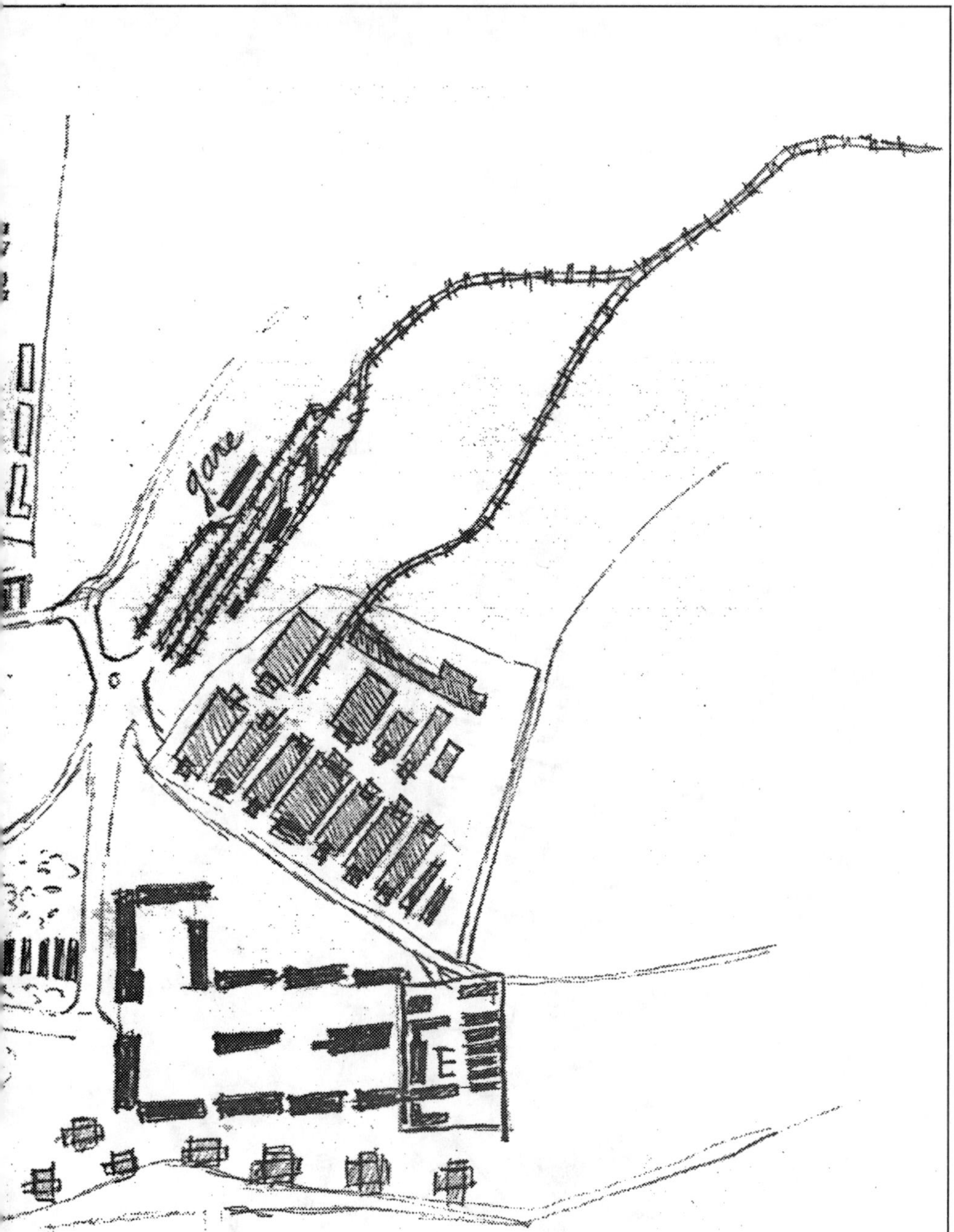

Camp de Buchenwald

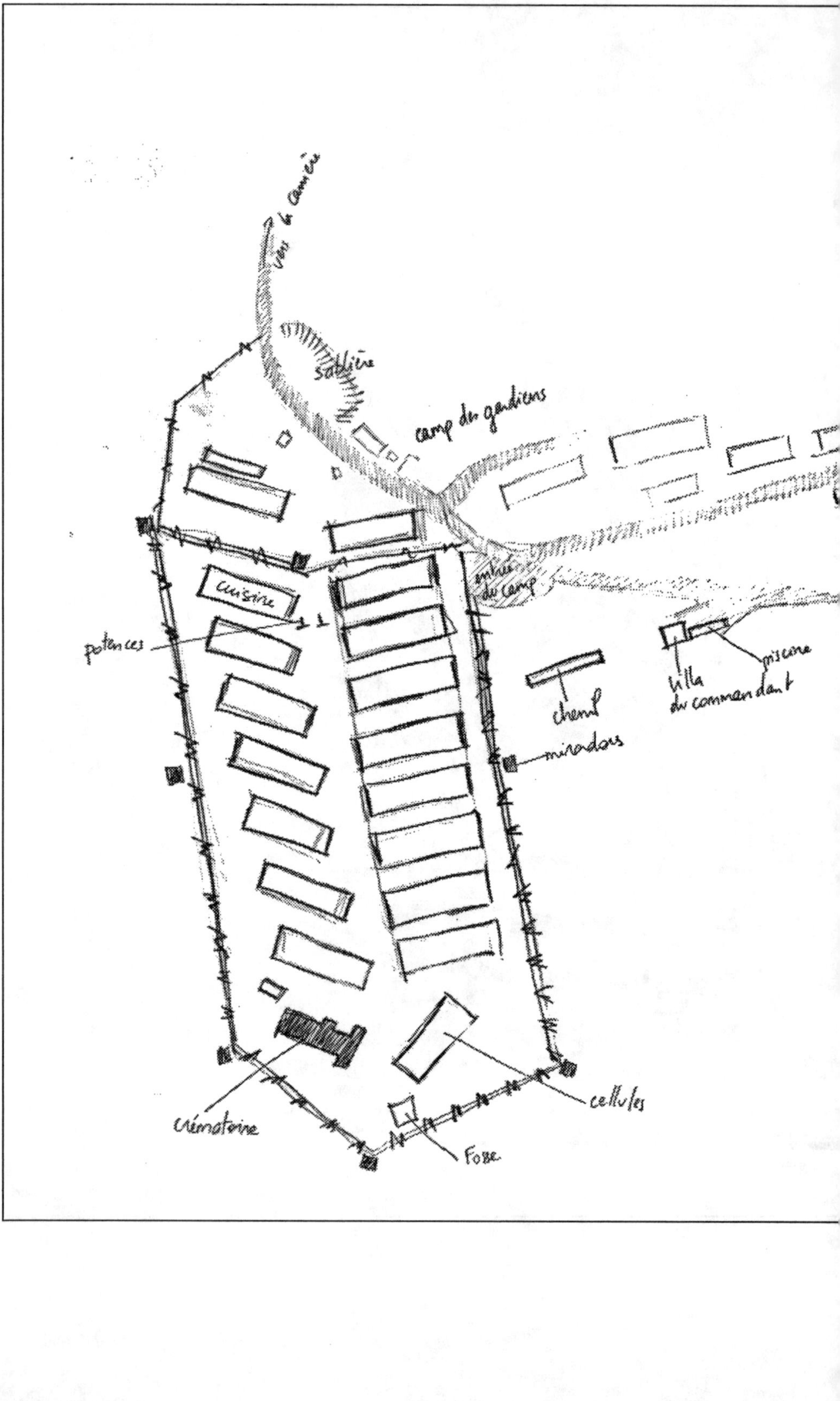
vers la carrière
sablière
camp des gardiens
entrée du camp
cuisine
potences
chenil
villa du commandant
piscine
miradors
cellules
crématoire
Fosse

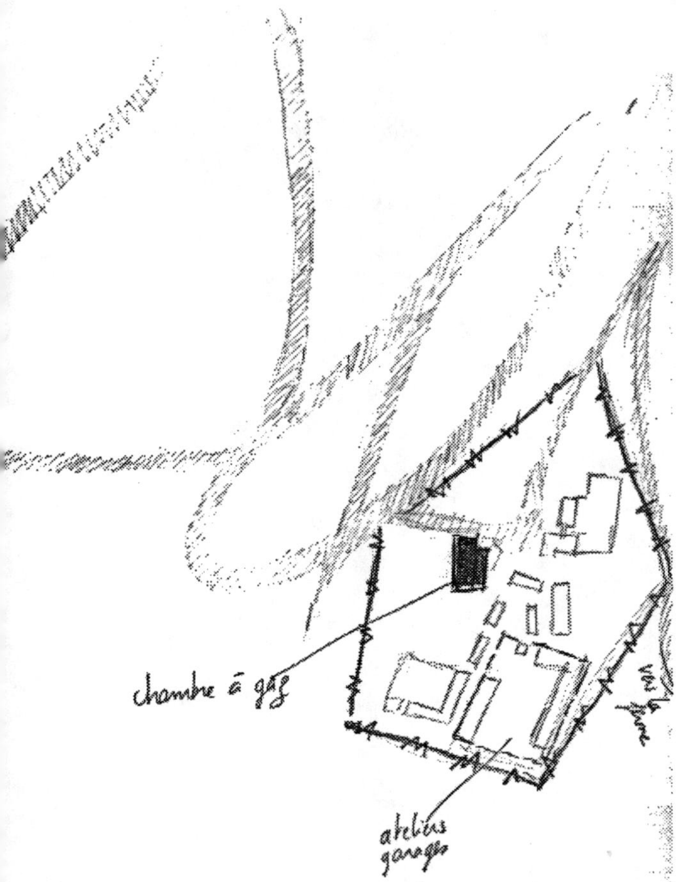

Camp du Struthof.

13

«Arbeit macht frei»

«Trimer tout ce qu'on sait,
voilà la seule planche de salut.»

Alexandre SOLJENITSYNE

GENEVIÈVE DE GAULLE-ANTHONIOZ : «Au début, les camps de concentration ont eu pour finalité de briser nos ressorts en nous faisant exécuter des travaux stupides. On demandait aux femmes de Ravensbrück, par exemple, de faire des tas de cailloux et de les transporter quelque part; le lendemain, de les remettre à la même place. Puis, avec les difficultés économiques croissantes et selon les instructions données par le Führer SS Pohl, les nazis ont réalisé que nous pouvions être utiles à la machine de guerre.»

GEORGES GUILLEMIN : «En 43-44, ils eurent toute l'Europe à leur disposition pour travailler dans leurs chantiers et leurs usines. Quand les nazis avaient besoin de main d'œuvre sur un chantier précis, ils puisaient dans un camp où il y avait une main d'œuvre excédentaire, ce qui explique les perpétuels déplacements de détenus d'un camp à l'autre.

«Tout cela était très administratif. La déportation a vu le triomphe de la technocratie. En amont, vous aviez des comptables, des statisticiens qui établissaient des dossiers pour l'état major. Un convoi mettait un temps *t*, contenait *x* personnes qui mourraient en *x* temps. Suivant les époques, vous deviez être rentable six mois, trois mois, deux mois... Ces Juifs, à qui ont faisait payer leur voyage en camp de la mort, incités à prendre leurs bagages, leurs bijoux, leurs valeurs. Ces hommes qui, même improductifs, pouvaient servir à des expériences "scientifiques", ces morts dont on utilisait les cheveux, les dents, la

Camp de Mauthausen

peau parfois... Le processus de notre exploitation/extermination était pensé par des hommes normaux, certains même religieux. Des gens de devoir[1].»

FRANÇOIS PERROT : «Les kommandos extérieurs étaient comme des sous-camps avec une tâche particulière. Dora, spécialisé dans la construction des V1 et V2, fut, jusqu'en septembre-octobre 44, un kommando de Buchenwald, avant de devenir un KZ à part entière.»

ROGER JOLY : «Entre Neuengamme et ses soixante-douze kommandos s'opèrent d'incessants échanges. Le premier approvisionne les seconds en esclaves ; les seconds renvoient au camp mère le bétail humain délabré. Pour y être grillé.»

JOSÉ BELLEC : «Il y avait, dans tous les camps, des kommandos de privilégiés. A Buchenwald : celui des "chaussettes", des tailleurs... L'Optikkommando, les briqueteries, et en général le "*Revier*" (infirmerie), la "*Küche*" (cuisine) etc. étaient

1. «Une atmosphère profondément religieuse régnait dans ma famille (...). J'étais un garçon très pieux : je prenais mes devoirs religieux au sérieux, j'aimais servir la messe en qualité d'enfant de chœur et je faisais mes prières avec une profonde foi enfantine. (...) Dès mon enfance, on s'est efforcé de développer en moi le sens du devoir : chaque ordre de mes aînés devait être exécuté consciencieusement et d'une façon précise», écrit Rudolf Hess dans ses mémoires *(Le commandant d'Auschwitz parle)*.

des kommandos "acceptables" car la survie y était possible, les détenus bénéficiant d'un toit, parfois d'un siège, d'un encadrement vivable et de divers avantages. Il y avait des kommandos très durs comme ceux des carrières, des couvreurs (des toitures SS) ; et des kommandos d'extermination comme l'*"Eisenbahnbau*[1]*"*, comme le *"Scheissekommando"* (kommando de la merde où nos camarades devaient porter à deux, toute la journée, en courant, de grands bacs d'excréments), Dora, Langenstein, Husum, etc.

« Tous ces groupes de travail avaient un kapo choisi habituellement pour sa brutalité et pour son zèle au travail. »

Marcel Arbez : « Le kapo était le maître absolu pendant les heures de travail. Jouissant de certains avantages, il mettait tout en œuvre pour conserver sa place. Un secrétaire de kommando était chargé de tenir la comptabilité des effectifs, des heures de travail et les menus papiers. Dans chaque kommando un nombre variable de "*Vorarbeiter*" (contremaîtres) assurait la transmission des ordres et la surveillance. Pour le travail dans une industrie d'armement, il y avait également des contremaîtres civils sous la responsabilité des SS. Par cette organisation fortement hiérarchisée, par l'appât d'avantages matériels, par la crainte de la punition toujours suspendue sur la tête des individus, l'administration SS obtenait un rendement supérieur à la moyenne. »

Henry Clogenson : « Au travail il fallait continuellement s'attendre à recevoir un coup de crosse ou de matraque de la part d'un SS, même si l'on n'était pas en défaut. Les kapos et "*Vorarbeiter*" ayant été frappés par d'autres du temps où ils étaient de simples détenus, se rattrapaient sur leurs semblables maintenant qu'ils avaient une petite responsabilité. »

Gilbert May : « Pour faire travailler ou éliminer les gars, tout était bon. De temps en temps un kapo poussait un prisonnier en direction des barbelés où il était automatiquement mitraillé depuis les miradors. "Tentative d'évasion", disait-on. Ces kapos étaient récompensés sur le nombre de prisonniers qu'ils éliminaient de cette façon, en alcool, etc. »

Roger Joly (camp de Watenstedt-Salzgitter) : « Fin juillet 1944, nous exécutons, au camp, une de ces corvées stupides dont les kapos ont le secret. Depuis

1. Kommando de construction et réparation de voies ferrées.

plusieurs jours nous avons creusé des tranchées vers le fond du camp. Cet après-midi-là, nous devons transporter, à l'aide de brouettes, les terres excavées vers un autre point du camp. A quelques mètres devant moi, un petit Bourguignon de dix-huit ans s'échine à faire avancer son engin lourdement chargé. Il doit lui faire franchir un monticule de terre et de rocaille en empruntant un chemin de roulement formé de madriers placés là pour faciliter l'opération.

« Au milieu de la pente, il cale. Il n'a plus la force d'actionner sa brouette. Comme il bloque le passage, un kapo surgit et l'invective ; la matraque entre en action. Sous la douleur, le gamin fait un violent effort et démarre son engin qui "déraille" et bascule dans la pente avec son chargement, entraînant le gosse à la suite. Devenu fou furieux, le kapo se précipite, saisit une pelle et, avant que quiconque ait pu faire un geste, frappe de son tranchant le cou du malheureux, provoquant une affreuse blessure...

« La scène est insoutenable. Nous nous précipitons à plusieurs sur le forcené qui continue de frapper. Nous le maîtrisons à grand-peine et clamons notre révolte et notre indignation. Il saisit parfaitement le sens de nos propos bien qu'exprimés en français. D'autres camarades nous ont rejoints. Certains soignent le blessé en train d'agoniser ; les autres font chorus avec nous. Notre indignation est si forte que nous décidons d'aller porter l'affaire devant le doyen du camp.

« Ernst Digeldein... escroc patenté, est très intelligent. Il comprend que nous sommes à bout et que des choses graves vont se passer s'il ne nous calme pas. Nous lui expliquons que nous en avons ras le bol d'être frappés pour un oui ou pour un non, voire tués pour des raisons insignifiantes. Outre ce qui vient d'arriver, nous citons le cas du chef du block II qui a pris l'habitude d'écraser la tête de ceux qui ne peuvent se réveiller, le matin, avec un tabouret lancé à toute volée. Plusieurs de nos camarades sont morts de cette manière. Notre méconnaissance de l'allemand nous vaut constamment des coups car nous ne pouvons obéir à des ordres que nous ne comprenons pas. Bref, nous déballons un vrai cahier de doléances !

« Digeldein déclare nous comprendre mais nous rappelle aussi que nous sommes en KZ et qu'ici la vie est peu de chose. Nous rétorquons qu'il suffit des SS pour la perdre ; c'est pourquoi nous n'admettons plus les sévices des kapos ; s'ils se poursuivent, nous rendrons coup pour coup. Il nous fait remarquer qu'alors les SS nous tueront ; à quoi nous répliquons qu'auparavant, tous les kapos seront morts car nous sommes beaucoup plus nombreux qu'eux.

« Il nous promet alors de donner des consignes à ses kapos pour que cessent les coups non justifiés par des manquements à la discipline.

« Là-dessus on se sépare avec le sentiment d'avoir fait avancer les choses... Le soir, tout le camp est au courant de la concession obtenue ; une résolution générale est adoptée : dorénavant on rendra coup pour coup si on est frappé sans motif. Magnifique résolution ! Mais résolution dérisoire car elle va contre la loi des camps. Nous sommes encore naïfs !

« Le lendemain matin, arrivés à l'usine, nous sommes comptés avant la prise du travail. Pourtant, nous venons de l'être au départ du camp, peu avant. Qu'importe, c'est la règle ! Nous nous formons donc, comme à l'habitude, en groupes de cent, par rangs de cinq. Avant que le Kommando Führer ne procède lui-même au décompte final, les kapos vérifient que chaque centaine d'hommes est correctement constituée.

« Ce matin-là, c'est le "Béret vert" qui vérifie ma centaine. Surnommé "La Crevure", il portait constamment un béret vert foncé sur un crâne au papier de verre ; c'est un homme de Hambourg ; il appartient à la pègre. Il a tué sept personnes.

« Il compte les rangs avec application. Passant rapidement devant le mien, il perd le fil de son décompte. Le type qui est derrière moi est presque un "musulman[1]" ; petit et rabougri il dissimule involontairement sa maigre silhouette derrière la mienne, troublant ainsi les comptes du kapo. Furieux, celui-ci m'allonge une claque, me considérant comme responsable de l'incident. Surpris et furieux à mon tour, je proteste en lui lançant : "Ah ! non, hein, pas comme ça !" Mieux que les paroles, le niet de mon index clame mon désaccord.

« *"Was ?"* Le Béret vert écarte brusquement le camarade du premier rang, avance sur moi, me fixe droit dans les yeux et, sournoisement, me décoche un solide crochet à l'estomac. Réaction réflexe : dans le même mouvement, ma main gauche le repousse pour trouver la distance et, de mon poing droit jaillit un direct à la face. "La Crevure" se retrouve à terre, le cul dans la poussière. Mon poing a fendu l'arcade sourcilière sur toute sa longueur ; la plaie est spectaculaire et saigne abondamment.

« Stupéfait, incrédule, le kapo me regarde un bref instant, se relève et cherche à arrêter le sang qui inonde à présent son visage. Puis il me dit, sans me frapper : *"Komm mit, zum SS !"* et me saisit le bras pour m'amener jusqu'au Kommando Fuhrer, le chef SS du détachement.

« Je n'ai pas de pot. Celui-ci déteste les Français. Aussi, dès que nous sommes devant lui, à la distance réglementaire, commence-t-il par regarder ma nationalité.

1. Détenu arrivé au dernier degré de l'épuisement.

Sa conviction est aussitôt faite ; d'autant que ma "victime" expose sans doute en détail que je suis un fou dangereux qui ose s'attaquer à un kapo, détenteur d'autorité, en le frappant sauvagement, etc. Il montre son œil qui a gonflé et surtout l'arcade qui continue de saigner. Ne parlant pas allemand, je me contente de réclamer, en vain, un "*Dolmetscher*" (interprète). Le Kommando Führer ne juge pas nécessaire de me donner satisfaction. Quand l'autre a fini son exposé, il s'approche de moi, cravache en main et me gratifie de quatre coups violents sur le cou et les épaules. J'encaisse au garde-à-vous : j'ai assez fait le con comme ça. Après quoi, le SS fait un signe indiquant qu'il me livre à ma "victime".

« Devant le front des troupes débute une dégelée en règle. Le Béret vert commence à cogner. Aussitôt le Premier Kapo et son adjoint entrent dans la danse. Les coups pleuvent de tous les côtés. Je suis projeté à terre où les coups de bottes arrivent de partout. Recroquevillé, les coudes aux genoux et les mains couvrant le visage, mes avant-bras protègent le ventre et l'estomac ; à travers mes doigts, disjoints pour mieux couvrir ma tête, je m'efforce de faire face aux bottes qui me martèlent.

« Le festival dure... sans doute guère plus que quelques minutes qui m'ont paru bien longues ! Soudain, tout s'arrête sur un ordre du SS. Je me relève péniblement non à cause de la douleur mais par calcul : je veux donner l'impression d'être complètement sonné. En titubant, je regagne les rangs qui m'absorbent instantanément. Au passage, le SS m'a crié *"Heute Abend, fünfund wanzig auf dem Arsch im Lager !"* (Ce soir, vingt-cinq coups sur le cul, au camp). Punition classique mais redoutable (on perd généralement connaissance avant la fin). »

MADELEINE PERRIN : « Toutes les corvées du camp étaient exécutées par les prisonnières. » A Ravensbrück, en 43, nous devions sortir à 3 h 30 pour l'appel du matin qui durait environ deux heures, par n'importe quel temps. Nous partions cinq par cinq, nous serrant pour avoir moins froid et ne pas tomber sur le verglas ou la neige. Quand il avait plu, nous tâchions d'éviter les grandes flaques d'eau car nos souliers étaient percés ou les claquettes en étaient submergées. Après l'appel général, avait lieu sur l'avenue centrale du camp un second appel, celui du travail : les travailleuses en colonnes pour l'extérieur du camp, forêt, sable, charbon, etc., et les autres pour les ateliers de confection à l'intérieur du camp, rangées par atelier (atelier 1, 2, 3, coupe, matériel, réparation des machines, etc.).

Détenus effectuant des travaux
de soutènement métallique
dans un kommando de Bergen-Belsen

JACQUELINE FLEURY : « Nous travaillions comme les hommes... »

MADELEINE PERRIN : «... réfection des blocks, enlèvement des ordures ménagères par tombereaux traînés par des femmes, déchargement du pain, du charbon, par voitures tirées également par des femmes, mâchefer amené par wagonnets pour la réfection des chemins du camp, nivellement de ces chemins fait à l'aide d'un énorme rouleau de pierre tiré par une vingtaine de femmes, ainsi que le service d'arrosage nécessaire pour ce travail ; tout ceci était exécuté à bras de femmes. Il en était de même pour la nourriture nécessaire pour l'ensemble des blocks, nous étions désignées à tour de rôle pour aller en corvée à la cuisine, chercher les cuves de soupe ou de café. »

ROGER JOLY : « Un après-midi à Neuengamme, entre Noël et le 1er janvier 45, je suis désigné parmi une trentaine d'autres et dirigé sur la gare du camp. Sur la voie ferrée, un convoi attend bourré de morts. Les SS nous ordonnent de décharger les corps.

« Deux ou trois d'entre nous grimpent dans le wagon, ramassent et tirent les morts vers la porte; deux autres les réceptionnent et les allongent sur le ballast. Puis, suivant une technique étudiée, se saisissent de part et d'autre d'un bras et d'une jambe du cadavre.

« On le balance en cadence : "1, 2... 3", l'expédiant dans la charrette des Russes. Car il existe un groupe de Russes spécialisé dans le ramassage des morts : le "*Toten Kommando*" ("kommando des morts"). C'est leur boulot. Leur itinéraire privilégié se situe entre la morgue et le crématoire. Ici, on empile nos "maccabs" sans recherche inutile. »

MADELEINE PERRIN : « A Ravensbrück, des prisonnières, principalement des Allemandes appelées "asociales" (filles de mœurs), venaient avec une charrette à bras pour emmener les mortes. Ces cadavres, que l'on déshabillait préalablement, étaient chargés, en les lançant après avoir compté : "1... 2... et 3... hop! là!" Elles invectivaient le pauvre cadavre si, par malheur, il glissait de l'autre côté... et en route pour la morgue. Si celle-ci était comble, on emmenait le chargement directement au crématoire... »

ROGER JOLY : «Les Russes tiraient les charrettes aux bat-flanc assez hauts, attelés à des harnais à la manière des bateliers de la Volga. Ils longeaient la route et entraient dans le camp. Ils déversaient les corps à la morgue puis revenaient avec les charrettes vides...

«Tout l'après-midi est consacré à cette besogne. Quand la dernière charrette est chargée, nous regagnons le camp derrière elle. Cet instant coïncide avec la rentrée des kommandos extérieurs qui travaillent dans le périmètre immédiat : Klinker, Messap, etc.

«Tout le monde se présente en même temps au poste de garde SS. Une queue se forme. Notre charrette est là, engagée déjà dans le camp. Nous, les trente du déchargement, la suivons à quelques mètres. La charrette est immobile; nous aussi. Les SS ne comptent pas les morts, mais nous oui.

«C'est la fin de la journée de travail. L'orchestre, le grand orchestre est là à gauche du poste de garde. Il joue à plein tube la rengaine cent fois entendue : *"Ich hatte einen Kameraden!"* Les SS comptent et recomptent. Nous sommes toujours immobiles derrière cette charrette qui dégueule de morts, et voici que je me dis : "La musique, la mort. Il n'y a qu'ici qu'un tel mariage puisse se faire! L'une est symbole de vie, d'espérance; l'autre de puanteur, de laideur."»

entrée du tunnel de Dora

JACQUES SONGY : «C'est curieux, n'est-ce pas, de la musique partout!... De la musique pour le travail (...) De la musique pour les exécutions, les pendaisons, les scènes d'orgies sanglantes...»

*

GENEVIÈVE DE GAULLE-ANTHONIOZ : «A partir du moment où les nazis ont décidé de notre utilité pour la machine de guerre, un bon ouvrier spécialisé a eu beaucoup plus de chances de s'en sortir qu'un détenu qui n'avait rien dans les mains. Pour un étudiant, par exemple, l'espérance de vie était courte, il n'avait rien à offrir contre sa survie.»

MAURICE BRAUN : «Arrivé à Buchenwald le matin du 21 août 44, j'étais là, depuis plusieurs heures, à regarder avec effarement ces gens habillés en rayé bleu et blanc, quand j'entendis la conversation de deux détenus allemands qui me tournaient le dos. L'un disait à l'autre : "C'est des Français! Ils vont tous crever à Dora."»

JACQUES MOALIC : «Le mot "transport" devient une hantise. Notamment des kommandos au nom bizarre, comme ceux des typhons : Dora, Laura... La rumeur du camp à leur propos était effroyable.»

MAURICE BRAUN : «– Qu'est-ce que c'est que Dora? demandai-je aux deux détenus allemands, sortant tout doucement des rangs.

«– Un camp où on meurt en un ou deux mois. Vous allez certainement y aller.

«– A moins qu'il y ait parmi vous un ingénieur opticien, interrompt l'autre.

«Je suis alors rentré dans les rangs.»

HENRI WIOLAND : «Pour ne pas être englouti et broyé par la machine concentrationnaire, il fallait afficher une compétence correspondant aux besoins ou à la mode du moment. A cette époque on prépare un renfort pour une usine qui fabrique des pièces pour avion et on a besoin de *"Techniker"*. Il est donc nécessaire d'être classé *"Techniker"* sous peine de partir à Dora, le nouveau kommando qui creuse des tunnels pour abriter une usine de fabrication de V2 qui doit remplacer le site de Peenemünde, écrasé sous les bombes de l'aviation britannique. Et nous savons ce que signifie Dora parce que, comme le crématoire n'y est pas encore en service, nous voyons tous les jours ramener les cadavres de ceux qui n'ont pas survécu aux effroyables conditions des premiers mois d'existence de ce kommando.

«Dans le camp de Buchenwald, les factions les mieux organisées savent cela et en font profiter leurs adeptes d'une façon très confidentielle. Nous avons la chance de le savoir et il va falloir en tirer les conséquences. Mais attention, les SS traquent les simulateurs et testent les compétences : lecture d'un dessin, mesure au pied à la coulisse ou au palmer, et malheur à celui qui a triché et qui s'est fait prendre.»

MAURICE BRAUN : «N'étant pas opticien, je décidai avec le petit groupe de Français que nous formions de choisir un métier qui puisse être utile. Nous nous décidâmes pour cultivateur.

«Après un temps d'attente très long, entre six et sept heures, nous nous présentâmes devant un SS :

«– Nom?

«– Prénom?

«– Marié?

«– Religion?

«Je réponds mécaniquement jusqu'à la question cruciale...

«– Profession?...

«– Ingénieur opticien...

«Quelle réponse folle! On m'avait pourtant prévenu : une fausse déclaration valait la pendaison.»

ABEL FARNOUX : «Je me suis déclaré ingénieur électricien, une denrée qui pouvait être utile. Je suis parti dans une usine d'aviation à côté de Berlin. Comme on m'a soupçonné de sabotage lors du contrôle des pièces, j'ai été renvoyé sur Buchenwald. Entre-temps, tous mes copains avaient été transférés à Dora...»

MAURICE BRAUN : «Un jour, mille cinq cents de mes camarades sont partis à Dora. Il en est revenu soixante-seize...»

JACQUES MOALIC : « Alignés près du block de quarantaine, nous avons vu arriver un SS. Ça faisait bien dix jours que nous n'en avions pas vu. Comme il demandait à chacun son métier, j'ai compris qu'avouer ma condition d'étudiant serait une erreur. Je suis alors devenu chimiste. Et cela m'a permis d'échapper au premier envoi vers Dora où l'on retrouva étudiants, professeurs, officiers, professions libérales… »

MAURICE BRAUN : « On m'a emmené en dehors du camp dans une grande baraque en bois. Là, j'ai vu un officier dans un uniforme flambant neuf; ses guêtres noires étaient impeccables. Me regardant avec un air méprisant, il laisse tomber de ses lèvres :

«– Vous êtes ingénieur opticien ? »

«– Oui, oui bien sûr. Je suis ingénieur de l'école nationale d'optique, lui réponds-je en allemand.

« Son visage s'éclaire.

« Ah bon, vous parlez allemand !…

« J'avais marqué un point.

«– Et où étiez-vous ingénieur ?

«– Dans mes usines.

«– Quelles usines ?

«– Im *Barde Werke* [1] (Barde était mon nom d'enregistrement)…

«– Oh ! très bien !

« J'ai compris qu'il ne voulait pas trop se poser de questions. C'était un planqué. Cet Obersturmführer (lieutenant colonel SS), fils d'un général, avait été mis là pour éviter le front russe. J'avais une chance de m'en sortir.

« Aussitôt il me conduit au fond de la baraque de l'Optik-kommando où il me montre une machine grande comme une quatre chevaux verticale pleine d'yeux, de visées, de boutons.

«– Il faut réparer ça, me dit-il.

«– Ah bon ! Très bien !

« Il repart.

1. Usine Barde.

«Je regardais la machine consterné, quand j'entends du bruit derrière. Je fais le tour et vois un jeune garçon. La sueur lui coule dans le cou. Par chance il porte la lettre F sur son pantalon.

«– Qu'est-ce que tu fais dans le civil?

«– Élève à l'école des Mines.

«Je pousse un soupir de soulagement et m'exclame :

«– Mais alors tu es scientifique! Tu vas me dire comment réparer ça!

«– Il y a deux jours que je suis là, me répond-il, et je n'ai pas encore compris à quoi ça sert!

«– Alors je suis foutu!»

Je n'ai pas dormi de la nuit. J'ai eu de la fièvre.

«Le lendemain, le Sturmbannführer[1] Willerstrausen arrive.

«– Alors? c'est réparé?

«A ces moments-là, le cerveau marche à une vitesse supersonique. Dans le quart de seconde, sans me concerter, je réponds :

«– Moi, dans mes usines Barde, des vieilles choses comme ça on ne les répare pas, on les jette!

«– Ah bon! Très bien…

«Et il tourne le dos.

«Je fus donc chargé de monter et commander l'Optikkommando. On me donna un Meister, véritable opticien, un Obermeister, un super-opticien. Ils avaient beaucoup de respect pour moi et venaient me demander conseil!

«Ensuite, comme l'Obersturmführer me demandait si je connaissais d'autres opticiens, je proposais quelques noms. Régulièrement, j'ai essayé de faire venir des camarades. Au bout d'un certain temps, l'Obersturmführer m'a répondu : “Cela fait vraiment beaucoup d'ingénieurs opticiens…”

«J'ai senti le frottement de la corde…»

FRANÇOIS PERROT : «Il y avait environ deux cents détenus au kommando de Berlstedt, répartis dans deux baraques doubles. Les nouveaux arrivants, évidemment, étaient affectés à la carrière, la briqueterie étant considérée comme une sorte de havre, à cause de la chaleur et du toit sur la tête. Donc, arrivés là fin septembre-début

1. Commandant SS.

octobre 1943, nous avons été affectés à cette carrière. Il s'agissait de sortir l'argile d'un grand trou en pleine campagne, évidemment entouré d'une double clôture de barbelés électrifiés, miradors, etc.

«Nous étions les pieds dans la boue, du matin au soir à manier le pic, la pelle, soit à pousser des chariots sur rails.

«Les conditions de vie étaient extrêmement dures, particulièrement l'hiver. Tellement dures qu'au bout d'une semaine plus de la moitié de notre groupe de trente Français fut renvoyée au camp. J'ignore ce qu'ils sont devenus...»

André Rogerie : «Les rescapés des camps de concentration sont souvent ceux qui ont bénéficié du privilège d'être employés dans des services intérieurs au camp : cuisine, infirmerie, bureaux, entretien des locaux, plomberie, électricité, etc. Ceux qui partaient travailler dans les kommandos extérieurs étaient plus exposés. C'est parmi eux que la mortalité a été la plus forte.»

Roger Joly : «Il est un kommando très dur et cependant très "recherché" : celui de déterrage des bombes, à Hambourg : le "Spring Kommando". De grandes quantités de bombes lâchées tous les jours par l'aviation alliée sont des bombes à retardement. Leur déterrage est périlleux, alors on fait appel aux rayés. S'ils sont tués, quelle importance? Pourtant chacun cherchait à y aller. Pourquoi? Lorsque les équipes piochent les cratères, les SS se tiennent à l'écart et ne donnent pas de coups; mais surtout : parce qu'on y mange!... Parfois, en creusant, on tombe sur une boîte de conserve. Le rêve! Tant pis si dans l'après-midi on saute sur une bombe. Ça arrive tous les jours. Et la mort n'est rien.

«Parfois la pioche heurte un cadavre. Dès que le piocheur s'en saisit il tombe en cendres entre leurs mains. Ce sont des civils brûlés par les bombes au phosphore que les Anglais déversent.»

Lucien Soula : «Je quitte le camp de Buchenwald pour le kommando "Julius" à Schoenebeck (travail dans une usine d'aviation). Au printemps 44, après un bombardement de l'usine, une partie du hall où je travaillais fut transférée à Mühlhausen et devint le kommando "Martha", où je passe une année. La plus grande partie de mon séjour dans ces deux kommandos se passa à l'atelier d'affûtage des fraises et autres outils, puis les derniers mois au magasin d'outillage.

«A "Julius" comme à "Martha" à Mühlhausen, vie recluse dans un hall d'usine entouré de barbelés et gardé par des SS, douze heures de travail quotidien, une semaine de jour, une semaine de nuit sous la direction de quelques contremaîtres allemands. J'appris par de nouveaux arrivants que j'aurais pu connaître pire : plus des trois quarts du convoi des 21 000 avaient été envoyés à Dora, alors kommando de Buchenwald, où l'on creusait à partir d'un tunnel l'usine souterraine destinée aux V1 et V2. Les déportés ne quittaient ni jour ni nuit le chantier souterrain secoué par les explosions des mines qui attaquaient la montagne. Épuisé par un dur travail de terrassement, les poumons encrassés par la poussière de roche, la durée de survie d'un travailleur y était de l'ordre de quelques mois.»

ROGER JOLY : «Parmi les kommandos terrifiants dépendant de Neuengamme : Husum, à la frontière danoise. Sur une terre battue par les vents et la pluie, des hommes creusent des fossés antichars, dans l'eau jusqu'à mi-cuisse. Jamais séchés, à la schlague, ils meurent par centaines. La casse est telle que les SS finissent par abandonner : les derniers survivants sont "rapatriés" à Neuengamme. A Porta Westphalica, les mines de sel rongent et tuent. A Fallersleben, c'est Volkswagen, mille cinq cents détenus y fabriquaient les fameuses voitures (version militaire).»

JACQUES MOALIC : «L'objectif du kommando dans lequel on travaillait était déterminant. Le camp de travail de Dora était la conséquence d'une décision prise par Hitler de faire creuser le plus rapidement possible ces usines souterraines. On ne regardait absolument pas à la dépense en vies humaines : deux semaines ou un mois d'utilisation de squelettes ambulants, quelle importance! Il fallait que le travail avance. Et il est allé très vite. Huit mois après l'ouverture du kommando, en avril-mai 44, commencent à sortir des fusées très complexes, de douze mètres de long.»

MARCEL ARBEZ : «A Dora, un kommando comprenait de quatre-vingts à deux cents travailleurs. Les kommandos de surface ne travaillaient que de jour : de 6 heures du matin à 6 heures du soir. Ceux de l'usine souterraine travaillaient tantôt de jour, de 9 heures du matin à 9 heures du soir; tantôt la nuit de 9 heures du soir à 9 heures du matin. A cette durée réglementaire du travail, il faut ajouter les allées et venues pour se rendre sur le chantier et surtout l'appel qui généralement durait de deux ou trois heures mais dont la durée pouvait atteindre quatre, cinq, six et même sept heures (...)

«Le 13 août, après un appel général, je suis désigné pour travailler au "tunnel" kommando 163a de Dora. Ce kommando est composé en majorité de Polonais et de Russes. Le 15 août à 9 heures du soir, je pénètre pour la première fois dans le mystérieux tunnel ; vision dantesque s'il en est que cette gueule violemment éclairée qui semble absorber comme en se jouant les kommandos qui pénètrent à l'intérieur, en colonne par cinq, en marchant au lourd pas allemand, dont la cadence est scandée par les kapos : *"Links... zwei... drei... vier..."*

« Leurs commandements gutturaux se répercutent sous les vastes voûtes, alors que l'on perçoit déjà au loin le bruit des machines. L'œil a de la peine à s'habituer à cette lumière crue qui se reflète sur les parois blanches du souterrain, et cherche en vain une parcelle d'ombre. Nous venons du dehors où il fait déjà nuit et nous sommes précipités dans ce bain de lumière, mais une lumière sans âme (...).

«La voici donc cette vaste et mystérieuse usine. Imaginez deux tunnels parallèles ayant chacun trois kilomètres de long et distants l'un de l'autre, d'axe en axe, de trois cents mètres.

«Nous voici dès lors dans le domaine ultra-secret du troisième Reich ; nous nous sentons doublement prisonniers, nous savons que dès maintenant et bien plus qu'auparavant, la moindre peccadille se solde par la corde. Une seule faute d'inattention est interprétée comme du sabotage qualifié et punie de mort. »

PAUL LE GOUPIL : « La construction du camp de Langenstein-Zwieberge, fut déclarée urgente pour la guerre. Le premier groupe de déportés venant de Buchenwald arriva le 21 avril 1944. Ils étaient dix-huit, dont un Français, et ils formèrent les cadres du futur kommando. Ils furent logés dans une auberge de la périphérie de Langenstein. Quelques petits convois se succédèrent et les nouveaux arrivants furent logés, en attendant l'achèvement de la construction du camp, dans une grange située à la sortie du village. (...)

«Dès les premiers jours de leur arrivée, les déportés commencèrent à creuser des galeries. En dix mois, au prix de souffrances épouvantables, près de quinze kilomètres de galeries, d'une superficie de soixante mille mètres carrés, furent construites et en partie achevées. Quelques-unes étaient assez vastes pour accueillir des trains d'une vingtaine de wagons.

« L'espérance de vie, pour ceux qui avaient le malheur d'y travailler, n'était que de six semaines. Le travail se faisait en deux équipes de douze heures dans des conditions atroces par manque d'air, dans la poussière, sous les coups des kapos et surtout des meister allemands. Beaucoup de camarades rentraient au camp épuisés, asphyxiés, complètement vidés et n'avaient même plus la force de manger leur soupe.

« Le réveil était à 4 h 30, le départ à 5 h 30, pour le début du travail à 6 heures. Il fallait essayer de survivre malgré la faim, les coups, la boue dans laquelle certains restaient englués, les poux qui pullulaient du fait que personne n'avait plus la force de s'épouiller et que le linge n'était jamais changé...

« Le but principal de cette entreprise était d'enterrer les productions des usines Junkers qui devaient construire de nouveaux types d'avion et d'armes V comme le V3, un avion sans pilote.

« La mortalité fut effrayante. Les chercheurs de l'université de Leipzig qui ont mené des recherches sur le camp estiment la perte totale à plus de quatre mille des sept mille deux cents déportés (y compris les morts de l'évacuation) qui ont transité dans le kommando. Un camarade resté à la libération du camp a établi des listes de Français qui ont permis de confirmer ces chiffres. Sur neuf cent soixante-quinze Français, dont nous avons une liste, internés à Zwieberge, plus de quatre cents sont morts au camp et beaucoup d'autres abattus sur la route. Leur moyenne d'âge était de trente-quatre ans[1]. »

JEAN-PAUL LINSIG : « Je me souviendrai toujours de l'extraction des bombes non explosées à Munich, la peur au ventre, alors que j'appartenais à un petit kommando de travail très "spécialisé", pompeusement baptisé "Parteikanzlei Kommando" (K. de la chancellerie du Parti), mais que les SS, avec leur humour noir, nommaient "Himmelfahrt Kommando" (K. du voyage au ciel) par dérision et analogie avec la célébration chrétienne "Christi Himmelfahrt", l'Ascension du Christ. »

ANDRÉ LAROCHE : « Notre vie à Dora se résumait à ça : quelques heures de mauvais sommeil, la nuit, au camp, et le reste du temps, travail harassant dans la poussière et le froid. On rentrait à pied du tunnel de Dora après douze heures, parfois dix-huit heures de travail quand nous passions du jour à la nuit, et cela tous les quinze jours.... Et nous travaillions aussi le dimanche grâce à notre chef de block, Follette. »

GEORGES JOUANIN (mi-44) : « Nous sommes vers le milieu de l'année 1944, je suis au tunnel de Dora depuis le 10 janvier. La chaîne de montage des

1. « Langenstein-Zwieberge, Kommando de Buchenwald », *Le Déporté*, n° 498, mars 1996, extraits.

"Rackete" V2 n'est pas définitivement en place. Au hall 28, l'empennage est placé verticalement sur cales en bois. On installe à l'intérieur diverses pièces et câbles destinés au radio-téléguidage de l'engin.

«Très fréquemment les ingénieurs et contremaîtres marchent en groupe dans les halles en discutant. Ils ont ainsi leur dose de poussière âcre de la pierre d'anhydrite et de gaz provenant des explosifs qui envahit les galeries encore en forage. Nous détenus, respirons ce mélange durant vingt-trois heures par jour car nous sortons une heure pour aller à la soupe au camp, au block 24 où un *"Stubendienst"* polonais aussi abruti que son chef de block administre des coups aux détenus fatigués qui ne se pressent pas assez pour quitter leurs galoches dans la boue glacée innommable...

«Or, comme de retour au travail, j'effectue incorrectement une installation de câbles, un ingénieur se précipite sur moi en vociférant...

«– Descends tout de suite, idiot, imbécile de chien! C'est du sabotage! Imbécile de Français! (En allemand bien sûr.)

«Il m'administre une paire de gifles qui rejettent mon crâne nu contre les tôles vibrantes de l'engin (...)».

«Mon Meister, rentrant de la pause, me dit : "C'est notre grand chef, von Braun, qui t'a giflé[1]."»

François Perrot : «Accolé à la briqueterie du kommando de Berlstedt, il y avait un atelier de céramique qui faisait des vases pour les femmes de SS, des candélabres SS destinés à célébrer le culte nazi et des urnes funéraires. Fin 44, comme les combats augmentaient d'intensité sur le front russe, l'armée allemande a subi des pertes considérables. Il a fallu augmenter la cadence de fabrication des urnes. Alors la DEST[2] demanda au "*Vorarbeiter*" de l'atelier de céramique, qui était Témoin de Jéhovah, d'aller chercher à la carrière une

1. «De temps en temps, les officiers et ingénieurs responsables venaient inspecter l'avancement des travaux et de la bonne marche de le fabrication des V2. Wernher von Braun est venu à Dora fin septembre 1943, puis à nouveau le 25 janvier 1944 et à plusieurs reprises par la suite, une quinzaine de fois a-t-il reconnu lui-même. S'il n'a pas participé personnellement à la tuerie généralisée de Dora, il en eut connaissance, il en fut le témoin et il n'en fut pas particulièrement ému.» Extrait de la conférence «Un criminel de guerre héros de l'espace» donnée par le général André Rogerie à Angers le 11 mars 1995.

2. «Deutsche Erd-und-Steinwerke» (Usines allemandes de terres et de pierres), une entreprise de l'empire économique de Himmler. Cette société DEST possédait toutes les carrières des camps de concentration, Flossenbürg, Buchenwald, Berlstedt, Mauthausen, et les briqueteries.

demi-douzaine de gars en renfort. Par chance il choisit des Belges et des Français dont deux amis francs-comtois et moi-même.

«Nous avons donc fabriqué des vases, des urnes et des candélabres SS. Certes nous étions encore des déportés, toujours aussi misérablement nourris et vêtus, nous avions toujours aussi froid sur la place d'appel, mais nous travaillerons au chaud pendant l'hiver 44-45. Cela nous a sauvés. D'autre part, l'idée de fabriquer des ustensiles qui ne servaient pas à l'effort de guerre nous réjouissait.»

*

ROGER JOLY : «Dans ce travail de fourmis, les Russes se révèlent des chefs. Il faut les voir s'affairer ou du moins faire semblant. Faut-il enlever une poutrelle? Ils se disputent le long de la carcasse tordue, s'accroupissent, se relèvent, s'invectivent, recommencent la manœuvre, font bouger la pièce de quelques mètres et reprennent leurs engueulades. Ils donnent une prodigieuse impression d'activité pour une efficacité nulle. Ils tirent merveilleusement au cul en s'épargnant la schlague des SS et des kapos. Parfaits comédiens, ils nous surpassent dans l'art difficile du non-rendement.»

ROGER LEROYER : «Effectuer le même travail au quotidien est une assurance de s'éliminer moins vite : les muscles ont l'habitude de contractions répétées, le rythme est identique à celui d'hier; tirer le même chariot, aux mêmes endroits avec le même harnais, le même équipage — cela signifie une fatigue dosée, connue, une saturation aujourd'hui encore semblable aux autres jours...

«Mais qu'un inconnu, une rosse, se glisse dans le quadrige, alors tout est désuni : les efforts désordonnés, la répartition déséquilibrée. Le faible affaiblit les forts en accroissant leur charge, alors les forts se resserrent, affaiblissant ainsi les faibles en les laissant ensemble...»

JOSÉ BELLEC : «C'était en janvier 1945. Je me trouvais une fois de plus affecté à un kommando de terrassement : à 5 heures du matin et après avoir entendu la musique de "cirque" de l'orchestre tchèque, me voilà pioche en main.

«La température est glaciale (moins 8° à moins 12°). Nous travaillons sous la surveillance directe d'un "*Vorarbeiter*", et celle, plus distante, d'un sous-officier SS déambulant sur quatre-vingts à cent mètres.

«Peu après le début du travail, un Polonais me montre un trou resté ouvert, sans doute après une réparation des tuyauteries du chauffage central de casernes SS toutes proches…

«Aussitôt nous nous débarrassons de nos pioches. Le Polonais entre le premier et s'étend sur les larges tuyauteries… Je fais de même. Nous y restons toute la journée… quelque peu engourdis, mais cela vaut mieux que de s'épuiser dehors, dans ce climat "sibérien".

«Nous recommencerons deux autres jours le même manège…»

ANDRÉ LAROCHE : «Nous devions sortir chacun entre dix-huit et vingt-quatre cuves de fusées V1 par douze heures. J'étais entouré de deux Russes et un Italien. Nous devions inscrire sur une ardoise le nombre de cuves que nous avions faites. Il se trouve que j'en faisais péniblement une douzaine mais j'en marquais dix-sept. A côté de cela, les autres marquaient les chiffres réels et voulaient être les «premiers»! Ils roulaient les mécaniques : "Moi j'en ai fait vingt et un" – "Moi une de plus!" Etc. Alors grâce à eux on arrivait au compte.»

*

GEORGES GUILLEMIN : «Le sabotage était plutôt inhérent à notre fatigue et notre incompétence. On nous abrutissait de tâches pour lesquelles nous n'étions même pas compétents. Pour un détenu dont la vie, la nourriture dépend de son travail être accusé de sabotage était synonyme de mort. Quant au sabotage volontaire, il était très rare et décelé rapidement.»

HENRY CLOGENSON : «Nous n'avions pas les moyens de travailler beaucoup. J'ai toujours eu des pioches avec une pointe arrondie pour creuser une terre qui durcissait comme du béton pendant la nuit sur dix à vingt centimètres! Pourtant, il y eut de vrais actes de sabotage. Mais c'était un risque proche du suicide. Se mutiler, étant donné que nous n'étions que des instruments de travail, était considéré comme du sabotage.»

ANDRÉ LAROCHE : « Dans le tunnel de Dora, j'ai été désigné comme soudeur à l'arc alors que je n'y connaissais rien. Chaque fois que je soudais une torpille il y avait autant de soudure dessous qu'en surface parce que je passais au travers de la tôle. Si un SS avait vu ça j'aurais été pendu.

« Un jour, l'un de mes camarades qui n'en pouvait plus nous dit qu'il voulait aller au "*Revier*" (infirmerie) se reposer. Mais il fallait un motif grave. Il demande à deux de ses camarades de l'aider en faisant tomber une lourde caisse sur son bras. Par trois fois ils tentèrent ainsi de lui casser le bras. En vain. Il fut arrêté pour sabotage. »

ROGER JOLY (quelques jours après le 6 juin 1944, Watenstedt-Salzgitter) : « Un camarade, as de la chasse française (huit victoires homologuées), occupe un poste de "défourneur" auprès d'une presse géante. Son rôle est d'extraire des fours des blocs d'acier incandescents ; à cette fin il manie un gros engin, sorte d'avant de char d'assaut que prolongent de lourds leviers destinés à faire culbuter les blocs d'acier vers l'extérieur de la fournaise. La chaleur est insupportable malgré la protection du bouclier électrique. Notre camarade est à bout. Sa santé s'est beaucoup altérée après six semaines dans cet enfer. Il subit une intense déshydratation et devient squelettique. Sa veste est gorgée du sel de son propre corps. Il a conscience qu'il y laisse sa peau ; aussi, un projet fou se forme dans son esprit : il va tout foutre en l'air ! Tant pis pour la suite... !

« Un jour, il appuie sur les boutons électriques de son "char" et laisse aller... Tel un robot fou, le lourd engin s'avance vers la porte du four. Le char, de toute sa puissance, défonce l'énorme porte qui se disloque tout comme l'engin lui-même. Les blocs d'acier sont là, inutilisables. Et pas seulement ceux du four défoncé mais aussi tous ceux des cinq autres fours. Il faut arrêter la production. Notre camarade, fasciné, contemple les dégâts. Le Meister s'agite, fou de rage. Les kapos frappent, les SS accourent. Il est emmené au bureau du Kommando Führer.

« Un après-midi, alors que nous nous préparons au camp à prendre le travail de nuit à l'usine, les SS nous rassemblent. Une potence est là, sur une estrade. On amène notre camarade ; il est hissé sur l'estrade, à côté du Lagerführer. Ce dernier nous annonce que, notre ami ayant commis un acte de sabotage, va être pendu devant nous.

« Il a les mains liées derrière le dos. Il semble absent. Soudain, alors qu'un SS le pousse vers la corde, il s'écrie d'une voix forte : "Ils l'ont dans le cul ! Courage, vive la France !" »

14
Maladie, le Revier

« Une piqûre ?
« C'est la dernière.
« Sur ta figure
« Une prière qui s'éteint. »

KLB 41 734

GILBERT MAY : « Se laver était primordial. Les Allemands voulaient faire de nous des bêtes. Celui qui ne se lavait pas avait déjà un pied dans la tombe parce qu'il avait lâché un peu de sa dignité d'homme. »

HENRY CLOGENSON : « L'hygiène variait évidemment suivant les camps, mais aussi suivant les individus. De tous les peuples qui composaient ces camps, les Français avaient la réputation de n'être ni les plus propres ni ceux qui aspiraient le plus à se laver. »

JEAN-PIERRE RENOUARD : « Notre chef de block Hermann nous disait : "Même si tu n'as pas de savon, très peu d'eau et très peu de temps, tu dois te laver tous les jours le mieux possible. Si tu ne peux atteindre les robinets, lave-toi avec du sable. Si les robinets sont gelés, lave-toi avec de la neige. Puisque tu n'as pas de serviette, essuie-toi avec ta chemise. C'est une question de vie ou de mort." »

JACQUELINE FLEURY : « Se laver ? C'était difficile à réaliser. Il y avait à Ravensbrück un "*Waschraum* [1]", cette chose un peu ronde sur laquelle étaient fixés vingt robinets… pour six cents femmes ! Et il fallait un certain courage pour les atteindre, cela signifiait arriver à 4 heures du matin dans une baraque surpeuplée, enjambant un enchevêtrement de femmes par terre, de malades de la dysenterie… »

1. Salle d'eau.

Henry Clogenson : « Dans les petits camps, il n'y avait rien ou presque rien pour se laver ; à l'Arbeitskommando de Langenstein, il y avait un robinet pour deux blocks (soit mille deux cents hommes), situé dans un petit bâtiment où l'on pouvait à peine tenir à vingt. Et à 4 heures du matin il fallait se laver dans le noir car l'électricité n'était pas installée. De plus, s'il y avait de l'eau et des lavabos, on ne nous laissait jamais le temps de nous laver ; aux douches, quand on y allait, on n'était pas sitôt mouillés que la voix hurlante d'un Allemand ou d'un Polonais vous criait dessus tandis qu'il coupait l'eau et que vous deviez vous revêtir aussi sale qu'avant. Les serviettes comme le savon faisaient défaut les trois quarts du temps. On prenait sa chemise ou son pantalon pour s'essuyer. »

Marcel Petit : « Au petit camp de Buchenwald, quel spectacle ! Nous avons tous la figure et les mains dégoulinantes de saleté. Après la soupe d'hier soir, la poussière s'est collée sur nos mains poisseuses. Sous la tente, durant des heures, nous avons vécu dans un nuage empoussiéré. Des traînées sales indiquent, sur la joue, ou sur le cou, les gestes de la main, grattant les piqûres de puces. Nos vêtements ont à peu près tous la même teinte que celle de la terre. Untel ne crache que dans un petit flacon de verre. Tel autre ne se mouche qu'une seule fois, dans un papier spécial. Celui-ci est atteint d'un coryza rebelle... Pierre est frappé d'incontinence urinaire... Paul a un anus artificiel. Les muqueuses continuent à sécréter, et tout tombe par terre. »

André Laroche : « A la prison de Montluc, les punaises nous tombaient dessus dans la nuit. Nous n'arrivions pas à les localiser. A Compiègne, on a eu les puces. Les jeunes, comme moi, nous nous réfugions en haut des châlits, où elles semblaient moins nombreuses. En déportation, ce fut la lutte inégale contre les poux et les infections correspondantes. Nous n'avions pas les moyens de lutter. Ils s'incrustaient dans les coutures des vêtements. A la fin, à Dora, on a gardé deux mois les mêmes vêtements ! »

Jacqueline Fleury : « Ni les otites ni les dents ne se soignaient. On vivait dans ses caries, ses otites. On vivait dans cette douleur. On supportait tout le temps quelque chose : qui perdait ses lunettes, qui avait des brûlures, qui avait des plaies. Nous étions couvertes de blessures le long des jambes, qui creusaient la chair. Je me souviens d'une

camarade couverte de plaies de la tête aux pieds. Comme pansements nous avions du papier. Quand nous travaillions, jambes nues, dehors, ils tombaient. »

HÉLIE DE SAINT MARC : « Quelqu'un a écrit qu'il faut toujours avoir une paire de chaussures trop petite pour nous occuper au cas où on aurait des soucis. La douleur physique atténuait la souffrance morale. Nous avions des telles angoisses de faim, de telles blessures morales. Tout se mélangeait pour faire un bloc : c'était une souffrance globale où était compris la soif, la faim, la peur de la mort, le manque de sommeil… »

JEAN-PIERRE RENOUARD : « Les très jeunes survivaient mal parce qu'ils n'avaient pas d'immunité contre les maladies : typhus, typhoïde, scarlatine, diphtérie, dysenterie, érésypèles et autres maladies des camps ; les vieux pour une raison évidente ; et les détenus biens nourris comme les Danois, Hollandais, etc. parce que habitués à un bon régime alimentaire alors que nous avions déjà maigri en prison… »

ANDRÉ LAROCHE : « On n'avait pas beaucoup de moyens pour survivre. Comme j'étais soudeur à l'arc, je brûlais avec mon électrode des morceaux de bois de caisses d'électrodes et je les mettais dans des petits sachets avec le papier autour. Je faisais du charbon de bois, ce qui freinait la dysenterie. J'en donnais la valeur de deux cuillères à soupe deux ou trois fois par semaine à mes amis.

« Phlegmons et anthrax étaient courants, on les soignait nous-mêmes avec une lame et un morceau de journal. Ce que l'on craignait le plus était le typhus et la dysenterie. »

JACQUES SONGY : « J'ai connu le typhus, j'ai ressenti l'atroce sensation causée par cette maladie. Et il suffit seulement d'une toute petite piqûre de pou. On en trouvait sur soi, chaque jour cinquante en moyenne !

« J'ai vu venir la mort ; un soir, j'ai pensé que je ne verrais pas le jour dans cette chambre où hurlaient pendant des heures et des heures les possédés du typhus, avec leurs 41° de fièvre, avant d'expirer dans un râle...

« Une nuit, un de ces malades s'est levé, nu et brûlant de fièvre ; il est sorti dans le camp où tombaient des rafales de neige, en hurlant qu'il voulait rentrer chez lui. (...) Par moments il lui prenait de grands rires nerveux et des colères rageuses...

« Et d'autres qui se croyaient chez eux parlaient de leurs femmes et de leurs enfants – et puis ceux qui appelaient leur mère...

« Mes pauvres camarades – mes pauvres compagnons de misère...

« Là-bas, évidemment, on ne s'apitoyait jamais puisqu'on se trouvait sous le même joug... Pourtant... Je me souviens d'une nuit où ce convoi exténué arriva aux douches de l'infirmerie... Je puis assurer qu'en pénétrant dans les douches pour aider à transporter ces restes humains, j'eus l'impression saisissante d'une vision d'Apocalypse... "Les hommes sécheront de frayeur." (...) Ils gisaient pêle-mêle ; la bouche ouverte, leurs ventres étonnamment creux, et ils vivaient. Ils respiraient de la même façon qu'un porc égorgé, et on avait envie de les achever comme on achève un lapin ou une perdrix pour ne pas qu'ils souffrent... Leurs yeux retournés ne regardaient nulle part. On attendait qu'ils meurent. On les reniflait tout près, pour voir s'ils n'allaient pas bientôt mourir ; ils se raccrochaient désespérément. »

HENRY CLOGENSON : « Il existait bien une visite médicale que venait passer un médecin détenu à l'intérieur des blocks, mais son seul remède était constitué de paroles réconfortantes ; de temps en temps, on le voyait arriver dans le block nanti de deux boîtes : dans l'une y il avait de la poudre noire, dans l'autre de la blanche. En passant entre nos châlits, il demandait "pour ou contre". Comme

presque tout le monde avait la dysenterie, la réponse était toujours "contre" ; le toubib, jusqu'à épuisement du produit, donnait à chacun une cuillère de poudre noire qui n'était que du charbon écrasé. Là se terminaient les soins. »

MADELEINE PERRIN : « Étant donné la recrudescence du typhus, ils décidèrent de nous faire des piqûres. Ils nous en firent six en six fois différentes et, en série. Une infirmière allemande venait dans le bureau de l'atelier avec deux doctoresses prisonnières ; une emplissait les seringues, deux faisaient les piqûres, la chef d'atelier badigeonnant l'endroit où devait être faite cette piqûre à un ou deux centimètres près, c'était égal, au-dessus du sein, tantôt à droite, tantôt à gauche. Nous quittions notre travail dix par dix et on revenait à notre place continuer notre travail. »

MAURICE BRAUN : « Nous étions dans un tel état de misère qu'il semble que même les lois normales de la médecine ne s'appliquaient plus sur nous. Deux exemples : à force d'être dévitaminé, comme beaucoup de mes camarades mon visage avait commencé à desquamer. Des morceaux entiers de ma peau tombaient. J'étais très inquiet car j'entendais le Meister et l'Obermeister dire : "On ne peut le garder..."

« Il y avait une infirmerie de dépannage pour les kommandos extérieurs, une sorte de tréteau installé dehors où officiait un très gentil jeune médecin luxembourgeois. Comme je lui demandais ce qu'il pouvait faire pour moi, il me répondit :

«– J'ai juste des rouleaux de papier hygiénique qui servent de pansements pour les blessures, et cette pâte blanche qui n'a rien à voir avec ta maladie.

«– Je risque de perdre ma place, insistais-je. Je dois donner l'impression que l'on me soigne.

«Lui prenant de sa pâte blanche, je m'en enduisis le visage. Aussitôt je ressemblai à un clown. De retour au kommando, je dis à l'Obermeister que l'on m'avait très bien soigné. Je serais rapidement guéri. Et miracle, cette pâte durcit sur ma peau qui tomba en croûtes. Progressivement, je vis réapparaître de la peau bien rose sur mon visage !

«De même pour la dysenterie ou le typhus. Un jour, je mangeais des épluchures de rutabaga que nous avions découvertes près du casernement SS. Le lendemain je commençai à vomir. Et puis la diarrhée commence... Toutes les dix minutes je quittais le kommando pour me vider. Comme je n'avais rien dans le ventre c'était effroyable.

«Par chance j'étais lié à un l'un des rares médecins du Revier, pas un de ces charcutiers comme ce chauffeur de taxi baptisé médecin qui adorait amputer...

«Le lendemain, il me tendit un petit flacon en me disant :

«– Tu en prends une gorgée le matin et une le soir. Surtout pas plus. Ça te tuerait. Ça ne te sauvera pas mais au moins tu souffriras moins.

«Comme je sortais du Revier, je vis que des Polonais et des Russes me regardaient avec l'intention de me prendre mon flacon. Aussitôt je le débouchai et en versai le contenu entier dans ma gorge ! Le lendemain, ma dysenterie était pratiquement arrêtée. Quelques jours plus tard je ne ressentais plus rien.»

HENRY CLOGENSON : «A l'infirmerie, le médecin recevait quelques malades parmi les plus atteints. C'est ainsi que personnellement, ayant un phlegmon au pied, les seuls traitements que je reçus furent une incision et des pansements en papier sans désinfectant tous les huit jours environ. Seule la mort pouvait vous guérir définitivement.»

ROGER JOLY (camp de Wattenstedt-Salzgitter) : «...à bien des signes je sens que je bascule. Ça ne va pas durer longtemps. Chaque matin, en m'extrayant de ma paillasse, je gagne les "toilettes" du block dans la moiteur nauséabonde des corps entassés toute la nuit. J'urine abondamment. Debout, mon corps me dit où j'en suis. Mes jambes sont mortes jusqu'aux genoux; elles me sont étrangères. Elles me portent mais sont insensibles. Le lendemain, c'est un peu plus haut. La mort monte lentement le long de mon corps. Elle monte progressivement et va m'emporter en douceur : c'est ainsi, sans doute, qu'on meurt dans la neige.

« Le crématoire m'attend. J'essaie de maintenir le moral; je fais un gros effort pour penser aux miens, me rendant compte que le butoir approche. C'est un désastre : je suis incapable d'évoquer les traits de mon père, de ma mère. Rien; à croire que je les ai jamais connus. Pourtant, ils existent, je le sais. »

HENRY CLOGENSON : « Oh! il y avait bien une infirmerie, mais c'était pour les quelques élus qui étaient en bons termes avec le médecin SS, ou bien c'était pour ceux qui devaient servir de sujets d'expérience avant de partir au four crématoire. A Buchenwald, le block 46 était celui des cobayes, ceux qui y entraient sortaient par la cheminée du four. »

JACQUES SONGY : « L'infirmerie de Dachau comprend huit blocks, hébergeant environ deux mille cinq cents malades officiels. Chaque block a sa spécialité : chirurgie, maladie générale, typhus, tuberculose, dysenterie, etc. Organisation comme toujours impeccable, mais ne servant à rien... Le chef de l'infirmerie est menuisier de son métier!

« Évidemment l'infirmerie est un vaste terrain d'expérience; on injecte la malaria pour "voir" les réactions des sujets. (...)

«Et un jour, je suis entré à l'infirmerie (après une heure d'attente, dehors, par moins 10°, et en chemise!). J'ai pu prétendre à cette faveur avec 40° de fièvre et une broncho-pneumonie! Et, j'en suis sorti pour y rentrer de nouveau, et encore une fois...

« La dernière fois que je suis rentré, un kapo m'a dit : "Tu verras la fin à l'infirmerie, toi!" Et il a eu raison... Les plus saisissantes images de misère et de mort, je les ai connues à l'infirmerie du camp de Dachau.

« Les plaies horribles, immenses, les abcès qu'on soigne à sec, brutalement en frottant dessus, en appuyant, les malades qu'on brutalise parce qu'ils crient de douleur, les pieds coupés, les bras atrophiés, la dysenterie qui vide et réduit à l'état de squelette. Et le typhus, le fameux typhus et ses quinze mille victimes en deux mois... »

Jacqueline Fleury : « Pour entrer au Revier, il fallait prouver que l'on avait énormément de température. (Il y avait des thermomètres accrochés à l'entrée de la baraque.) Quand je suis entrée dans le block réservé aux dysentériques, on m'a donné en guise de chemise une sorte de sac rayé avec des trous, couverte de poux de corps dans toutes les coutures. J'ai été poussée dans le bruit, les pleurs. J'étais dans mon châlit avec une Allemande qui était là depuis 39 et mourait de tuberculose, et une Française dont je n'ai jamais retrouvé la trace.

« Des femmes devenant quasi folles, certaines mourant dans la nuit. Vous étiez toujours obligée de descendre de votre châlit la nuit, d'écraser des corps squelettiques. Étant au premier étage, je recevais l'urine et la merde de celles d'au-dessus.

« Et nous mourions de soif. Les infirmières n'avaient même pas de quoi nous donner à boire. Certaines essayaient d'aller au Revier pour être deux jours au chaud, sans travailler, sans aller à l'appel. Et finalement mourir. »

Marcel Petit : « Il y a quelques jours, un rescapé du petit Revier a été affecté à notre box. C'est un jeune Belge. Il était à Buchenwald depuis plusieurs mois et, alors qu'il travaillait à la carrière, il était tombé malade. Avec 40° de température, il avait été contraint de travailler pendant plusieurs jours avant de recevoir le moindre soin.

« Transporté au Revier, il fut à peine soigné, mais guérit malgré tout. En plus de la scarlatine qui l'avait tenu cloué au lit pendant de longues semaines, il souffrait de gros abcès et de phlegmons.

« Durant son séjour au petit Revier, il fut passablement charcuté au pied par un cordonnier qui faisait office de chirurgien et, à la suite de plusieurs "interventions" du bouif, armé de ciseaux et de bistouris, il nous arrivait littéralement estropié, boitant et geignant, incapable de travailler. Agé de trente ans, bâti en force, il a pris rang parmi les invalides. »

Andrée Rivière : « Au retour d'un camp de représailles, je commençais à être atteinte de la dysenterie, et j'avais contracté une pleurésie. Évidemment pas question d'aller au Revier. Nous commencions à savoir que cet endroit était l'antichambre de la mort et de violences inouïes…. «

Roger Joly (Neuengamme) : « Un matin, je suis au Revier où un camarade a réussi à me faire entrer comme "infirmier" alors que j'étais au bord de l'épuisement, quand tout à coup surgit dans le block le numéro 3 dans la hiérarchie du camp : le chef inspecteur SS. Il est à moitié saoul, comme d'habitude. Le chef de block lance son cri réglementaire qui fige tous les présents au garde-à-vous et se précipite, un tabouret à la main, pour faire asseoir le SS. Celui-ci, calé sur son tabouret, jette un coup d'œil circulaire sur le block et glapit soudain : *"Musik!"*

« Le maître réclame de la musique ! Aussitôt, le chef de block, aidé de ses Stubendienst, réunit un petit orchestre improvisé. Il y a là trois "musiciens" piqués dans les blocks voisins : deux Russes, un Polonais. Un des Russes a une balalaïka, les deux autres de mauvais accordéons. Et voilà qu'ils jouent une rengaine allemande de l'époque, plus ou moins nostalgique. Que se passe-t-il soudain dans sa tête ? Il donne l'ordre à tous les présents de se mettre en rang. Lourdement, il se lève. Il fredonne l'air de "l'orchestre". Puis, désignant un malheureux rayé, il lui intime l'ordre de danser :

« – *Tanzen, tanzen... Du, tanzen!*

« Interloqué, l'autre commence à se dandiner d'un pied sur l'autre. Il est très maigre et visiblement à bout. Le SS le regarde "danser". Puis il s'approche de lui et, mains tendues sur les épaules, esquisse deux ou trois pas. Subitement, il frappe. Une énorme gifle en pleine figure. L'autre tombe à terre. Le SS se penche alors sur sa victime, met un genou sur sa poitrine, dégrafe posément son ceinturon de capote, le passe sous le cou de l'homme et, tranquillement, l'étrangle au son de l'orchestre... Puis le SS remet son ceinturon et s'en va. »

Andrée Rivière : « A cette même période, on nous fit passer en sélection pour la chambre à gaz. On se présentait devant des officiers et des médecins. On allait à gauche ou à droite. Avec ma mère, on se pinçait les joues. Heureusement ma mère n'avait pas de cheveux blancs... »

Henry Clogenson : « A Auschwitz, dans une baraque, nous sommes passés devant un type assis dans un fauteuil. On lui faisait voir que nos mains et nos poignets étaient bien souples. Il nous envoyait d'un côté ou de l'autre selon que l'on était bon pour le travail ou non. Un ami m'a dit qu'on les avait mis sur une bascule et que le choix s'était fait en fonction du poids.

« Un de mes camarades du camp de Buna-Monowitz (Auschwitz III) ayant mal à une dent s'en est vu arracher trois, puis a été trépané vraisemblablement à titre expérimental ! »

MARCEL PETIT : « Le block des cobayes, un block en maçonnerie, identique de par sa construction aux quelques autres blocks en maçonnerie du grand camp et comportant également deux étages. Sur l'un des grands côtés, une petite cour avec jardinet du plus gracieux effet. Le tout entouré d'un haut mur dans lequel se découpe une porte en bois.

« A l'extrémité nord de l'enceinte se dresse une grosse cheminée carrée. Ce block est situé à proximité immédiate des blocks d'invalides, c'est-à-dire en bordure de la clôture du petit camp, et nous sommes bien placés pour constater les allées et venues de personnages impeccablement vêtus de zébrés immaculés, presque élégants, recouverts de longues blouses blanches.

« Ce sont des médecins internés, des spécialistes, des savants qui sont accompagnés et contrôlés par les médecins SS et les officiers allemands.

« Sur la porte est accroché un écriteau portant l'inscription : "Institut". C'est un institut de recherche où des sommités médicales et chirurgicales se livrent à de vastes études sur certaines maladies et à des interventions chirurgicales exploratrices.

« Les sujets d'expérience sont pris au hasard ou choisis, selon le cas, mais ce qui est certain, c'est qu'aucun des hommes qui aient été appelés à franchir le seuil de l'Institut n'est, à ma connaissance, jamais ressorti vivant. Si, après l'inoculation d'une maladie ou après une expérience chirurgicale, la guérison a été obtenue d'une façon certaine, seuls les résultats comptent pour le corps médical. Le sujet d'expérience ne compte plus ; il est purement et simplement supprimé et passé par le four crématoire. Personne ne peut donc préciser ce qui se passe exactement dans cet Institut.

« Mais des indiscrétions se produisent forcément de la part de médecins à certains de leurs confrères... Puis, par répercussion, les fonctionnaires du camp, les chefs de block, mis au courant, usent de la terreur qu'inspire ce block, pour obtenir des internés un asservissement plus complet.

« Je répète que certaines maladies auxquelles s'intéresse spécialement la science allemande sont inoculées aux sujets humains ; l'évolution et l'issue en sont suivies minutieusement, patiemment. A côté des sujets-témoins, d'autres hommes souffrant des mêmes affections provoquées artificiellement, sont soumis à un traitement curatif. Ces derniers sont l'objet de soins attentifs jusqu'au jour où ils

meurent, tout bonnement, des suites des expériences, ou bien jusqu'au jour où, guéris, ils sont assassinés et incinérés.

« Ce repaire de savants est doté d'un matériel perfectionné et de moyens d'action presque illimités.

« Nous avons appris que, lors de la pénétration des Allemands en Russie, de nombreuses études avaient été faites à Buchenwald en vue de remédier aux accidents mortels occasionnés par le froid intense dont étaient victimes de nombreux soldats allemands.

« Des internés ont été soumis, en tout ou partie du corps, à une température glaciale, occasionnant toute une gamme d'accidents superficiels ou profonds, de la vulgaire engelure à la gangrène.

« Puis, lorsque, malgré les garanties données par le maréchal de l'air Göring, quant à l'inviolabilité aérienne du grand Reich, les avions alliés sont venus déverser d'innombrables bombes sur les villes allemandes, des études poussées ont été faites en vue d'obtenir la guérison rapide et complète des brûlures causées par les bombardements.

« Ce sont encore des hommes qui ont servi de cobayes et auxquels on a infligé d'atroces et profondes brûlures, quelquefois jusqu'à la calcination d'un membre. Afin d'observer d'une façon certaine les effets du mal, les martyrs n'ont jamais reçu le moindre apaisement physique et sont morts en souffrant comme des damnés.

« En ce qui concerne ce genre très spécial d'extermination, Buchenwald n'a rien à envier aux autres camps de torture qui pullulaient en Allemagne et qui furent découverts par les Alliés.

« Ici, également, des hommes ont été l'objet de stérilisations, puis de greffes, d'ablation d'organes, d'atrophies, de mutilations sans nom. Et, la plupart du temps, les cobayes étaient choisis parmi les sujets les plus résistants, les mieux constitués.

« Mais ce sont surtout les Russes qui ont servi de sujets d'expérience, notamment en ce qui concerne l'étude du froid, parce qu'ils étaient jugés plus résistants. Mais il n'est pas de nationalité qui ne compte, parmi ces martyrs à l'agonie épouvantable, plus ou moins de victimes. »

MAURICE BRAUN : « Lorsque je suis arrivé au grand camp de Buchenwald, en août 44, on me montra deux blocks isolés devant lesquels on ne passait qu'en tremblant : le 46 et le 50. Dans le block 46 étaient élevés des poux porteurs du typhus exanthématique, qui une fois broyés et mélangés à une solution alcoolisée, servaient de vaccin. Ce vaccin mortel était inséré dans un bracelet spécial que devaient porter les cobayes enfermés dans ce block. Au fur et à mesure des décès, d'autres déportés les remplaçaient. Au block 50, d'autres expériences aussi terribles étaient effectuées pour le choléra, la fièvre jaune et surtout pour le contenu des bombes incendiaires au phosphore. »

ANDRÉ ROGERIE : « J'étais au camp de quarantaine du camp d'Auschwitz-Birkenau lorsque vint nous contrôler un médecin SS accompagné d'un médecin polonais prisonnier. J'avais le corps couvert des marques d'une gale non soignée et la balance indiqua quarante-trois kilogrammes. Avec un crayon encre, le médecin polonais inscrivit sur ma poitrine la lettre F. Que pouvait bien vouloir dire cette lettre ? J'ai pensé aussitôt "Four", car dès mon arrivée à Birkenau, le 18 avril 1944, j'avais été mis au courant de ce qui se passait dans ce camp terrible par un médecin français, le Dr Steinberg de Paris.

« Perpendiculairement à la "rampe" d'arrivée, les camps se succédaient et étaient désignés par une lettre. Le camp "A" était celui de la quarantaine. Après être passé devant les camps "B" puis "C" on franchissait une route et la succession des camps continuait, le camp "D" où étaient logés les hommes aptes au travail, puis le camp "E" où vivaient des familles de tziganes, et enfin le camp "F", camp hôpital. Voilà donc ce que voulait dire ce "F" qu'on avait inscrit sur mon buste.

« Je fus très surpris d'entrer dans un bâtiment avec des fenêtres alors que jusque-là je n'avais vu que des bâtiments du type écurie. L'intérieur était très propre, on me désigna une couchette où j'étais seul avec une belle couverture. Quelle surprise !

« Cette situation ne dura pas longtemps car, le lendemain, 23 mai 1944, je fus désigné vers le block 15 réservé aux malades de la peau. L'ambiance était toute différente, le bâtiment était de type écurie avec de chaque côté des bat-flanc à trois étages sans paillasse.

« Curieusement, dans ce lieu réservé aux malades de la peau, il y avait des prisonniers particuliers. Par manque de place sans doute dans d'autres bâtiments, il y avait quelques jumeaux qui avaient là un statut exceptionnel. Ils avaient gardé leurs vêtements et leurs cheveux. Leur image est restée dans ma mémoire avec une très grande fidélité.

« De mon bat-flanc j'apercevais deux jumeaux de soixante-quinze ans qui devaient avoir conservé quelques-unes de leurs affaires personnelles car je les voyais s'occuper de leurs petits bagages. Il y avait ensuite deux jumeaux qui étaient nains. Ils étaient vêtus d'un grand manteau noir leur descendant jusqu'aux pieds, leur tête était couverte d'un grand chapeau à large bord.

« Ils se déplaçaient avec difficulté en s'appuyant avec une canne au pommeau recourbé aussi haute qu'eux. Ils avaient des visages grotesques et avançaient en se dandinant. Deux jumeaux de quinze ans, aux cheveux d'un roux magnifique, apportaient dans ce lieu misérable une note de beauté qui rappelait la civilisation perdue. Ils disaient qu'après la guerre, ils iraient aux États-Unis d'Amérique. Enfin, il y avait un petit garçon de quatre ans dont la sœur jumelle était au camp des femmes où se trouvaient d'autres jumeaux rassemblés dans une baraque spéciale.

« Lors de l'arrivée des convois, le médecin SS chargé de la "sélection" mettait de côté tous les jumeaux et les nains pour faire des expériences. Effectivement, de temps en temps, on venait les chercher et ils revenaient après avoir subi des examens. Puis, un jour, ils ne revenaient plus.

« A l'époque, je ne savais pas ce qu'on pouvait bien leur faire. On sait maintenant, grâce aux témoignages et aux documents d'archives, les traitements auxquels ils étaient soumis.

« En premier lieu les jumeaux et les personnes atteintes d'anomalies de naissance subissaient des examens anthropométriques très précis : longueur et largeur de tête, du nez, des mains, du buste, etc. Ils étaient photographiés et des empreintes de toutes sortes étaient prises : les dents, les mains, les pieds, etc. Comme toujours, les sujets devaient attendre des heures, entièrement déshabillés, quel que soit le temps. Les prises de sang ne suffisaient pas, il fallait encore faire des expériences en faisant des échanges de sang entre jumeaux. Des ponctions lombaires étaient

effectuées et naturellement on prenait diverses radiographies. Les jumeaux restaient devant l'écran pendant toute la durée de l'observation, ce qui entraînait de fâcheuses conséquences.

« Les enfants étaient apeurés, fatigués, avaient froid, ils criaient et se débattaient.

« Un artiste peintre de Prague avait pour mission de faire des dessins particuliers de telle ou telle partie du corps qui étaient ensuite classés dans un dossier spécial avec les rapports concernant les résultats des études effectuées.

« Quand tout avait été étudié, on exterminait les "patients" au moyen d'une injection de phénol au cœur. Les médecins allaient pouvoir continuer leurs études en faisant des analyses comparatives des organes internes.

« Le musée d'Auschwitz possède les extraits des relevés des examens, ainsi que le témoignage d'une ancienne détenue. Cette femme avait la garde des jumeaux qui se trouvaient dans une baraque du camp des femmes, elle a assisté aux examens.

« Dans ce monde infernal d'Auschwitz, le docteur Mengele et ses assistants, au mépris des droits élémentaires de l'humanité, voulaient arriver à ce que chaque mère aryenne pure accouche autant que possible de jumeaux pour multiplier au plus vite la race allemande destinée à remplacer toutes ces races impures qui devaient être exterminées.

« Les recherches qui s'effectuaient à Auschwitz étaient contrôlées par l'"Institut de recherches biologiques raciales" de Berlin Dalhem dont les dirigeants ont exprimé au docteur Mengele leurs remerciements chaleureux pour le "matériel" précieux et rare qui leur était fourni. »

MAURICE BRAUN : « Serge Balachovsky[1] fut le seul déporté de Dora ramené à Buchenwald. Au tunnel de Dora il fut un jour appelé et questionné par deux SS d'une très haut rang à propos de ses titres universitaires et sur ses travaux au Muséum, à l'Institut Pasteur, etc. A la suite de quoi on le transféra dans une baraque où – ô miracle ! – on lui servit de la soupe et du pain à volonté. Débarrassé de ses loques pouilleuses, il coucha dans un lit de camp, put se laver et, comme il parlait le russe, il fit la connaissance de deux Russes qui ignoraient également la raison de leur internement dans cette

1. Ce grand Résistant était maître de recherche à l'Institut Pasteur et chef de laboratoire à l'institut agronomique de Grignon où il installe le PC de son réseau de Résistance. Dans les tout premiers jours de janvier 1944, Serge Balachovsky tomba dans les griffes de la Gestapo.

baraque et lui semblèrent d'un haute culture scientifique. Quelques jours plus tard, Balachovsky était enfermé dans une camionnette qui transportait le linge sale des SS à la buanderie de Buchenwald...

« Serge Balachovsky fut longuement interrogé à son arrivée au block 50 par le redoutable médecin Obergruppenführer SS qui était venu inspecter le déroulement de ces expériences démentes. Puis Balachovsky fut confié à celui qui allait être désormais son chef : un médecin-Oberfürher SS qui avait fait un stage à l'Institut Pasteur et avait été personnellement désigné par Himmler pour la tâche secrète des vivisections. C'est en consultant les listes des déportés qu'il s'était aperçu que l'un d'eux, Balachovsky, dirigeait le laboratoire de Pasteur, et qu'il avait eu l'idée de le faire venir à Buchenwald[1].

« Balachovsky se trouva, à ce block 50, en compagnie du courageux chrétien-démocrate autrichien Eugen Kogon, auteur de *L'Enfer organisé*, ouvrage de référence sur le système concentrationnaire.

« Tous deux, horrifiés et impuissants, seront les témoins de l'assassinat des malheureux cobayes. Une centaine de seringues toutes prêtes, contenant une solution de phénol concentré, sont alignées. Le block 26, en dehors du camp, est le cadre cauchemardesque de ces exécutions en séries. Ding-Schüler enfonce l'aiguille en plein cœur, injectant le liquide mortel. Rien que dans les quatre derniers mois, selon le témoignage de Balachovsky au procès de Nuremberg, cinq mille détenus furent ainsi exécutés... »

Geneviève de Gaulle-Anthonioz : « Il y avait des cobayes à Ravensbrück. C'était en général des jeunes filles polonaises et quelques Tchèques. La plus jeune que j'ai connue avait quatorze ans.

« Le professeur de médecine Gerhart avait demandé que l'on mette à sa disposition des dizaines de cobayes. (Le Gauleiter de Bohême, Heydrich, avait eu une infection grave à la suite d'un attentat. Soigné dans la clinique de ce professeur, il était mort. Le médecin personnel de Hitler ayant raconté qu'il avait été mal soigné, Gerhart, outré, avait demandé à faire une contre-expérience.) Il leur

1. Le Sturmbannführer (commandant) qui dirigeait Dora ayant refusé net : « Dora est un camp secret, personne ne doit en revenir », le Dr Ding-Schuler avait dû faire appel à Himmler.

a donc inoculé le tétanos, la gangrène et le staphylocoque doré et fait des prélèvements importants de muscles et d'os sur les jambes, là où Heydrich avait été blessé. Il a "soigné" ces trois variétés avec succès.

«Certaines survécurent infirmes. J'en ai connu plusieurs. Ces femmes étaient dans le block 32, en face du mien, où il y avait des NN françaises. On les appelait officiellement les "*Kaninchen*[1]" parce qu'elles devaient sauter pour se déplacer.

«Un jour, l'une des femmes d'un kommando destiné à trier le contenu des bagages de familles juives réussit a voler un appareil de photographie contenant une pellicule à peine commencée. Avec cet appareil, il fut possible de prendre quelques photos des opérations qu'elles avaient subies. Germaine Tillion a pu cacher la pellicule durant tout son séjour au camp (si la pellicule avait été découverte tout le monde y passait), puis à la sortie du camp à la Libération, malgré l'opposition des Suédois qui exigeaient la destruction de tout ce que nous avions réussi à sauver, à cause du typhus[2].

«Autour de ces expériences menées par les nazis, il y eut bien d'autres actes de Résistance : des femmes qui travaillaient au service radiographie réussirent à subtiliser des plaques. Deux femmes polonaises se sont évadées en emportant ces radiographies qui seront connues en Pologne avant la fin de la guerre[3].

«A la fin du camp, les nazis avaient décidé de passer à la chambre à gaz les quelques "petits lapins" ayant survécu. Un beau jour on a appris par des camarades qui travaillaient à la Kommandantur qu'après un grand appel elles iraient à la chambre à gaz. Pendant cet appel, des détenues russes coupèrent l'électricité dans tout le camp. Certaines femmes avaient même changé leur numéro matricule contre certains cobayes, se vouant elles-mêmes à la mort! Grâce à ce sabotage des détenues russes, les nazis, dans la pagaille qui régnait ces dernières semaines du camp, n'allèrent pas jusqu'au bout. Et elles furent sauvées.

«Je dois également la vie à une camarade qui m'aida alors qu'une maladie bénigne me condamnait à mort. A cause d'une ulcération de

1. Petits lapins.
2. Cette pellicule a été développée et les photos ont paru maintes fois. En particulier dans le *Ravensbrück*, de Germaine Tillion.
3. Quelques-unes, enterrées dans des boîtes dans un bois, ont été retrouvées par la suite.

la cornée de l'œil, je ne voyais plus rien. La lumière me donnait des douleurs aussi intolérables qu'une rage de dents. Le SS qui était responsable de ce kommando en profitait pour me battre terriblement. J'allais être tuée à brève échéance.

« Par bonheur une camarade, qui était contremaîtresse dans un kommando de fourrures dirigé par un "SS malgré lui[1]", l'avait persuadé qu'il aurait beaucoup moins d'ennuis après la guerre s'il acceptait de sauver des femmes du camp. Il permettait donc à des femmes épuisées de récupérer quelque force dans son kommando. Je fus parmi celles-là. Cachée dans des peaux de lapin, je pus récupérer pendant quelques jours.

« Sortie de mes peaux de lapins, une camarade norvégienne prit la responsabilité d'ordonner à l'une de ses compatriotes – les Norvégiennes avaient des colis – de me donner un peu de nourriture. Elle m'apportait de petites choses, dont un morceau de sucre que je partageais en huit avec les enfants du block. »

1. Cet homme avait été requis civil dès le début de la guerre et amené au camp de Ravensbrück.

15
La Résistance intérieure

« Celui-là seul mérite la liberté et la vie qui doit chaque jour les conquérir. »
GOETHE

GENEVIÈVE DE GAULLE-ANTHONIOZ : « Nous nous trouvions exactement dans le cercle intérieur, là où les écrits de Hitler étaient mis en œuvre... Lutter contre cela valait la peine. Nous combattions le mal absolu pour notre pays, pour nos descendances. »

MAURICE BRAUN : « On s'était battu, on avait fait, pour certains, une résistance active et dangereuse pour libérer la France, on avait été pris, tant pis, on ne regrettait rien. C'est cet esprit résolu qui a sauvé tant de Résistants. Réduit aux plus extrêmes limites de la misère et de l'humiliation, celui qui savait conserver au fond de lui son sens de la dignité pouvait être sauvé. »

GEORGES GUILLEMIN : « Dans ces conditions extrêmes, chaque attitude, chaque comportement nous engageait totalement. Le risque était permanent. D'une part, nous devions affirmer notre intégrité pour ne pas devenir une bête, et cependant conserver notre énergie animale. »

HÉLIE DE SAINT MARC : « Il faudra se battre, extraire un peu de la vie de soi pour perdurer. J'ai appris en déportation qu'il n'y a pas de grands actes et de petits actes, mais que tout est lié. C'était un combat permanent où entraient en jeu l'imagination, la volonté, le physique et la chance. »

GENEVIÈVE DE GAULLE-ANTHONIOZ : « On ne parlait pas de détenu mais de *"Stück"* : le "morceau" interchangeable d'une longue série. Face à cela vous aviez des hommes et des femmes qui voulaient d'autant plus rester des êtres humains… »

JACQUES MOALIC : « On était des déchets parmi les déchets. L'esprit souvent suit, à moins qu'il ne surmonte tout de suite cela en disant : "Je dois leur apprendre que je suis autre chose."

HÉLIE DE SAINT MARC : « Un de mes camarades de Buchenwald, sommé par un SS de réunir un groupe de détenus, joua sur les mots en s'acquittant de sa tâche. "J'ai trouvé dix hommes", annonça-t-il fièrement. De rage, le SS le roua de coups : "Ce ne sont pas des hommes, mais des trous du cul !"

« En déportation, on vous apprend qu'un homme peut être réduit à un peu de fumée, que la vie n'est rien. A Langenstein, on ramassait les cadavres le matin avec les ordures. »

GENEVIÈVE DE GAULLE-ANTHONIOZ : « Le régime concentrationnaire devait détruire notre personnalité, mais surtout nous pousser à nous haïr les uns les autres. »

ANDRÉE RIVIÈRE : « Nous avons été évacuées sur Hambourg, à la mi-avril 45 par train. Après toutes ces épreuves, je ne pouvais plus supporter personne. Je me souviens avoir pris en grippe une dame, pour rien. Ma mère essayait de me raisonner. Je voulais la battre, la battre… parce que j'étais couverte de gale, parce que j'avais un point de côté, parce que j'avais la dysenterie. Je perdais la tête. »

GENEVIÈVE DE GAULLE-ANTHONIOZ : « Nous n'avions pas d'espace pour vivre : une paillasse d'environ soixante-dix centimètres de large pour deux, trois personnes. Quand une camarade au-dessus de vous avait la diarrhée, le temps qu'elle descende ses trois étages, vous en receviez sur la figure. Comment ne pas réagir ? Quand on avait un lien amical avec cette femme, que l'on venait de la même région, quand on avait des raisons communes d'être là, les frictions étaient atténuées, mais quand cette personne qui vous souillait n'avait aucun point commun avec vous si ce n'est d'être un être humain... »

JACQUELINE FLEURY : « Une seule chose nous réjouissait dans notre block où nous étions enfermées au dessus de l'usine, en février-avril 45 : les bombardements. Leipzig bombardé, Dresde bombardé dont nous entendions les échos ; les lumières des mitraillages. Tout cela aidait certaines d'entre nous à dormir un peu. La haine nous tenait. »

ROGER JOLY : « Les avions alliés bombardaient l'Allemagne. Ces forteresses volantes traversaient le ciel en formations serrées, laissant des sillages majestueux. La flak allemande se déchaînait et éclatait en petits nuages. Voyant ces avions nous étions heureux. L'idée que les nazis recevraient ces bombes nous plongeait dans le ravissement. Nous étions remplis de cette haine que nos bourreaux avaient réussi à nous transmettre. »

ANDRÉ LAROCHE : « L'arbitraire des kapos, des SS ne permettait pas de se prémunir véritablement de la violence, de prévoir l'avenir. C'était un lutte heure par heure. »

MAURICE BRAUN : « Ils nous faisaient travailler pour le Reich et, en même temps, ils nous faisaient mourir. On pendait un malheureux au son guilleret d'un orchestre de musiciens habillés en costume de carnaval.... La règle de vie imposée par les SS dans les camps dépassait l'entendement : une stupidité voulue, un avilissement par des règles qui se contredisent toutes. »

ÉMILE HAUSBERGER : « Le dimanche après-midi, au Struthof, ils diffusaient de la musique nostalgique par les haut-parleurs, on l'entendait dans les baraques. »

JEAN-PIERRE RENOUARD : « Hermann, notre chef de block nous avait dit d'oublier tout le reste, que ça nous empêcherait de survivre. "Ton passé est mort, il n'a rien à faire ici, nous disait-il. Tu n'as plus de nom. Tu es seulement un numéro. Tu n'as plus d'avenir. Tu n'as plus que le présent. Il faut y consacrer toute ton attention." Il savait de quoi il parlait. Il était là depuis onze ans ! Il avait vécu comme ça. En tournant le dos à son passé. »

GENEVIÈVE DE GAULLE-ANTHONIOZ : « Il est une chose que l'on ne pouvait pas nous enlever, c'était la "mémoire" : une chanson, une fable comptaient énormément pour nous. »

HÉLIE DE SAINT MARC : « Je retrouvais des poésies de Verlaine, de Baudelaire, de Nerval : "Je suis le veuf, l'inconsolé…" »

GENEVIÈVE DE GAULLE-ANTHONIOZ : « Il est vrai que la faim peut devenir une espèce d'esclavage de l'âme. On est ficelé par les besoins du corps, mais certains poèmes étaient une nourriture. J'ai un livre de chansons populaires françaises traduites en tchèque, et fabriqué avec des matériaux volés. Dans le block des Soviétiques, j'ai assisté à des narrations d'épopées qui, comme *La Chanson de Roland*, racontaient les hauts faits des partisans. Des camarades de mon convoi allaient clandestinement donner des leçon de français à des camarades polonaises qui travaillaient aux cuisines. Nous avons toutes essayé d'apprendre des mots de langues étrangères. »

JACQUELINE FLEURY : « Tirant le rouleau, au kommando, nous essayions de reconstituer un acte du *Cid*. »

GENEVIÈVE DE GAULLE-ANTHONIOZ : « Nous n'avions absolument pas le droit d'avoir de livres. Des camarades réussissaient à en voler. J'en ai eu trois : une anthologie de poésies françaises ; *Moby Dick* en allemand, et *Salammbô* de Flaubert en français. A tel point que je me posais presque plus de questions sur les guerres d'Amilcar que sur la guerre qui était en train de se dérouler.

« Nous lisions évidemment dans de très mauvaises conditions. Pas de lumière le soir, le jour il fallait se cacher, chaque ligne dérobée était miraculeuse. »

MAURICE BRAUN : « Nous étions cinquante-cinq mille à Buchenwald, dont un Américain : le peintre-graveur Lespinasse que

je connaissais de nom[1]. Il risquait gros d'être Américain, donc nous l'avions déclaré Français. Il portait comme nous un triangle rouge avec un F. Son arrestation n'avait aucun rapport avec la Résistance. Lorsque Hitler avait déclaré la guerre aux États-Unis, les Américains ont été installés dans des hôtels à Vittel. Comme Lespinasse souffrait de la mauvaise qualité de la nourriture, il s'était mêlé à une queue devant une baraque où il pensait pouvoir acheter quelque chose. Or ces gens partaient en déportation!... C'était le comble de l'absurde.

« Herbert Lespinasse apportait le rêve, la légèreté. Jusqu'au bout il n'a pas compris ce qu'était un camp. Il ne vivait pas comme un déporté. C'était comme si les horreurs ne le touchaient pas. Il était dans son art. Un jour où nous attendions la mort dans un espèce de hangar gelé, il me dit : "Tu ne trouves pas, Maurice, que nous représentons exactement un primitif flamand?" Transi de froid, je ne répondais pas : "Comment? Tu ne connais pas la petite salle ronde du musée d'Amsterdam?" Un autre jour, alors que nous attendions, anxieux d'espoir, la "soupe d'os" que l'on nous donnait quelquefois au kommando, il nous faisait toute une théorie sur l'art abstrait qu'il détestait... »

GEORGES GUILLEMIN : « A Auschwitz-Birkenau, pendant nos huit jours de baraque du "camp du Kanada", Robert Desnos lisait les lignes de la main à qui le voulait. »

MAURICE BRAUN : « Ceux qui perdaient le moral étaient fichus. J'en voyais beaucoup qui se laissaient aller, qui ne voulaient plus résister. Je ne connais absolument rien à la chiromancie mais j'ai fait courir le bruit que je savais lire dans les lignes de la main. Alors venaient des tas de pauvres gars. "Donne ta main, leur disais-je. "Donne l'autre, vite! C'est extraordinaire. Qu'est-ce que tu vis longtemps! Combien d'enfants as-tu? Quatre? Tiens... j'en vois cinq..." A un paysan des Deux-Sèvres qui me disait toujours qu'il ne reviendrait jamais à sa ferme, je disais : "Je vois des champs, des champs à

1. « Herbert Lespinasse est considéré comme le dernier des grands graveurs sur bois. Ami de Modigliani (qui fit de sa femme un célèbre portrait), de Picasso et de Soutine, avec lesquels il cohabita en 1912; de Derain, Marie-Laurencin, Kisling, Dunoyer de Segonzac... »

perte de vue." La veille de sa mort, je lui parlais encore de ces champs que je voyais. »

ANDRÉ LAROCHE : « Cette résistance culturelle ne pouvait s'imaginer que dans des camps où les détenus n'étaient pas, comme à Dora, en travail permanent. Dans d'autres endroits, la vie était comptée en minutes. »

JEAN-PIERRE RENOUARD : « Quand vous êtes dans des circonstances extrêmes, vous n'avez aucune liberté de pensée. Vous êtes sans arrêt dans le concret : "A quelle heure la soupe va-t-elle arriver ?... J'aimerais bien ne pas faire dans ma culotte... Il va falloir que je demande à la sentinelle... Va-t-elle accepter que je sorte ?..." Sans arrêt de petits calculs minables. Vous ne pensez à rien et surveillez tout.

« Je sais que j'avais le droit à une cuillère et à un morceau de ficelle pour tenir mon pantalon ; que la cuillère, je pouvais l'affûter pour couper mon morceau de pain dur. Elle était cachée dans la doublure de ma veste. C'est tout. Quant à écrire des poèmes ! Être pris avec un morceau de crayon ou du papier, c'était vingt-cinq coups de fouet sur le dos et les fesses. Les grandes discussions ? C'était exclu. Dans notre camp de Misburg qui était constitué de détenus de droit commun, on se fichait totalement de vos opinions religieuses ou philosophiques... La seule chose que l'on pouvait faire était d'être un "bon concentrationnaire". »

JACQUES SONGY : « L'homme descendu au rang de bête affamée essayait parfois de s'évader de cette condition par d'étranges préoccupations. Des idées comme celles-ci : "De quelle manière vais-je couper mon pain ce soir ? Ferai-je deux tartines que je mangerai coup sur coup pour me bourrer ? Ou bien découperai-je des petits morceaux comme le pain béni de la messe que je mâcherai lentement ?" »

GENEVIÈVE DE GAULLE-ANTHONIOZ : « La prière était interdite, mais ils ne pouvaient empêcher quelqu'un de prier dans son cœur. En prison, la prière était toujours possible, le régime de la prison n'étouffait pas la prière, elle l'appelait plutôt ; au camp de concentration, dans ces conditions presque impossibles, il semblait y avoir une telle absence de Dieu.»

HENRI WIOLAND : «Dieu lui-même semble nous avoir abandonnés. Début mars 1944, quelques Français requis du STO sont arrivés à Schönebeck pour travailler à la "Halle" (atelier d'usinage), l'un des trois bâtiments où sont occupés les "*Häftlinge*" (détenus) du kommando Julius de Buchenwald. Ils sont soigneusement tenus à l'écart des déportés et essayer d'entrer en contact avec eux nous est sévèrement interdit. Pourtant, parmi eux, un camarade qui travaille dans cet atelier reconnaît deux garçons qui étaient avec lui au même camp scout routier dans la région lyonnaise. Malgré les interdictions et la surveillance constante des SS, des kapos, des contremaîtres civils allemands et autres gardes-chiourmes, notre camarade prend le risque de rechercher des contacts. Il y parvient et son interlocuteur accepte de prendre un risque qui pour lui aussi est sévère. Et Jean apprend que parmi le groupe de Français il y a un aumônier catholique. Un aumônier, cela signifie la possibilité de communier… (…) A première vue, ce projet de communier, c'est un rêve insensé, mais quelle invitation à se ressaisir dans la misère qui nous accable…»

GENEVIÈVE DE GAULLE-ANTHONIOZ : «L'une de nous avait réussi a faire passer le "Missel du prisonnier". En mai 44, dans notre groupe de jeunes filles, je me souviens que travaillant de nuit, nous nous retrouvions dans un coin relativement peu fréquenté. Une camarade en "planque" à chaque bout, nous réussissions à prier à haute voix.»

HENRI WIOLAND : «… à la Fonderie qui fabrique des pièces coulées en alliage léger, un camarade a réussi à introduire dans un moule le modèle d'un dizainier scout, petit objet à bord cranté, grand comme une pièce de cinq francs. La coulée a parfaitement réussi, Gaston a récidivé prudemment et un petit nombre de ses amis a pu bénéficier de ce "support" de la foi.»

BERNARD PONCET : «J'étais cette semaine-là travailleur de nuit. L'abbé que je croisais dans l'usine, me demanda discrètement si je désirais recevoir la communion. Il avait en effet réussi à se procurer des hosties qu'il consacrait clandestinement.

«J'acceptai son offre avec joie. Rendez-vous pris dans le souterrain de l'usine où toute présence était formellement interdite sauf pendant les bombardements car il servait alors d'abri où s'entassaient les détenus avec leurs gardiens. Se faire prendre dans ce boyau signifiait la mort immédiate; quant à la communion, elle était considérée comme une autre forme de provocation passible de la même peine[1]. »

JACQUELINE FLEURY : «Ma question était, en voyant ces pauvres enfants martyrisés, en voyant ma pauvre mère marcher sur la route, en regardant les SS : "Dieu, où es-tu?" Il y a ceux pour lesquels la foi fut un réconfort et celles qui, comme moi, l'ont perdue dans le doute.»

ABEL FARNOUX : «Avant la guerre, j'étais militant dans les Jeunesses catholiques. Un de mes amis qui fut déporté, comme moi, à Buchenwald devint prêtre et dit avoir trouvé Dieu, sur la place d'appel. Moi, je crois que j'ai perdu la foi sur la place d'appel de Buchenwald.»

*

ANDRÉ LAROCHE : «La patrie, les formes les plus apparentes de l'attachement à son pays nous aidaient à survivre. Le 14 juillet 44, à Dora, nous avons tous chanté *La Marseillaise*. Cela nous a tous bouleversés.»

MARCEL ARBEZ (kommando de Nuxei, 14 juillet 1944) : «Le soir après l'appel, le commandant Cogny qui fait office de chef spirituel des Français, nous adresse un petit discours : il essaie de faire le point aussi objectif que possible de la situation militaire et nous dit son espoir dans une libération proche. *La Marseillaise* commence, timide, mais tant pis, à la grâce de Dieu, elle éclate bientôt dans toute sa puissance; c'est trois cents Français qui chantent leur hymne national. Les sentinelles dans leurs miradors ahuries de tant d'audace ne réagissent pas. Le troisième couplet s'achève religieusement. Nos amis belges, les larmes aux yeux, ont chanté avec nous et nous félicitent.»

1. «Le père Lavallard devait périr deux mois après cet événement au camp de Mauthausen, le crâne fracassé par la hache des SS.» In *Le Déporté*, n° 383.

Geneviève de Gaulle-Anthonioz : «Comme je portais le nom de De Gaulle, quand il y avait de nouveaux transports j'allais devant les baraques et me présentais. "C'est formidable», disaient ces femmes, alors on va tenir le coup." Je revois cette femme me présentant dans un block : "Voilà Geneviève de Gaulle. Voilà notre petit drapeau!" C'était un drôle de drapeau, couvert de plaies...»

*

André Laroche : «Là-bas personne ne pouvait pleurer, nous avions dépassé ce stade. L'attendrissement n'existait plus. La solidarité, l'entraide, l'amitié, oui.»

Hélie de Saint Marc : «La seule manière de résister à l'absurde, à la souffrance, à la peur, était de tisser des liens. Un regard, un mot glissé, un geste, un sourire, une question et c'est une vie qui revient de la mort.»

André Laroche : «Plongé dans ce drame, on voit très vite que ce qu'il nous reste – la seule chose qui permet de vivre une journée – c'est quelqu'un qui vous épaule; avec lequel on partage ses pensées.»

Maurice Braun : «A Buchenwald, s'il était banal de recevoir un coup de "*gummi*", le geste d'un camarade vous abritant d'un coin de sa couverture pouilleuse se muait en un réconfort d'une portée illimitée. (Au cours de mon internement au grand secret à Fresnes, je trouvai un jour, dans le plâtre effrité du mur, un petit morceau de fil de fer recourbé qu'un détenu avait dissimulé. Il permettait de soulever une fraction de seconde un des carreaux descellés. Rien de ce qui peut m'advenir aujourd'hui ne peut égaler la joie que me procura cette découverte.)»

François Perrot : «La solidarité créait des petits groupes de résistance psychologique et affective. J'ai retrouvé deux garçons originaires de Franche-Comté. Cette petite patrie a créé des liens. On parlait des villages, des forêts, des montagnes, des cousins, cousines, etc. Et on a vécu, travaillé ensemble pendant presque deux ans. S'encourageant dans la déprime. »

ANDRÉ LAROCHE : « Nous pouvions tout nous dire en sachant qu'on ne serait pas vendus. Quand l'un de nous sabotait ses V2 nous étions tous autour de lui pour le soutenir et mettre aux toilettes les pièces qui restaient en trop. Si quelqu'un était défaillant on tâchait de lui remonter le moral; le tenir s'il titubait en rentrant. Ce n'était pas seulement de l'amitié mais de l'entraide. »

MAURICE BRAUN : « On ne pouvait pas survivre seul. Il fallait faire équipe avec quelqu'un. Contre le vol, par exemple, il fallait un ami sûr à qui vous donniez, quand vous alliez aux tinettes, des choses aussi précieuses que votre pain, votre gamelle… »

JACQUES MOALIC : « Nous avions dès le transport compris la nécessité de ne pas être seul. L'une des choses à laquelle nous nous accrochions était : "rester ensemble". Quand on prenait le train, nous disions : "Surtout reste avec moi, suis- moi…" A la sortie : "Restons ensemble dans le block!" »

HÉLIE DE SAINT MARC : « Pourquoi l'un tombe pour ne plus se relever? Pourquoi l'autre, squelette ambulant, continue-t-il à exécuter comme dans un brouillard des gestes de travail et de survie? En ce qui me concerne, c'est à cause d'un mineur letton. Nous sommes affectés au maniement d'une perceuse pneumatique. Il se prend d'amitié pour moi. Nous parlons ensemble le sabir des camps à base d'allemand, de polonais, de russe et de français : boire, manger, dormir, travailler, mourir, voler. Il fait parfois une part de mon travail. Il me donne de la nourriture volée[1]. »

1. « Après la Libération, comme je sortais à peine du coma, dans un demi-brouillard, je l'ai vu à côté du lit de l'hôpital. Je ne pouvais pas parler. Nous avons échangé un long regard. Il est reparti vers l'URSS. J'ai lu plus tard que les convois de communistes lettons avaient été détournés vers la Sibérie. Staline avait peur qu'ils réclament l'indépendance de leur pays. Mon camarade de malheur a sans doute enchaîné les camps nazis et le goulag. Au XXe siècle, il ne fait pas bon naître au mauvais endroit. »

DENISE VERNAY (Mauthausen) «... nous étions sept : cinq et deux, plus toutes nos compagnes éparpillées dans la campagne, pas très loin d'une voie ferrée, pas très loin même d'un nœud ferroviaire. En terre étrangère, mais enfin près de la terre. Nous sentions le presque printemps, nous cueillions les premières fleurs, c'était la fête : il y a vingt-cinq ans nous terminions la guerre et notre captivité à Mauthausen.

«Nous avions quitté Ravensbrück le 2 mars 1945 en un convoi mêlé et nous ne savions pour quelle destination mais nous étions ensemble, décidées à le rester quoi qu'il arrive. Sept qui nous étions promis de rentrer ensemble et dans cette "famille" nous allions un peu par paires Marianne et Hélène, Violette et Mag et Micheline, Frédérique et moi. Réservées, muettes et obstinées sur le présent, nous faisions des projets d'avenir. L'"après" devait nous garder unies.

«Au milieu de la nuit nous étions appelées sur l'esplanade de Mauthausen. En rangs par cinq, cinq cents ou mille femmes... et nous sommes toutes les sept là avec les autres à attendre. On nous compte par centaines et voilà que cent nous coupe, cinq d'un côté, deux dans l'autre centaine. Violette et moi faisons tout pour changer, pour essayer de les rejoindre, de trouver un groupe de deux qui veuille bien prendre notre place, ou un groupe de cinq, une ligne de cinq qui s'échangerait contre Mag et Micheline, Marianne et Hélène et Frédérique. Mais l'incertitude de notre sort est telle que personne n'a voulu bouger : "Non, nous sommes là, c'est le destin." Nous avons insisté pourtant encore, en arrivant à la gare d'Amstetten, après un assez bref voyage dans des wagons de cent, donc séparées, à la remise des pelles et des pioches : nous allions boucher des trous de bombes sur des voies qui subissaient tous les jours d'intenses bombardements; c'était ridicule, voir amusant ce défilé de femmes sans forces ni couleurs devant la dévastation du paysage. Des milliers d'hommes prisonniers de tous pays, de toutes catégories étaient déjà en place gardés, comme nous, à un pour dix.

«Il faisait beau et malgré notre agaçante séparation nous prenions joyeusement les choses, le travail ne risquait pas de se faire. Il faisait beau, nous étions le 20 mars 1945, nous attendions la débâcle des Allemands (qu'en résulterait-il pour nous?); eux recherchaient toute la main-d'œuvre possible, aux abois jusqu'à avoir besoin de croire en nos quelques pelletées de terre dans leurs vastes entonnoirs pour faire passer leurs trains...

«Le signal d'alerte est accueilli par les femmes avec joie, il éparpille immédiatement tous les hommes, habitués, dans les bois environnants. Nous les suivons, plus pour le plaisir du bois et des fleurs que par crainte.

« Nos cinq amies étaient un peu plus loin sur la voie, un peu plus loin aussi dans la partie boisée. Nous sommes gardées et nous ne pouvons pas plus les rejoindre qu'elles venir vers nous. Comme nous, elles ont dû commencer à chercher des pissenlits (nous avions faim), comme nous elles ont dû ramasser de petites fleurs blanches... Nous les avons entendu chanter, conduites par Marianne dont la voix était si belle, si claire.

« Les premières bombes n'entamèrent pas notre bonne humeur, elles venaient de nos amis, elles aidaient à la libération de tous. Nous essayions de calmer la terreur de quelques Ukrainiennes éprouvées par de récents bombardements et nous nous sommes couchées près d'elles sous les arbres encore gris, tout au long de la terre encore froide. Cinq vagues d'avions lâchèrent leurs chargements tout près de la ville, sur la gare, sur la voie même où nous étions quelques minutes avant. A la dernière vague les bombes éclatent plus près encore...

« A 2 heures tout était fini, nous nous retrouvions toutes les femmes et attendions les nouvelles. 3 heures, 4 heures, nous attendions toujours des nouvelles et la soupe qui aurait été enterrée sous les bombes. Depuis plus de douze heures nous sommes debout avec rien à manger...

« Des bruits circulent : il y aurait des victimes parmi les femmes, des blessées, des mortes : la dernière vague d'avions aurait lâché ses bombes sur la partie du bois où nous nous trouvions, le brillant des fusils de nos gardiens leur ayant fait croire, car ils volaient très bas, que des troupes avaient cherché abri dans le bois.

« Nos amies ne sont pas là. Des heures passent, et encore des heures. Violette et moi sommes de plus en plus angoissées, essayant par les unes ou par les autres d'avoir de leurs nouvelles. Sont-elles blessées ? Sont-elles loin ? Où ? Pourquoi ne sont-elles pas là ? Personne ne sait. Personne ne veut nous le dire : toutes ont été enfouies par les dernières bombes tombées, dont une éclata au milieu d'elles alors qu'elles chantaient encore.

« "Elles n'ont pas souffert", c'est ce qu'on ose nous dire plus tard dans la nuit, dans ce train du retour vers le camp qui passe malgré tout, et que nous avions pris plutôt gaiement le matin, il y a si longtemps. Le retour, je ne sais comment il se fit. Nous refusions de croire, nous ne pouvions accepter, nous étions cernées de toutes parts, nous étions orphelines à la veille de notre victoire. Nous étions amputées de notre libération, dans nos rêves, volées de ce qui faisait notre force dans ce monde infernal[1]. »

1. Écrit le 27 mars 1970 à Marolles.

François Perrot : «Les raisons de notre survie étaient liées avant tout à une série de chances énorme ! Tous les camarades qui témoignent dans ce livre sont des miraculés.»

Maurice Braun : «Facteur essentiel de survie : la "chance". En voici un exemple entre cent. Quand les kapos et les SS nous chassèrent brutalement du block 49, chacun courut évidemment vers un block où sa nationalité était majoritaire. Les Français et moi-même coururent vers le block 10 où l'on avait appris qu'il restait des places. Je me réjouissais d'être enfin entouré de camarades. Or, en arrivant essoufflé devant ce block, je fus témoin d'une mêlée sauvage, de volées de coups de poing et de pied pour tenter de pénétrer. Hélas ! je n'étais pas de taille à participer à cette bagarre où je serais à coup sûr piétiné. C'est donc tristement que je fus placé dans un block à majorité allemande, le block 43.

«Or le 4 avril 45, sept jours avant la libération du camp par les Américains, vingt-deux mille détenus partirent pour les marches de la mort, dont la totalité du block 10. La presque totalité de ce block y périt. Le block 43, où le hasard m'avait placé, fit partie des trente-trois mille qui restèrent au camp et furent libérés une semaine plus tard.»

16

Les « bobards »

« Qui ne gueule pas la vérité quand il sait la vérité, se fait le complice des menteurs et des faussaires. »

Charles PÉGUY

ANDRÉ LAROCHE : « Pour résister, il fallait espérer. Donc s'informer, suivre la progression des alliés. Pour le meilleur et pour le pire, car il y avait les "bobards" et les bonnes informations. »

JACQUES MOALIC : « La foi dans les bobards était un péril. Il y avait des détenus pour lesquels le débarquement avait lieu tous les quinze jours à partir du moment où ils étaient entrés à Buchenwald. Pendant des jours ils suivaient la prétendue progression des Alliés. Mis devant les réalités, ils s'effondraient. »

ANDRÉ LAROCHE : « Les bobards ont commencé pour nous, à Dora, à partir du débarquement en Normandie. Nous étions dans un kommando avec Maurice Arbez. On disait que dans un mois ou deux nous serions rentrés. Et puis il y a eu ce fameux hiver qui a empêché les troupes américaines d'avancer. Inquiétude. On nous disait que les Américains n'étaient pas loin mais on ne les voyait jamais arriver. Certains disaient qu'ils ne viendraient plus, que nous étions là pour des années. »

MADELEINE PERRIN : « Quelques bonnes camarades luxembourgeoises me traduisaient les communiqués des journaux allemands que les Blockova recevaient et je les diffusais ainsi que d'autres camarades. Dans les nouvelles se faufilaient parfois de "gros bobards" mais, avec un peu de patience, ces derniers se réalisaient. »

GENEVIÈVE DE GAULLE-ANTHONIOZ : «J'ai remarqué quelque chose de très triste. Quand une camarade malade ou très fatiguée vous disait : "Nous allons être libérées dans une semaine", cela signifiait qu'elle n'avait plus qu'une semaine à vivre. Quand elle disait "demain", c'était l'agonie... »

*

GENEVIÈVE DE GAULLE-ANTHONIOZ : «A Ravensbrück nous avions instauré un moyen d'obtenir des nouvelles véridiques. Le seul journal sur lequel certaines d'entre nous pouvaient jeter un coup d'œil était un journal SS. Évidemment, lors du débarquement il disait que tous les Anglais et Américains avaient été rejetés à la mer, mais ensuite il parlait d'une bataille victorieuse pour eux dans les terres, donc on reconstituait... »

ROGER JOLY : « L'immense, la fantastique nouvelle éclate, un matin, à l'usine du kommando de Watenstedt-Salzgitter : "Les Américains et les Anglais ont débarqué en Normandie !" Nous sommes le 6 juin 1944 ; il est environ 10 heures du matin. La nouvelle se répand comme une traînée de poudre. Nous sommes fous de joie ; dans deux semaines au plus, la guerre va se terminer. Nous allons être libérés ! C'est sûr.

« Une atmosphère d'excitation s'est emparée de tous les esclaves : on jubile, mais il ne faut surtout pas le montrer ! Les SS sont tendus, prêts à frapper. Les kapos, curieusement, paraissent flotter un peu. Ils savent ce que signifierait pour eux notre libération ; d'un autre côté ils ne peuvent donner aux SS l'impression d'un relâchement vis-à-vis de nous. Ils sont dans l'expectative ; en attendant de voir comment vont tourner les événements, ils gueulent mais cognent un peu moins. Quant aux Meisters, ces contremaîtres civils allemands, ils ne dévient pas d'un pouce : seule la production des armes semble les préoccuper.

« Ce n'est que le lendemain que nous aurons des précisions sur le débarquement. Le journal nazi *Der Angriff* (L'Attaque) qui traînait dans la poche d'un Meister est fauché par l'un des nôtres. Un jeune instituteur alsacien nous le traduit en cachette ; le journal fait une présentation sublime de l'événement : les armées alliées ont bien débarqué en Normandie, soutenues par une aviation puissante, et ont créé une tête de pont mais le haut commandement de la Werhmacht, n'attendant que cette faute-là, s'emploie à les rejeter définitivement à la mer et à achever leur destruction !

«Cet aveu grotesque nous remplit d'une joie sauvage confortée par la mine renfrognée des SS et le durcissement de leur attitude. Les coups tombent dru mais le moral des esclaves est au zénith. Trop même, car des "bouteillons" de taille circulent : "Ils sont sur le point de demander l'armistice... Hitler céderait le pouvoir à Rommel... "Ils" seraient d'accord pour libérer en priorité les déportés résistants", etc. Bref, c'est du délire !»

GENEVIÈVE DE GAULLE-ANTHONIOZ : «J'ai pu faire passer à mes camarades la nouvelle de la Libération de Paris grâce à une camarade tchèque qui travaillait dans le bureau d'un architecte du camp. Par un hasard extraordinaire elle s'est trouvée près du poste de radio qui marchait en sourdine, à cause des bombardements. Et elle entendit quelques bribes du discours du général de Gaulle. Elle est venue me trouver. Je suis rentrée dans plusieurs blocks de Françaises et j'ai diffusé la nouvelle.»

MAURICE BRAUN : «Je suis arrivé à Buchenwald le 20 août 1944, le bombardement des usines et des casernes du camp eut lieu le 24. Or, pendant que les kapos et les SS nous faisaient trier les décombres encore fumantes, une nouvelle commença à filtrer : "Paris est libéré !" Un Yougoslave slovène courait vers moi, essoufflé : "Paris est libéré, je l'ai entendu à la radio russe !" Les Français s'embrassaient sous le regard haineux des SS. "Paris est libéré !" Je n'oublierai jamais ce camarade qui travaillait près de moi. Jetant le madrier qu'il portait sur l'épaule, il s'écria : "Tu as entendu ? Paris est libéré ! Il peut nous arriver maintenant n'importe quoi, je suis heureux, Paris est libéré !"

«Des camarades belges, espagnols nous félicitaient, partageant notre joie. Même les Slaves et en particulier les Polonais participaient à notre joie. Dans tous les autres camps eut lieu une même fraternisation. La France et sa capitale, souvenir vivant de la Révolution française, représentaient pour les opprimés un même symbole de liberté.

«A notre joie s'ajoutait la satisfaction de constater la fureur des SS dont les habitations avaient été pulvérisées par l'aviation anglaise.

Nous savions, d'autre part, que beaucoup d'entre eux y avaient péri. Mais nous ignorions combien de nos camarades y avaient laissé leur vie. Pourtant nous nous répétions : "Ils sont morts en sachant que Paris était libéré !... Paris est libéré !" »

MADELEINE PERRIN (fin 44, Ravensbrück) : « Une amie me fit cadeau d'une carte de l'Allemagne venant d'un journal extérieur allemand et je pus faire suivre à mes camarades la marche des opérations. On fit un référendum pour savoir celle qui indiquerait la date la plus près de la fin de la guerre. Bien des camarades avaient espéré fêter la Noël en France, je les en dissuadai de mon mieux. »

17

Les actes de bravoure…

«Le bonheur c'est la liberté;
et la liberté, c'est le courage.»
PÉRICLÈS

PIERRE LE ROLLAND : «Les actes de bravoure ont pris des formes multiples. La substitution de cadavre a été plusieurs fois tentée et réussie pour éviter la pendaison à des camarades. Nous connaissons, entre autres, celui des Buckmaster sauvés par Serge Balachovsky, ou celui de José Bellec qui survécut clandestinement au camp de concentration de Buchenwald du 7 janvier au 11 avril 1945!»

ROGER JOLY (Watenstedt-Salzgitter) : «Vers la fin juillet 1944, un événement important ébranle la communauté française : une tentative d'évasion échoue, à laquelle est mêlé un camarade, interprète du groupe français, instituteur, doux et paisible.

«Les trois hommes sont arrêtés, interrogés puis renvoyés à Neuengamme pour être pendus. Dans l'attente de l'ordre de pendaison, notre ami revêt la veste des évadés, munie, dans le dos, d'un gros rond rouge. C'est le signe distinctif des évadés repris, les *"Rote Punkte*[1]*"*.

«Il est envoyé à la *"Strafkompanie"*, la compagnie disciplinaire, où, dans les marais qui bordent le camp, il doit, comme tous les autres, extraire de la tourbe et en remplir soixante-douze wagonnets par jour. Dans la fange jusqu'aux cuisses, sans possibilité de se changer, il va très vite y laisser sa peau. Mais n'est-il pas voué à la pendaison? Se déroule alors une opération qui peut paraître inimaginable : les médecins français du Revier central décident de le sauver. Ils

1. Points rouges.

le déclarent malade et l'admettent à l'infirmerie où, au bout de quelques jours, une méchante pneumonie l'emporte. Mort, crématoire, fumée…

« Il est officiellement mort. Un cadavre anonyme s'est vu prélever sa plaque matricule et a reçu, en contrepartie, celle de notre camarade. Ce dernier, au prix d'un changement de Revier, revient miraculeusement à la vie et, après "guérison", est remis dans le circuit avec le matricule du mort. Les SS n'y ont vu que du feu. Il n'en fut pas de même pour les deux autres qui furent pendus au bunker. On ne pouvait sauver tout le monde… »

MAURICE BRAUN : « Le courage et l'intelligence de Serge Balachovsky pour sauver trois camarades représente l'exploit le plus inouï de tout ce que j'ai vu en camp de concentration. Au début de septembre, Balachovsky me prévint qu'en représailles au bombardement par la RAF des casernes SS, bombardement qui avait tué de nombreux SS (et hélas de nombreux déportés), le commandant du camp ferait exécuter les Anglais et les Français Buckmaster du block 17 dont l'un de mes camarades de Résistance.

« Balachovsky m'apprend qu'il figurait en tête d'une premier lot de seize condamnés à la pendaison. "Avec Kogon, me dit-il, nous avons cherché le moyen d'en sauver quelques-uns. Hummelschein estime que les chances de réussir sont nulles et les risques énormes, mais il accepte de nous aider. Il faudrait obtenir du kapo du block des contagieux, de faire l'échange de cadavres, vêtements et matricules, avec des Français décédés dans la nuit."

« Finalement le kapo accepte l'échange. Mais pour trois seulement. Lesquels choisir ?

« Entre-temps j'étais informé que les SS avaient pris au hasard un premier lot de seize Buckmaster du block 17. Les malheureux avaient été menés au crématoire et poussés dans le toboggan réservé aux cadavres. Arrivés au bas ils étaient matraqués puis pendus à des crochets de boucher. Certains avaient été passés au crématoire alors qu'ils vivaient encore.

« Eugène Kogon apprit alors que l'exécution des douze autres parachutistes devait avoir lieu incessamment. Il fallait faire vite. Mais qui sauver, et comment ? Comme le disait Gide : "Choisir c'est abandonner." Aujourd'hui encore, j'ignore comment ce terrible choix fut opéré. Balachovsky avait proposé : un Anglais, un Français… Qui serait le troisième ? Toujours est-il que mon camarade, un capitaine anglais, chef de réseau Buckmaster, et un Français quittèrent leur veste et leur pantalon où leur matricule était cousu.

« La difficulté était de transporter les trois morts du block des typhiques au block 17. Les cadavres sont revêtus des “habits” des trois condamnés, qui reçoivent une piqûre de lait afin de présenter les symptômes de la contagion. Et c’est ainsi qu’ils furent sauvés.

« Balachovsky, Kogon et ceux qui les avaient aidés risquaient la torture et la mort. Moi-même qui avais vu Balachovsky tous ces derniers jours, je n’en menais pas large.

« Hélas, le 4 octobre, les douze Buckmaster du block 17 étaient liés deux à deux à des poteaux et exécutés à la mitrailleuse. »

JOSÉ BELLEC : «... Le deuxième jour du kommando de terrassement, je m'allongeai à nouveau à côté de mon ami polonais, dans un trou qui nous protégeait du froid. Soudain, un coup de sifflet indiqua la fin du travail. Nous sortons de notre cachette. A peine le Polonais a-t-il mis la tête dehors qu'il me crie : "*Achtung, Achtung, SS, SS...*" Il se redresse et détale de toutes ses forces... Je sors à mon tour... Je vois le sous-officier SS à une dizaine de mètres : sa mitraillette en bandoulière et son chien en laisse au poignet gauche... Je jette un regard rapide sur le chien... Il est bien attaché, la laisse plusieurs fois enroulée au poignet de son maître.

« Et je file à mon tour dans une autre direction que celle de mon camarade "polack", de toute la vitesse que me permettent mes claquettes...

« Le SS a décidé de me suivre... Je suis plus proche que le Polonais. Il me crie en allemand de m'arrêter, il éructe de plus en plus... Je cours et je le sens se rapprocher derrière moi et soudain je sens une douleur terrible au bas du dos... Une barre de fer de soixante à quatre-vingts centimètres roule auprès de moi sur ma droite.

« Je me dis : "le salaud", je la ramasse et, me retournant vers le SS, son chien grommelant, de toutes les forces qu'il me reste, je lui renvoie la barre de fer en tournoyant. Incroyablement, il la reçoit en plein visage. Je suis abasourdi... de mon audace et du résultat...

« Le SS est KO, le visage contre terre. Le chien, comme tous les chiens du monde en de telles circonstances, se penche sur son maître, le flaire, le renifle... Je reprends ma course... Il faut trouver le moyen de rentrer au camp, or chaque kommando doit passer sous la tour de contrôle, encadré par des gardiens SS, matraques en main, en ordre, avec le même nombre d'hommes au retour qu'à la sortie, morts ou vifs.

« La chance me sourit à nouveau : plusieurs voix d'un kommando de "Russkis" m'appellent "tovaritch", "franzouse", "tovaritch". Il leur manque un homme, comme souvent. Ils me poussent au milieu de leur groupe avec force coups de poing dans le dos, à me couper le souffle... Ceci en signe d'amitié. Je reprends mon calme, passe la tour sans incident. Les coups de matraques qui tombent ne sont pas pour moi, je passe au milieu...

« Il me faut rejoindre mon block 36 (Tchèques) avec précaution, je me méfie... Le SS a dû, lors de la poursuite, relever mon numéro matricule (81469) placardé en gros caractères dans le dos... Je fais un détour : passage derrière le crématorium, puis devant les cuisines, puis le block des cobayes et enfin le 36 !

« C'est l'heure de la soupe, à ma table. Douze Français et quinze Russes pour huit places assises. Je relate brièvement et discrètement l'incident qui vient de m'arriver aux deux, trois camarades qui m'entourent... "C'est très grave", dit l'un.

« Dans les minutes qui suivent, les hauts parleurs de la radio du camp passent un appel : "*Ein und achtzig* (81469) doit se rendre à la tour de contrôle *Sofort*[1] !"

« L'appel retentit trois fois. C'est un ordre impérieux. "N'y va pas", dit mon voisin. "N'y va pas", me répète un autre.

« A ce moment, une main se pose sur mon épaule, c'est mon grand ami tchèque Zeleny : "Viens avec moi !"

« Il me conduit dans un coin reculé du block 36. Au premier étage. Le nôtre. Et je me trouve devant un "aréopage" de quatre ou cinq hommes dont un, paraît-il, fut préfet de police de Prague, un magistrat, Zeleny et au moins un autre...

« "Nous ne voulons que ton salut... Mais tu ne peux rester ici, me disent-ils. Car le *"Stubendienst"*, qui en ce moment sert la soupe, déteste les Français. Zeleny va négocier pour te faire accepter par un block voisin..."

« Une demi-heure plus tard ce dernier revient. Il y a une place pour moi au block 31 (considéré comme le PC des Français). Il m'y accompagne et me présente à un *"Stubendienst"* français. Aidé par l'un de ses camarades et moi-même, il retire un "macchabée" se trouvant dans une sorte de caisse, le porte dehors dans le bassin d'eau.

« "Mets-toi là jusqu'à ce que l'on vienne te chercher, ne bouge pas, me dit-il. Ne te manifeste pas. Ne va pas à l'*"Appelplatz"* pour le travail, même si on t'appelle de la tour plusieurs fois."

1. Immédiatement.

« Le *"Stubendienst"* me donne un quignon de pain que j'ai du mal à avaler dans la puanteur laissée par le macchabée.

« Le lendemain, 4 heures du matin, réveil des camarades allant au travail. 5 heures – 5 h 30, le *"Stubendienst"* m'amène un autre camarade que je connais, un capitaine de la Garde républicaine à Vichy, faisant partie dans la Résistance du même organisme que moi et ayant adhéré depuis quelque temps au Front national de Marcel Paul et ainsi affecté au Lager kommando.

« Il me remet un billet de *"Schonung*[1]*"* pour le Revier, l'infirmerie… qui me dispensera de l'appel et du travail, et me conduit jusqu'au grand Revier. Là, de suite, je suis pris en main par le docteur Inbona, "médecin détenu".

« – C'est toi le camarade appelé à la tour ? me demande-t-il.

« – Oui.

« – Je puis te proposer : typhus, scarlatine et une autre maladie au nom tzigane ou allemand dont je ne me souviens plus.

« – Va pour la scarlatine, je réponds.

« – Tu entreras au petit Revier que très peu de personnes connaissent. Les SS n'y entrent jamais, pas plus que toute la hiérarchie du camp, à cause de l'épidémie. »

« Mais il faut aussi un autre diagnostic d'un autre médecin d'une nationalité différente. Inbona me présente aussitôt à un médecin belge. Le docteur Inbona lui décrit rapidement et avec grand sérieux les symptômes de la scarlatine qu'il voit sur ma peau. Le médecin belge a vite compris. Les deux médecins m'encadrent et viennent me présenter au Schreiber, un Luxembourgeois francophone vendu à la hiérarchie SS.

« Le papier qu'il me remet prescrit notamment un bain de siège puis des soins !

« Surgit le docteur Paul Denis (oto-rhino au Havre), je le connais déjà… Il dit à Inbona : "Je m'en occupe." Il appelle un autre détenu en blouse blanche, un infirmier ou supposé tel.

« "Ne passe pas par la porte principale", me dit-il

« Il m'aide à sortir par une fenêtre, disant à l'infirmier : "Tout droit au petit Revier."

« Au petit Revier, réception peu amène par le chef de block, un dénommé Evens (ou Evans), détenu communiste allemand depuis le début du camp, rendu fou par son internement. Je m'en aperçois dans la journée. Evens pique régulièrement des crises… Le docteur Denis m'a dit : "Ici, tu as cinq chances sur cent de t'en sortir, chez les SS zéro."

1. Dispense de travail.

« Dans la première journée j'observe devant moi, le soir, les lits occupés par des jeunes Danois plus ou moins moribonds, en-dessous de moi, je ne sais trop qui... Au bout de quelques jours, un Italien ou Yougoslave sur ma droite, devenu macchabée, est remplacé par un Français sympathique, un militant communiste qui a eu de grandes responsabilités en 39-40. Comment est-il venu là ? Mystère...

« Des comprimés sont distribués par Evens deux fois par jour. Qu'est-ce ? On n'en sait rien ! Les mêmes sont donnés aux typhiques de l'autre côté du block. Puis, une sorte de brouet à forte composante de rutabagas...

« Les w-c qu'on ose appeler ici "sanitaires" sont les mêmes pour les malades du typhus que pour ceux de la scarlatine. Des malades y vont en rampant.

« Mon état de santé s'était aggravé rapidement. Au quatorzième jour passe le kommando des croque-morts. Nous apercevions quotidiennement de notre troisième étage de châlits, dans l'allée, des cargaisons de cadavres sur les chariots des croque-morts, et nous pouvions voir sous la masse des corps parfois bouger une jambe ou un bras... Il n'y avait pas que des morts qui allaient au crématoire !

« Le kommando arrive dans notre salle. Je suis moribond, mais je vois plus ou moins consciemment les croque-morts enlever les Danois se trouvant devant moi, désignés par la baguette du kapo.

« Mon camarade Marcel Vittet, qui était plus valide que moi, me tire de ma torpeur :

« – José, secoue-toi, ouvre les yeux !

« Il m'assied tant bien que mal sur mon séant.

« – Ouvre les yeux tout grands.

« La baguette du kapo passe devant mon visage, frôle le bout de mon nez mais ne me touche pas. Sauvé... !

« J'en sortis au quarante-sixième jour, famélique et titubant, mais vivant. Je revins au block 36 sans être connu ni appelé au travail dans le camp, ne répondant pas évidemment aux appels collectifs, et ceci jusqu'au 10-11 avril 1945, grâce à l'amitié et la solidarité de mes amis tchèques et aussi bien sûr de mes camarades français... et aussi à la Providence...

« Ma seule nécessité était de me dérober en permanence aux éventuels contrôles des blocks. J'étais un "clandestin" à Buchenwald... »

18
Évasions

« On ne sort d'ici que par la cheminée du crématoire... »

Un commandant SS

ROGER JOLY : « L'évasion continue de hanter les esprits. Mais nous sommes rayés, tondus, décharnés et sans appuis extérieurs. Comment faire pour s'échapper dans ces conditions ? »

MARCEL PETIT : « Le camp de Buchenwald est délimité par plusieurs rangées de barbelés, hautes de plus de deux mètres. La nuit, des centaines de lampes électriques signalent la position du camp et permettent d'exercer une surveillance plus active des abords.

« Mais aucune évasion n'est possible au travers de ces réseaux étroits de fils de fer dans lesquels circule un courant électrique à haute tension.

« Extérieurement, en bordure même de la clôture, de nombreux miradors, construits en maçonnerie et en bois et qui ressemblent à des assemblages chinois, se dressent tous les cinquante mètres. Ils sont occupés, jour et nuit, par un et quelquefois deux SS. »

ANDRÉ LAROCHE : « Il y eut à Dora des tentatives d'évasion. En général ils ont tous été repris. Elles étaient vouées à quatre-vingt-dix-neuf pour cent à l'échec parce qu'il y avait d'abord l'état de santé du détenu, et la population qui était hostile. Il y avait des gardes partout : la Volkssturm, sorte de brigade populaire, était constituée d'Allemands âgés ou d'enfants de douze ou treize ans, qui parcouraient la campagne allemande avec une arme et des jumelles. L'Allemagne était quadrillée. Tous ces éléments rendant une évasion impossible. Au Struthof, il y a eu quelques évasions parce que le camp était au milieu de l'Alsace où une grande partie de la population était antiallemande. Il pouvaient avoir une aide de la population. En Allemagne c'était très rare... »

HENRY BERTRAND : « Pour s'évader il aurait fallu disposer de complicités hors du camp, sinon le problème était impossible à résoudre pour différentes raisons : nos haillons, notre tête complètement rasée, les fouilles inopinées et fréquentes, pas d'argent, pas même un couteau de poche, ni carte ni boussole, méconnaissance de la langue, mépris de la population... »

JOSÉ BELLEC : « La population était soit indifférente, soit haineuse à notre égard, particulièrement les enfants qui nous jetaient des pierres et nous crachaient dessus lorsque nous nous rendions au travail à travers la ville de Weimar et bien d'autres. »

ROGER JOLY : « Le long du chemin qui longeait le camp de Neuengamme passaient des gamins à vélo. Le crématoire fonctionnant nuit et jour, certains de ces jeunes quand le vent rabattait la fumée, disaient : "Tiens, on brûle des cochons aujourd'hui." »

MAURICE BRAUN : « Je me trouvais à la lisière du grand camp, sous un arbre lors du bombardement de Buchenwald. Une bombe avait tué deux camarades à côté de moi. A ce moment-là, voyant les barbelés démolis, je décidai de m'enfuir. Je n'avais pas fait deux cents mètres qu'un jeune garçon allemand de douze ou treize ans me mettait en joue, tenant fièrement des deux mains un énorme pistolet. J'ai fait demi-tour. »

JACQUES RICHARD-MOUNET : « ... nous passions nos jours ou nos nuits à "triturer" des wagons. J'avais, un jour, à réparer un tampon. Le contremaître civil qui nous encadrait faisait le travail avec moi. Soudain, par inadvertance, il laisse retomber le tampon sur le bout de mon doigt. Je fus conduit à l'infirmerie de la Reichsbahn. C'était parfaitement irrégulier, et même interdit, cette infirmerie était une infirmerie civile, mais tout partait en déliquescence dans ces temps-là. Toujours est-il que je me retrouvai face à un brave médecin allemand de province. Au bout de quelques minutes, il me dit : "Mais tu parles l'allemand, tu sembles bien élevé, pourquoi te trouves-tu ici ? Que fais-tu dans le civil ?" Le dialogue s'engage :

étudiant, résistant, Gestapo, Buchenwald… je lui raconte notre vie. Il sembla tomber des nues. On lui avait dit que nous étions des prisonniers de droit commun que, sur la demande du gouvernement français, la grande Allemagne avait accepté d'héberger de peur que dans la pagaille qui régnait alors en France, nous ne commettions des actes répréhensibles… »

ROGER JOLY : « A regret, nous renonçons à nous évader de Watenstedt-Salzgitter… Tous, sauf les Russes ! Ils ne veulent pas voir les conséquences d'une évasion qui a pourtant toutes les chances d'échouer ! »

MAURICE BRAUN « Les chiens des SS, spécialement entraînés, débusquaient les camarades qui avaient réussi à franchir les barbelés électrifiés. La plupart du temps, ils étaient abattus pendant la poursuite. D'autres étaient repris vivants. Ceux-là étaient pendus après avoir subi de terribles supplices. J'ai vu, en plein hiver, de malheureux évadés enchaînés à la porte du bunker que leurs gardiens arrosaient d'eau glacée. »

ROGER JOLY : « Tous les jours, des trains entiers chargés d'acier pénètrent dans l'usine. Après déchargement, ils en sortent pour gagner des destinations inconnues. Naturellement, tout le monde a pensé au train pour se faire la paire ; mais un contrôle sévère a lieu à la sortie, opéré par les SS eux-mêmes. Certains wagons sont, auparavant, regarnis de copeaux d'acier provenant des tours. Ces copeaux, tranchants comme des lames de rasoir, sont déversés dans les wagons sans toit par un tapis roulant.

« C'est sous cette cascade de copeaux que des Russes se placent néanmoins dans l'espoir de quitter l'usine ! Espoir fou car, à la sortie, les SS, juchés sur ces wagons et armés de longues piques acérées, scrutent chaque mètre carré... Lorsque la pique s'arrête avant d'atteindre le plancher, c'est qu'il y a un client sous les copeaux. Alors, posément, les SS piquent et repiquent de toutes leurs forces ; puis ils vont décharger le wagon avec le malheureux qui n'est plus qu'une loque sanguinolente.

« En août 1944, l'usine ayant été bombardée, son toit, au-delà des ponts roulants, présente de nombreuses brèches. Vers trois heures du matin, un jeune Russe escalade un pilier métallique montant jusqu'au toit — à vingt-cinq mètres de hauteur — en s'agrippant du bout des doigts à des têtes de boulons. Après franchissement du toit par une brèche, il redescend à l'extérieur en s'accrochant aux écrous ! Manque de pot : au moment où il croit avoir gagné, il atterrit, par une nuit d'encre, pratiquement sur la tête d'un membre de la garde SS qui ceinture l'énorme usine ! Fait comme un rat, il est traîné jusqu'au bureau du Kommando Führer où il est schlagué et torturé sans merci. Quand nous regagnons le camp, vers 7 heures du matin, nous le trouvons attaché à un poteau, près du portail d'entrée, encore vivant mais dans un état lamentable. La tête est écroulée sur la poitrine et l'un de ses yeux, arraché, pend hors de l'orbite. Une pancarte est accrochée à son cou sur laquelle on peut lire :

"Hurrah ! Ich bin wieder da !
"(Hourra, me revoilà !)"

« Après quoi il est pendu publiquement. »

FRANÇOIS PERROT : « Certains détenus ne supportant plus la vie concentrationnaire abrégeaient leurs souffrances par un acte suicidaire : la seule liberté qui leur restait. Les SS avaient prévenu : "Ici, la seule évasion est par la cheminée du crématoire." »

Georges Jouanin : « Dans le tunnel de Dora, les convois des matricules 40 000 se sont succédé très rapprochés les uns des autres en ce février de 1944. Ils venaient grossir l'effectif des kommandos en communiquant aux anciens des nouvelles plus fraîches de leur région d'origine.

« Un garçon né en 1920 dont le nom ne m'est pas resté en mémoire, de la région de Périgueux, un 42 000, vient d'être désigné pour le kommando Heckbau duquel relève l'aménagement et l'empennage de la fusée V2… Caisse à outils en main, il quitte subrepticement l'endroit précis qui lui est désigné par le Meister allemand Erich Hielscher; personne dans son entourage n'y prend garde !

« Il avait raconté à ses camarades que les SS ne l'auraient pas ! "Les conditions de vie sont inacceptables." Pour qui donc auraient-elles pu l'être ? Ne sortir qu'une heure par jour des tunnels pour manger la soupe, le plus souvent sous les bourrasques de neige d'un hiver interminable, subir les marches forcées, les corvées de pierres et de matériaux si lourds que les dos fatigués ne supportent plus. Ne dormir que quelques heures sous cette voûte de pierre à respirer la poussière du calcaire et la fumée âcre de la poudre que dégageaient constamment les explosifs, supporter en plus les coups de schlague des kapos ! Qui serait optimiste en pareilles conditions de vie ?

« Le Meister vient me chercher et m'attire à l'intérieur d'un empennage et dit : *"Gucke mal, der Zugang"* (Regarde le nouveau). Il s'est pendu au câble de sa baladeuse tout au haut de l'empennage qui ne lui a pas été désigné pour son travail. *"Mein Gott! Meister!"* Sidéré de ce que je vois, je fais signe avec ma pince à couper de monter par les arceaux décrocher le pendu. *"Nein, keine Sabotage!* Ne coupe pas le fil électrique !" Je dus dénouer la macabre installation et charger le cadavre de ce misérable sur mon épaule pour le déposer sur un tas où d'autres, déjà gisants, dévêtus, marqués de leur matricule sur la cuisse, attendent d'être ramassés par les *Totenträger.* »

19

Faim, sommeil, froid…

HÉLIE DE SAINT MARC : « Certains disent : "Il a survécu parce qu'il était croyant, qu'il avait une volonté de fer," etc. mais j'ai vu bien des camarades de très grande résistance morale mourir parce que la carcasse ne les soutenait plus. »

JACQUES RICHARD-MOUNET : « Le régime alimentaire aurait, au début 44, permis de survivre si nous n'avions pas eu à accomplir un travail de force : trois cents grammes de pain, une écuelle de soupe, cinq grammes de matière grasse, un demi-litre d'une boisson chaude baptisée pompeusement café. »

HENRY CLOGENSON : « La nourriture était juste suffisante pour ne pas mourir de faim rapidement. Ceux qui étaient à Buchenwald en 42 ou 43, par exemple, vous diront que jusqu'au débarquement (donc juin 44), la nourriture était nettement supérieure aux dix derniers mois, et avec les quelques colis que la Croix-Rouge s'était décidée à faire parvenir, il était possible de tenir le coup.

« A Dachau, à la fin 1944, c'était encore organisé, le matin on touchait un demi-litre de liquide qui ne pouvait prétendre au nom de thé ou café ; la seule qualité de cette mixture était d'être chaude. A 9 heures, pour ceux qui sont au travail : un petit morceau de pain gris et une rondelle de saucisson dit "de chien". A midi, un litre d'eau dans laquelle flottent trois ou quatre cuillères de rutabaga constitue le plat de résistance. Le soir, en rentrant du travail : du pain et un demi-litre d'eau chaude accompagnés de la rondelle de saucisson ou de la barre de margarine. Dans tout cela, pas un grain de sel ni de sucre. »

ROGER JOLY (Watenstedt-Salzgitter) : « Enfin arrive le moment le plus attendu de la journée ; celui de la bouffe du soir. Chacun regagne [après l'appel] son block et, à l'intérieur de celui-ci, sa *"Stube* [1]*"*. Au centre de la *"Stube"*, une table étroite flanquée de quelques tabourets. C'est le lieu où l'on touche la nourriture.

« Les rations varient de cent cinquante à deux cents grammes environ, selon que « la boule est à huit ou à dix ». Il faut savoir que le pain, ici, est fait de fécule de pomme de terre et de paille. Comme beaucoup au début, j'ai refusé d'en manger. Il a une odeur très particulière où l'aigre domine et il est, en outre, difficilement digeste vu sa compacité. Au bout de trois jours je le trouve bon ; après une semaine délicieux. Ce pain est accompagné soit d'une barre de margarine de la grosseur de l'index, soit d'une cuillerée de marmelade; une boisson chaude arrose le festin. »

FRANÇOIS PERROT (Buchenwald) : « Ce mauvais pain gris noir étant l'essentiel de notre nourriture, nous fabriquions avec des bouts de ficelle et des bouts de bois des balances rudimentaires. On pesait et on arrivait à des tranches de pain équivalentes à la miette près. »

ROGER JOLY : « Chaque *"Stube"* s'est dotée d'un chef de table. C'est lui qui reçoit les rations et les répartit. Le pain, c'est un jour de vie. Le pain est au centre de notre survie ; le vol de pain, un crime.

« Le découpage de la boule de pain est suivi avec une attention soutenue par trente paires d'yeux. Des conflits naissent pour quelques grammes. Afin de les prévenir nous décidons que chaque morceau sera tiré au sort. Comme dans les

1. Chambre délimitée par un groupe de châlits à trois étages.

fêtes enfantines, l'un de nous se retourne et désigne, sans le voir, le morceau qui va être attribué. »

MARCEL PETIT (Buchenwald) : « Lorsque les tonneaux de soupe arrivent au block, ils sont acheminés vers la *Stube*. La distribution n'est jamais faite de suite, car, auparavant, sous nos yeux mêmes, les *Stubendienst* se servent sans vergogne. Ils s'octroyent deux énormes gamelles, intelligemment garnies. Quelquefois des parcelles de morceaux de viande ou de gras surnagent dans la soupe. Automatiquement, elles sont pêchées par nos maîtres qui ensuite plongent leur louche au fond du bidon pour en retirer le plus épais de pommes de terre ou de graines.

« Notre chef de block n'est pas moins avisé. Ses fonctions lui donnent droit à une plus abondante ration. S'il reste quelques fibres de viande à la surface de la soupe, il se fait servir le premier, sinon, il attend qu'un bidon soit presque vide pour recevoir sa pitance, plus épaisse que celle des autres. »

JACQUES RICHARD-MOUNET : « Selon l'état de nos relations avec celui qui était chargé de servir la soupe, nous avions une bonne louche de légumes (des rutabagas, au mieux des betteraves) puisée dans le fond du chaudron ; s'il effleurait la surface, nous nous retrouvions avec une écuelle d'eau de vaisselle. »

JACQUES SONGY : « Tout le monde connaît maintenant l'homme de Buchenwald, Dora ou Dachau, son crâne paraît difforme tant le corps est étonnamment maigre et ne ressemble plus qu'à un squelette... »

JACQUES RICHARD-MOUNET : « Ce régime s'est très rapidement dégradé en raison de la diminution des ressources de l'Allemagne, due à la situation militaire, mais aussi en raison de la gestion des responsables du camp qui trafiquaient avec ce qui leur était donné pour nourrir les détenus. Fin 44 et début 45, au kommando d'Iena où je me trouvais, nous n'avions plus que cent cinquante à deux cents grammes de pain et une soupe qui tenait plus de l'eau chaude que du potage. »

HENRY CLOGENSON : « A Langenstein, peu avant la libération, il y avait une unique distribution toutes les vingt-quatre heures, soit : un litre de soupe toujours aussi claire et trois cents grammes de pain ; les derniers jours nous avons touché cent quatre-vingts grammes de pain.

« Il n'aurait pas fallu rester à ce régime bien longtemps, surtout qu'il fallait faire douze et quelquefois seize heures de travail, sans compter les allées et venues, plus l'appel. »

ÉMILE HAUSBERGER : « Au début nous avions une boule de pain nu de deux cent cinquante grammes pour cinq, par jour. Vers la fin août-septembre 44, on n'avait plus qu'une boule pour huit ! Je suis arrivé un 17 mai. Je pesais soixante-cinq kilos. Trois semaines plus tard, cinquante-trois kilos, puis… »

GILBERT MAY : « A la Libération, je pesais trente-cinq kilos. »

ÉMILE HAUSBERGER : « Encore quelques mois et on était morts. »

JACQUELINE FLEURY : « "Ne meurs pas tout de suite, tiens un peu", me disais-je. Je voyais notre transformation dramatique par celle de ma mère. C'est au travers d'elle que je voyais ma misère. Dieu merci, nous n'avions pas de miroir. »

MAURICE BRAUN : « Moi qui avais toujours eu la force de ne pas manger le mastic des carreaux et toutes sortes de saletés… Un dimanche, comme je quittais mon block pour aller voir un camarade, passant devant un block polonais je sentis une bonne odeur de friture. Ce fut tellement fort que je m'évanouis. »

MARCEL ARBEZ (Dora) : « La presque totalité est atteinte de la maladie de la faim. Véritable obsession psychique. Nous en arrivons à avoir toujours faim. Le faible repas quotidien, en attisant l'appétit sans le combler, est une source de tenaillements inimaginables. (…) Les visages se transforment, se rident, se vieillissent, les dos se voûtent, la démarche s'appesantit. Le camp devient un vaste rassemblement de vieillards. Vieillards physiquement mais aussi vieillards moralement… »

MARCEL PETIT : « …le dernier avis du chef de block provoque la consternation générale :

« – Il faut du sang pour les blessés allemands du front. Que ceux qui sont volontaires se fassent inscrire. S'il n'y a pas assez de volontaires, nous désignerons des donneurs d'office.

« En fait, je ne crois pas qu'il y eût beaucoup de volontaires pour ce premier sacrifice du sang en faveur de nos ennemis mais toujours est-il que deux jours après, plusieurs des nôtres étaient appelés au grand Revier. Ils en revinrent désolés, inquiets. A certains, les SS avaient prélevé deux cents grammes à trois cents grammes de sang, à d'autres cinq cents grammes.

« Rentrés au block, ils s'alitèrent et peinèrent à se rétablir. Quelques-uns en moururent après avoir, à la suite de leur affaiblissement, contracté une pneumonie ou une dysenterie.

« A deux jours de là, le Schreiber nous annonce que tous ceux qui ont "donné" leur sang recevront en contrepartie un saucisson pur porc, un saucisson SS.

« – Ils ne sont pas si vaches qu'on le dit, admet quelqu'un. Ils ne semblent pas avoir l'intention de nous laisser crever de faim... (...)

«La distribution de saucisson est faite à la *"Stube"* et chaque bénéficiaire doit se présenter à l'appel de son matricule. Les chefs de table remplacent les alités. Lorsque les saucissons apparaissent sur les tables, les yeux brillent. Mais ceux des saignés brillent de fièvre, tandis que ceux des affamés brillent d'envie, et les papilles gustatives sont soumises à rude épreuve.

« Quinze jours après les premiers prélèvements, des volontaires sont de nouveau demandés et le nombre en est plus important qu'à la première fois. Quelques Polonais, quelques Russes, et aussi, mais en douce, quelques Français, se présentent au chef de block. Les saignés de la première fournée ne sont pas emballés pour recommencer l'opération, mais ceux qui ont goûté au saucisson sans avoir été saignés ont eu l'eau à la bouche (...)

«La plupart des hommes désignés d'office ne peuvent se soustraire mais, avec beaucoup d'audace et peu de chance, certains échappent à la ponction. Ils ne recevront pas de saucisson et, dans quelques semaines, ils mourront peut-être de faim, mais au moins, ils ne se seront pas abaissés à servir, de leur sang, l'ennemi qu'hier ils combattaient et qui les a envoyés ici.

« Pour les autres, cinq cents grammes de sang humain équivalent à cinq cents grammes de saucisson pur porc... »

MADELEINE PERRIN : « Nous avions de telles tortures d'estomac que nous décidâmes, avec quelques camarades, d'aller fouiller le tas d'épluchures près du block des cuisines, y chercher des trognons de choux gelés, et des épluchures de carottes servant à la nourriture des SS ainsi que des croûtes de rutabagas. Nous épluchons tous ces déchets soigneusement, en retirons les parties trop gelées, découpons le tout très fin et nous mangeons cette mixture crue, sans sel, sans assaisonnement et même sans pain. »

JACQUES RICHARD-MOUNET : « Chats et chiens des alentours avaient intérêt à se tenir hors de portée : lorsqu'un camarade vous invitait à partager avec lui un morceau de "quelque chose de bien cuit", on ne cherchait pas trop à savoir combien de dents ça avait quand c'était vivant. »

ROGER JOLY (Neuengamme) : « Le 30 ou le 31 décembre 44, mon compagnon de paillasse tue un énorme rat. Il m'apprend la nouvelle et me dit qu'il l'a planqué dans une buse en ciment. Il a peur qu'on lui vole son rat. Naturellement, il veut le bouffer et m'invite. Mais comment le faire cuire ? On contacte un copain qui travaille aux peluches, à la cuisine du camp. Il refuse tout net de nous aider, prétextant que c'est un coup à se faire virer de la cuisine. Pas d'allumettes, pas de briquet, pas de combustibles, que faire ?...

« – Essayez de le faire cuire sur le tas d'immondices qui se consument lentement derrière la cuisine !

« C'est ce que nous faisons après avoir dépecé et vidé la bête. Avec bien du mal on arrive à le faire cuire imparfaitement. Et on le bouffe... »

MARCEL ARBEZ : « On glisse peu à peu dans la folie. Des pères de famille honorables en viennent à voler leur meilleur camarade. Toutes les formes de lâcheté, de dégradation de soi peuvent se faire jour. »

JEAN-PAUL LINSIG (petit camp de Buchenwald, décembre 44) : « Quelques détenus pervers, renversant dans cette gadoue le fond du bouteillon de la misérable soupe qu'ils avaient distribuée, jubilaient de voir se précipiter à quatre pattes quelques pauvres hères loqueteux ayant perdu toute dignité et la raison peut-être, à la recherche d'une problématique parcelle de rutabaga. »

ROGER JOLY : « Au Revier, le soir, on distribuait la ration de pain. Il y avait trois détenus par châlit. Ils étaient très faibles et tendaient juste la main pour obtenir leur ration de pain de quatre-vingts grammes. Parfois l'un d'eux disait : "Je prends le morceau de pain de mon camarade qui dort." En fait ce camarade était mort. Ils gardaient le plus longtemps possible leur mort à côté d'eux en espérant toucher sa ration ! »

MAURICE BRAUN : « Cette faim endémique, cette faim qui passe dans la tête, cette bouillie mentale. On ne pense, on ne parle que de ça. J'ai vu de grandes figures de la culture française, des professeurs à la Sorbonne et autres dont le carnet de notes marquait des menus. »

MARCEL ARBEZ : « Les conversations ne roulent bientôt plus que sur l'alimentation. Nous parlons cuisine, nous parlons pâtisserie, nous parlons banquet, nous parlons menus. Les trois quarts des détenus ont leur carnet de recettes où ils écrivent successivement toutes les recettes que leur communiquent des camarades ou qu'ils échafaudent dans leur imagination. Je me souviens aussi avoir vu un colonel pleurer comme un enfant parce qu'il avait égaré son carnet de recettes. On se donne des adresses pour tel ou tel produit. On se promet de s'envoyer mutuellement les spécialités du pays. On ne fait jamais un pari sans mettre en jeu des montagnes de chocolats ou de friandises quelconques. »

GEORGES GUILLEMIN : « Le camp était une société commerçante. Il y avait un tarif, un prix pour tout. Un chandail devait valoir deux rations de pain, une ration de pain, cinq cigarettes... »

JACQUES RICHARD-MOUNET : « Les seules monnaies d'échange étaient le pain et le tabac. Celui qui avait un peu de tabac ou mieux des cigarettes pouvait obtenir ce qu'il voulait. »

JACQUES SONGY : « Une cigarette... On ne peut se figurer ce que représente de bassesse et de fourberie, ce gramme de tabac – les fumeurs vendent leur pain, leur ration quotidienne pour quelques grammes de tabac. Pourtant ils savent que quinze jours plus tard le four crématoire les brûlera... mais ils veulent fumer pour avoir une impression quelconque – fumer avec délice, avec liberté, se tourner la tête, se saouler avec une cigarette... »

JACQUES RICHARD-MOUNET : « J'ai assisté à une scène dépassant ce que l'on peut imaginer. Il y avait au camp un père de quelque quarante-cinq ans et son fils de quinze ou seize ans. Un camarade de chambrée des père et fils en question vint un soir me trouver et me dit qu'il trouvait que le petit dépérissait... et que le père fumait trop... Enquête faite, le père échangeait la plus grande partie du pain du fils contre des cigarettes. »

JACQUES VERGNE (Ellrich[1]) : «... je ne fumais pas et ce trésor me servait à obtenir de la nourriture. Un Russe me fournissait un petit morceau de viande cuite, contre la moitié d'une cigarette. Cela a duré un bon mois...

«Un soir en rentrant du travail, tout le monde est rassemblé sur la place d'appel. Mon Russe les mains derrière le dos, le bout de bois dans la bouche, était au pied de la potence. Dans toutes les langues, ils ont dit qu'il avait été surpris coupant de la chair sur le tas de cadavres[2] ! »

MARCEL PETIT : «Le camp de quarantaine de Buchenwald, qui comprend maintenant, à la place des tentes, plusieurs blocks en bois bondés de Juifs, de Polonais et de Hongrois, est le théâtre de luttes continuelles.

«Aucun mot ne peut traduire fidèlement l'horreur qui règne dans cet enclos où les hommes, à demi vêtus et chaussés, s'embourbent dans trente centimètres de boue gluante et nauséabonde. Ces hommes, retour de kommandos disciplinaires ou d'extermination, ou repliés des camps de Silésie, qui ont vécu dans des situations affreuses, se trouvent aujourd'hui dans une situation plus critique que la nôtre.

«Les plus bas instincts se manifestent sauvagement, sans aucune retenue et la mort y rôde sans cesse, sous toutes ses formes (...). Des internés du block 63, des Hongrois, ont, il y a quelques jours, dévoré deux de leurs camarades. Les reliefs de leur festin, des os, ont traîné dans la boue du camp pendant plusieurs jours. »

PAUL LE GOUPIL : «Les corps des premiers morts (Langenstein-Zwieberge) ont été renvoyés au crématoire de Buchenwald par camions, puis à partir d'octobre 1944 au crématoire de Quedlinburg par voiture hippomobile. (...) En mars, cet établissement ne pouvant continuer son travail faute de carburant et les corps s'accumulant dans la baraque qui servait de morgue et y pourrissant, ils ont été enterrés soit dans quatre grandes fosses situées à l'extérieur du camp et contenant plus de mille corps, soit près du Revier, à l'intérieur du camp, dans une fosse de

1. Kommando de Dora, puis de Buchenwald.

2. «En 1993, j'ai effectué un pèlerinage aux camps de Dora et d'Ellrich. De jeunes Allemands étaient présents. Ils nous posaient des questions et ce cas d'anthropophagie fut évoqué. Un ancien déporté d'Ellrich refusait de répondre à ces questions. Par la suite, j'allais le trouver et lui ai dit que j'avais été victime de cette tromperie. Il me répondit : "Tu te rappelles qu'au mois de janvier-février 1945 ils avaient fait des bûchers pour brûler les corps arrosés de mazout. Ces bûchers étaient camouflés le soir à cause des avions. C'est à ce moment-là que le Russe effectuait son prélèvement de viande à moitié cuite."» (Jacques Vergne.)

huit cents corps. Les cadavres étaient transportés par deux, dans des caisses en bois portées par quatre déportés après le travail. La caisse était vidée dans les fosses et la file descendante allait chercher un nouveau chargement jusqu'à épuisement complet du charnier. Les derniers corps, en pleine décomposition, intransportables, restaient dans la cabane. Le SS responsable du chargement disait : *"Fertig !"* (Fini) et refermait la baraque à clé car il y avait eu des vols de cuisses de cadavres[1]... »

MARCEL ARBEZ (Dora) : « Il est courant maintenant que les corvées apportant la soupe dans les blocks soient attaquées en cours de route par des bandes de détenus (des Russes surtout) qui leur dérobent leurs récipients après avoir assommé les porteurs. »

MARCEL PETIT : « J'entends encore mon camarade, revenant de la corvée d'eau, essoufflé, écorché, déguenillé :

« – Ah ! les vaches. Nous revenions lentement porteurs d'un tonneau d'eau, précédés et suivis par d'autres camarades lorsque, comme à un signal convenu, nous avons été assaillis par une bande hurlante de Polonais trop fainéants pour procéder à la même corvée que nous. Avant que nous soyons revenus de notre surprise, nos bidons ont été pris d'assaut, et notre eau emportée ou renversée. Nous nous sommes défendus comme des diables, à coups de poing et de pied, à coups de bâtons et de pierres, mais ils étaient trop nombreux. »

JACQUES RICHARD-MOUNET : « Les vols de pain étaient courants, et sévèrement réprimés par les détenus eux-mêmes. »

MAURICE BRAUN. « A Buchenwald, quand un voleur était pris, il était emmené dans la salle des lavabos. Il était étendu par terre sur le dos par les Polonais. Ceux-ci prenaient une barre de fer et lui mettaient sur le cou. L'un mettait le pied à droite, l'autre à gauche. Puis ils faisaient basculer la barre...

« Il se passait beaucoup de choses effroyables en cet endroit... »

ROGER JOLY (mars 45, Neuengamme) : « Me trouvant au Revier II, le responsable des douches me fait signe de venir. Une allée étroite sépare les deux

1. *Le Déporté*, n° 498, mars 1996, extrait.

bâtiments. Quand je l'ai rejoint, il met un doigt sur sa bouche puis, silencieusement, m'invite à le suivre. Nous pénétrons dans la salle des lavabos) ; il m'amène devant le judas qui permet de voir l'intérieur de la salle des douches. Et là, je vois !

« Un homme nu se tient au garde-à-vous. Les pieds dans l'eau bouillante. Devant lui, un SS qui nous tourne le dos. Dans sa main, un tuyau projette un jet d'eau glacée. Posément il promène le jet de la région du cœur vers la base du cou, puis il redescend et reprend le trajet inverse... sans s'arrêter. L'homme vacille parfois puis se reprend, espérant sans doute la fin du jeu. Le SS continue. (...)

« Le préposé au *Waschraum* me tire en arrière : "J'ai voulu que tu voies. Que tu saches. Il les tue ainsi. En prenant son plaisir. Maintenant va-t'en ; qu'il ne te voie surtout pas !"

« J'obtempère en silence. Je suis "à peine horrifié"... »

GENEVIÈVE DE GAULLE-ANTHONIOZ : « A propos de la faim, du froid, de toutes les épreuves physiques, la seule résistance possible était de ne pas se laisser dominer. »

ANDRÉE RIVIÈRE : « Pour Noël 44, nous nous sommes dit que nous n'aurions rien de plus que de la soupe liquide, et un ongle de margarine. On a réussi à mettre chacune une pomme de terre de côté. Ce qui était quelque chose de très difficile. Le soir de Noël, nous avons confectionné un poisson en pommes de terre, puis nous l'avons décoré. Et nous avons "découpé le poisson"... »

GENEVIÈVE DE GAULLE-ANTHONIOZ : « Le manque de sommeil était, pour moi, encore pire que la faim. »

ANDRÉE RIVIÈRE : « Comment dormir sur une couchette de soixante-quinze centimètres pour quatre où parfois des planches manquaient ? Ce manque de sommeil était comme un matraquage perpétuel. »

MARCEL PETIT : « J'ai beau chercher le sommeil, il ne viendra pas et puis j'étouffe dans cette atmosphère lourde et empuantie. C'est énervant, j'entends tous les bruits les plus divers, ronflements, éternuements, toussotements, cris de colère, jurons entre mauvais coucheurs... »

Jacqueline Fleury : « Nous ne dormions pas vraiment. Et puis il y avait les vols. La nuit, il fallait garder sa gamelle et ses chaussures pour ne pas se les faire voler. On mettait les chaussures sous la tête et la gamelle sous le coude... Et on essayait de ne pas la lâcher. Sans gamelle on ne pouvait plus avoir de soupe... Petit à petit, en s'organisant, on fera un trou dans la gamelle et on passera un bout de ficelle pour l'accrocher à la taille. »

Marcel Arbez (Dora) : « Lorsque nous étions du *"Schicht*[1]*"* de nuit, le même horaire se reproduisait : travail de 9 heures du soir à 9 heures du matin avec pose d'une demi-heure à 3 heures. Le travail de nuit était pénible car il fallait lutter contre le sommeil. Il y avait pour celui-ci deux passages difficiles : vers minuit et vers 4 heures du matin ; à ces moments-là, il était difficile de ne pas au moins somnoler. J'en ai vu qui, luttant contre le sommeil et voyant venir un SS, ne pouvant y résister s'endormaient précisément au moment où le SS était sur eux. Le réveil était plutôt brutal. Pour moi, je faisais équipe avec un Russe et nous étions convenus que nous dormirions chacun une heure, l'un exerçant la surveillance pendant que l'autre dormait.

« Le problème était surtout terrible pour les gens d'âge mur. Certains finissaient par ne plus dormir du tout.

« Or c'était capital, c'était le seul terrain sur lequel nous pouvions récupérer un peu. (...) le fait d'être d'équipe de nuit avait un inconvénient : nous partions en effet vers 8 heures du soir pour le travail et, sauf pendant les jours d'été, il fait nuit à ces heures. Or plusieurs fois par semaine, parfois chaque jour, c'est précisément vers 8 heures que débutaient les alertes aériennes. Comme à ce moment-là nous nous trouvions déjà réunis sur la place d'appel, on éteignait les lumières et nous restions ainsi jusqu'à la fin de l'alerte. Souvent celle-ci durait plus de trois heures, et il nous est même arrivé en trois ou quatre fois, et ce, en plein hiver, de rester sur la place d'appel de 8 heures du soir à 3 heures du matin en attendant la fin de l'alerte. Naturellement, pendant ce temps, les camarades du *"Schicht"* de jour continuaient le travail à l'usine en attendant que nous les relevions... »

André Laroche : « Pendant l'hiver 44-45, à Dora, nous avons atteint - 26°. »

1. Équipe.

MARCEL ARBEZ : « J'ai connu la faim, le manque de sommeil, la fatigue musculaire, mais qu'étaient toutes ces misères à côté du froid ; rien n'entraînait comme le froid l'amoindrissement moral et physique de l'individu. Sur des corps amoindris, dépourvus de graisse, incapables de réagir parce que tant d'exercice physique épuise, le froid a une prise considérable. Qui a froid cesse de se laver, dort tout habillé, se laisse envahir par les poux. Le froid provoque les pneumonies, les pleurésies, les dysenteries. Le froid tue aussi brutalement par congestion, il était courant pendant les appels de voir l'un ou l'autre s'affaisser. »

ROGER JOLY : « Pour affronter des températures de – 15° à – 20°, à Neuengamme, nous mettions, quand nous le pouvions, du papier de sac à ciment sous notre veste. Le jour de Noël, j'avais tortillé du fil de fer autour de mes poignets pour les isoler ; au bout de deux heures un filet de glace s'était formé sur le fil de fer. »

MARCEL ARBEZ : « Pour se protéger du froid, le détenu employait tous les moyens, fort peu efficaces d'ailleurs. Malgré l'interdiction, il rentrait sa vareuse dans son pantalon. Avec de la mauvaise ficelle ou du fil de fer, il liait aux poignets et aux chevilles ses vêtements afin d'éviter que l'air ambiant n'y pénètre. Il déchirait les sacs en papier contenant le ciment pour s'en vêtir, risquant ainsi une punition. Malgré cela, nous étions sans cesse recroquevillés sur nous-mêmes, les mains enfouies dans les poches, la tête dans les épaules, le dos voûté et n'ayant même plus la force de lutter contre le froid qui nous envahissait petit à petit. »

HENRY CLOGENSON : « Dans la journée en quarantaine à Dachau, en octobre-novembre 44, comme il fait très froid dehors et que nous n'avons rien ou presque sur le dos, nous nous réchauffons comme nous pouvons.

« 1. Les uns par groupe de quatre, cinq ou six font les cent pas le long des blocks en bavardant.

« 2. Les autres forment de petits cercles, discutent, chantent.

« 3. D'autres font des monômes.

« 4. D'autres, et ce sont les plus nombreux, font "bloc", c'est-à-dire qu'un type s'adosse à une baraque (les mains dans les poches s'il y en a à sa veste), le col de la veste relevé, la gamelle sur la tête en guise de parapluie, puis il attend qu'un autre vienne à sa droite, puis un troisième à sa gauche et ainsi de suite... Finalement, au bout d'un certain temps, quand il y a deux cents ou trois cents types les uns à côté des autres, ils ont chaud (sauf ceux qui sont sur les bords, mais ils espèrent l'arrivée de nouveaux) ; de cette masse d'hommes collés les uns aux autres, semblables à un troupeau, telles des bêtes dans un champ s'élèvent des chants ou des conversations (toujours sur la nourriture)... Quelquefois, entraînés par le rythme des chants, les corps se balancent de droite et de gauche.

« Tout va bien pour ceux qui "font bloc" jusqu'à ce qu'un chef de block ou un *"Stubendienst"* passant par là les obligent à se disloquer.

« Le block se reforme un peu plus loin.

« Par deux fois lorsque je faisais partie d'un "bloc", n'ayant rien dans le ventre et les pieds gelés, et de plus ne respirant pas très bien (puisque nous étions serrés les uns contre les autres), je me suis évanoui. »

JACQUES SONGY : « Certains chantonnent un air triste en tapant des pieds, d'autres groupés en boule se bercent jusqu'à ce qu'ils perdent l'équilibre. »

MAURICE BRAUN : «Je me souviens d'un matin d'hiver à Buchenwald – nous étions sur l'*"Appelplatz"* depuis des heures, nous n'avions pas encore mangé, nous avions travaillé toute la journée, la neige tombait et formait des cônes au-dessus de nous... J'avais enveloppé Herbert Lespinasse avec des papiers journaux qui tenaient par des ficelles.»

20
Punitions

«Les martyrs ont été jusqu'au bout de la souffrance, nous leur devons d'aller jusqu'au bout de la vérité.»

Georges BERNANOS

HENRY CLOGENSON : «A Dachau, pour un rien vous restiez devant le poste de garde à côté de la caserne SS, et chaque SS qui sortait ou entrait était libre de passer son humeur sur vous. A Langenstein, un malheureux détenu qui avait barboté un rutabaga ou quelques épluchures de légumes près des cuisines restait sur la place d'appel les bras liés à un poteau.»

ROGER JOLY : «La punition ordinaire était de vingt-cinq coups sur les fesses, à toute volée, avec des bâtons. A partir du quinzième on perdait connaissance. Ensuite on était jeté au bas du chevalet. Nos camarades nous relevaient le pantalon et nous emportaient.»

JACQUES RICHARD-MOUNET : «Je suis remonté à Buchenwald dans les derniers jours du mois d'août 1944. Le bombardement avait fait d'importants dégâts et j'ai été affecté au déblaiement des décombres. En déblayant, nous sommes tombés sur une réserve de patates qui, mises à cuire sous la cendre des ruines encore fumantes, se révélèrent délicieuses. Ce qui le fut moins, c'est que les SS, pour cette raison ou pour une autre que je n'ai pas en mémoire, me condamnèrent à vingt-cinq coups d'une latte grosse comme le pouce sur le derrière déculotté. Chaque cri poussé pendant l'exécution se traduisait par un coup supplémentaire.»

«A gauche de la tour, sur un tas de galets,
«Se dresse et nous attend un rugueux chevalet.
«(...)

« Une table concave où le patient peut juste
« Sous couvercle convexe introduire le buste ;

« Depuis le bas des reins tout le dessus du corps
« Pend lamentablement dénudé au-dehors.

« Le pantalon descend sur les jambes qu'entravent
« Deux bois pareillement convexes et concaves.
« (...)

« Sur un "Ja" *de son chef, un vigoureux SS,*
« Armé d'un nerf de bœuf qu'il lance avec adresse,

« Coupe, cingle, fouaille et arrache la peau
« Dont nous voyons gicler dans le sang les lambeaux.
« (...)

« Selon le règlement, le patient doit compter
« Jusqu'à vingt-cinq les coups portés sans arrêter.

« Il doit compter en allemand et à voix haute,
« Malheur à l'étranger qui commet une faute !

« Les coups que la victime a mal enregistrés,
« Derechef, aussitôt, lui sont administrés. »

Léon Leloir

MARCEL ARBEZ : « Les punitions collectives, c'était la plupart du temps des privations ou suppressions de nourriture, du travail supplémentaire, station prolongée sur la place d'appel... »

MADELEINE PERRIN (Ravensbrück, Noël 1943) : « Dans le courant de la semaine, le commandant du camp avec son superbe lévrier parcourait le camp. Il fit le tour de notre fameux block et le malheur voulut qu'une camarade... – étrangère au

Chevalet sur lequel étaient frappés les déportés

block, probablement – vînt faire ses besoins sur la plate-bande derrière le block. Le commandant vit... La sentinelle fit appeler la *"Blockova"* qui renchérit en disant en allemand : "Toutes les Françaises sont des cochonnes." Il décréta que nous serions privées de manger cinq dimanches de suite, la punition devait commencer le jour de Noël, avec "pause", la matinée.

« En effet, le 25 décembre 1943, à 7 heures du matin, nous "pausâmes" devant le bureau de l'*"Aufseherin*[1]*"* par un ciel merveilleux d'un bleu pur et d'un clair soleil, avec une température piquante. Il gelait à je ne sais combien au-dessous de zéro et plusieurs camarades tombèrent de congestion, nous tapions nos pauvres pieds et on avait du mal à remuer nos membres, notre corps était engourdi de froid ; les mains, le nez violacés, nos larmes coulaient des yeux sans que nous pleurions. A 10 heures, enfin, on nous permit de rentrer au block. Là, nous n'avions qu'à regagner notre froid dortoir, nous glisser sous notre maigre couverture et nous serrer toutes pour nous réchauffer. Notre soupe était, paraît-il, répartie entre d'autres blocks. A 14 heures, nous eûmes l'appel ordinaire et, à 18 heures, nous partions prendre notre travail de nuit sans avoir rien mangé depuis la veille au soir. »

1. Surveillante SS.

ANDRÉE RIVIÈRE : « Notre *"Blockova"* ayant eu des rapports amoureux avec une *"Offizierin"* SS qui venait passer la nuit en fraude avec elle, les huit cents femmes de notre baraque furent envoyées au camp de représailles de Riklin, un camp militaire désaffecté.

« Cantonnées dans une grande salle vide, nous couchions à même le sol, entassées. Pas d'appel, rien à manger. Une soupe de carottes en huit jours. La nuit, on nous réveillait et on nous faisait marcher plusieurs kilomètres, parfois par - 27° ! Puis nous arrivions dans une salle de douches où on nous faisait déshabiller. Alors un groupe d'officiers SS arrivait et se moquait de nous.

« Un jour l'un d'eux nous dit : "Aujourd'hui on va vous gâter. Vous aurez du savon." On nous distribue une poudre blanche. On s'en frotte... c'était de la soude !

« Au fil des jours, des femmes devenaient folles. Ils les attachaient aux poignées de porte, aux espagnolettes de fenêtres. Les morts s'accumulaient. Le jour de mes dix-neuf ans, le 1er mars, je sortais de la salle. Comme une charrette arrivait pour décharger les cadavres, je vis une femme qui bougeait un bras. Affolée, je fis signe au kapo qu'une femme était encore vivante. Elle vint vers

Le cachot n° 14 de la prison du Struthof

moi avec sa schlague et me fouetta la tête terriblement. Je me suis enfuie... »

*

HÉLIE DE SAINT MARC : « La pendaison, dans l'imagerie SS, était importante. Elle représentait l'exemplarité, l'ordre implacable. La sentence était toujours exécutée avec solennité. Parfois au son de la musique. A Langenstein, on pendait à un arbre. »

JACQUES RICHARD-MOUNET (kommando d'Iena) : « Un dimanche matin, en arrivant sur la place d'appel, nous avons vu une espèce de portique en tubes métalliques où étaient accrochés deux morceaux de câble d'acier formant un nœud coulant; sous chaque câble, un tabouret. On nous a fait ranger pour l'appel face à cette potence; nous avons eu droit à un discours narrant les "crimes" des condamnés [1]; ceux-ci ont ensuite été amenés, escortés par des Feldgendarmes; ils avançaient comme des automates. Nous avons supposé qu'ils avaient été drogués afin d'éviter toute manifestation de leur part. Ils sont montés sur les tabourets sans opposer aucune résistance; le câble d'acier leur a été passé autour du cou et les tabourets renversés d'un coup de pied. Quelques soubresauts : le câble d'acier est plus rapide que la corde de chanvre.

« *Cet homme dans sa vie, a dû souvent lutter*
« *Et gouverner son corps à coups de volonté.*

« *On sent encore ce corps demeurer sous l'empire*
« *De cette volonté qui s'affaisse et s'étire.*

« *C'est fini : le corps pend en arrière, en avant,*
« *(Les pendus de Villon!) aux caprices du vent.* »

Léon Leloir

1. « Les deux Russes avaient tenté l'évasion; non seulement ils avaient été repris, mais ils avaient, au cours de leur "cavale", blessé ou tué un Allemand. Enfin, c'est ce que les SS nous ont raconté. Toujours est-il que l'un seulement de ces deux "crimes" aurait suffi pour "justifier" la peine de mort. » (Jacques Richard-Mounet.)

« Nous avons dû ensuite défiler à la file indienne devant ces corps qui tournaient au bout de leur corde, un quart de tour à droite, puis un quart de tour à gauche... c'était fini. »

HENRY CLOGENSON : « A Dachau, celui qui avait volé un bout de pain ou une part de margarine, ou qui avait découpé une bande de sa couverture pour se la mettre autour du cou, était pendu le dimanche sur la place d'appel devant ses camarades. A Auschwitz-Birkenau, les tentatives d'évasion étaient souvent punies de la même façon. »

ROGER JOLY : « Le 22 ou 23 février 44 ils ont pendu soixante-cinq Hollandais (cela dura trois jours). Pendant tout un après-midi, avec le professeur Prenant, nous avons évacué les corps de tous ceux qui avaient été pendus ce jour-là : vingt-cinq. »

MARCEL ARBEZ : « Quelques jours après (à Dora, vers la Toussaint 44), des Russes ayant tué un kapo, de terribles représailles sont exercées contre tous les Russes du camp. Une centaine d'entre eux, choisis au hasard, sont pendus ; tous ceux qui ont une fonction ou une prérogative quelconque s'en voient supprimer le bénéfice. Les cinq mille Russes du camp passeront tous à la schlague et pendant tout un dimanche on pourra les voir sur la place d'appel, courbés sous les coups des SS et des Lagerschutz. Enfin, ils se voient supprimer les chaussures pendant quinze jours. »

ROGER JOLY : « Jusqu'à mi-février 45, à Neuengamme, les pendaisons ont été publiques. Sur ordre du quartier général de la SS à Berlin. Pour l'exemple. A partir de cette date, elles ont été opérées au bunker ; en catimini en quelque sorte. Probablement parce que le sort de la guerre ne faisait guère de doute et qu'il était inutile de raviver la haine des détenus. »

MARCEL ARBEZ : « On pendait un peu partout : à la prison, sur la place d'appel, et même à l'usine sur le lieu de travail. Quelque fois l'exécution était solennelle, devant tout le camp réuni, au son de la fanfare, d'autrefois elle se passait à huis clos. Le nombre des pendus était variable : un, deux, trente et même il me souvient d'un jour de mars 1945 où l'on pendait cent vingt détenus. Et on ne pendait pas que des détenus, mais aussi des civils allemands, des SS coupables de

Potence et mur d'exécution

rébellion, de trahison, de sabotage. C'était les SS assistés des Lagerschutz qui étaient chargés des exécutions. A l'usine, je vis pendre un jour, à un monte-charge, trente ouvriers civils allemands qui avaient été convaincus de sabotage. »

MAURICE BRAUN : « On leur mettait un mors en bois dans la bouche. C'est ainsi que je les ai vus pendre à Buchenwald. Tout le monde devait regarder. D'autres étaient pendus par les mains liées derrière le dos. Comme le supplice de l'estrapade. »

ÉMILE HAUSBERGER : « Il y avait toutes les semaines des pendaisons au crématoire du Struthof. Je le sais par un ancien déporté qui, étant dentiste, était appelé pour extraire les dents en or.

« Ils plaçaient deux tabourets, posaient une planche. Faisaient monter le condamné, lui attachaient la corde au cou et enlevaient le tout. Comme il s'agissait d'une strangulation et non d'une déchirure de la colonne vertébrale, ils mettaient beaucoup de temps à mourir. »

DÉSIRÉ GUILLARD : « Une nuit d'août 1944, un camarade était à faire du béton quand il dit aux camarades son intention de s'évader. Ceux-ci ont essayé de l'en

dissuader mais, malgré cela, il est parti, vêtu seulement d'une chemisette et d'un short.

« Quelques jours après, deux peut-être, il a été ramené au camp, enchaîné comme une bête fauve. Je verrai toujours ce regard d'un gosse de vingt ans, comme nous, qui sait qu'il va mourir. Il avait été repris à quelques kilomètres de Wansleben. Le chien d'un paysan l'avait éventé et ce paysan avait été trop heureux de le conduire aux autorités militaires.

« Ce jour-là, si ma mémoire est bonne, l'ordre a été donné de rassembler les kommandos dans la grande salle qui était le long de la ligne de chemin de fer. Nous étions tous bien alignés et les Français ont été invités à se ranger devant les autres détenus. A ce moment-là, ils l'ont amené, le dispositif de pendaison était prêt, soit une poulie avec un nœud coulant au bout; il a donc été pendu par strangulation.

« Un Allemand, dans un français à fort accent teuton, nous a lu la sentence : "Il a tenté de s'évader, il va être pendu pour ce forfait. Tout celui qui fera la même chose subira le même sort." Alors il lui a passé la corde au cou. Il a crié : "Vive la France" et, ensuite, il a été hissé au-dessus du sol.

« Tous les hommes du kommando de Wansleben tremblaient comme un champ de blé agité par la brise.

« Pendant toute la pendaison, les Français ont été tenus de saluer à l'hitlérienne (...) Ensuite, les boches ont mis une table devant le corps. Tout le kommando a dû défiler devant notre camarade en le regardant dans les yeux. "Regarde lui !" disait le nazi. (...)

« Je me souviens d'un Français. Il a fallu le surveiller huit jours car il avait perdu la raison. Et d'un petit Russe qui tremblait comme une feuille. »

Louis Crotet (1944) : « Après avoir fait nos douze heures au tunnel de Dora, nous étions au repos dans notre block [109] quand tout à coup nous sommes réveillés à grands coups de matraque. On nous amène au tunnel. On nous arrête à un endroit où il y avait un pont roulant monorail ; à ce pont roulant était suspendu une poutre en bois avec neuf cordes, ils nous font mettre en rond autour.

« Qu'auriez-vous pensé à ma place dans ce camp où l'on pendait les détenus pour un oui ou pour un non ? J'ai tout simplement pensé qu'ils allaient en pendre parmi nous, alors nous avons commencé à reculer, le cercle s'est élargi. Les SS et kapos étaient là pour y remédier à grands coups de "*gummi*". Cela a duré un bon moment et, tout à coup, des rumeurs dans le groupe, au bout du tunnel arrivaient neuf détenus avec un morceau de bois dans la bouche lié derrière la tête.

« Cela a été vraiment un soulagement pour tout le monde car ce n'était pas pour nous. Discours d'un SS traduit dans toutes les langues, punition pour soi-disant sabotage.

« Il y avait des grands et des petits, ce qui m'a frappé le plus, étant au premier plan, ce sont les grands qui regardaient monter les petits en pensant que cela allait être leur tour dans pas longtemps. Le pont – je crois un vingt tonnes – montait très lentement et servait à manipuler les V1 à leur phase terminale. Ces neuf pendus sont restés en place plusieurs heures afin que toutes les équipes passent dessous, détenus et civils. »

GEORGES GUILLEMIN (Flossenbürg) : « Dans la matinée du 24 décembre 1944, un haut sapin fut installé à l'entrée du camp, à proximité du bâtiment de garde, juste devant la place d'appel. Il fut orné de guirlandes, de boules multicolores et d'ampoules électriques : soudain l'arbre de Noël s'illumina...

« Les détenus présents dans le camp reçurent l'ordre de se rassembler sur la place d'appel. Le sapin se dressait dans la perspective du poteau d'exécution (un poteau télégraphique de bois planté à l'entrée de la place) et transformé en une sorte de croix gigantesque par l'adjonction d'une planche à son axe. Six nœuds coulants pendaient à chaque bras de la croix : nous assistâmes alors à la pendaison simultanée de six jeunes détenus, des Polonais qui avaient tenté de s'évader.

« Les exécutions publiques étaient fréquentes à Flossenbürg, mais le choix du moment et du décor symbolisait le monde barbare où nous tentions de survivre.

« La nuit était tombée, les pendus restèrent longtemps sur leur croix. Les équipes de jour qui rentraient de l'usine Messserschmitt voisine, défilèrent devant la mise en scène ignoble : la neige fraîche étouffait leur piétinement. »

HÉLIE DE SAINT MARC : « Un pendu me faisait fort peu d'impression. Arrivé à un tel stade, on ne pense plus. "Je vis encore cet instant", me disais-je, et puis cet autre..." Je n'avais pas peur de la mort. "Un pendu, me disais-je, et puis cet autre"... »

21
Noël 44 à Neuengamme

« Le monde est une fête où le meurtre fourmille. »
Victor HUGO

« Il est midi. Un inhabituel soleil répand sur le camp immobile sa clarté blafarde. Le thermomètre du block 3 accuse 15 degrés au-dessous de zéro, et l'immense marais des basses terres de l'Elbe exhale une infinie tristesse.

« Seize mille hommes sont là, sur la place d'appel. Au garde-à-vous. (...) Ceux-là ont déjà réalisé l'impossible exploit de survivre. Ils sont l'élite, ils ont passé le cap ; ils sont là, spectres vivants dans la bise glaciale.

« Les SS ont fait dresser un immense sapin sur l'"*Appelplatz*". (...) Seize mille "crânes rasés", grelottant, l'esprit vide, contemplent l'arbre. Il est superbe et fascinant, et les SS le savent. Un trait de génie a traversé l'esprit du Lagerführer Thumann : quelle merveilleuse décompression morale peut engendrer la vue d'un tel arbre, évocateur de toutes les douceurs de Noël ! Quel effet dévastateur sur des sensibilités qui plongent déjà leurs racines dans la mort !

« [Les SS] sont, pour le moment, devant une table bien garnie, entourés de leur femme et de leurs enfants, tout joyeux des cadeaux reçus. Ils boivent, ils mangent, ils ont chaud, ils chantent les lieder de l'ancien temps et des hymnes nazis. (...) Ces chaudes agapes vont se prolonger cinq heures durant...

« Pendant ce temps-là, les seize mille bagnards contemplent l'arbre. Un vide intérieur s'est créé en chacun de nous : la fascination escomptée s'est produite. Les moindres détails des Noëls oubliés accèdent incoerciblement à la conscience claire, petite flamme vacillante qui va bientôt s'éteindre.

« Je revis mes joies d'enfant découvrant les jouets, au saut du lit (...); je me sens, un instant, faible et désemparé. (...) Grand dieu qu'il fait froid ! je suis gelé ; je ne sens plus mes jambes à partir des cuisses.

« (...) Tiens ! Qu'est-ce qui se passe ? Mais pourquoi donc s'appuie-t-il ainsi contre moi, celui-là ? C'est mon voisin immédiat, un Yougoslave, qui vient de mourir discrètement. Dans ce cas, le règlement est formel : tout bagnard mort pendant l'appel doit continuer "debout" à figurer à l'appel. Un kapo s'approche, la cravache à la main ; il nous fait signe de remettre le macchabée d'aplomb. Avec un autre camarade, nous nous exécutons en prenant la pose : nous relevons le mort et passons chacun de ses bras autour de notre cou. Ainsi calé, il est en position réglementaire, même si sa tête, qui dodeline parfois, a cessé de contempler le sapin. Il a beau être léger, il pèse et nous fatigue. On peste. Lui est loin, délivré, heureux sans doute. C'est ainsi que nous soutiendrons, à deux, pendant trois heures d'affilée, ce mort inutile et encombrant.

« Lorsque à 17 heures, la nuit étant venue à cette latitude, les SS reviendront de leurs agapes, rouges, repus, gonflés d'alcool, pour donner l'ordre de regagner les baraques, nous serons deux bagnards épuisés par cette longue assistance à la mort. Toutefois, raffinement suprême, nous recevrons auparavant dix cigarettes : n'est-ce pas Noël aujourd'hui ?

« L'appel a duré cinq heures, quatre-vingts sont morts d'épuisement et de froid, mon Yougo y compris. (...) *"Austreten ! Austreten ! Menschen !* Rompez les rangs, créatures ! Tous à vos baraques ! *Schnell !"* Les kapos ont hurlé, en le répercutant, l'ordre donné par les SS. Engourdie, transie, la cohorte compacte lentement se débande. (...)

« La foule grouille et se répand à travers l'immense place d'appel en direction des blocks rangés sur son pourtour en dominos serrés. Un fol espoir la guide, depuis plusieurs semaines, né d'une rumeur incontrôlée : "Ce soir on touchera une soupe améliorée !" (...)

« En pénétrant dans le block 6, le miracle s'accomplit pourtant : un fumet céleste flotte à travers la baraque. Le chef de block, assisté de ses *"Stubendienst"*, a entamé le rituel des distributions de soupe. Un par un, les bouteillons fumants sont approchés de chaque table ; Janek, le Polonais, y plonge l'énorme louche-étalon d'un litre qui correspond à la ration type individuelle. Vingt paires d'yeux l'observent ; ils attendent un mouvement de brassage, de bas en haut, propre à assurer l'homogénéité de la "louchée" servie. La tension est extrême, car depuis le "café" de 6 heures du matin – voici douze heures – personne n'a mangé.

« Mais voici qu'au lieu du mouvement escompté, le Polonais raccourcit son geste, qu'il accomplit lentement. Il prend sur le dessus et remplit à peine la louche... Tout l'épais reste au fond du bouteillon ! Lorsque l'instrument atteint enfin les couches denses, le bouteillon est prestement retiré par les gitons. L'épais, le succulent, le nourrissant, le vital est confisqué par les notables qui en feront des festins séparés.

«Je prête l'oreille aux conversations des Français ; deux thèmes y dominent : la bouffe et les opérations militaires. Le tout est délirant. Les uns donnent des recettes culinaires abracadabrantes où le beurre, les œufs, le lait, la viande abondent ; les autres établissent avec certitude et preuves à l'appui l'imminence de l'écroulement du Reich. Tous se font plaisir. Je décide de m'isoler, car tout cela m'agace.

« En dépit du froid intense, je sors du block et erre sans but à travers la camp désert. Je discerne les miradors, derrière le *Revier II* et le *Waschraum*, long bâtiment de douches, qui sert aussi, à l'occasion, de chambre à gaz. Je choisis des passages étroits et tranquilles où j'ai peu de chances de rencontrer des SS. (...) Certains d'entre nous ont connu la mésaventure d'être entraînés, à la suite d'une rencontre fortuite de ce genre, vers la clôture électrifiée du camp où passe du 600 volts continus. Là, le SS a arraché la casquette du détenu, et l'a projetée dans les barbelés en criant : "Va la chercher !" Obéir, c'est, bien sûr, la mort immédiate. Le bagnard hésite un court instant. C'est alors que le SS sort un pistolet et donne irrémédiablement le choix entre les deux morts. Toujours, le bagnard va chercher sa casquette...

« Au détour d'un block, soudain, c'est l'agression. (...) à l'angle d'un block une perspective hallucinante s'offrit à moi : dans la nuit, éclairée par les projecteurs du chemin de ronde des SS et des chiens, entre les rangées de barbelés, se profilaient ensemble le crématoire fumant et rougeoyant, la morgue, garnie à satiété et un haut mirador dans lequel je voyais bouger, luttant contre le froid, un SS de garde.

« (...) Le froid m'avait repris. J'éprouvais le besoin impérieux de retrouver la chaleur, fût-elle épaisse et grouillante, du block. Pourtant, ce ne fut pas vers le mien que je dirigeai mes pas, mais vers celui, beaucoup plus beau et accueillant, des *"Prominent*[1]*"* ; l'univers concentrationnaire était ainsi fait que l'aristocratie suprême du camp – je parle des détenus, bien sûr, et non des SS – était logée dans une baraque spéciale, construite en briques, dont la majesté et le confort tranchaient avec les blocks minables réservés à la masse. Naturellement, mon rang social ne me donne pas accès à cet édifice ; ma tenue vestimentaire, ma maigreur, tout me destine à un vidage en règle sous une grêle de coups. Pourtant, j'ose !

« Profitant d'un relâchement de la surveillance, je me faufile (...), je perçois de la musique, de la vraie, de la belle musique. Rien à voir avec l'énorme orchestre

1. Détenus privilégiés (kapos, *Vorarbeiter*, etc.)

du camp qui, au départ et à la rentrée des kommandos extérieurs, fait retentir toutes choses aux accents rythmés d'"*Ich hatte einen Kameraden...*".

«Je m'approche très discrètement et débouche dans une grande salle bourrée de monde au centre de laquelle joue un véritable orchestre. Je n'en crois pas mes yeux : il y a là un piano, des violons, des cuivres, plusieurs violoncelles, une harpe ! Des musiciens correctement vêtus les servent.

«(...) Je m'installe dans un recoin et j'écoute, transporté. Soudain, je m'avise de la possession d'un trésor : n'ai-je pas dix cigarettes ? Je n'ai pas de feu, mais je prends tous les risques et, avec une politesse assurée, quémande l'indispensable flamme à l'un des puissants du lieu. Un instant, il me contemple, hésitant visiblement sur la conduite à tenir à l'égard du cloporte que je suis ; finalement il sort un briquet et me donne du feu. Je regagne mon recoin et m'y tapis. (...) Voici plusieurs mois que je n'ai pas fumé (...) j'ai la tête qui tourne mais je suis merveilleusement conscient du bonheur présent. Je m'évade avec la musique ; je ne suis plus au royaume de la mort ; chaque bouffée de cigarette insuffle dans ma mémoire une tranche de la vie d'avant ; je suis heureux pour la première fois depuis dix mois...»

Roger JOLY

22

Derniers jours avant la libération

MARCEL PETIT : « D'après le communiqué qui nous est donné chaque jour, tant par la radio officielle du camp que par les réceptions clandestines, il est aisé de se rendre compte que les armées soviétiques poursuivent leur avance à une allure record. Sous la menace de leur pénétration rapide, les Allemands évacuent à la hâte leurs populations et replient également les camps de concentration situés dans les zones de combat.

« C'est ainsi que plusieurs milliers d'internés des camps d'Auschwitz viennent grossir nos rangs, pourtant serrés. En fin de matinée, j'avais bien vu quelques centaines d'hommes vêtus sordidement, les uns recouverts d'un morceau de couverture, les autres d'un dessus de lit, d'un couvre-pieds, d'une robe de chambre, ramassés sur les routes, au hasard de l'exode (...).

«Certains ont fait la route à pied, parcourant plus de deux cents kilomètres depuis la Silésie dans la neige, les autres par chemin de fer, ayant voyagé de jour et de nuit sur des wagons découverts. Sur les plates-formes, les hommes sont morts en cours de route les uns après les autres et la neige les recouvrait. Il y a peu de survivants. Les cadavres sont gelés les uns aux autres et il faudra les débarquer au pic. Ceux qui arrivent par la route sont dans un état lamentable. Les hommes s'abattaient sur la route, exténués, gelés et les SS les achevaient sans pitié. A quelques dizaines de mètres du camp, le massacre continuait encore. La cour du crématoire est pleine de cadavres empilés les uns sur les autres. »

MAURICE BRAUN : « Sur cent hommes partis d'Auschwitz, trois ou quatre vivaient encore. Des monceaux de cadavres ! Je m'approchai d'un Polonais. Il me dit qu'il venait de Varsovie. Qu'aussitôt arrivés à Auschwitz ils avaient été séparés, lui et sa femme.

«– J'avais enveloppé notre petit bébé dans des langes, me dit-il. Comme on n'avait pas de lait, je mettais un doigt dans la neige. Il suçait mon doigt.

«Après un silence, il continua :

«– Un SS me dit : "Jette ton paquet!"

«– Ce n'est pas un paquet, lui ai-je répondu, c'est mon bébé.

«Il m'a donné un coup de crosse dans la figure et m'a redit : "Jette ton paquet!"

«Silence.

«– Et je l'ai jeté... J'ai jeté le paquet...»

MARCEL PETIT : «Pendant des jours et des jours, la grande pipe fumera sans arrêt à pleins fourneaux, incinérant des cadavres déchargés à l'arrivée et ceux des malheureux qui, chaque jour, trépassent, incapables de surmonter les épouvantables fatigues et traitements du voyage.

«Ceux qui donnaient l'impression d'être à bout de vie à l'arrivée, ont été canalisés et dirigés en ligne droite vers le crématoire... (...)

«Décidément, il ne se passe pas de jour sans qu'il ne se produise quelque chose d'inaccoutumé. Aujourd'hui, nous recevons de nouveaux pensionnaires.

« Plus de deux cents Juifs polonais, récemment arrivés d'un camp replié de l'Est, viennent grossir la population déjà excédentaire du block, sous la conduite d'un *"Stubendienst"*.

« Le chef de block les harangue et, alors que nous sommes refoulés dans nos boxes, les nouveaux sont alignés au milieu du block, en vue de leur dénombrement. (...) Ces êtres étranges semblent avoir perdu la notion de la réalité et on n'enregistre sur eux aucune réaction.

«... La plupart portent d'affreuses plaies noirâtres, leur peau se détache, tombe en lambeaux. Ils sont atteints de gangrène occasionnée par le froid.

« Le problème du couchage ne se pose plus car il est matériellement impossible de procurer de nouvelles places aux arrivants.

« Qu'à cela ne tienne, ils coucheront là où ils se trouvent (...), ils s'allongent là où ils ont pu trouver place, dans la boue déposée par les piétinements de plus de mille hommes.

« Ce sont des Juifs, ai-je dit, et, comme il ne saurait être question de leur accorder le moindre répit, ils ont dû, avant de goûter un repos éphémère, subir l'appel, dehors, pendant plus de deux heures. Avant qu'ils aient été autorisés à se coucher, ils ont été avertis qu'ils devaient laisser libre, afin de pouvoir circuler, un étroit passage, au milieu et dans toute la longueur du block.

« Mais, après quelques minutes de sommeil, les corps ont occupé ce passage et il n'est même plus possible de se rendre aux lavabos sans marcher sur les bras et les jambes. Il en résulte évidemment des cris et des coups et les deux *"Stubendienst"* qui, à chaque bout du block, assument les fonctions de veilleurs de nuit, s'en donnent à cœur joie, tombant à bras raccourcis sur les empêcheurs de dormir en rond qui, sous les coups, poussent de véritables glapissements... »

MAURICE BRAUN : « Toutes les nouvelles, vraies et fausses, souvent amplifiées, déformées par notre propre imagination, circulaient dans les camps. Or au mois de décembre 44, dans le froid terrible que nous subissions, nous suivions fiévreusement la progression des armées alliées à l'Ouest, soviétiques à l'Est.

« C'est surtout dans les camps de l'ouest de l'Allemagne : Bergen-Belsen, Buchenwald, Dora, que nous supputions avec angoisse et un fol espoir la distance qui nous séparait encore de nos libérateurs. Jamais je n'oublierai ce jour où l'air triomphant des SS nous confirma que le front des Ardennes venait d'éclater sous l'assaut des divisions de Panzer qui marchaient sur Anvers. Ce jour-là, tout mon courage, toute l'énergie qui m'avaient soutenu pendant l'année de réclusion à Fresnes et depuis mon arrivée à Buchenwald, toute mon espérance m'abandonnèrent. Un camarade qui, jour par jour, d'après les renseignements qui filtraient, calculait pour nous l'avancée de nos libérateurs, la tête dans les mains, ne parlait plus. Un autre me disait les larmes aux yeux : "Comment l'armée allemande qui bat en retraite depuis si longtemps et qui a perdu la maîtrise de l'air peut-elle encore reprendre l'initiative ? Balachovsky a entendu qu'ils ont avancé de quarante kilomètres et qu'ils marchent sur Bastogne..."

« Le 18 et le 19 février, des nouvelles encore plus alarmantes circulèrent, ce qui acheva notre dernière lueur d'espoir et contribua à l'abattement général.

« Personnellement je ne me sentais plus la force de résister à l'hiver. Notre désespoir était tel que lorsque nous apprîmes, le 22 décembre, que l'armée Patton avait stoppé l'avance allemande puis, le jour de Noël, que celle-ci refluait vers les lignes de départ, nous restâmes abattus[1]. Ce fut seulement l'air sombre des SS et leur redoublement de brutalité qui nous permirent de réaliser de manière palpable, dans les premiers jours de janvier, que les Américains avaient repris leur marche libératrice. Mais je n'y croyais plus vraiment. J'avais peur que ça recommence. »

ROGER JOLY (Neuengamme, mars 45) : « Mars est maintenant bien entamé ; les grands froids se sont atténués. Les nouvelles sont excellentes : à l'Est comme à l'Ouest les armées alliées avancent. La libération est proche. Cependant le chef du Revier V, qui porte le matricule 48 – un ancêtre du camp ! – me prévient :

« – Tu crois à la libération du camp ? Ils n'accepteront pas de nous voir libres : ils nous tueront tous auparavant. J'ai dix ans de camp et je sais de quoi je parle.

1. « Dans la première semaine de froid, un problème de visibilité ne permit pas à l'aviation alliée qui avait la maîtrise de l'air d'intervenir. Au bout d'une semaine, lorsque le ciel s'éclaircit, ce fut foudroyant. En quelques jours, toutes les colonnes blindées allemandes firent retraite. »

> *Ordre du Reichsführer SS – H. Himmler pour Dachau et Flossenbürg, en réponse à la proposition du commandant du camp de livrer le camp aux Alliés :*
>
> Le 14. 4. 1945
>
> La reddition est exclue.
> Le camp doit être immédiatement évacué.
> Aucun détenu ne doit tomber vivant dans les mains de l'ennemi.
> Les détenus se sont comportés de façon abominable vis-à-vis de la population civile à Buchenwald. »
> Signé
>
> Himmler [1]

« Dès avant cet ordre, les jeux sont faits : il faut désormais nous éliminer par tous les moyens. Et vite. Les appels se font plus longs ; les coups redoublent, les corvées hors travail se multiplient. On voit aussi apparaître des méthodes ignobles : ainsi, un jour, une soupe de poissons pourris est-elle servie au revier. dans les cinq blocks. L'odeur est pestilentielle ; chacun sait que cette soupe est un poison. Certains malades ont le courage de la refuser, beaucoup la mangent ; elle fait plusieurs centaines de morts.

« Une autre fois, tandis que je fais les pansements du matin dans un block extérieur, surgit le Lagerälteste flanqué de deux assistants. Remue-ménage habituel. Les hommes qui sont là arrivent d'un lointain Kommando extérieur ; ils sont épuisés. Le médecin chef SS donne un ordre bref : "Tous à poil." Puis il les fait défiler devant lui, un par un. Il les évalue, à la fois distant et concentré. Ces hommes pressentent bien que leur destin se joue. Il importe de paraître solide. Chacun se redresse, essaye, l'espace d'un instant, de faire saillir des muscles inexistants.

« Le SS scrute chacun, froidement. Puis de la main, il fait un signe, désignant alternativement la gauche ou la droite. A gauche c'est l'arrêt de mort. A droite le sursis.

1. Extrait de ce document transmis par le colonel Thomas le 11 mars 1997 à la FNDIR. Il a été obtenu à Dachau lors de la libération du camp, sans doute trouvé dans les bureaux du commandant du camp et diffusé par le Comité international.

« (...) Au Revier I, à cette époque, les médecins SS piquent au benzol. Trente secondes après l'injection dans la veine du bras, la mort survient. »

MAURICE BRAUN : « Fin mars 45, sachant que les Russes étaient entrés en Prusse orientale et que les Américains avaient passé le Rhin, nous reprîmes espoir. Un matin où nos kommandos partaient par cinq, nous étions là traînant les pieds... quand nous croisons, venant dans l'autre sens, une troupe d'un millier de jeunes SS marchant à un pas régulier dans leur uniforme flambant neuf. Quand nos deux cortèges se sont croisés, nous avons ricané. Nous, pauvres malheureux crevant de froid, nous nous sentions vainqueurs. Les SS essayaient de paraître impassibles mais on voyait bien qu'ils se sentaient perdus. »

MARCEL ARBEZ : « L'effectif du camp s'enfle avec l'arrivée des réfugiés des camps de l'Est. Nous sommes bientôt vingt-cinq mille, trente mille puis quarante mille. Il en arrive encore mais ils sont désormais dirigés vers Nordhausen, vers Ellrich ou sur Hartzungen. Avec cela le ravitaillement devient plus difficile. Les trains de vivres sont bombardés en route, les voies et les ponts coupés par l'aviation alliée. En mars, le pain n'arrive plus. Nous ne touchons plus que trois quarts de litres de soupe ou plutôt d'eau chaude. Les silos de réserves s'épuisent à une vitesse vertigineuse. En ce mois de mars, nous avons quatre ou cinq fois seulement un maigre morceau de pain. »

MADELEINE PERRIN (Ravensbrück) : « En février-mars 1945, on annonça que la soupe du soir serait supprimée ; nous avions le matin un demi-quart dudit café et, à 15 heures, la distribution d'un trois quarts de litre de soupe où nageaient quelques morceaux de rutabagas, de betteraves à vaches et de pelures de pommes de terre, le tout non salé ; le pain était réduit également, un pain était partagé en sept ou en huit, ce qui faisait une tartine de quatre centimètres environ d'épaisseur. Cette ration congrue était pour vingt-quatre heures. »

MAURICE BRAUN : « L'incertitude de notre sort perdurait, angoissante. Les SS nous anéantiront-ils au dernier moment ? »

MARCEL ARBEZ (Dora) : « Nous redoutons l'évacuation, mais, tout bien réfléchi, il semble que maintenant il ne serait guère possible de nous évacuer : en effet, où nous emmener? Il est encore possible que les SS nous détruisent; nous ne nous faisons pas d'illusions à cet égard : ils deviennent chaque jour plus enragés. Quant aux civils, ils savent qu'ils sont battus et ne souhaitent plus qu'une chose : que les Américains arrivent ici avant les Russes car ils ont une peur bleue de l'Armée rouge.

« Tant bien que mal, nous arrivons à Pâques. Le 1er avril 1945, nous sommes encore là, au travail : ce jour-là nous fabriquons encore deux cents torpilles, à plein rendement.

« Lundi 2 avril : nous descendons au travail, rien n'a changé dans le camp, pourtant nous ne travaillons pas, les machines se sont arrêtées. Le tunnel n'est que très faiblement éclairé. Les Alliés ont bombardé les centrales électriques qui alimentaient l'usine. Nous nous reposons.

« Mardi 3 avril : les machines fonctionnent et nous travaillons à plein. Le bruit court que les Alliés ont encerclé largement toute la région. Nous serions coupés du reste de l'Allemagne. Nous sommes donc protégés de l'évacuation : premier "ouf!".

« Mercredi 4 avril : réveil à 4 heures, appel général immédiat. Les équipes de nuit remontent du tunnel. Tout le monde est sur la place d'appel rangé par kommandos. Les équipes de l'*"Arbeitsstatistik"* et de la *"Schreibstube"* sont en train de brûler les archives du camp. Que va-t-il se passer? Les kommandos de l'extérieur sont rassemblés et quittent le camp.

« Notre kommando remonte au block 126. Il est interdit de quitter le block sous peine de mort. Les SS patrouillent, mitraillette au poing, dans les rues du camp. Vers dix heures du matin de nouveaux ordres : nous devons nous rassembler de nouveau par kommandos de travail sur la place d'appel muni chacun d'une couverture. Les SS font évacuer les blocks et fouillent afin de voir si personne n'y reste camouflé. Les Russes (toujours eux) se ruent sur le magasin d'habillement et se mettent en devoir de le piller. Les SS tirent dans le tas.

« Les SS en tenue de campagne ont mis en position des mitrailleuses aux quatre coins de la place d'appel. Vont-ils nous descendre comme des lapins...? »

23
Les évacuations

« J'ai tellement fort rêvé de toi,
« J'ai tellement marché. Tellement parlé.
« Tellement aimé ton ombre,
« Qu'il ne me reste plus rien de toi. »

Robert DESNOS

MARCEL ARBEZ : « Nous restons jusque vers 4 heures de l'après-midi sur la place d'appel de Dora, sans instructions, sans ordres. Ne sachant si les SS allaient nous mitrailler.

« Enfin les haut-parleurs donnent l'ordre de passer par block devant le magasin pour y recevoir les vivres de réserve : un pain et une boîte de conserve. Les blocks passent en ordre d'abord puis on apprend que le stock est presque épuisé et cependant les trois quarts d'entre nous n'ont rien touché encore. Nous n'avons pas mangé depuis hier matin.

« Peu à peu, le désordre s'installe à la distribution. Les SS essaient de repousser cette marée humaine qui se presse autour du bâtiment et finalement tirent dans le tas. Les premiers rangs, affolés, reculent ; les derniers rangs avancent toujours, c'est une confusion sans nom. Au centre, les malheureux sont comprimés, certains tombent et sont piétinés par leurs camarades qui refluent toujours et trouvent ici une mort atroce. Pris moi-même dans l'attroupement, il arrive un moment où, serré de toute part, mes pieds ne touchent plus terre. Je vacille dangereusement, je suis ballotté comme un fétu, comprimé, écrasé. En un effort désespéré, j'arrive à me dégager.

« Nous faisons le tour des blocks pour récupérer ce qui a pu échapper au désordre : couvertures, gamelles, etc. Mais de nouveau on nous donne l'ordre de redescendre sur la place d'appel. On trie le troupeau : tous les "spécialistes" sont renvoyés au block, les autres restent sur place. Je remonte par conséquent au block 126 qui nous est affecté mais je dois me séparer de nombreux camarades non spécialistes. Pour certains, je ne les reverrai plus.

« Il est 10 heures du soir, ce 4 avril 45. Nous recevons l'ordre d'éteindre les feux. La sirène du camp donne l'alarme, l'aviation alliée revient pour la dixième fois de la journée en formation de bombardement. Va-t-elle bombarder la gare du camp? Dans ce cas nous paierons aussi. Non, elle fonce droit sur Nordhausen qu'elle bombarde en piqué.

« De gigantesques incendies dévorent la ville. Nous sommes éclairés comme en plein jour et pourtant nous sommes à une dizaine de kilomètres du lieu de bombardement. Le bombardement a duré dix minutes au plus, les bombardiers s'éloignent; la ville continue à flamber.

«Jeudi 5 avril : 3 heures du matin, réveil, rassemblement de ceux qui restent sur la place d'appel. Nous restons sur cette place jusqu'au jour. Enfin, départ des kommandos pour aller au travail. Nous entrons au tunnel...

« Une longue attente. Enfin on nous prie de nous ranger par groupes de trente-cinq. On relève nos numéros sur un registre. Je suis désigné comme responsable de mon groupe comme étant le seul parlant allemand. Nouvelle attente sur place. Un nouvel ordre : former des groupes de quinze; réinscription. Encore attente. Vers midi, ordre de former des groupes de cent. Cette fois il s'agit vraisemblablement de prendre le train, cent est l'effectif réglementaire d'un wagon de détenus.

« Enfin, on donne l'ordre à tous les kapos de remonter au camp ceux-ci redescendent une heure après et nous prient de retourner sur nos places de travail. Ordre est donné de procéder au rangement et au nettoyage des ateliers. Les civils quittent tous le tunnel, emportant leurs affaires personnelles. Il ne reste plus que les détenus.

« On apprend tout à coup que l'on vient de fermer les portes du tunnel. Le bruit court que les SS vont nous envoyer des gaz pour nous asphyxier. »

MARCEL PETIT : « L'ordre avait été donné d'exterminer le camp avant l'arrivée des Alliés. Ces derniers ont intercepté, entre Weimar et Buchenwald, une colonne de pionniers armés de leurs lance-flammes. A une demi-heure près, nous étions grillés dans nos blocks. Trente mille hommes auraient été anéantis... »

ANDRÉ LAROCHE : « Nous liquider eût été plus simple, mais ils ont laissé passer l'occasion quand ils devaient faire sauter le tunnel de Dora. Est-ce que leur responsable s'était enfui ? A partir du moment où von Braun avait décidé de se rendre aux Américains, valait-il mieux ne pas faire sauter le tunnel ? »

FRANÇOIS PERROT : « On a dit que les nazis croyaient encore à un réduit alpin où se serait battu un dernier carré d'Allemands, nous aurions alors été employés à y travailler... »

MARCEL ARBEZ : « Soudain encore, un ordre fuse : il faut remonter au camp au plus vite. Dans le tunnel s'installent déjà les civils allemands rescapés du bombardement de Nordhausen et des environs.

« C'est de nouveau la place d'appel. En colonnes par cinq, nous attendons. Au bout d'un quart d'heure à peine, nous quittons le camp en direction de la gare. »

ANDRÉ LAROCHE : « Les détenus qui allèrent par les premiers trains à Bergen-Belsen furent libérés une semaine plus tard. Notre train fut le dernier à partir de Dora. Nous ne serons libérés qu'après un mois de transports et de marche abominable ! »

JACQUELINE FLEURY : « Le 13 avril 45, sur la place d'appel, le commandant nous ordonne de prendre nos couvertures. On nous donne à chacune un petit morceau de pain. On nous autorise à mettre quelques malades (et leur paquetage) sur une charrette plate et nous partons à la nuit... »

PAUL LE GOUPIL : « Le 9 avril 1945 au soir, devant l'avance des troupes américaines qui atteignaient l'Elbe, trois mille survivants du camp de Langenstein-Zwieberge, en six colonnes de cinq cents encadrées de *"Posten*[1]*"* et de SS, furent jetés sur la route. »

MARCEL ARBEZ : « Voici les wagons : le troisième wagon est affecté à notre kommando ; nous embarquons, cent vingt hommes dans un wagon découvert. Les avions alliés tournaient sur nos têtes. Enfin, et contre toute espérance, on procède à la distribution des vivres de route : chaque homme reçoit un pain d'un kilo et une boîte de conserve de viande. Nous n'avons rien mangé depuis mardi matin c'est-à-dire depuis plus de soixante heures. Aussi je me mets en devoir de liquider rapidement ces réserves et, une demi-heure après, les mains vides et l'estomac rassasié, je puis m'endormir sans souci et sans crainte, malgré le faible espace dont

1. Sentinelle.

je dispose dans le wagon. Mais cela ne dure pas longtemps puisque deux SS sont montés dans le wagon, armés et équipés, et il faut de la place à ces messieurs.

« Une bâche est étendue sur chaque wagon. La nuit est tombée, mais les incendies qui font toujours rage à Nordhausen nous éclairent comme en plein jour. Au moment où le train s'ébranle, les SS viennent de mettre le feu aux installations de la gare et aux wagons qui y stationnent encore.

« Vendredi 6 avril : sous les feux camouflés, le train roule dans la nuit, emportant ses quelque quatre mille bagnards. Vers 3 heures du matin, nous traversons la gare d'Ellrich. Puis voici Walkenried. Un peu après le lever du jour, nous voilà à Tettenborn. Le train stoppe, il manœuvre et se range finalement sur une voie de garage. Interdiction de descendre du wagon. Nous voyons alors que les SS, trop peu nombreux pour assurer la garde du convoi, ont armé nos kapos et nos *"Lagerschutz"* qui évoluent maintenant fusil sur l'épaule. »

ANDRÉ LAROCHE : « Les SS et encore les kapos ! Les kapos nous ont gardés jusqu'au bout. Et nous avions hérité des pires. Ceux qui, au fil des mois, n'avaient pas voulu collaborer avec les SS s'étaient faits descendre ou pendre. »

MARCEL ARBEZ : « Cette journée de vendredi s'achève et nous sommes encore à Tettenborn. Nous entamons notre deuxième nuit en wagon. Nuit coupée de nombreuses alertes sérieuses pendant lesquelles les SS verrouillent nos wagons et s'éloignent à quelque distance. L'alerte passée, ils reviennent prendre leurs fonctions. Enfin le jour se lève. (...)

« Vers midi, au milieu de nos réflexions angoissées, une locomotive, venue d'on ne sait où, nous prend en remorque. En route donc. Depuis notre départ de Dora, nous n'avons pas parcouru plus de quarante kilomètres. Le train roule toute la journée... la nuit arrive, la troisième. Elle s'écoule aussi longue que les autres, cependant que le convoi roule sans arrêt et à une bonne allure. Il fait à peine jour lorsque nous atteignons la gare d'Osterode. »

ANDRÉ LAROCHE : « Une ou deux fois, le train s'est arrêté pour plusieurs heures. Ceux qui le pouvaient descendaient. Moi, j'avais trop peur de ne pas pouvoir remonter. Dès que le train repartait on se remettait en position, serrés les uns contre les autres, surtout la nuit. »

Marcel Arbez : « Après une longue attente, c'est l'ordre de débarquer qui est donné. Sommes-nous à destination ? Sans doute pas, car on vient de demander aux malades et aux détenus qui ne sont pas en état de marcher de sortir des rangs. Plusieurs camarades, qui pourtant ne sont pas encore en si mauvais état, ont l'intention de rejoindre ce groupe, afin d'éviter une marche éventuelle à laquelle ils ne tiennent pas du tout. Je les en dissuade. Je pense qu'il vaut mieux aller jusqu'au bout de ses forces. Malgré cela, il en est qui restent : nous ne les reverrons plus. Nous apprendrons plus tard que, peu après le départ des hommes valides, les SS ont massacré tout ceux qui étaient restés et, malheureusement, beaucoup de Français étaient parmi eux. »

François Perrot : « On nous a entassés comme des sardines, à cent par wagon de marchandises à ciel ouvert, des "minéraliers". Et en route vers l'Est car on se repliait devant l'armée américaine. On a roulé ainsi des jours et des nuits. De temps en temps, à cause des bombardements, on s'arrêtait. Les SS se mettaient sous les wagons. On a traversé Chemnitz où il n'y avait plus que quelques pans de murs. Et puis, sans doute ont-ils su que l'Armée rouge arrivait en face, car on a obliqué plein sud en direction de la Tchécoslovaquie : Karlsbad, Marienbad… »

Marcel Arbez : « Dimanche 8 avril : nous voilà sur la route en colonnes par cinq, comme à la parade. Pourtant, c'est un défilé lamentable. L'allure est vive sur ces routes de montagne en lacets pittoresques. Nous montons pendant près de vingt kilomètres. Sur les plateaux, nous traversons des villes assez populeuses telles que Zellerfeld et Klaustal. Sous un soleil déjà chaud pour la saison, la marche se poursuit sans aucune pause, sans un arrêt, avec les chiens qui nous harcèlent. »

André Laroche : « Ce train, il fallait qu'il quitte Dora mais personne n'en voulait. C'est pour ça qu'il s'arrêtait en route. Ils ne savaient pas où le faire passer. Jusqu'au jour où ils ont trouvé une voie pour nous échouer à Ravensbrück. »

Jacqueline Fleury : « Le 14 avril nous continuons la route. C'est là que nous, les femmes françaises, tandis que les avions alliés passaient, nous nous sommes disposées en forme de croix de Lorraine ! Des gardiens furieux nous tiraient dessus. »

Marcel Arbez : « Enfin la descente, plus rapide encore. Dans toute la région, nous croisons des transports de troupes ou de matériel, nous apercevons des batteries d'artillerie de campagne en position. Les routes sont presque entièrement coupées par des fossés antichars, les accès des ponts hérissés de chicanes. La Wehrmacht se fortifie à la hâte dans ce massif montagneux. L'intention un moment caressée de nous évader doit être abandonnée : nous n'irions pas loin.

« La nuit tombe et nous marchons toujours, depuis le grand matin. Les SS font encore activer l'allure. Enfin, vers minuit, nous atteignons Oker, grande ville dont nous ne percevons que les grandes cheminées qui se découpent sur le ciel étoilé. Nous venons d'accomplir une magnifique performance : traverser tout le massif montagneux du Harz – quarante-cinq kilomètres – sans aucune halte et avec rien dans le ventre depuis trois jours.

« A Oker, en pleine nuit, tout le monde embarque dans les wagons, la machine est sous pression. A coups de crosse, les wagons sont bourrés à bloc. Nous sommes cent quarante-deux dans le nôtre ! Entassement incroyable et dont on se fait difficilement une idée exacte, même quand on y est passé.

« Pendant une semaine encore, nous allons être ballottés sur les voies de l'Allemagne du Nord au gré des ordres, des contrordres, des fantaisies... ou des voies bombardées. Magdebourg, puis direction de Brunswick et Hausure, ensuite retour à Magdebourg où nous essuyons sans aucune perte un bombardement aérien. Direction nord, nous traversons les gares de Stendal, de Brandenbourg Rathenow, Neurüppin. Il nous arrive de passer trois fois de suite dans la même gare. Le convoi semble désemparé. Est-ce le convoi fantôme ? »

André Laroche : « Toute l'Allemagne était sillonnée de colonnes de gars en marche et de trains fous qui, pressés par les SS, fuyaient les Russes puis les Américains en tous sens. »

François Perrot : « Nous sommes arrivés au bout de dix jours à une petite gare, Tachau. On ne tenait plus debout. Là on nous dit : "Nous allons continuer à pied. Que ceux qui ne sont pas en état de marcher se mettent sur le côté." Ceux qui sont sortis des rangs, on ne les a évidemment plus jamais revus. »

JACQUELINE FLEURY : « Nous avons fait une trentaine de kilomètres toute la nuit. Ma mère marchait devant moi. Je voyais ses jambes qui sortaient comme deux bouts d'os de ses chaussures. Une trentaine de kilomètres dans la nuit... Pour nous retrouver à nouveau à l'entrée du camp !... »

MARCEL ARBEZ : « Les morts se multiplient. La faim fait de terribles ravages. Mais ces morts par épuisement sont paisibles et passent inaperçus. L'homme vidé de sa substance s'éteint comme une lampe sans huile. D'ailleurs les vivants ne valent guère mieux. Chacun est prostré, hagard et sans force, comme hébété. Parfois, un sourire béat, illuminé, éclaire ces pauvres visages. Nous sommes couchés les uns sur les autres, les plus vigoureux essayant de surnager, les morts au-dessous. Nous ne souffrons même pas ; les tiraillements d'estomac ont cessé au bout du troisième ou quatrième jour.

« Cependant, les nuits sont extrêmement pénibles. Il n'est pas question de dormir. Dès que la nuit est tombée, il faut se préserver et lutter. (...) On s'invective en français, en polonais, en russe, en allemand, en tchèque. Chacun dépense ses dernières forces pour conquérir un peu de place impossible à trouver. Les nerfs sont hyperexcités et plusieurs cas de meurtres sont à déplorer : sous l'empire du système nerveux, il arrive que l'un ou l'autre étrangle son voisin, ou lui coupe la gorge pour boire son sang. »

ANDRÉ LAROCHE : « Il y a eu évidemment des cas de folie. C'était la lutte pour la vie, entre les Russes notamment, qui étaient d'un côté du wagon, les Français et les Belges de l'autre. Nous nous tenions jambes écartées, encastrés les uns dans les autres, nous serrant pour ne pas être happés par la horde de Russes qui voulait éventuellement nous égorger et nous dévorer.

« Je voyais cela dans un brouillard. Certains de mes amis ayant perdu en partie la raison, ne se rendaient pas compte. »

MARCEL ARBEZ : « Quand le jour paraît, c'est chaque fois un étonnement de voir son voisin ou son bon camarade encore plus ridé que la veille, encore plus amaigri, encore un peu plus hagard. (...)

« Dimanche 15 avril : dix jours exactement après notre départ de Dora, nous arrivons dans la petite gare de Fürstenberg, à un kilomètre du camp de Ravensbrück. Depuis dix jours, pas la moindre bouchée de nourriture n'a traversé notre gosier, et cependant nous sommes encore une centaine en vie dans notre wagon : qui l'eût cru ! »

ANDRÉ LAROCHE : « Nous sommes descendus non sans mal. Il a fallu tirer les cadavres. Et nous partîmes cinq par cinq en nous serrant les coudes. »

MARCEL ARBEZ : « Quand je reçois l'ordre de descendre du wagon, c'est comme à regret que je quitte mon coin. Mes jambes sont à peine capables de me porter, mes yeux sont comme recouverts d'un brouillard. Bras dessus, bras dessous, nous aidant mutuellement cinq par cinq, nous marchons vers le camp, dernière étape de cette terrible évacuation. »

« Et les pieds se buttent, se heurtent, se poussent
« Chacun attaché à un corps contracté
« Traîné par le flot des pieds qui roule en avant
« Noyé par la marée des pas qui déferle derrière. »

Maurice Braun

« Nous arrivons à Ravensbrück. Malgré un lac magnifique au milieu des pins, et entouré par les magnifiques résidences bâties par les SS, ce lieu était lugubre. »

ANDRÉ LAROCHE : « Nous sommes arrivés dans le camp. Nous nous sommes allongés et nous avons dormi. Puis on nous a donné de l'eau. »

MARCEL ARBEZ : « Le lendemain, appel. Mais une centaine d'entre nous sont morts pendant la nuit et beaucoup d'autres ne peuvent se lever. Heureusement, cet appel sera bref et, immédiatement après, nous recevons notre ration de vivres : un morceau de pain et de margarine et un demi-litre de soupe. Nous mangeons, mais sans appétit ; la soupe descend bien, mais pour beaucoup, impossible d'avaler le pain, car nous n'avons plus de salive. J'en suis réduit à manger ma margarine seule, et beaucoup d'autres camarades ne peuvent même plus la manger. C'est une demi-douzaine de rations de margarine que j'ingurgite et nous nous replongeons dans le sommeil ; par bonheur, les SS nous fichent la paix. Ils pensent encore avoir besoin de nous et ils nous laissent reprendre nos forces. Le soir, encore un demi-litre de soupe et ça va déjà mieux.

Jeune Polonais de seize ans déporté à l'âge de douze ans

« Les jours suivants, le travail reprend, piano, piano. Nous nettoyons notre camp et nous aménageons un peu nos baraquements. Mais il y a beaucoup de malades et la dysenterie fait des dégâts.

« Le jeudi 19, les SS nous font savoir que le travail va reprendre sérieusement et aussitôt ils constituent des kommandos qui, pelle sur l'épaule, sortent du camp. Pour moi, je coupe encore à cette corvée. Mais le lendemain, je suis pris comme les autres... et on nous emmène à une dizaine de kilomètres creuser des fossés antichars. Heureusement, le sol est sablonneux et la bêche suffit. Cependant, un vent violent souffle sans cesse dans ces régions proches de la Baltique et cela nous déprime. Encore deux jours de ce travail.

« Le dimanche 22, nous travaillons dans le grand camp où se trouvent encore quelques femmes polonaises et russes détenues. Mais toutes les autres sont parties depuis plusieurs jours, et en particulier toutes les Françaises, et le grand camp qui a vu passer plusieurs centaines de milliers de femmes est maintenant quasi vide.

« Lundi 23 avril, à l'appel du matin, nous recevons l'ordre de nous munir chacun de notre couverture, sans doute pour changer de baraquement. Nous passons dans le grand camp que nous traversons dans toute sa longueur (environ un kilomètre). Mais que se passe-t-il ? A la porte du camp, on nous distribue un colis pour deux : un splendide colis de la Croix-Rouge américaine contenant biscuits, conserves, sucre, chocolat... Quelle affaire ! Mais les SS nous préviennent aussitôt qu'il s'agit de vivres de route, que nous ne toucherons rien d'autre en cours de route. C'est donc que nous partons. Mais où ?

« Nous passons à côté de la gare sans nous y arrêter. Colonnes par cinq. Nous voici de nouveau sur la route et les SS, armés de mitraillettes et accompagnés de chiens, nous escortent et nous gardent avec vigilance.

« Sur la route, nous croisons des convois de la Wehrmacht, des chars, de l'artillerie, très bien équipés : sans doute des troupes fraîches. Notre route traverse d'immenses forêts de pins dans lesquelles cantonnent de nombreux soldats. L'allure est très vive et il nous faut faire des efforts pour suivre la cadence, surtout avec nos galoches trop lourdes et trop grandes.

« Dans notre groupe, six Français seulement ; six Français du block 132 de Dora (...).

« La route se poursuit, monotone. La nuit tombe, mais nous poursuivons. Au milieu de la nuit, nous passons à Neustrelitz, c'est donc que nous montons sensiblement vers le nord, en direction de la mer Baltique. Quelques minutes de repos à la sortie de Neustrelitz, puis nous repartons de nouveau dans les pins. Quand le jour se lève, nous avons parcouru quarante-cinq kilomètres depuis la veille à 3 heures de l'après-midi. Ça a marché à peu près, entre Français nous nous sommes soutenus ferme et nous nous promettons bien de tenir jusqu'au bout... »

LUCIEN BENHAIM (Évacuation de Buchenwald) : «... je traînais une jambe avec une plaie de douze centimètres et verte de gangrène (...). Le premier soir à la sortie du camp, quelques kilomètres à peine, je me mis à genoux en signe d'abandon. Un camarade me prit le bras et me somma de me mettre debout. Il me remorqua une dizaine de bornes environ et, la mécanique réamorcée, je suivis la colonne sans trop de conviction.

« Un autre malheur se produisit. La tige de ma chaussure à semelle de bois se décloua et les clous se plantaient dans mes pieds... »

> «*L'on dira : Non vraiment, cet homme exagère.*
> «*Le croiras-tu, ma chère,*
> «*(...)*
>
> «*Ami lecteur, veux-tu que je te dresse*
> « *Une liste d'adresses ?*
> «*Ils se moquent pas mal des lois des médecins,*
> «*Les bourreaux de métier et autres assassins.*
>
> Léon Leloir

ANDRÉ LAROCHE : « Une fois, je me retourne tout en continuant de marcher, je vois un SS achever l'un d'entre nous. Ceux qui se retrouvaient en queue de colonne étaient abattus. Alors nous avons essayé de remonter sans cesse la colonne pour ne pas être parmi les derniers. C'était épouvantable. Et on entendait les coups de feu... On ne se retournait plus. »

MARCEL ARBEZ : «... Vers le milieu de la matinée, j'ai une défaillance, une douleur subite à la jambe droite me cloue sur place. Le SS de service va me tuer comme un chien. Je fais encore dix mètres... »

FRANÇOIS PERROT : « Les camarades tombaient ou s'arrêtaient, épuisés. Dans un cas comme dans l'autre ils recevaient une balle dans la tête. Nous entendions sans arrêt des coups de feu. On voyait un type vaciller, s'arrêter, tomber, le SS arrivait et sortait son revolver. C'était fini. »

JACQUELINE FLEURY : « Comme ma mère ne pouvait plus bouger, on s'est dit que c'était fini. Ou on reste là et ils nous fusillent, ou on tente de s'évader. On a fait une tentative et on a été reprises quelque temps après... »

MARCEL ARBEZ : « On siffle la pause. J'ai eu chaud. Trois heures de sommeil concentré et on repart. Tout va bien, ma douleur a disparu. La marche toujours rapide se continue tout le jour et une partie de la nuit. Au petit jour, pose et sommeil dans une carrière en bordure de route.

« Le mercredi 25 avril, nous traversons Waren, ville assez importante à la limite de la Poméranie et du Mecklembourg. Pour la première fois nous pouvons parler à des civils : il y a là des Belges et quelques Français, prisonniers transformés. Nous sommes avides de nouvelles : les Russes sont, paraît-il, assez proches et l'on aurait vu leurs blindés à cinquante kilomètres. Mais personne ne peut nous donner de précisions. (...)

« Jeudi 26 avril : nous atteignons Malchow où règne le désordre. De nombreux réfugiés encombrent les places, les rues, les cours intérieures...

« Vendredi 27 : nous attendons les ordres des autorités supérieures pour repartir. La bataille est proche, nous entendons le canon. Les réfugiés arrivent toujours.

« Samedi 28 avril : ordre est donné de repartir. Après un rapide regroupement par colonnes de cinq cents détenus, nous reprenons les sentiers de forêt où il serait facile de s'évader, mais le flair des chiens ne tarderait pas à nous faire repérer. »

JACQUELINE FLEURY : « Ce 28 avril, nous nous sommes de nouveau évadées, nous cachant dans une cabane à outils. Des prisonniers de guerre français qui travaillaient dans les fermes nous ont trouvées le matin, ils nous ont un peu habillées, heureusement donné peu de choses à manger. »

MARCEL ARBEZ : « A la faveur de notre séjour à Malachow, nos gardiens ont été relevés et nous avons affaire à des soldats ayant tous entre cinquante et soixante

ans, probablement récupérés de dernière heure. Assez bons enfants, ils ne peuvent marcher très vite en raison de leur âge et de leur peu d'entraînement ; nous en bénéficions. »

JEAN-PIERRE RENOUARD : « Ils ont raclé les fonds de tiroir : les gosses – les *"Volksturm"*, les vieux, etc., pour garder les déportés l'arme à la bretelle. »

MARCEL ARBEZ : « Depuis notre départ de Ravensbrück, et à part le colis américain que nous avions reçu, nous n'avons mangé que des betteraves ou des pommes de terre crues, rencontrées au hasard du chemin, dans les silos ou dans les champs. Ils nous est arrivé aussi plusieurs fois de trouver un cheval crevé, vite dépecé et aussitôt assimilé. Pendant deux jours, nous ne voyons pas autre chose que la forêt. »

JACQUELINE FLEURY : « Le 20 avril, on nous donna un morceau de pain. Cela faisait sept jours que nous mangions de l'herbe et buvions l'eau de ruissellement, traînant toujours le chariot. On entendait le son du canon. On se disait que les Russes allaient arriver nous libérer, mais ça ne venait jamais, on continuait. C'était dantesque et absurde. »

Le crématoire
de Neuengamme

Marcel Arbez : « La débâcle allemande atteint son maximum, c'est à croire que toute l'Allemagne est sur les routes. C'est une cohue où se croisent tous les peuples de l'Europe : civils allemands, soldats de la Wehrmacht blessés et épuisés qui refluent sans ordre, prisonniers de guerre, travailleurs étrangers, déportés. Le Feldgrau côtoie le kaki ou le rayé du bagnard. Les voitures attelées transportent des familles entières avec leur mobilier et leurs biens, quelques-unes en route depuis Breslau. Personne ne fait plus attention à nous. Pourtant, si nous sommes à peu près en sécurité sur la route, il serait dangereux de nous aventurer dans les bois où patrouillent, revolver en main, les jeunes de la Hitlerjugend.

« Mardi 31 avril : la canonnade se rapproche insensiblement et... soudain, mardi matin, au petit jour, alors que nous sortions d'une longue marche dans la forêt, nous percevons pour la première fois des claquements de mitrailleuses. Les Russes sont là. Quelques gros chars allemands battent en retraite, criblés de trous d'obus. Les blessés refluent. Des troupes en camion montent en renfort; nous sommes en plein centre de la bataille. Les civils se hâtent, voulant échapper à la terreur de l'Armée rouge. »

Jacqueline Fleury : « Ils nous ont sauvées de l'Armée rouge en nous cachant. Certains soldats violèrent même les déportées... ce qui arriva à l'une de nos camarades qui était pourtant couverte de croûtes et de plaies d'avitaminose de la tête aux pieds. »

Marcel Arbez : « Mercredi 1er mai : nous passons à Lubz. Nous n'entendons plus que le canon au loin.

« Jeudi 2 mai : nous sommes toujours sous la coupe des SS. La pagaïe sur la route est indescriptible. Mais la journée s'achève et nous ne savons pas où nous sommes. Un convoi de prisonniers de guerre français, en repli, nous distribue des paquets de cigarettes; c'est tout ce qui leur reste. "Encore vingt-quatre heures et nous crevons tous", dis-je à l'un deux; mais il m'assure qu'avant vingt-quatre heures, nous serons libres.

« Au soir nous nous retrouvons encore au bord de la route, prêts à passer une nuit comme tant d'autres. (...) André Laroche fête ce soir ses vingt ans. Nous avons quatre betteraves et des cigarettes. La pluie s'est mise de la partie, il fait très froid. Travaillé par la dysenterie, je grelotte sans ma couverture.

« Tout à coup, une nouvelle sensationnelle : un détenu nous dit avoir vu une automitrailleuse canadienne dans les parages. La nouvelle est-elle vraie? Nous ne le contrôlons même pas; tout le monde s'embrasse. Russes, Polonais, Tchèques, Yougoslaves, Italiens, Belges, Hollandais, Français, dans les bras les uns des autres. Les SS ont disparu comme par enchantement. La neige se met de la partie. Des feux s'allument dans tous les coins. Les Polonais, épuisés, à bout, comme tous les autres, trouvent malgré tout assez de force et exécutent des danses endiablées. Notre petit groupe de six Français est plus calme. Nous nous endormons près de notre feu. Mais André Laroche se souviendra de ses vingt ans, j'en suis certain.»

ANDRÉ LAROCHE : «A partir d'un certain moment, quand ils ont vu, la dernière nuit, que tout était fini pour eux, que les troupes russes étaient très proches, les SS ont quitté leurs vêtements, ont revêtu des vêtements civils ou de détenus, les kapos allemands aussi se sont enfuis dans mon secteur.»

MARCEL ARBEZ : «Le lendemain, nous nous réveillons de bonne heure; certains ont passé la nuit sans dormir, autour de leur feu. Tout est calme. Pas de canonnade. Nous ne savons que penser de l'événement. En tout cas, il ne nous a pas rempli le ventre, et nous reprenons la route, en quête de nourriture, car ce n'est pas dans la forêt que nous trouverons à manger.»

ANDRÉ LAROCHE : «Le 3 mai 45, nous avons vu passer une Jeep américaine. Nous avons été très étonnés. Sans joie. Nous n'aurions pas eu la force de lever les bras ou même de sourire. Nous avons vu repartir cette Jeep, puis arriver les troupes d'assaut russes.»

MARCEL ARBEZ : «Mais les kilomètres s'ajoutent aux kilomètres, et nous n'avons toujours que des pins à notre gauche, des pins à notre droite. Les troupes allemandes refluent... certains sans arme. D'autres, sans casque, sans sac : ils sont bien battus cette fois.

«Enfin, à la fin de cette journée, après de multiples pauses, après bien des discussions, et même des disputes (Faut-il s'arrêter et attendre? Faut-il continuer?), notre petit groupe arrive en vue de maisons isolées et disséminées. Nous nous y arrêtons pour y passer la nuit. Pour la première fois depuis onze jours, nous allons dormir sous un toit...»

PAUL LE GOUPIL : «La plupart des trois mille survivants du camp de Langenstein-Zwieberge marchèrent pendant douze jours et, après trois cents kilomètres, se retrouvèrent près de Wittenberg. Une colonne fut complètement anéantie et on ne retrouva pas sa trace, une marcha jusqu'au 28 avril près de Berlin avec seulement dix-huit survivants. Il n'y eut, en tout, que cinq cents à six cents survivants. Toutes les routes et les cimetières de la région sont jalonnés de monuments et de tombes... »

*

Ceux qui ne sont pas évacués...

JEAN MATTÉOLI : « Le camp de Bergen-Belsen était à cette époque ce que l'on pouvait imaginer de plus abominable. Il avait été destiné à recevoir des Juifs qui, pour certains, devaient être réexpédiés dans des pays neutres. Il pouvait être considéré comme un camp de transit. Il y avait dans les armoires des baraquements – auxquelles nous n'avons pas eu accès – des vêtements, des objets personnels que les Juifs possédaient. Ce camp devait recevoir un petit millier de personnes. Or les déportés arrivaient par milliers dans ce camp, venant de partout. C'était l'une des dernières réserves dont disposaient les nazis pour éviter que les déportés tombent aux mains des Alliés au fur et à mesure de la libération des camps.

« La première image que nous avons eue de Bergen-Belsen a été l'accumulation extraordinaire de cadavres dans les allées du camp, dans les baraques, partout. La seule tâche que nous aurons à accomplir le surlendemain de notre arrivée depuis Misburg, fut de nous atteler deux par deux, avec des lanières de couvertures avec lesquelles nous attachions les pieds des cadavres, de les traîner jusqu'aux fosses communes qui se trouvaient à l'extrémité du camp. Nous jetions ces cadavres dans les fosses où ils s'enchevêtraient les uns dans les autres. Nous ramassions assez souvent des cadavres de femmes, bien que nous fussions séparés du camp des femmes par une rangée de fil de fer barbelés, où j'aurais pu apercevoir Simone Weil, la petite Anne Franck, la mère de l'une de mes belles-filles et bien d'autres... Cela avait quelque chose d'hallucinant. Cette longue ligne de déportés qui, deux par deux, traînaient un cadavre jusqu'à la fosse commune et la ligne en parallèle de ceux qui revenaient des fosses pour rechercher

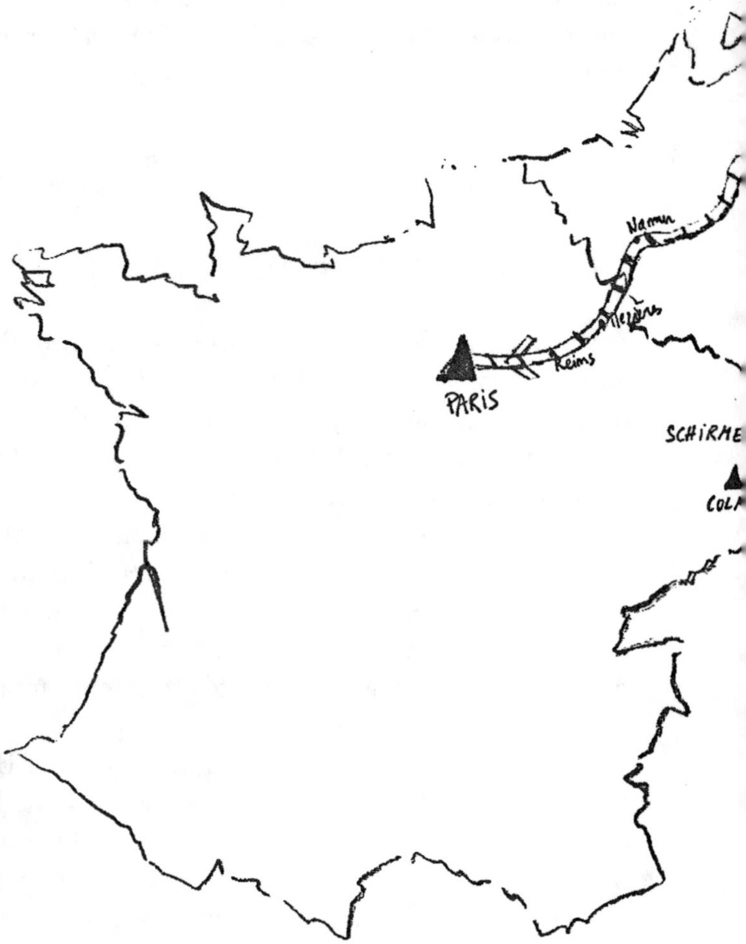

Parcours d'Henry Clogenson

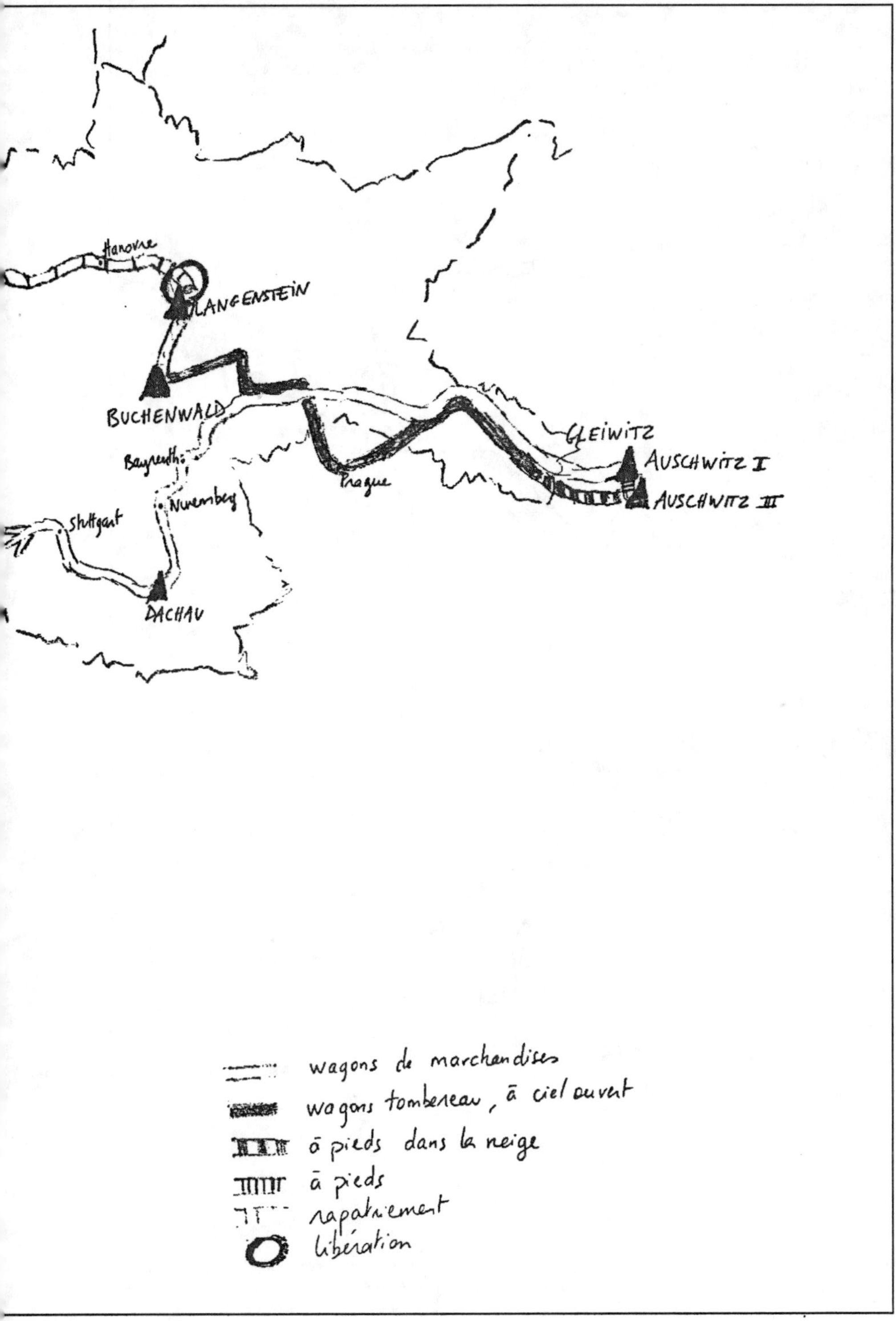
Hanovre
LANGENSTEIN
BUCHENWALD
Bayreuth
Nuremberg
Stuttgart
DACHAU
Prague
GLEIWITZ
AUSCHWITZ I
AUSCHWITZ III
wagons de marchandises
wagons tombereau, à ciel ouvert
à pieds dans la neige
à pieds
rapatriement
libération

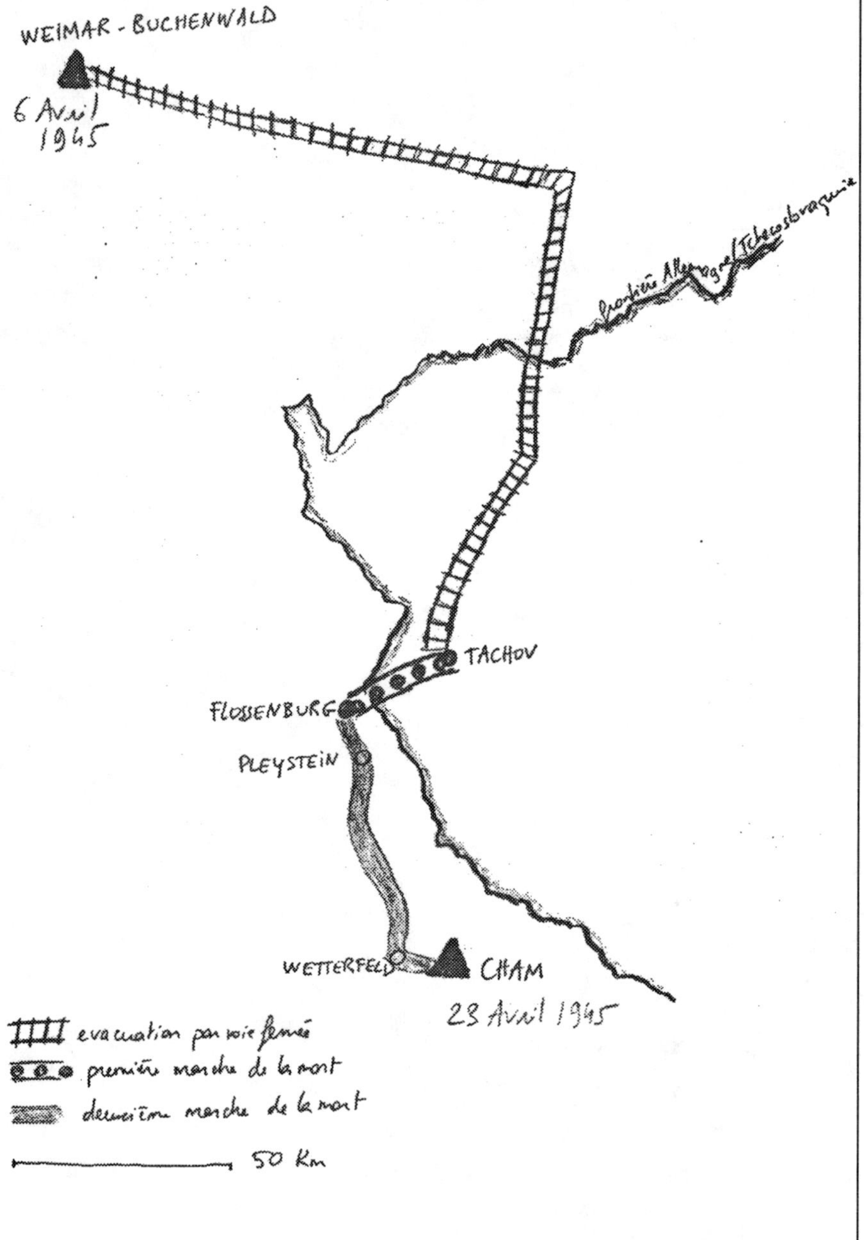

Évacuation de François Perrot

un cadavre dans le camp. Cela durait depuis le lever du jour jusqu'au soir très tard.

«Durant ce temps, nous n'avons eu quasiment rien à manger. Et dans les quatre ou cinq derniers jours nous n'avions même plus d'eau. Et Bergen-Belsen s'est terminé par une épidémie de typhus.»

JEAN-PIERRE RENOUARD : «A la fin, les nazis ramassaient le plus de monde possible, ils remplissaient des trains et des trains. Devant l'avance des Soviétiques qui avaient occupé la moitié de l'Allemagne, ils ont entassé tout le monde dans ce qu'il restait de camps en en groupant le maximum, de façon à libérer les sentinelles pour qu'elles puissent aller se battre.»

ROGER JOLY : «Les déportés ne travaillaient plus. Ils attendaient, inutiles économiquement, exténués. Que fait-on de déchets inutilisables dans l'esprit nazi ? On les laisse pourrir. Et on a laissé crever ici beaucoup plus qu'ailleurs, parce qu'on n'avait même plus de justification économique pour les faire travailler.»

JEAN-PIERRE RENOUARD : «J'ai traîné des morts pendant quinze jours. Avant d'arriver là, je n'avais rien vu. C'était inimaginable. Des monticules de cadavres. Haut comme des maisons. Un jour, j'urine dans le fond d'une baraque. Il y avait là, sous quelques autres, un homme qui me regardait. Il n'était pas encore mort...»

JEAN MATTÉOLI : «Ceux qui n'ont fait que traîner les morts à longueur de journée vers les fosses n'ont pas survécu. Pour moi, au bout de quatre ou cinq jours, avec mon expérience des camps (bien que je sois arrivé seulement au début juin 1944, j'étais quand même, compte tenu du pourcentage de morts, l'un des plus anciens déportés) j'ai compris que je devais arrêter. A la première occasion, je me suis caché dans un baraquement dont l'une des fenêtres était ouverte. Dans ce baraquement bourré de cadavres, j'ai passé là l'un des moments les plus agréables de ma vie. J'étais seul, j'avais trouvé une ou deux couvertures (pleines de poux bien sûr). Je ne souffrais même plus de la faim et de la soif – tout cela était tellement ancien...»

24
La libération

« La liberté appartient à ceux qui l'ont conquise. »

André MALRAUX

ROGER JOLY (Ier mai 1945) : « Himmler, lors de ses tractations avec Bernadotte, président de la Croix-Rouge internationale, avait finalement accepté de délivrer des cales les détenus français, belges, hollandais. Nous étions deux cents vingt sur le pont. Un crachin glacial donne à ces spectres une allure irréelle. A pleins seaux, l'eau de la Trave sert à la toilette de ces hommes nus, grelottant de froid sous le regard haineux des SS. Il y a des Français, des Belges, des Hollandais qui sont restés en enfer. Peu, mais il y en a. Mourants et incrédules à l'égard du sort...

« En bas, sur le quai, des cars blancs, portant croix rouges sur leurs flancs, attendent. Un officier SS donne l'ordre de quitter le navire. La colonne franchit lentement la passerelle. Des Suédois, en uniforme de la Croix-Rouge, nous invitent à monter dans les autocars. Nous nous y casons, en compagnie d'une escorte de SS armés et de quelques chiens.

« On roule. Dans une ville démolie. Au milieu de flots de réfugiés qui s'entremêlent : les uns fuient les Russes, à l'est ; les autres les Anglais, à l'ouest, ou les Américains, au sud. J'avoue que j'ai chaud au cœur devant cette misère ; celle de 1940 était la nôtre. Celle-ci n'est qu'un juste retour des choses...

« Nous arrivons enfin dans un autre secteur du port de Lübeck. Il est calme. Les cars s'arrêtent. On nous en fait descendre. A cinquante mètres de là mouillent deux bâtiments peints en blanc, eux aussi. Sur leur coque, les couleurs suédoises.

« Sur les pavés du port court une large bande jaune le long de laquelle nous lisons "Neutral Zone[1]". L'escorte SS se forme et s'arrête, chiens compris, juste à

1. « Un accord était intervenu entre les Alliés et le gouvernement du Reich : ce dernier s'engageait à ne pas faire de trafic militaire dans un important secteur du port de Lübeck ; en échange de quoi, l'aviation alliée s'abstiendrait de bombarder cette zone. Accord respecté. La ligne jaune matérialisait la zone neutre. »

cette ligne. De l'autre côté de celle-ci se tient un groupe d'hommes en uniforme : ce sont des officiers de la Croix-Rouge suédoise. A leur tête, le comte Bernadotte, président de l'organisation. Il nous fait signe d'avancer. Nous progressons vers lui, encadrés par la haie des SS. Lorsque le dernier d'entre nous a franchi la ligne jaune, il nous dit simplement dans un français impeccable : "Je salue en vous des hommes libres !..."

« Et il ajoute plus bas : "Et maintenant, montez vite à bord de ces bateaux. Car je ne sais pas ce qui pourrait encore arriver..."

« Il est 11 heures du matin, ce 1er mai 1945.

« Dans la nuit du 2 mai, vers 3 heures du matin, nous touchons le port de Trelleborg, en Suède.

« Ici, je viens de naître une seconde fois. »

MARCEL PETIT : « Soudain, des coups de feu claquent dans le camp et les balles sifflent. De leurs miradors, les SS tirent-ils sur les blocks ou sur les Alliés qui s'approchent ?

« La plupart de mes voisins sortent de leur box et s'allongent sur le plancher. Mais à quoi bon ? Où que nous nous trouvions, les balles pénétreront partout très facilement et je ne crois pas qu'une position vaille mieux qu'une autre. Je conserve la position allongée sur les planches, la tête auprès de la paroi.

« Peu après, un camarade qui ne peut demeurer à sa place ouvre légèrement la porte. Fou, jubilant, il nous lance :

« – Ça y est... les SS descendent des miradors... ils sont au bas... non, ils ne se préparent pas à combattre, ils foutent le camp comme des lapins. Ça y est...

« Ne pouvant plus se contenir, il ouvre la porte toute grande.

« – Ah ! nous sommes délivrés. Le camp se rend, regardez sur les blocks, on hisse les drapeaux blancs.

« D'une poussée irrésistible, tous les hommes sont bientôt dehors, au milieu du fracas de la bataille. Une âcre odeur de poudre nous suffoque, mais cela sent bon.

« C'est bien vrai... Sur les toits de chaque block, des internés hissent des drapeaux blancs hâtivement confectionnés. Les petits avions, les "mouchards" reviennent et rasent les toits, passent et repassent. Nous les saluons d'une ovation enthousiaste, délirante. Nos coiffures volent en l'air. Nous agitons nos mouchoirs. Nous ne savons que faire. Nous sommes comme des fous... (...)

« Une joie indescriptible nous gagne tous. Les larmes, mais des larmes de joie, coulent sur de nombreux visages. Un tremblement nerveux, convulsif, agite certains. D'autres sont pâles comme des cadavres. On s'embrasse ici. Là, on se serre frénétiquement les mains. Les anciens ennemis se congratulent. Pardonnons-nous, nous sommes libres maintenant… Voleurs et volés s'étreignent, subitement attendris.»

MAURICE BRAUN : «Nous avions monté à Buchenwald, pour le cas où les nazis voudraient nous liquider, une espèce d'autodéfense que les communistes appellent la "brigade libératrice". J'en ai fait partie. J'étais chef d'un secteur. Nous disposions peut-être d'une centaine de fusils, contre des SS puissamment armés. Elle n'a pas eu – Dieu merci – à combattre puisque les Américains sont entrés dans le camp le 11 avril. On a juste coupé des barbelés et fait prisonniers les SS qui restaient.»

MARCEL PETIT : «Fort heureusement, nos moyens de défense n'ont pas été utilisés car, au moment où les SS quittaient leurs miradors, la tour était également abandonnée, et lorsque les détenus armés montèrent à l'assaut de la direction,

tout danger de résistance était écarté. Les quelques SS qui avaient été oubliés par leurs chefs dans certains services se rendirent sans coup férir. Sans avoir fait usage de leurs armes, les détenus étaient maîtres de Buchenwald quelques instants avant l'arrivée des Alliés. »

MARCEL PETIT : « Nous nous dispersons de tous les côtés, au-devant de nos libérateurs, et nous pouvons alors assister au déroulement de la bataille dans notre secteur.

« D'innombrables chars parcourent la plaine, mitraillant sans arrêt. Pendant des heures, les blindés passent sans rencontrer la moindre résistance. Au loin, de hautes colonnes de fumée s'élèvent. Des villes, des villages brûlent.

« Ce soir, les Alliés nous auront dépassés de plus de cinquante kilomètres, qu'il passent vite, car là-bas, vers l'est, d'autres camps regorgent de détenus. »

GEORGES GUILLEMIN (Dachau) : « De la paillasse où j'étais, j'ai compris que nous étions libres. Mais je n'ai été ni ému, ni bouleversé, je n'ai même pas eu un sentiment de soulagement, c'était fini. Je ne pouvais plus aller au-delà ni dans l'exaltation, ni dans la résistance. J'étais dans la baraque 29 (la "cour des miracles" dans l'argot du camp). Je suis sorti dans le camp, je me suis promené. J'ai toujours une image devant les yeux : près de la grille qui fermait notre enclos, il y avait un homme recroquevillé sous une couverture : un "musulman". Quand je suis rentré de ma promenade, il était mort. C'était pour moi l'image de la fin. »

JEAN-PIERRE RENOUARD : « Les Anglais voyant, à quatre pattes dans ses excréments, un type halluciné les regardant sans rien dire, ou souriant édenté, ou sanglotant, se disaient : "Ce n'est pas un être humain, mais un être à part, un être d'un autre monde… du monde concentrationnaire." Et ils ne savaient pas quoi faire. »

JEAN MATTÉOLI : « L'un des étonnements des Anglais arrivés dans le camp de Bergen-Belsen, en dehors de l'horreur, fut de ne déclencher aucune manifestation de joie. »

MARCEL PETIT : « Il est bon notamment de préciser que les troupes alliées, qui faisaient la guerre, avaient autre chose à faire que de s'occuper de nous. Elle ne nous ont pas apporté quoi que ce soit qui puisse améliorer nos conditions d'existence. »

Jean Mattéoli : «Ces hommes étaient des soldats. Ils devaient continuer le combat, ce qui explique qu'ils n'aient pas pu nous soigner et nous nourrir comme il aurait fallu.»

Marcel Petit : «Jusqu'à mon départ du camp, le 20 avril, l'alimentation du camp fut toujours assurée par les cuisiniers, grâce aux réserves accumulées et à l'appoint des produits de la ferme. Mais trente mille hommes mangent... si bien que, pendant plusieurs jours, nous fumes encore rationnés en pain.

«(...) Hier, des services de la Croix-Rouge nous ont apporté de quoi écrire à nos familles, en nous prévenant toutefois qu'il était fort possible que nous rentrions dans nos foyers avant l'arrivée de nos messages. Effectivement, c'est moi-même qui ai reçu mon envoi, huit jours après mon retour chez moi.

«Heureusement, par d'autres moyens, j'avais pu faire partir quelques lettres qui, bien arrivées, mirent fin aux angoisses de ma famille, ignorant tout de mon sort depuis mon départ de Paris, le 15 août 1944.

«Un bruit apparemment fondé circule dans nos rangs :

«– Nous allons être évacués vers la France...

«Ce n'est pas dommage car, depuis la délivrance, du fait que l'installation d'adduction d'eau a été détériorée par les SS, nous n'avons comme breuvage que l'eau contenue dans l'installation de chauffage central des casernes SS. La dysenterie fait à nouveau de nombreux ravages.»

Jean Mattéoli : «Il y avait maintenant à Bergen-Belsen des correspondants de guerre. L'un d'eux recherchait les officiers français membres des réseaux de la Résistance. J'ai pu me présenter et dire quelques mots à la BBC, ce qui a permis à ma famille de savoir que j'étais vivant. Les Anglais se privaient de leur ration quotidienne pour nourrir quelques-uns d'entre nous. Par chance, je n'ai quasiment rien mangé. Ce qu'ils nous offraient, comme des haricots en boîte, était mortel.»

Marcel Petit : «Les bruits de rapatriement se précisent à nouveau mais nous ne savons par quel moyen nous partirons. En tout cas, c'est nous, les invalides, qui devons partir les premiers, nous a-t-on assuré.

«Ces jours derniers, plusieurs internés sont partis en avion, mais ce sont des personnalités en vue, dont Marcel Paul. Ils sont partis afin, paraît-il, de préparer notre retour, car le gouvernement français n'a pas envisagé les moyens de notre retour.

«– Nous ne vous abandonnons pas, ont précisé nos responsables. A Paris, nous nous occuperons de vous et nous reviendrons vous chercher.

«Ils ne sont jamais revenus et ce sont des membres d'une mission religieuse qui ont pris sur leur responsabilité de nous faire évacuer après être intervenus de nombreuses fois auprès des autorités militaires américaines.»

JEAN MATTÉOLI : «Je me souviens, alors que je commençais à avoir le typhus, d'une femme hongroise qui était passée de son camp dans notre camp, venue dans ma baraque et qui, ayant eu elle-même le typhus et sachant ce que c'était, m'a lavé la langue avec de l'eau. C'est un souvenir extraordinaire. La langue de quelqu'un qui n'a pas bu pendant des jours et des jours est quasiment sèche. Cette impression était extraordinaire. Moins cependant que l'impression de charité qui venait de cette femme.»

EDMOND LAILLER[1]
(le lendemain de sa libération de Ravensbrück)
« 1ER MAI

«Diarrhée intense. Pourquoi ai-je bu de l'eau froide avec des pommes déshydratées. Je vais en eau. J'ai peur de regarder les cadavres qui s'entassent au pignon de notre Revier. Comme la jeune captive : "Je ne veux pas mourir encore."

«Je veux revoir la France. Les morts abondent. On les fait tomber du deuxième ou troisième étage sur le parquet, puis dans une couverture on les traîne jusqu'à la porte.

«Aucun respect. Les voisins se partagent souvent les vêtements et le ravitaillement. (...)

«Un "médecin" polonais fait distribuer du pain russe et est acclamé. Sur la table unique servant aux pansements, on apporte un poulet rôti. Il y a aussi quelques bonnes bouteilles.

«Pendant ce temps je ne peux pas même approcher du poêle pour réchauffer un peu de café froid, car je dérange un Polonais ou un Russe *"Stubendienst"* dormant à côté. Jolie, la fraternité des peuples.

1. In *Témoignage d'un déporté, 30 avril-21 mai 1945.*

« Des infirmières viennent nous voir et sont écœurées de notre état de malpropreté[1]. »

MAURICE BRAUN : « Robert Desnos avait été arrêté en février 44. Déporté au mois d'avril, il était successivement passé à Auschwitz, à Buchenwald, à Flossenbürg et enfin à Flöha en Saxe, où il est resté jusqu'à l'approche des armées alliées. Il a effectué de lamentables "marches de la mort" tout au long du mois d'avril.

« Il était si épuisé que lors de sa délivrance par l'armée américaine, le 28 avril, il dut être hospitalisé. Il fut reconnu par un étudiant en médecine français qui avait vu sa photo dans un exemplaire de *Nadja*, d'André Breton. Avant de mourir il lui dit qu'au cours de la "marche de la mort", un déporté tzigane lui avait volé la boîte contenant ses poèmes alors qu'il croyait y trouver des chocolats.

« Robert Desnos est mort du typhus et d'épuisement le 8 juin 1945. Ce *Dernier poème* fut écrit à l'hôpital, à l'ombre de la mort...

1. Edmond Lailler décède le 21 août 1945.

«J'ai tellement fort rêvé de toi,
«J'ai tellement marché, tellement parlé,
« Tellement aimé ton ombre,
« Qu'il ne me reste plus rien de toi.
«Il me reste d'être l'ombre parmi les ombres
«D'être cent fois plus ombre que l'ombre
«D'être l'ombre qui viendra et reviendra
«Dans ta vie ensoleillée.»

*

ANDRÉE RIVIÈRE : «Nous sommes arrivées au Danemark, couchées les unes sur les autres, gardées par un brave vieux soldat allemand de la Wehrmacht, si vieux que nous l'avions aidé à monter.

«Quand notre wagon s'est arrêté en gare, les portes ont été ouvertes, les infirmières qui se sont présentées n'ont pas pu entrer. C'était un tas de fumier. Elles sont revenues avec des masques. Elles nous ont fait sortir les unes après les autres en nous tirant gentiment par la veste.

«Cette fois on s'était rendu compte qu'on était libérées. On n'était pas spécialement heureuses… Dans un autre train nous sommes arrivées à la gare maritime de Göteborg. On nous a servi deux petites quenelles avec de la crème à la vanille! Puis nous sommes montées sur un bateau, avec des tables rondes, des nappes. On a commencé par mettre une cuillère dans notre poche, à prendre du sucre, on a dévalisé le bateau en quelques minutes. On ne réalisait pas où on était..

«Arrivées à Stockholm, on nous a lavées, peignées, rhabillées, puis installées sous de belles couvertures, des draps. Mais impossible de dormir dans un tel confort. Le lendemain : des plateaux de tartines… à en tomber malade… Puis ils nous prennent en photo. Quand, huit jours plus tard, ils sont venus nous les apporter, ils ne nous reconnaissaient pas. Puis ils ont refusé de nous les rendre tellement nous étions horribles à voir.

«Ils ne savaient pas comment nous faire plaisir. Un jour, ils nous ont emmenées dans un grand magasin après la fermeture, et nous ont dirigées au rayon lingerie, vêtements, etc. où l'on pouvait choisir ce que l'on voulait…

«Évidemment je fus soignée pendant six semaines de ma pleurésie, de ma dysenterie, de mon typhus, de ma gale, etc.

«Je fus rapatriée par avion. Arrivées au Bourget, nous avons été dirigées sur le centre d'Ivry. Là nous avons été interrogées sur notre Résistance et notre déportation. Ils ont regardé si nous étions tatouées comme les femmes SS. Des interrogatoires interminables, de 10 heures du matin à 9 heures du soir, sans même nous demander si nous avions soif ou faim. Finalement on nous a donné des bons d'hébergement, carte de rapatrié, bons de repas, etc.

«Arrivées à l'hôtel Lutetia, quelle cohue ! On voulait manger, on était si fatiguées, on nous propose d'aller à un bal public pour fêter la libération ! Rien pour nous coucher à l'hôtel. On se retrouve à trois dans une salle de bains ! Quelle déception ! Nous qui étions assoiffées de chaleur humaine...

«Le lendemain on nous a donné un peu d'argent. J'ai pris un train de nuit pour Lyon. Seule... »

MAURICE BRAUN : «Nous étions trois dans un wagon vide, avec écrit dessus, à la craie, Buchenwald. Le trajet entre Weimar et Paris fut très pénible. A chaque arrêt, Strasbourg, Nancy, des foules énormes posaient ces questions : "Avez-vous connu ?... Avez-vous connu ?..."

«A Meaux, je rencontrai des gens de mon réseau. J'appris le nom de ceux qui étaient morts. Ces gars que j'avais contactés et qui étaient morts parce que je les avais enrôlés... »

DENISE VERNAY (sur la libération de Mauthausen) : «Il a fallu continuer à vivre, repartir par la voie ferrée dans la nuit même qui a suivi, malgré la révolte de nos gardiens autrichiens qui, eux-mêmes, ne voulaient pas de ce travail-là. Il a fallu rentrer, comme elles l'auraient fait elles-mêmes avec ou sans nous, il a fallu aller voir les familles, leur apprendre avec une brutalité inconsciente – notre présence même n'était-elle pas un outrage ? – le non-retour de leur fille, de leur mère, de leur sœur, leur donner les pauvres objets accumulés qui furent toutes leurs possessions pendant leurs derniers mois... Il a fallu vivre. Pardonnez-nous. »

ANDRÉ LAROCHE : «Arrivé à Lyon, pensant ne pas être remarqué, j'ai pris le tram. En fait tout le monde me regardait. J'avais l'allure et le visage d'un mort-vivant. »

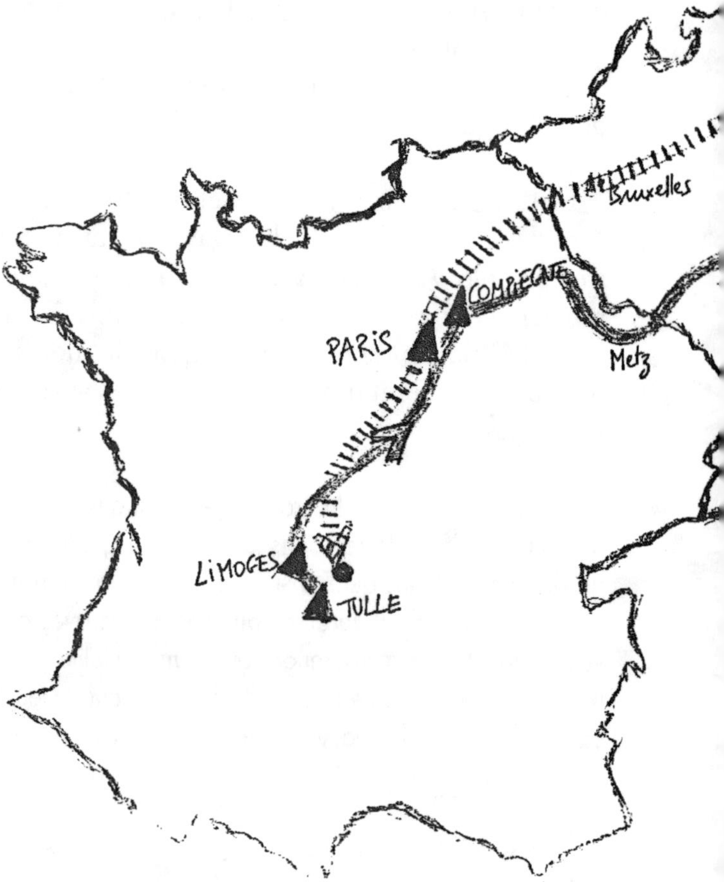

Parcours de Roger Joly

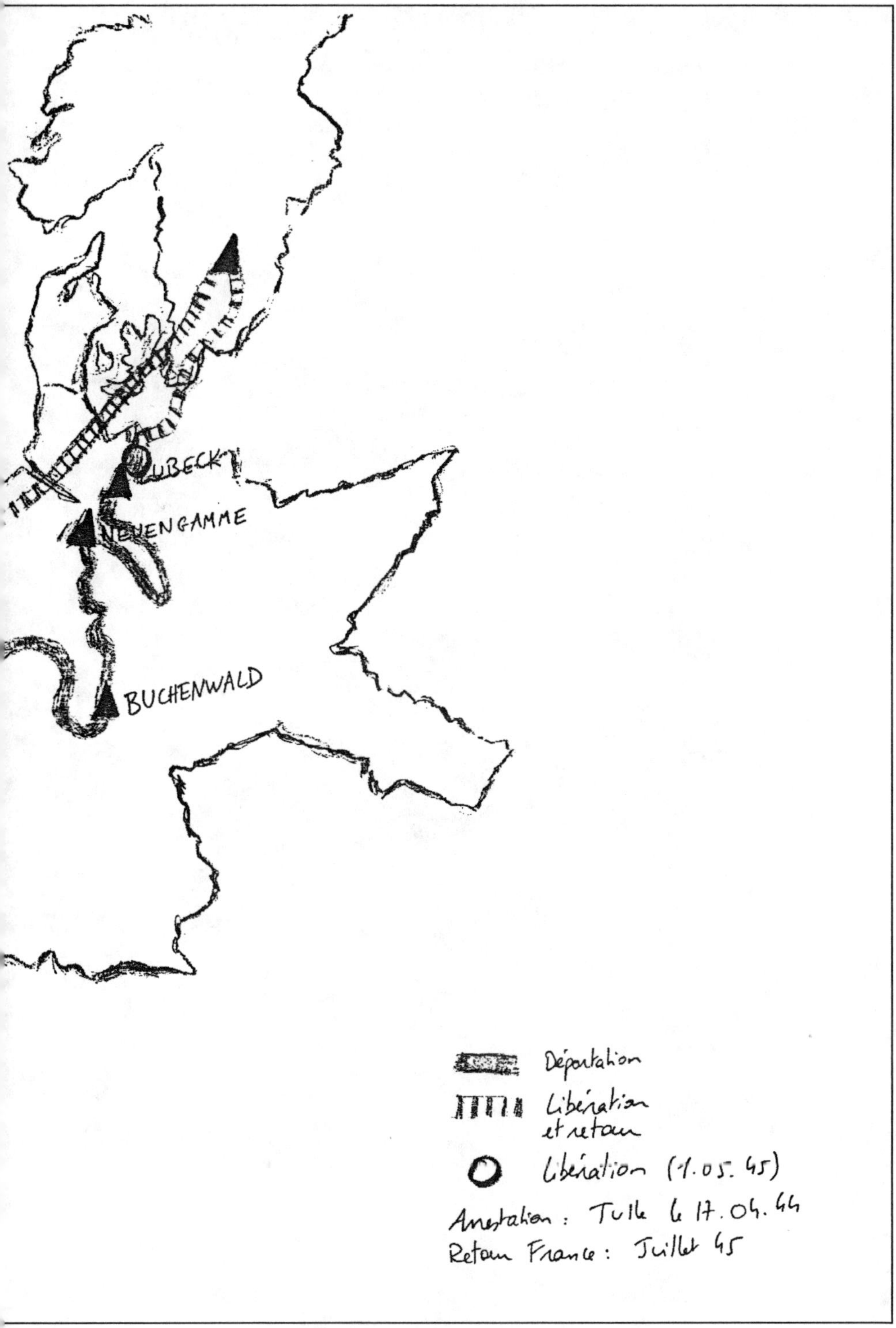
LUBECK
NEUENGAMME
BUCHENWALD
Déportation
Libération et retour
Libération (1.05.45)
Arrestation : Tulle le 17.04.44
Retour France : Juillet 45

25

Après le retour

« Si l'écho de leurs voix faiblit, nous périrons. »

Paul ÉLUARD

ROGER JOLY : « Je répugnais à parler de ma déportation dans les années qui ont suivi. Même à mon père qui avait vécu Verdun. J'avais la certitude de ne pas être compris. »

ANDRÉE RIVIÈRE : « Je ne supporte pas de voir mon mari mettre des détritus au feu. S'il allume la cheminée avec trop de papier et de bois, je suis malade.

« – Pourquoi ne lui dites-vous pas ?

« – J'ai peur qu'il ne comprenne pas. »

ANDRÉ LAROCHE : « Je ne répondais pas aux questions. Cela n'était pas racontable. D'ailleurs je n'expliquerai jamais grand-chose à mon entourage. "Alors vous avez été malheureux !..." nous disaient-ils. Ces réflexions nous hérissaient. »

ANDRÉE RIVIÈRE : « Même dans la famille, très peu ont été à l'écoute. On racontait notre histoire mais il ne fallait pas que ça dure trop longtemps... »

ROGER JOLY : « En me pressant de parler on me ramenait au pays de la mort. "De grâce, ne me ramenez pas là-bas", avais-je envie de leur dire. »

HÉLIE DE SAINT MARC : « En revenant parmi les vivants, j'ai dû vivre avec le silence. C'était le seul linceul que j'avais trouvé. »

MAURICE BRAUN : « Je sentais de véritables abysses entre les hommes qui n'avaient pas vécu la déportation et moi. Lorsque le général de Gaulle m'a envoyé après mon retour faire des conférences en Égypte, je parlais surtout de la Résistance. Je n'essayais pas de faire comprendre à mes auditeurs toute l'atrocité des camps. C'était au-dessus de ce qu'ils pouvaient imaginer. Nous n'étions pas à égalité. »

LOUIS CROTET :
« *Chers amis,*
« *Je vous envoie donc le récit de l'un des épisodes vécus à Dora.*
« *(...) je ne me suis pas relu sinon je ne vous l'aurais pas expédié.*
« *C'est plus facile d'écrire que d'être interviewé car c'est une épreuve terrible, surtout que je n'en avais jamais parlé à personne, pas même à ma famille ni à mon épouse, encore moins à mes enfants*[1]. »

JEAN-PIERRE RENOUARD : « Sorti de Bergen-Belsen, je suis devenu amnésique. »

HÉLIE DE SAINT MARC : « On dit d'un bois qu'il travaille avec le temps. La déportation c'est pareil. Elle ne s'arrête pas en avril 1945. Elle continue son travail de destruction en nous encore aujourd'hui. Il m'arrive toujours de faire des cauchemars atroces. C'est une mutilation pour la vie. »

JACQUELINE FLEURY : « J'ai été opérée il y a peu de temps. J'ai eu la surprise à mon réveil, après avoir recouvré mes esprits, de voir les deux infirmières à côté de moi pleurant à chaudes larmes. Le lendemain elles me demandaient si c'était vrai ce que j'avais raconté dans mon demi-sommeil. »

1. Lettre envoyée à M. et Mme Le Rolland, suite à l'appel à témoignages de la FNDIR. Louis Crotet parlait entre autres de la pendaison à laquelle il avait assisté en 1944.

ANDRÉ LAROCHE : «Au bout de quelque temps je me suis réadapté à la vie civile. Le jour, je ne vivais plus dans le camp, mais la nuit j'y pensais, je me réveillais là-bas. Cela a duré quelques années.»

JEAN-PIERRE RENOUARD : «Je prenais feu pour un rien. Il m'arrivait d'être plus ou moins tranquille puis d'avoir un geste insensé, violent. Une fois, comme ma fille écoutait la radio tandis que j'essayais de parler avec mon épouse, j'ai attrapé le poste et l'ai jeté par la fenêtre… J'avais cet espèce de sentiment à la Hermann, mon chef de block à Misburg, comme si mon estomac descendait dans mes talons et que je me glace à l'intérieur. Prêt à la riposte.

«Un jour, je me promenais avec mon fils. Nous voyons un type au bord de la route. "Papa, que fait cet homme?" me demande-t-il. "C'est un mort, je lui réponds, probablement assassiné." Et je continue ma route. Un mort était un mort…

«Avant ma déportation, j'étais un jeune homme tuberculeux et doux, rêveur, philosophe. J'en suis sorti comme une bête fauve. A peine dehors, je voulais me battre contre les Japonais puisqu'on ne pouvait plus se battre contre les Allemands.»

HÉLIE DE SAINT MARC : «Le bonheur même était une blessure. Pourquoi suis-je revenu et pas mes camarades d'agonie? Comment un tel malheur pouvait-il avoir existé alors qu'à mille kilomètres de là il y avait tant de douceur et d'insouciance? Il y a des choses qui sont détruites à tout jamais, comme une certaine compassion à fleur de peau. "Le soleil ni la mort ne se peuvent regarder fixement", a écrit La Rochefoucauld. Nous avions vu la mort la plus absurde chaque jour pendant des mois, voire des années.»

ROGER JOLY : «Certains se sentent responsables, mal dans leur peau d'avoir survécu. Et même si on leur dit qu'ils ont été pris dans un mécanisme, qu'ils ne sont pas responsables de leur chance, ils s'imaginent que les menus avantages dont ils ont bénéficié ont impliqué la mort d'autres camarades. Ils nourrissent leur sentiment de culpabilité avec des choses comme ça.»

HÉLIE DE SAINT MARC : « Certains ont ressassé cela de façon dramatique. J'ai eu le privilège, par rapport à beaucoup de camarades, d'avoir été happé tout de suite après mon retour par une vie tumultueuse : la grande aventure indochinoise, l'Algérie, de nouveau la détention, ce qui m'a permis de distancier. J'ai vécu non pas une mais plusieurs aventures existentielles. Et ces expériences se sont superposées, entremêlées. Elles n'ont pas effacé ni écrasé les autres… »

ROGER JOLY : « Certains se sont refait des globules, se sont mariés, ont exercé un bon métier. Et puis, sur la fin de leur vie, travaillés de l'intérieur, ils éprouvent le besoin d'écrire, de raconter, mais ils ne se sont pas libérés pour autant, ils ont écrit un livre tellement chargé et sont au bord du suicide. »

HÉLIE DE SAINT MARC : « Nous avions été humiliés. C'est un sentiment terrible, qui n'est soluble dans rien. On se sent souillé. J'ai découvert en moi des sentiments ou des attitudes que je n'aurais jamais voulu voir. Et pourtant j'ai eu le destin d'un moins que rien, d'un numéro de kommando. Ceux qui sont restés confortablement dans les bureaux à établir des listes au gré des opinions de chacun doivent vivre avec un poids énorme. Dans ma chute, j'ai éprouvé la validité de quelques attitudes élémentaires : refuser la lâcheté, la délation, l'avilissement. Mais les autres, comment vivent-ils le naufrage de leurs convictions ? »

ROGER JOLY : « Lassitude de vivre pour certains. Je pense que l'on a été atteint très profondément. Touché par ce mal, on prend la conscience du mal absolu. On est marqué, comme autrefois ces enregistrements sur la cire. »

MAURICE BRAUN : « L'effort psychologique fantastique que j'avais fait dans le camp, même avec mes amis les plus intimes, pour que personne ne se doute de mon identité… pour me créer une autre personnalité, m'avait épuisé. C'était une déflation. Je n'avais plus d'effort à faire. C'était le vide. »

ANDRÉ LAROCHE : «Quand nous sommes rentrés d'Allemagne, nous avons essayé d'évacuer tous ces souvenirs. Cela a duré des dizaines années. A partir d'un certain moment, quand on reparlait des camps, on se disait : "Est-ce que j'étais réellement là-dedans ?" Nous finissions par ne pas croire que nous avions vécu ça. S'il n'y avait pas autant de témoins, notre histoire ne serait pas crédible.»

ROGER JOLY : «On ne revient pas facilement en orbite. Tout est surprenant et on est dans une situation de déphasage perpétuel. Quand je suis rentré en France, en juillet, j'ai retrouvé les miens avec une joie intense, mais je me demandais si c'était vrai. Je me suis marié à la fin de cette même année 1945, le 24 décembre. Il y a eu une messe. J'ai assisté à la messe. Un prêtre ami de la famille a parlé du gouffre d'où je sortais, mais j'ai assisté à tout cela en étranger. Je m'observais.

«Passer de numéro matricule à homme libre pose un redoutable problème d'identité. Actuellement encore, je me sens porteur d'une fracture de l'âme. Ce que l'on a vécu au pays de la mort continue à s'inscrire en surimpression dans ma vie de tous les jours. Je conduis ma voiture et soudain j'aperçois une cheminée qui fume. Alors le film recommence...»

HÉLIE DE SAINT MARC : «Pour que cette expérience ait un sens, il faut vivre différemment au retour. Chacun a réagi selon son tempérament. A la Légion étrangère j'ai retrouvé deux déportés : l'un, déporté à Mauthausen, et l'autre, déporté à Dora. Le premier avait gardé de la déportation une immense inquiétude des hommes. Il dirigeait son régiment avec une dureté, un absolu, une volonté de perfection qui étaient à la hauteur de sa blessure. Le second me ressemblait davantage. Nous avions trouvé une grande consolation dans le silence et dans la solidarité. A la dureté, nous préférions une sorte de politesse.»

GENEVIÈVE DE GAULLE-ANTHONIOZ : «Ceux qui savent le mieux ce que sont la misère et l'exclusion sont ceux qui se trouvent dans le cercle des très pauvres, les exclus. A Ravensbrück, j'ai su ce qu'était être privé de droits.»

MAURICE BRAUN : « J'ai l'impression d'être en sursis. Quand je suis très malade, je me dis qu'après tout j'aurais dû rester à Buchenwald. A Fresnes puis à Buchenwald, je me disais que si un jour je m'en sortais il n'y aurait plus dans ma vie que des "difficultés". Après la guerre, face aux ennuis quotidiens, je pensais avec une certaine tendresse : "Il n'y aura jamais plus de périls. C'est pas grave !..." »

HÉLIE DE SAINT MARC : « C'est comme un grand malade qui ressuscite. Chaque matin il ouvre sa fenêtre, voit le soleil, prend son café, mange son pain. Quelque chose de formidable. »

*

« Je crains de causer beaucoup d'ennuis
« Par mon retour fortuit.

« Quand j'entrerai sans crier gare
« Sous le hall sale de la gare,

« Découvrirai-je à la fenêtre
« Un ami pour me reconnaître ?

Léon Leloir

JACQUELINE FLEURY : « Mon père était rentré de déportation aveugle. J'ai dû aider mes parents. J'ai repris mes études. A Versailles, je n'ai reçu aucune aide. Pas un voisin pour m'aider à aller chercher mon pain ou mon lait au coin de la rue. Pas une aide municipale. Dieu merci, nous avons eu quelques amis, un peu de famille. »

« Me revoici sans crier gare,
« Comme un pavé dans une mare

« J'émeus, je trouble et j'éclabousse
« Qui, sans moi, se la coulait douce.
« (...)

«Je fais dénoncer à la Chambre
«Tous ces patriotards en chambre

«Qui trouvèrent bien plus commode
«De patrioter à leur mode.
(...)

«Mais ils ne perdent pas la carte
«Ces raisonneurs, fils de Descartes,

«A la faveur de ma disgrâce,
«Vite, ils accaparent ma place [1]*.»*

Léon Leloir

JACQUELINE FLEURY : «Un an s'était écoulé et nous arrivions comme un cheveu sur la soupe. On embêtait tout le monde. Sans compter ceux qui avaient raconté des histoires de Résistance en espérant que nous ne reviendrions pas pour les démentir. Nous avons tous connu ça.»

ANDRÉE RIVIÈRE : «Les premiers jours après notre rentrée, personne n'est venu nous voir. Nous étions déçus. Pourtant notre arrestation avait fait du bruit dans le quartier. Mon frère est rentré de Neuengamme. Ma mère est rentrée. Mon père y était mort.

«Nous récupérerons difficilement. Nous étions devenus agressifs, nous ne supportions pas l'indifférence des autres.

«Notre maison avait été vidée de tous ses meubles. Nous avons été totalement spoliés. La petite usine de salaison de mon père qui ravitaillait le maquis n'existait plus. Toutes les machines avaient été volées. Nous avons passé l'hiver sans couvertures. Nous nous couvrions de nos manteaux...»

1. Le père Léon Leloir devait décéder dans un accident de voiture quelques mois après son retour...

ANDRÉ LAROCHE : «Il ne faut pas oublier que nous sommes restés encore dix mois dans les camps alors que la France était libérée. Pendant ces dix mois il s'est passé bien des choses. Notre retour dérangeait certains.»

HÉLIE DE SAINT MARC : «Nous avions touché le fond, mais la victoire ne nous appartenait pas. Les Résistants-libérateurs, les Forces françaises libres, la Ire armée du général de Lattre, les chefs de parti, notamment le Parti communiste dont nous gardions une appréciation pour le moins mitigée, tenaient le haut du pavé. Nous avions quitté une France de clandestins traqués et nous retrouvions une France de Résistants par vagues entières. Notre drame était submergé par une effervescence patriotique parfois suspecte. Les mots que l'on nous adressait étaient trop grandiloquents et trop éphémères.»

ANDRÉ LAROCHE : «Il faudrait également parler de la résistance actuelle aux mensonges, à ces gens qui se fabriquent un passé, une histoire glorieuse. Il y a eu les pauvres qui sont sortis de camp à vingt ans sans situation, qui n'ont pas su comment se débrouiller, qui n'ont pas été aidés, et ceux, plus âgés, qui ont vu les avantages qu'ils pouvaient tirer de leur épreuve. Pour beaucoup, l'esprit de la Résistance a éclaté et chacun a retrouvé sa formation politique d'origine.»

ROGER JOLY : «J'ai connu des déportés très amers. Je l'étais moi-même en voyant des hommes qui avaient eu une attitude plutôt collaborationniste, installés dans un gaullisme absolu. Nous arrivions nus, défaits mentalement, à la recherche d'un équilibre, les mains vides, sans boussole, déglingués, et on trouvait des gens qui s'étaient mis dans le sens du vent en attendant que la tempête passe, et qui maintenant tendaient une voile bleu, blanc, rouge…»

HÉLIE DE SAINT MARC : «J'ai connu à Buchenwald des hommes qui m'ont marqué pour toute la vie. A leur contact, j'ai appris ce que peut être le courage, et même l'héroïsme simple, sans flonflon, l'héroïsme discret. Dans leur bouche, ce qu'ils avaient fait paraissait aller de soi. Ils avaient servi la Résistance, mais ne s'en servaient pas contre une protection ou un poste protégé. A la Libération, ils sont retournés à leurs occupations, loin des tables d'honneur et des "professionnels". Il m'arrive, en lisant dans un article de presse des paragraphes entiers célébrant l'héroïsme supposé de telle ou telle personnalité affublée un peu vite du qualificatif de "grand" Résistant, de penser à ces "petits" Résistants qui d'un regard, leur auraient fait baisser les yeux.»

ANDRÉE RIVIÈRE : «J'ai entendu de la bouche de déportées : "Je ne regrette pas ma déportation parce que j'ai connu l'amitié."

«Nous ne sommes jamais revenues de là-bas. Vous ne pouvez pas nous prouver le contraire. Les déportés, c'est notre monde. Ce fut notre seul soutien après le retour. A côté de tant d'injustices, il nous est resté l'amitié entre nous.

«Au milieu de mes camarades déportées, je vis, je suis heureuse, détendue. Nous ne parlons même pas de déportation. Quand l'une d'entre nous s'en va, c'est notre âme qui part.»

HÉLIE DE SAINT MARC : «J'ai découvert sur le tard le goût de retrouver des camarades de malheur. Le silence qui s'instaure entre nous, notre gêne affectueuse... C'est quelque chose d'indéfinissable. Personne ne cherche à tromper l'autre. Lorsque plusieurs fois dans sa vie on a tout perdu, qu'on a été un sous-homme, cela donne un sentiment de solitude évident et en même temps un certain bonheur – celui de connaître ses raisons de vivre et de mourir.»

JACQUELINE FLEURY : «Cette amitié est particulièrement profonde chez les femmes. Je le vois dans les associations auxquelles je participe. Notre association[1] dure depuis cinquante-trois ans.»

GENEVIÈVE DE GAULLE-ANTHONIOZ : «Nous avions l'impression d'être des miraculées; nous étions étonnées d'être en vie. Il y avait deux choses qui nous tenaient à ce moment-là terriblement à cœur : maintenir cette solidarité, cette amitié qui nous avait

1. ADIR (Association des déportées et internées de la Résistance)

tellement unies, grâce à quoi nous avions pu survivre. Donc l'idée de rester ensemble. Nous avions toujours pensé que nous ferions une association. »

MAURICE BRAUN : « Le souvenir de mes camarades qui n'eurent pas la chance de connaître la libération constitua pour moi davantage une nécessité éthique contre l'oubli qu'une remémoration consciente. C'est la raison pour laquelle, depuis plus de cinquante ans, je rends compte dans les journaux et revues de tous les ouvrages relatifs à la Résistance et aux camps de concentration.

« En fait, le témoignage littéraire de l'incommunicable ne cessait de me préoccuper, au camp, de la part de ceux qui en réchapperaient. Je mesurais l'impossibilité de restituer l'indicible. »

GENEVIÈVE DE GAULLE-ANTHONIOZ : « Nous avions ce devoir impérieux de témoigner. Je fus prise très vite, comme plusieurs de mes camarades, dans un circuit de conférences ; ensuite, j'ai eu la grande chance de rencontrer mon mari et nous avons édité des ouvrages sur le système concentrationnaire. »

ANDRÉ LAROCHE : « On nous a demandé ce qu'étaient devenus ceux qui n'étaient pas rentrés. Il a fallu témoigner pour les veuves, attester de la mort de nos camarades pour qu'elles puissent récupérer des droits. Il fallait deux témoins. Nous avions le devoir de les aider. »

JACQUELINE FLEURY : « Ce ne sont plus les mêmes choses qui nous touchent. J'ai créé mon intérieur. C'était une espèce de revanche. Comme avoir eu des enfants. La naissance de mon premier fils fut une immense joie mais aussi une revanche. C'était la vie qui reprenait. Le système de mort ne m'avait pas eue. »

GENEVIÈVE DE GAULLE-ANTHONIOZ : « Ce n'est qu'en 58 que j'ai rencontré personnellement la grande misère. Il y avait là, dans mon propre pays, des situations qui me paraissaient profondément révoltantes et injustes, qui me rappelaient quelque chose que j'avais connu. Je n'ai été mobilisée que le jour où j'ai été interpellée sur ce que je pouvais faire moi-même. J'ai horreur de signer des pétitions, etc. Il me faut apporter des réponses qui engagent ma vie. Ce qui est inacceptable provoque l'action, la résistance. Ce qui était inacceptable était pour moi l'occupation nazie, le système nazi, l'idéologie nazie. »

HÉLIE DE SAINT MARC : « Je regarde aujourd'hui un SDF ou un ministre de la même manière. Seul l'homme m'intéresse. Il m'arrive de voir s'avancer un petit coq, dressé sur son image, parlant beau, plein de valeurs ronflantes, qui cherche mon approbation. Je l'imagine aussitôt en veste rayée, un marteau-piqueur entre les mains, un bol d'eau de vaisselle et trois rondelles de carottes dans le ventre, douze heures par jour sous terre, sous les projecteurs, les aboiements des chiens et les coups des SS… Cela remet les choses à de plus justes proportions. »

JEAN-PIERRE RENOUARD : « L'autre jour, dans le métro parisien, il y avait un jeune garçon assis sur le sol avec une petite pancarte : "J'ai faim". Je me retournai et jetai dix francs. La pièce n'étant pas tombée dans sa casquette, je me suis baissé et je l'ai ramassée pour la mettre à sa place, lui disant : "Excusez-moi." Il m'a regardé d'un air d'incompréhension. Il avait l'air de dire : "Comment pouvez-vous vous excuser auprès de moi qui ne suis plus rien ? Vous qui êtes logé ; qui êtes bien habillé…"

« Ces gens sont séparés du monde comme nous l'étions. Nous passons perpétuellement à côté de pauvres malheureux sans les voir.

« Il y a, dans mon quartier, un vieux clochard avec des rouleaux de papier à cabinet autour des chevilles. C'est ainsi qu'on nous pansait. Des chevilles et des jambes énormes. Nous avions également des chevilles et des jambes gonflées. Ils ont des ulcères de carence sur les jambes, comme nous en avions. J'en porte encore les marques… »

MAURICE BRAUN : « Après Buchenwald, je suis devenu plus dur. Avant guerre, j'étais à la fois révolté et prêt à accepter toutes les formes artistiques, etc. Après la guerre, j'ai continué à être révolté mais dans un sens précis : contre une forme de société. »

HÉLIE DE SAINT MARC : « J'ai besoin d'éprouver des sentiments ou des idées à travers le feu. Je me méfie des envolées ou des idéologies.

« La Résistance et la déportation ont donné à ma vie son axe. Mon engagement pour la Légion, où les hommes n'ont plus de passé et vivent une existence ascétique à la frontière de la vie et de la mort, n'est pas un hasard. Le désir de racheter mai 40 nous a poussés à entrer par dizaines dans l'armée. Ma rébellion en 1961, lors du putsch d'Alger, participe du même état d'esprit. J'étais arrivé à un point où me soumettre aurait été me détruire. J'ai été dégradé, privé de décorations, condamné à dix ans de réclusion criminelle. Un grand nombre de mes amis résistants et déportés, pourtant très gaullistes, ont compris mon geste.

« Beaucoup d'entre nous ont effectué le pèlerinage des camps. Avec le temps, tout est pareil mais rien n'est pareil. Le cadre est le même mais on a changé, les personnes ou les événements que l'on pensait y retrouver n'y sont plus. Il y a à la fois le lieu de la mémoire et le désert. Pourquoi suis-je retourné à Langenstein ? Pour une raison physique. Revoir ce lieu où j'ai vécu des jours d'épouvante. J'ai la sensation que cet événement m'a construit pour toute la vie. J'ai voulu revoir ce témoin essentiel.

« J'ai très bien reconnu, d'instinct, la route, l'horizon boisé. J'ai retrouvé ce chemin qui longeait l'un des côtés du camp ; chaque matin nous en sortions pour aller travailler au tunnel. J'ai refait l'itinéraire. J'ai vu le monument érigé à l'endroit où il y avait une fosse commune où nous traînions les morts. Ce fut à la fois une souffrance, mais aussi un sentiment religieux, au sens étymologique, j'ai "relié" ce passé douloureux à moi qui suis devenu un vieil homme mais qui ai poussé sur ce terrain de douleur pendant cinquante-cinq années de ma vie. »

26
In memoriam

*« Il y a quelque chose d'aussi beau qu'un grand homme,
c'est un homme d'honneur ».*
Alfred de VIGNY

Pour conserver au livre son universalité, les témoignages ont été dépouillés au maximum de noms propres. Mais il est impossible de conclure sans évoquer ceux qui sont morts en cours de route, ceux qui n'ont pas pu se construire une nouvelle vie ni faire parler d'eux. Pour aller « jusqu'au bout de la mémoire », nous terminons par cet hommage in memoriam *à des visages oubliés de l'Histoire mais toujours présents au cœur de leurs camarades.*

JOSÉ BELLEC

« Incarcéré à la prison de Fresnes, je me retrouve d'abord avec trois autres personnes dans une cellule réservée à la mise au secret mais surchargée en juillet 1944. Faute de place, la Gestapo mêle les détenus n'ayant apparemment aucune affinité.

« Un homme m'intrigue immédiatement : j'apprends qu'il est le professeur Henri Maspero, sinologue, fils du savant égyptologue.

« Deux de nos compagnons nous quittent quelques jours plus tard. Demeuré seul avec Henri Maspero, soixante-treize ans, moi, homme jeune de vingt-six ans, j'écoute cet homme étrangement calme et plein de sérénité. Il me relate qu'il a été directeur de l'Institut français de Saigon, envoyé là-bas surtout par Édouard Herriot. Il a pu ainsi étudier, vivre la civilisation chinoise. Il me parle du Laos, des Laotiens, ce peuple doux qui tient essentiellement des Tibétains. Sur le Tibet, ses connaissances sont exceptionnelles. Le professeur Henri Maspero a été reçu deux fois en "audience privée" par le dalaï-lama, faveur extrêmement rare en 1940.

«Nous nous trouvâmes séparés dans des conditions où la mémoire me fait défaut. "Transporté" le 8 ou 9 août 1944 vers le camp de Compiègne, je retrouvai Henri Maspero à Buchenwald en septembre. Sa santé s'était dégradée sérieusement.

«Je le vis encore un certain nombre de fois, perdu parmi les malheureux hommes de ce que l'on appelait "le boulevard des Invalides". Je le rencontrai un jour, traversant péniblement le grand camp, accompagné de mon ami tchèque Frantou Zeneny. Il devait revenir du *"Holzhof"* (kommando léger ramassant du bois dans le jardin des SS).

«Nous partîmes un soir de décembre avec quelques provisions : gamelle de soupe et morceaux de pain recueillis auprès de plusieurs volontaires. Nous trouvâmes le professeur Maspero dans un coin… prostré, entouré de quelques compagnons de choix, dans cette "cour des miracles".

«Nous le saluons, non sans quelque timidité, mais avec respect et compassion… Il me serre la main, me la retient longtemps et me regarde… puis il nous dit : "Vous êtes très chics… de vrais bons amis… mais je suis un vieil homme, vous êtes jeunes encore. Je n'ai pas le droit de vous priver de votre nourriture. Je dois partir… vous avez votre chance!"

«Bien entendu, nous lui laissâmes la gamelle de soupe. Il mourut quelques semaines plus tard, et son corps s'en alla dans le ciel de Thuringe.»

MAURICE BRAUN

«Il s'appelait Yves Cariou – c'était un jeune garçon d'à peine vingt ans. J'avais entendu dire qu'il était le fils d'un des gardes du parc de Saint-Cloud. Parce que j'habitais moi-même tout à côté, je m'étais lié avec lui tout en jouant le jeu, bien sûr, du Normand ayant des amis proches de la maison des gardes du parc.

«Il était de mon convoi du 15 août 1944 et nous sommes restés ensemble, à Buchenwald, jusqu'à cette fameuse nuit de septembre où un millier d'entre nous, partirent en "transport" pour Dora, puis

Ellrich. Beaucoup de mes camarades me quittaient et j'étais navré d'être de ceux qui restaient, ne me rendant pas compte de ce qui les attendait. Comme on le sait, soixante-seize seulement revinrent.

« Il y avait environ quinze jours que j'étais rentré de Buchenwald et j'avais écrit ou téléphoné à bien des familles de camarades que j'avais connus à Buchenwald ou avec qui j'avais correspondu par signaux à la prison de Fresnes.

« Un jour, je me suis présenté à la grille du parc pour revoir Yves. Était-il rentré ? Le garde et sa femme venaient de finir de déjeuner. Dès mes premiers mots, Mme Cariou est devenue blanche comme une morte et son mari m'a évidemment questionné.

« Un matin de juillet 1944, un avis du commissariat de police de Saint-Cloud était arrivé, priant Yves de passer au commissariat pour une vérification d'état civil. Il faisait chaud, Yves partit en manches de chemise, pieds nus dans des espadrilles. Jamais depuis, ses parents n'eurent la moindre nouvelle de lui. Mon témoignage les stupéfiait.

« J'enquêtai aussitôt auprès de mes camarades rescapés d'Ellrich, aucun ne se souvenait d'Yves. Et mes souvenirs de ce malheureux garçon ne concernaient que le rassemblement à la gare de Pantin, l'épouvantable voyage jusqu'à Buchenwald, et les quelques semaines avant son transport pour Dora.

« Sur mon initiative, le maire de Marnes-la-Coquette a donné le nom d'Yves Cariou à la rue partant de l'hôpital Poincaré et longeant la grille du parc. Écrasés de chagrin, les Cariou partirent en retraite dans leur Bretagne natale. Longtemps, j'ai correspondu avec eux, mes pauvres et si brefs souvenirs représentant la seule et infime trace de leur fils disparu à jamais. »

« Il s'appelait Auguste Noyant. C'était le maire d'Esvres, un charmant village de Touraine, au bord de l'Indre. Or, je suis originaire du village voisin, Cormery, au bord de l'Indre également.

« C'est dire que mes camarades d'école et ceux de l'école d'Esvres ne formions qu'une bande joyeuse de pêcheurs amateurs et d'explorateurs en herbe des grottes de la rivière.

« Mais j'étais sous une fausse identité, je savais par mon camarade du *Politische Abteilung* que la SD continuait de me chercher dans les prisons et les camps de concentration.

« Avouer mon vrai nom était un danger de torture et de mort pour celui à qui je me serais confié. Aussi ne cessais-je de me réjouir de la surprise et du plaisir qu'aurait le brave et sympathique père Noyant ; après la libération, je pourrais enfin me dévoiler.

« Déjà, je l'entendais dire : "Ah, je comprends pourquoi tu connaissais si bien la région. Je ne comprenais pas pourquoi, toi, qui prétendais être pur normand, tu parlais comme un Tourangeau."

« Nous étions cinquante-cinq mille à Buchenwald, au début d'avril 45, quand l'armée américaine se rapprocha et que les SS ordonnèrent aux kommandos de ne plus quitter le camp. Mais nous n'étions plus que vingt et un mille le 11 avril, jour de notre libération, car les jours précédents de nombreux blocks avaient été évacués dans les "marches de la mort", ces lamentables convois de déportés épuisés, dont les SS tuaient systématiquement les traînards.

« Ayant eu le rare privilège d'être, avec deux autres camarades, les premiers Français à rentrer de Buchenwald, je téléphonai aussitôt à Esvres pour annoncer la bonne nouvelle :

« – Je suis Maurice Braun, de Cormery. Mon cher camarade Auguste Noyant est en bonne santé, il sera rapatrié dès que les mesures prophylactiques prises par les Américains seront terminées.

« … Hélas ! On ne devait plus jamais avoir de nouvelles de lui, ni de tant d'autres. Je l'avais encore vu le 3 ou le 4. Mais j'ignorais que son block était de ceux qui partirent le 6 et le 7. Ils avaient marché des jours et des jours, laissant des cadavres tout le long du chemin, et seuls quelques-uns, au dernier degré de l'épuisement, furent rejoints par les troupes alliées. Mais pas mon ami, mon frère, Auguste Noyant, maire de la commune d'Esvres-sur-Indre, disparu quelque part au bord d'un fossé… »

HENRY CLOGENSON

« J'étais détenu au camp de Vorbruck-Schirmeck (territoire annexé de fait), en octobre 1944, lorsque j'ai vu arriver un militaire, tête nue, vêtu d'un pantalon kaki et d'un blouson vert clair – tenue de combats de l'armée américaine.

« Quelle surprise ! Était-ce un libérateur venu en avant-garde ? L'illusion n'a pas duré, car il s'agissait d'un Français fait prisonnier par l'armée allemande.

« Ce garçon s'était engagé en 1942 en Afrique du Nord et avait débarqué avec l'armée B – Ire armée commandée par le général de Lattre – sur les côtes de Provence en août 1944. Il avait remonté la vallée du Rhône avec un régiment de reconnaissance en tant que membre d'équipage d'une automitrailleuse, laquelle fut neutralisée par l'ennemi.

« Ce camarade de l'armée régulière me suivit dans un périple à travers six camps, mais nous aurons la chance de nous retrouver à l'hôtel Lutetia. Quelques mois après, nous nous retrouverons en Allemagne mais sous un autre uniforme que la tenue rayée de bagnards des camps de concentration. »

Abel Farnoux

« A Compiègne, je m'étais lié avec Michel Lebleu, fils cadet d'un général de l'armée française fait prisonnier en Bretagne. Nous sommes partis tous les deux à Buchenwald. Il portait le numéro 20177 et moi le 20178. Nous ne nous quittions pas. C'était un garçon brillant, il préparait Saint-Cyr, mais malheureusement il ne pouvait prétendre à une de ces qualifications techniques qui permettait, parfois, d'être affecté à des kommandos dans lesquels la survie était possible. Je ne pus empêcher qu'il soit un des premiers à partir pour Dora, dont nous connaissions tous la sinistre réputation.

« Chaque mercredi des camions apportaient de Dora les cadavres de nos malheureux camarades pour les brûler dans le crématoire de Buchenwald. Un jour, sur un de ces camions, j'aperçus un corps portant le numéro 20177 : Michel.

« Après la libération des camps, je fis partie de ceux qui accueillirent les officiers supérieurs français à leur sortie de forteresse.

« Je revois encore ces généraux défiler, en rang par cinq. Ceux qui avaient constitué l'élite de l'armée française. Parmi eux, le général Lebleu à qui je me présentai pour lui faire part de la disparition de son fils. Immobile, il semblait regarder au-delà de moi et puis, tout doucement, il me demanda au nom de mon amitié pour Michel de bien vouloir me rendre auprès de sa femme pour le lui dire.

Comprenant mon étonnement, il ajouta : “Je dois lui annoncer la mort de notre fils aîné, à Naples, au côté du général Juin. Alors...”»

GEORGES GUILLEMIN

«Notre captivité dans les prisons et les camps allemands fut partagée avec de nombreux compagnons d'infortune, dont bien peu survivent. Tous, disparus ou rescapés, sont demeurés dans nos cœurs et nos mémoires, quel qu'ait pu être leur destin, modeste ou exceptionnel. Évoquer telle figure plutôt qu'une autre, c'est ressusciter le lien affectif créé par l'appartenance à un même convoi, à une même organisation de résistance, à une même province d'origine, voire à un même métier ou à une même école. C'est aussi raviver la chaleur unique de l'amitié et de la solidarité qui régnaient au sein de notre peuple d'ombres.

«Les médecins du Revier de Flossenbürg étaient connus de tous : Jacques Michelin (matricule 6928), Michel Bommelaer (matricule 11909), Alain Legeais (matricule 11910). Michelin était arrivé au camp en février 1944; Bommelaer et Legeais tous deux membres du “Convoi des Tatoués” arrivèrent fin mai 1944. Tous trois par chance, se trouvèrent réunis au Revier. Ils purent ainsi s'organiser pour exercer leur pratique médicale auprès de tous leurs camarades détenus et ce, en dépit de l'absence tragique de moyens, en butte à l'hostilité permanente des kapos, avec l'obligation de déjouer la surveillance tatillonne et soupçonneuse du docteur Schmitz, médecin chef civil allemand, émanation de l'autorité SS. Ils surmontèrent toutes les épreuves : Michelin et Bommelaer atteints du typhus furent soignés et sauvés par Legeais. Au moment de l'évacuation du camp devant l'avance alliée, les SS organisèrent les “Marches de la Mort”. Alors, les trois médecins, par leur attitude ferme et leur esprit d'initiative, surent intervenir d'une manière décisive et réussirent à maintenir dans l'enceinte du camp, jusqu'à l'arrivée des troupes libératrices, près de deux mille détenus (malades ou convalescents de l'hôpital, détenus déclarés inaptes, et un certain nombre de Français des blocks 5 et 7), leur sauvant ainsi la vie : courageuse illustration de fidélité au serment d'Hippocrate. De pareils faits se sont reproduits dans d'autres kommandos ou camps, à l'honneur de médecins français déportés.

«Chacun se souvient de la haute stature, digne et rassurante, de l'abbé Louis Poutrain (matricule 10115), dont la présence apportait à chacun encouragement et espoir. Membre du "Convoi des Tatoués", l'Abbé Poutrain refusa lors de son passage à Buchenwald une affectation de complaisance et, parvenu à Flossenbürg, n'accepta pas d'être transféré à Dachau où les prêtres déportés étaient regroupés dans un block spécial (le block 28) : il voulait continuer à partager le destin de ses camarades de convoi. C'est ainsi qu'il connut les kommandos extérieurs, en particulier la carrière, avant d'être transporté vers un camp éloigné où il fut atteint du typhus juste avant la libération. Des camarades français le soignèrent et le sauvèrent.

«L'abbé Poutrain était un homme de rassemblement dont le charisme et le rayonnement inspiraient confiance et respect à tous, croyants ou incroyants. Tous ceux qui l'ont approché gardent en mémoire l'exemple de son caractère, de sa foi et d'une vie consacrée au service de l'homme.

«Revenu en France après une longue convalescence, il reprit son ministère. Avec une rare intuition et un sens profond de l'avenir, il s'intéressa au problème de l'éducation et de l'emploi des jeunes ruraux. Il créa d'abord à Saint-Jean-Saint-Nicolas[1] une école artisanale d'hiver transformée plus tard en un collège technique préparant à l'exercice de métiers (bâtiment, hôtellerie) ayant un avenir dans cette région. Aujourd'hui encore cette réalisation prometteuse continue son action bénéfique.»

«Les anciens du block 5 se souviennent de Georges Thierry d'Argenlieu (matricule 10242). Polytechnicien brillant, il fut appelé à son retour en France à la direction d'une grande entreprise; il disparut prématurément en 1964. Peu après son retour, notre camarade fut appelé à faire une conférence sur la déportation devant des élèves d'une grande école. Le texte en a été conservé, c'est un document très remarquable qui reflète la personnalité de l'auteur, ses qualités intellectuelles et morales, et dans lequel sont rassemblées ses analyses sur ce que fut notre expérience.

1. Hautes-Alpes.

« Citons quelques passages significatifs :

« A la question *"vous avez dû terriblement souffrir"*, il répond : *"Je ne sais pas, car la notion courante de souffrance (douleur corporelle, faim, chagrin, etc.) a complètement disparu au camp, pour être remplacée par l'angoisse de la mort, de sa propre mort, la disparition du meilleur camarade de camp n'étant qu'un incident de parcours... la souffrance est un luxe que tout le monde ne peut se payer. Les hommes souffrent mais non les bêtes.*

« "Mais nous n'étions pas complètement des bêtes, car de temps à autre se manifestait encore un sentiment d'homme : la honte.

- honte 'de ne pas être aussi bien qu'on croyait';

- honte d'être sous la coupe de voleurs et d'assassins de bas étage;

- honte de sentir l'ami 'qui jusque-là, avait échappé à la psychose de la faim, en être à son tour victime'. La faim : maladie qui devient obsession;

- honte de se voir moins malheureux que des camarades rentrant de kommandos particulièrement pénibles.

« "Il est facile de mourir en héros. Il est difficile de survivre en héros."

« Citons encore : *"J'ai vraiment perçu que les vraies valeurs de l'homme ne résident pas dans cette instruction superficielle que nous recevons trop souvent, mais bien dans ces hautes valeurs profondes : la sincérité, la ferveur, l'idéal..."*

« Bien qu'animés d'une foi réelle, dans l'ensemble, nous ne sentions pas le besoin de prier. Nous vivions engourdis dan le dénuement le plus complet, sans envie, sans désir. Peut-être nous sentions-nous très près du Seigneur.

« A part quelques individus ou quelques groupes, j'ai vu tomber l'homme au dernier degré d'abaissement. Je l'ai vu en bête, vivre en bête, mourir en bête. J'ai assisté à la lutte pour la vie dans un décor et dans une atmosphère que Dante même n'avait pu imaginer pour ses cercles infernaux. J'ai senti en moi la matière, le corps tenter de tout dominer, et parfois j'ai succombé – "J'ai vu les combinards survivre – j'ai vu des hommes valables et purs mourir – j'ai vu le bien ridiculisé, le mal être roi, cyniquement ou hypocritement (...) et pourtant je garde Foi en l'Homme..."

« Au fil de cette évocation, trois noms emblématiques viennent à nos mémoires : ils réunissent la noblesse, le talent et le tragique de notre histoire que nous avons tant de difficultés à communiquer à nos contemporains.

«André Boulloche, Compagnon de la Libération, grande figure de la Résistance, ministre du général de Gaulle, disparu dans un accident d'avion.

«Simone Michel-Lévy, Compagnon de la Libération à titre posthume, héroïne et martyr, pendue pour sabotage dans la prison de Flossenbürg.

«Robert Desnos, poète de nos souffrances et de nos espérances, gloire littéraire, mort au moment de la libération.»

ROGER JOLY

«De la nuit concentrationnaire émergent deux êtres : l'un était prêtre, l'autre médecin. A eux seuls ils ont tout justifié : l'existence des victimes comme celle des bourreaux, l'humiliation des uns comme la cruauté des autres. Toute ombre, après tout, n'est-elle pas fille de la lumière ?

«Barraud, médecin ORL renommé à Bordeaux, dégageait un charisme qui l'avait imposé d'emblée. Médecin au Revier I à Neuengamme, il faisait partie de ces êtres qui irradient la bonté, la générosité, l'amour des autres. Barraud y ajoutait l'autorité. Son rayonnement était tel que même les SS suivaient ses avis. Sans discussion, il était le vrai patron du Revier I. Combien de Français lui ont dû la vie ? Ils sont nombreux, même si la plupart ont finalement péri, comme lui-même, lors des événements tragiques qui ont marqué la libération du camp.

«Carlotti était prêtre. Curé d'un petit village de Touraine il avait été arrêté à l'issue de sa messe dominicale. Au camp, il apportait à tous un réconfort moral et spirituel sans égal, assistant les mourants, réconfortant les malades et soutenant inlassablement le moral de ses compagnons de misère. "Carlo", c'est l'envoyé de Dieu en enfer mais c'est aussi l'être auquel s'appliquent si bien ces vers de Pierre Emmanuel :

"Je chante un vivant
"Qui paya cher le droit
"D'être homme,
"Et non pour lui seulement

"Mais pour toi
"Qui me lis et pour moi
"Qui le chante,
"Pour l'Homme."

ANDRÉ LAROCHE

« Notre appartenance aux Auberges de Jeunesse consolidait nos liens, nous formions un groupe constitué de six jeunes Français. Nous rêvions d'un avenir ensoleillé, de courses en montagne... pour nous évader du présent sordide. Il fallait tenir, ne jamais faiblir, ne jamais désespérer et garder un moral de fer, le communiquer à ceux qui composaient ce petit groupe. L'un d'entre nous, Maurice, toujours souriant, ne se plaignait jamais, encourageant les autres; calme et serein, il attendait, stoïque, la fin du calvaire.

« L'immense espoir né du débarquement allié en Normandie s'était estompé. Six mois s'étaient écoulés depuis et nous étions toujours là, à Dora, en Allemagne. La vie était de plus en plus difficile. Nous avons passé la journée de Noël 44 dehors, à transporter des tôles, par une température de – 26°.

« Les pendaisons se multipliaient, soit sur la place d'appel, soit dans le tunnel avec l'aide des ponts roulants. L'espoir s'éloignait.

« L'un des membres de notre petit groupe, Jean Ruty, s'éteignit le 17 mars 1945; ce soir-là nous avons regardé fixement la fumée qui s'échappait du crématoire en pleine activité. Jean Ruty venait d'avoir vingt ans. »

PIERRE LE ROLLAND

« Trois de mes camarades ont marqué particulièrement ma déportation par leur attitude et leur courage. Tony Ricou, déjà brillant haut fonctionnaire mais également peintre de talent – n'avait-il pas exposé dès l'âge de douze ans au Salon d'automne ?... –, était l'un des premiers dirigeants de "Combat Zone Nord". Arrêté par l'Abwehr début février 1942, il connut le Cherche-Midi, Fresnes. Transféré à Sarrebrück en juin 1942, il ne sera jugé que le 12 octobre 1943, après de longs mois de secret, par le VGH (Tribunal du Peuple). Condamné à mort, il a été décapité à Cologne le 7 janvier 1944 avec André Noël, juriste, ami de *Temps présent*, hebdomadaire chrétien chez qui se tenaient des réunions avec le père Riquet arrêté le même jour que Tony Ricou.

« L'un et l'autre furent mes voisins de cellule lorsque nous étions au secret, en attente d'être jugés par le VGH. Ils étaient tous les deux de véritables exemples, de vrais frères aînés, avec qui j'ai pu avoir le plus de contacts pendant cette longue période de secret.

« Lors du procès, ils firent les déclarations suivantes :

« "Au moment où vous demandez ma tête, je tiens à vous dire que je n'ai aucune haine contre l'Allemagne. J'étais, avant la guerre, pour une entente au moins économique avec elle. Mais en ce moment, mon pays est en guerre et je me devais d'avoir une autre attitude. N'est-ce pas votre grand Schiller qui a dit : *Avant la vie, il y a l'honneur*?" ». (Tony Ricou.)

« De son côté, André Noël déclara : "Je veux, moi aussi, vous dire que je ne nourris aucune haine à l'égard de votre pays. Mais c'est bien encore l'un des vôtres, Johann Fichte, qui disait à la jeunesse allemande lors de l'occupation napoléonienne : *Devant l'occupant, restez dignes et résistez.* C'est simplement ce que nous avons fait."

« Après un long moment d'attente à Rheinbach, ils furent amenés à Cologne pour l'exécution. Paul Dussauze, bien que protestant, demanda de rester avec eux, ainsi que Charles Le Guales de la Villeneuve.

« L'aumônier nous déclara après la guerre que, juste avant la décapitation, Tony Ricou récita le texte de l'Apocalypse : "*Ils ont vaincu à cause du sang de l'agneau et à cause de la parole de leur témoignage et ils n'ont pas aimé la vie au point de craindre la mort. C'est pourquoi réjouissez-vous, cieux, et vous qui habitez les cieux*" (XI–11).

« Après le jugement, ceux qui avaient échappé à la condamnation à mort, c'est-à-dire huit hommes sur vingt cinq, partirent pour Sonnenburg, une "*Zuchthaus*" (maison de force) de triste réputation.

« C'est pendant le transport qui dura plus d'un mois que je

1. Faire note.

fréquentai l'abbé Armand Vallée, prêtre du diocèse de Saint-Brieuc, qui, au cours de l'année 1939, s'était dépensé sans compter avec le pasteur Créspin pour accueillir les réfugiés espagnols.

« L'abbé Vallée avait fondé *Veritas*, petit journal clandestin publié à Paris, qui n'eut hélas que trois numéros à l'été 1941.

« Il fut durant ce transport, le compagnon extraordinaire qui était pour chacun de nous : catholique, protestant ou incroyant, le confident, l'exemple d'entrain sachant fort bien que le bout de la route serait difficile.

« Durant les dix mois que nous avons passés à Sonnenburg, bien qu'il fût séparé de nous, il réussissait à nous faire parvenir des petits mots – souvent tirés de la Bible – qui correspondaient à ce que nous pouvions attendre de lui.

« A Oranienburg-Sachsenhausen, chez Heinkel, il fut le compagnon de tous et nos camarades communistes étaient tout étonnés de la chaleur, de l'amour qui sortait de ce grand corps amaigri.

« Il nous quitta en février 1944 pour Mauthausen. Épuisé, il y mourut le jeudi d'avant les Rameaux. La veille, il avait déclaré au docteur Chanel qui était près de lui : “Vous ne pouvez vous imaginer comme tout est beau ici et comme je suis heureux de mourir parmi mes amis et mes camarades de souffrance.”

« Tony, André, Armand sont toujours présents dans ma mémoire mais aussi dans mon cœur. »

FRANÇOIS PERROT

« Outre Marcel Pernin et Auguste Vercey dont je parle dans le chapitre de *Leçons de ténèbres* sur les “Marches de la Mort”, c'est assurément Henri Lestrade qui a marqué le plus ma déportation.

« Henri Lestrade, né le 3 mars 1894 à Nedde, dans la Haute-Vienne, était instituteur et secrétaire de mairie au Palais-sur-Vienne.

« C'est en cette qualité de secrétaire de mairie qu'il rendit de grands services à la Résistance et qu'il fut arrêté en avril 1943 par la police allemande. Interné à Limoges puis à Compiègne, il fut déporté à Buchenwald en septembre 1943 dans le convoi dit des “21 000”, dont faisaient partie Pernin, Vercey et Perrot.

« Après quelques semaines passées (en quarantaine) au “Petit

Camp", tous quatre furent désignés pour le kommando de Berlstedt, à quelques kilomètres de là, où ils furent tous affectés au très dur travail de la carrière d'argile.

« C'est là qu'Henri Lestrade nous donna à tous l'exemple du courage et d'une énergie indomptable.

« Il nous impressionnait malgré sa petite taille, car il aurait pu être notre père. Nous ne le tutoyions pas. C'était le type même de l'instituteur d'autrefois, d'un patriotisme à toute épreuve.

« Appartenant à la classe 14, il avait fait toute la guerre de 1914-1918 dans l'infanterie. Il l'avait terminée avec le grade de capitaine, deux blessures, sept citations et la Légion d'honneur.

« De son accent rocailleux du Limousin, il nous conseillait, nous encourageait. Il montrait dans les épreuves une grande sagesse et une grande sérénité, tout en étant soucieux du sort de sa femme et de ses enfants.

« Il dut subir pendant vingt mois les très dures conditions du travail dans la carrière, alors qu'il avait deux doigts paralysés à la suite d'une blessure de guerre et qu'il n'eut pas la chance de ses trois compagnons qui, après un an passé dans la carrière, se retrouvèrent pour le dernier hiver à l'abri des intempéries dans l'atelier de céramique.

« Grâce à sa solide charpente, endurcie par la guerre, il supporta ces rudes épreuves, puis, comme les trois jeunes et bien d'autres, les deux "Marches de la Mort" d'avril 1945 de Buchenwald à Flossenbürg, puis vers Cham.

« Libéré le 23 avril, il ne lui restait plus que la peau sur les os, il souffrait du typhus et ne pesait que trente-cinq kilos. Après un assez long séjour dans les hôpitaux, notamment à Bichat, il rejoignit sa famille en Limousin où il mourut, des suites de sa déportation, le 12 avril 1953. Il a été déclaré "Mort pour la France" le 24 avril 1956.

« Voilà quelle fut la vie d'un directeur d'école primaire qui mit ses actes en conformité avec son enseignement au cours des deux guerres mondiales, et qui fut un exemple jusque dans les camps de concentration nazis pour ses plus jeunes compagnons de misère.

« Henri Lestrade, héros modeste et inconnu, je ne vous oublie pas. »

Jacques Richard-Mounet

« Celui que j'évoquerai est celui qui m'a donné la plus belle leçon de philosophie, de connaissance de mon prochain, que j'aie jamais reçue, leçon qui m'habite, qui me hante même, constamment : c'est l'homme, avec un H majuscule, l'"homo résistant", l'"homo concentrationnaire", dans toute sa diversité, dans toutes ses contradictions. C'est à cet homme que j'ai rencontré tous les jours, égoïste, lâche, hâbleur, carriériste, mais aussi sachant être secourable, héroïque, idéaliste, modeste, par-delà toutes les différences de nationalités, d'appartenance politique, de religion, c'est à cet homme-là que je pense quand il m'est demandé d'évoquer "celui qui m'a le plus impressionné".

Geneviève de Gaulle-Anthonioz et Andrée Rivière-Paysan

Andrée Rivière : « J'avais dix-huit ans en 1944. A la suite d'une dénonciation, toute ma famille a été arrêtée par la Gestapo et ses auxiliaires français. Nous avons passé une première nuit à l'École de santé, avenue Berthelot, et ensuite à la prison de Montluc. Je suis restée avec ma mère ; mon père et mon frère étaient ensemble de leur côté. Après dix-sept jours de cellule avec ma mère, on nous a transférées au réfectoire où se trouvait mère Élisabeth. Chaque fois elle accueillait les nouvelles pensionnaires avec son sourire calme et rayonnant qui nous réconfortait, après le choc que nous avions vécu de l'arrestation et de la prison. Toutes rassemblées auprès de "notre mère" comme nous l'appelions, telle une couvée de poussins sous les ailes protectrices de la maman poule, nous ressentions auprès de cette femme admirable une sécurité, un soutien moral, une lueur d'espoir surnaturelle et pensions que plus rien de mauvais ne pouvait nous arriver.

« Cependant notre destin allait nous diriger sur Romainville, puis vers le premier camp de *Neue Bremme*, antichambre des atrocités qui nous attendaient plus loin. C'est dans ce camp que mère Élisabeth a subi son premier interrogatoire comme "criminelle de guerre", disait-elle. Et là on lui a retiré son habit de religieuse, ne lui laissant que son scapulaire. Cette épreuve a été pour elle si cruelle qu'elle a eu plusieurs malaises cardiaques. Mais courageusement elle a retrouvé sa sérénité et ce merveilleux et paisible sourire qui nous redonnait l'espoir.

« Puis ce fut le départ en wagon à bestiaux pour le sinistre camp de Ravensbrück. Après quatre longs jours de voyage, nous nous sommes trouvées mêlées à ces milliers de femmes en robes rayées et galoches aux pieds. »

GENEVIÈVE DE GAULLE-ANTHONIOZ : « J'ai dû rencontrer mère Élise Rivet pour la première fois en juillet 1944. Nous étions arrivées depuis quelques mois – nous, c'est-à-dire un grand convoi qu'on a appelé les 27 000, à cause du matricule qui nous avait été donné – et j'allais à l'arrivée de chaque nouveau convoi, quand il y avait des Françaises, pour les saluer, parler avec elles et pour avoir des nouvelles de notre pays et de la guerre. Et j'ai pu me glisser dans la cour intérieure de l'infirmerie du camp où ces femmes dévêtues attendaient une pseudo-visite médicale ; heureusement c'était au mois de juillet et elles ne grelottaient pas trop. On m'avait montré où était mère Elisabeth, je suis allée la saluer, me présenter. Tout en parlant avec elle, lui demandant si elle n'avait pas trop souffert du voyage, j'avais le sentiment bizarre d'une incongruité. Je ne comprenais pas tout de suite pourquoi, et j'ai enfin réalisé que c'était certainement la première fois qu'elle se trouvait ainsi dévêtue dans un groupe aussi nombreux, et je l'appelais "ma révérende mère" ; il y avait évidemment un contraste entre cette situation de prisonnière humiliée et le titre que je lui donnais.

« Mais de ce moment-là, j'ai été extrêmement frappée surtout par son regard, un regard à la fois ferme et bienveillant, très attentif et en même temps d'une grande bonté. On ne se sentait pas du tout intimidé ni gêné auprès d'elle. D'ailleurs, tous les témoignages de mes camarades sur elle sont semblables. C'est une femme que nous avons aimée, et admirée, pour son comportement au camp, ne sachant pas dans le détail ce qu'avait été sa Résistance mais sachant qu'elle avait été, comme chacune d'entre nous d'ailleurs, une vraie Résistante qui avait pris le risque de l'arrestation et de la déportation. »

ANDRÉE RIVIÈRE-PAYSAN : « Après une période de quarantaine, on nous a regroupées dans le block 15. Mère Elisabeth avait comme voisine dans ce block une Parisienne, Ginette, qui en était à plus de trente mois de prison. C'était une communiste militante, une femme extraordinaire qui était aux petits soins envers « notre mère ». Chaque dimanche matin, c'est elle qui faisait régner l'ordre et le silence pendant que mère Élisabeth lisait les prières de la messe.

« Mon souvenir de mère Élisabeth ?

« Un être de dévouement et de bonté. Sa santé très délicate, les malaises qui la prenaient de plus en plus fréquemment nous avaient amenées à lui conseiller un séjour à l'infirmerie. Elle refusa toujours, pour ne pas nous quitter. Lorsque l'hiver arriva, nous ne la vîmes ni faiblir, ni se plaindre. Au contraire elle prodiguait affection et réconfort à toutes les détenues, quelles que soient leurs opinions ou leur condition sociale.

« De temps en temps, elle avait des contacts avec une religieuse radiologue à l'infirmerie, qui lui communiquait des nouvelles sur l'évolution de la guerre ; comme par hasard, ces nouvelles étaient toujours réconfortantes, et nous faisions auprès d'elle provision d'espoir et de courage. Après ces visites elle me disait quelquefois : "Ma pauvre fille, comment le Bon Dieu va-t-il pouvoir me pardonner tous ces mensonges ?"

« Fin février 45, je fus envoyée avec ma mère au camp de représailles de Rechlin ; nous y sommes restées trois semaines. De retour à Ravensbrück, alors que nous croyions rejoindre le block 15 et aussi retrouver notre mère et les camarades de notre convoi d'arrivée, nos illusions se sont vite dissipées. Regroupées dans un autre block presque vide où devaient se faire les triages de travail ou la sélection pour la chambre à gaz, nous ne pensions pas retrouver mère Élisabeth. Or nous nous sommes ainsi trouvées voisines d'un block où étaient rassemblées des femmes ne pouvant plus marcher et dans un état lamentable. Là j'ai aperçu mère Élisabeth. Heureuse, je lui dis que nous allions venir la rejoindre. Mais quelle n'a pas été ma stupeur quand elle, si douce d'habitude, me dit brutalement en me poussant vers la porte : "Que faites-vous là ? Partez, mais partez vite !" J'ai su ensuite que ce block était consigné en attendant qu'un camion vienne chercher ces femmes pour la chambre à gaz. »

Geneviève de Gaulle-Anthonioz : «Pendant les derniers mois de Ravensbrück, je ne me trouvais plus dans le camp même, ou plutôt je m'y trouvais, mais à l'intérieur d'une cellule de prison qu'on appelait le Bunker. Je n'ai donc connu les derniers instants de mère Élisabeth que par des récits. Mais ces récits sont extrêmement précis dans ma mémoire et en particulier celui qui m'a été fait par une de nos camarades qui était très équilibrée, qui avait une très grande mémoire; elle est morte maintenant mais elle a vécu encore longtemps après son retour du camp, elle s'appelait Mme Marguerite Billard.

«Mère Élisabeth a rejoint une première fois un groupe de femmes qu'elle aidait, qu'elle encourageait au moment où elles avaient été sélectionnées pour partir dans ce que l'on appelait le Jugendlager, c'est-à-dire un petit camp, un ancien camp de jeunesse qui était une sorte d'antichambre de l'extermination. Mère Élisabeth n'avait pas été désignée pour aller dans ce camp, mais quand elle a vu et entendu les plaintes de ses camarades, elle a réussi à les rejoindre. J'ignore si elle savait à ce moment-là le risque qu'elle encourait, mais il est sûr que quelques jours plus tard, lorsqu'elle a décidé de monter dans le camion qui partait pour le Jugendlager, elle en connaissait parfaitement la destination. En effet, nous avions vite compris que nos camarades étaient tuées par gaz dans une baraque qui était de l'autre côté du mur d'enceinte du camp mais très près, à côté du crématoire. On entendait les camions qui montaient chercher leur cargaison, soit dans le Jugendlager, soit à Ravensbrück même, qui faisaient le tour du camp et s'arrêtaient : nous savions exactement à quel endroit c'était en train de se passer. Ensuite les numéros matricules étaient barrés sur les listes tenues par des prisonnières, donc on savait que ces camarades n'étaient plus là.

«Au Jugendlager, mère Élisabeth a vécu quelques jours très difficiles, très douloureux car on les a dépouillées de tout ce qu'elles pouvaient avoir encore de vêtements, leur laissant juste un seul habit très misérable. Elles mouraient de froid, elles étaient toute la journée debout dehors, et on ne leur donnait pour ainsi dire plus de nourriture. Mais comme elles ne mouraient pas assez vite, le camion revenait quand même chercher sa cargaison. Le 30 mars (...), il était en train de se remplir, les femmes étant poussées assez violemment à l'intérieur du camion, la plupart très passives mais d'autres criant. L'une d'entre elles a crié qu'elle ne voulait pas mourir, qu'elle avait des enfants. Et mère Élisabeth l'a tirée en arrière et a pris sa place dans le camion. Les SS, ça leur était bien égal, du moment qu'ils avaient leur compte. Ils n'y faisaient pas plus attention que ça.

« Là-dessus, je pourrais sous la foi du serment garantir le témoignage de Marguerite Billard, qui était tellement précis quand elle me l'a fait, à plusieurs reprises : mère Élisabeth est morte volontairement, elle a donné sa vie pour sauver une autre camarade. C'était le jour du Vendredi saint.

«J'ai souvent comparé sa mort avec celle du père Maximilien Kolbe, qui lui aussi est mort pour avoir pris la place d'un autre prisonnier qui devait mourir dans le bunker de la faim, et je pense que dans cet acte de charité, certainement héroïque, il y avait plus que ça. Il y avait une manière de réponse à cet affrontement terrible que nous avons subi avec le mal, le mal pur, le mal dans toute sa violence, dans toute sa haine.

« Et c'est en somme un acte d'amour fou de Dieu aussi bien qu'un acte d'amour fou du prochain, qui est comme une réponse, la seule réponse qu'on peut donner au mal à ce moment-là, quand on est atteint à une telle profondeur.

«Je pense que la mort de mère Élisabeth est extrêmement signifiante pour nous tous, chrétiens et non-chrétiens, affrontés à un monde où le mal est souvent si connu, si apparent, que nous voyons déchiré par des guerres qui n'en finissent pas, des haines qui semblent durer depuis toujours, un monde qui est affligé par la grande pauvreté dans la plupart des pays et même dans le nôtre. Souvent nous ne pouvons guère répondre que par un don plus profond de nous-mêmes, aux autres si possible et peut-être à Dieu, comme l'a fait mère Élisabeth. »

GÉNÉRAL ANDRÉ ROGERIE

« Pendant presque deux ans que dura ma déportation, j'ai rencontré et vécu avec des gens de tous les âges et de toutes les origines. Dès que ces personnes étaient françaises ou parlaient français, il y avait naturellement un contact plus intense et, sentant bien la précarité de notre existence, nous nous faisions les uns aux autres la promesse, en cas de retour, de prévenir nos familles. Chacun disait : “Si tu reviens, tu iras voir ma mère, ou ma femme, ou telle personne et tu lui diras...” Et chacun apprenait par cœur l’adresse à laquelle il devait se rendre.

«Je me suis efforcé de tenir mes promesses car il serait bien triste d’oublier tous ces amis qui n’ont pas eu la chance de revenir, mais il n’a pas été facile de dire la vérité sans pour autant tout dire.

«Voici les noms de ceux qui sont morts à mes côtés et dont j’ai contacté les familles en 1945 :

«Bourgogne (lieutenant à la Légion étrangère). Mort subitement à Dora en janvier 1944. J’ai écrit à sa femme et celle-ci m’a répondu. Puis elle m’a envoyé quelque temps après une photographie de son petit garçon recevant la Légion d’honneur de son papa.

«Buchet (sergent-chef à la Légion étrangère). Mort à côté de moi à Dora en janvier 1944. Je suis allé voir sa femme à Paris.

«Corbin de Mangoux (étudiant). Mort d’une pneumonie en décembre 1943 à Dora. Je suis allé voir son père et ses deux sœurs à Paris dès mon retour. Je suis resté en contact avec son père jusqu’à la mort de celui-ci.

«Job (médecin général). Mort à Auschwitz-Birkenau le 31 octobre 1944 dans la chambre à gaz. Il m’avait chargé d’une mission pour ses neveux, car sa femme et tous les siens étaient passés à la chambre à gaz à leur arrivée au camp. Je suis donc allé voir ses neveux à Paris et je leur ai transmis le message que j’avais reçu.

«Auber. Mort à Maïdanek en février 1944. J’ai écrit à sa mère en lui transmettant la dernière pensée de son fils pour un petit-neveu qu’il affectionnait. La mère, tout d’abord, n’a pas voulu me croire, mais il a bien fallu qu’elle se rende à l’évidence.

«Galand. Il était de mon âge et nous avions fait le voyage ensemble de Dora à Maïdanek. Il est mort dans mes bras en février

1944, de froid, de faim et de misère. J'ai écrit à son père qui était ingénieur à Brest. Nous avons échangé quelques lettres. Je n'ai pas osé lui dire qu'au départ de Dora, son fils pleurait comme un enfant.

« Binet (capitaine de l'armée française). Il est mort à côté de moi à Maïdanek en mars 1944. Il m'avait confié avec tristesse qu'il était en instance de divorce.

« Potin. C'était un jeune ouvrier de la région parisienne, nous avons rêvé ensemble de promenades à bicyclette à notre retour. Il est mort dans mes bras à Maïdanek en mars 1944. Je suis allé voir sa mère en banlieue parisienne. Elle aussi, comme tant d'autres, ne voulait pas me croire. Sa sœur est venue me voir quelques jours après pour avoir quelques informations complémentaires.

« Marchand. Il avait mon âge et je ne savais rien de lui. Nous étions sur la même couchette à Maïdanek. Il est mort en mars 1944, il m'avait donné le nom d'un village de l'Anjou où je suis allé longtemps après. Je n'ai jamais retrouvé sa trace.

« J'ai contacté d'autres familles de camarades et j'ai eu la chance d'apprendre leur retour. L'un d'eux, revenu avant moi par Odessa, était venu voir ma mère pour lui dire que j'étais encore vivant le 18 janvier 1945 au départ d'Auschwitz.

« Curieusement, à partir du moment où j'ai eu rempli ma mission, j'ai oublié les adresses que j'avais conservées dans ma mémoire jusqu'au retour et que je n'avais pas noté par écrit. »

HÉLIE DE SAINT MARC

« A l'heure où, pour moi, le soir tombe, les souvenirs douloureux me reviennent. La déportation est de ceux-ci. Mes pensées m'y ramènent, plus souvent que je ne le voudrais parfois... Elles vont vers ces hommes que j'ai rencontrés dans les camps et parmi eux vers les plus humbles, les plus modestes, les anonymes, les sans-grade, ceux dont on n'a jamais parlé, dont on ne parlera jamais, dont peut-être personne en dehors de moi-même ne se souvient aujourd'hui, et qui disparaîtront des mémoires avec ma mort.

«La plupart sont restés là-bas. Ils ont servi, mais plus tard ils ne se sont jamais servis, car ils étaient morts. Par la force peut-être des événements qui ne les a pas laissés vieillir, ils restent les plus purs.

«J'arrive difficilement à retrouver leur nom. Simplement une silhouette, un visage émacié, brouillé par le temps… un prénom.

«Jérôme était l'un d'eux.

«Nous ne nous sommes guère quittés pendant une courte période, celle qui a suivi pendant l'été 44 le bombardement de Buchenwald par les Alliés.

«L'ordre concentrationnaire fut alors suspendu pendant quelques jours. La pagaille régnait à l'intérieur d'un périmètre durement gardé. Des équipes de déblaiement partaient dans toutes les directions pour tenter de mettre un peu d'ordre dans les amas calcinés… Jérôme et moi en faisions partie. Professeur de lettres de trente ans, Jérôme était un homme du Nord, calme, un peu lent, pondéré dans ses jugements, mais tenace. Son visage était décharné. Comme une ultime politesse, son sourire s'était réfugié dans son regard. Le réseau "Prosper" l'avait entraîné dans sa chute. Ce réseau avait été détruit en 43 par la Gestapo dans des conditions restées mystérieuses.

«Jérôme était obsédé par les conditions de son arrestation. Il n'arrivait pas à en percer l'énigme. Nous marchions sous la conduite d'un contremaître qui aboyait à son habitude, mais avec moins de conviction depuis que des chapelets de bombes alliées avaient manqué de l'anéantir et nous avec. Il regardait ailleurs. Jérôme et moi nous avions pu nous planquer à l'abri d'un mur en partie détruit. Assis sur de vieux sacs de ciment, nous avions sorti de nos musettes la pitance du jour. Le pain noir sans farine de blé fut recouvert de taches de margarine. La dégustation commença dans un silence religieux. Nous savourions chaque bouchée avec une application extrême. Nous avions enlevé nos vestes rayées pour chauffer au soleil nos carcasses puisque c'est le seul mot qui convenait alors. Notre morphologie était en effet assez éloignée de celle d'Apollon du Belvédère. Maigres comme des pics, voûtés, les épaules rentrées, les côtes apparentes, les pommettes saillantes. Notre peau grise ressemblait à celle des morts.

«Les poux se cachaient dans les coutures de nos vestes. Il fallait les débusquer, les coincer entre deux ongles et d'un coup sec, clac, les tuer. Avec Jérôme nous faisions une course de vitesse. Clac, clac, clac. On n'entendait plus que des bruits de chasse aux poux. “Il paraît que grillés sur un poêle, ils sont délicieux!” Jérôme, bien que dans un état d'extrême faiblesse, continuait à rire. J'étais heureux de le voir ainsi, parce que nous avions craint le pire pour lui. Je risquai une petite phrase : “Tu as l'air d'aller mieux.” Il me répondit lentement : “Oui, maintenant ça va. Mais j'ai traversé une mauvaise passe. En interrogeant ceux du réseau, en faisant des recoupements j'ai compris ce qui s'était passé. La chute de Prosper est venue des nôtres. Quel désastre… Je n'ai pas supporté. Tant de travail, de sacrifice, de morts pour en arriver là. Je n'avais plus envie de vivre.”

« Clac, clac, clac. Je continuais mon travail pour ne pas le gêner. Le mots semblaient mûrir en lui avant de sortir, au prix d'un douloureux effort. Et puis il a repris : “Je crois maintenant avoir compris. Nous n'avons pas accepté. Nous nous sommes battus. C'est cela l'essentiel. Personne ne peut nous enlever ça. Ce que nous avons fait a un sens qu'il faudra bien trouver un jour, mais je sais, moi, ce qui m'importe.” Un long silence s'installa. Tout près, le chef d'équipe criait de nouveau. Je n'ai jamais oublié Jérôme. Après la guerre, j'ai pensé à lui quand j'ai lu saint Paul : “Affligé, mais non écrasé. Dénué, mais non désespéré. Battu, mais non perdu.”

« Jérôme a disparu dans les tumultes qui ont accompagné l'effondrement de l'univers concentrationnaire. »

Les témoins

MME SIMONE ALIZON – Membre du réseau «Johnny» (dépendant des services français du colonel Dewavrin) de septembre 1941 à mars 1942; arrêtée le 17 mars 1942 par la gendarmerie allemande, à l'âge de 17 ans. Prison de la Santé, Fresnes, camp de Romainville (du 10 novembre 1942 au 22 janvier 1943). Déportée le 24 janvier 1943 à Auschwitz-Birkenau, Ravensbrück. Usine de V1 à Beendorf – mine de sel – Matricules : 31776 à Auschwitz-Birkenau, 26008 à Ravensbrück.

M. MARCEL ARBEZ – Arrêté en avril 1944 à Saint-Claude par la milice, à l'âge de 22 ans. Déporté en mai 1944 à Buchenwald, Dora.

M. ROLAND BEAULÈS – Membre du Front national. Arrêté le 29 juin 1944 à Trébrivan (Côtes-d'Armor) par la milice et l'armée allemande, à l'âge de 22 ans. Déporté le 15 juillet 1944 à Neuengamme – Hamburg kommando – Blumenthal puis Lubeck (exode) embarqué sur l'Athen puis sur le Cap Arcona – Matricule : 37285.

M. JOSÉ BELLEC – Membre de la Résistance Intérieure Française (RIF), du mouvement «Résistance» (ZO) (fin 1942-début 1943), du NAP (Noyautage des Administrations Publiques), N.A.P. Police (1943/1944), du réseau «Darius». Arrêté le 30 juin 1944 par le SD Paris (Gestapo), au titre du NAP, à l'âge de 26 ans. Parti de Fresnes le 8/9 août 1944, de Compiègne le 15 août. Déporté à Buchenwald – Matricule : 81469.

M. LUCIEN BENHAÏM – Arrêté le 17 août 1943 par la Gestapo, à l'âge de 21 ans. Déporté le 17 janvier 1944 à Buchenwald puis Flossenbürg, Grafenreuth, Mulsen, Ansbach, retour à Flossenbürg. Matricules : 39894 à Buchenwald – 6428 à Flossenbürg.

M. HENRY BERTRAND – Membre du MNPGDR, réseau « Frédéric » – P1 – Résistance Intérieure Française (RIF), Forces Françaises Libres (FFL). Arrêté le 5 février 1943 par la Feldgendarmerie – garde-frontière, à l'âge de 22 ans. Interné au fort du Hâ de Bordeaux et Front Stalag 122 de Compiègne. Déporté le 28 avril 1943 à Oranienburg-Sachsenhausen – Matricule : F 65453.

M. LÉON BOUTBIEN – Membre du réseau « Musée de l'Homme » (1er septembre 1940), du réseau « Action Frédéric » (1942), des Forces Françaises Combattantes – P3. Arrêté à l'âge de 25 ans : le 25 décembre 1940 et le 14 janvier 1943, par la police française (relâché faute de preuves), par la brigade antiterroriste (B52) David, livré à la SS. Déporté le 12 juillet 1943 – NN – à Natzweiler-Struthof – Matricule : 4463.

M. MAURICE BRAUN – Chef du réseau « Publican » – Forces Françaises Combattantes. Arrêté le 20 septembre 1943 par le SD et la milice française, à l'âge de 37 ans. Déporté le 15 août 1944 à Buchenwald – Matricule : 77194.

M. HENRY CLOGENSON – Membre du maquis du Peut-Haut, des Forces Françaises Intérieures, région « C », 4e groupement – département des Vosges. Arrêté le 9 septembre 1944 (fait prisonnier), par des éléments des divisions Das Reich et Richard Wagner, à l'âge de 20 ans. Déporté le 22 septembre 1944 à Kolmar puis Vorbruck-Schirmeck, Dachau, Auschwitz II (Birkenau), Auschwitz III (Monowitz), Buchenwald, Langenstein-Zweiberge. Matricules : 638 à Schirmeck, 120869 à Dachau, 200506 à Auschwitz II et III, 124157 à Buchenwald et Langenstein.

M. Louis Crotet – Membre du Front national. Arrêté le 29 avril 1942 par la police judiciaire de Dijon, à l'âge de 18 ans. Déporté le 15 avril 1943 à Mauthausen puis Wiener-Neustadt, Dora. Matricules : 26730 à Mauthausen, 31775 à Dora.

M. Pierre Eudes – Agent de liaison et renseignements au réseau «Ceux de la Libération». Arrêté le 20 janvier 1944 à Paris par la Gestapo, à l'âge de 21 ans. Déporté à Auschwitz – Birkenau puis Buchenwald – Flossenbürg. Matricules : 185534 à Auschwitz-Birkenau, 53362 à Buchenwald, 9674 à Flossenbürg.

M. Abel Farnoux – Membre des Mouvements Unis de la Résistance (MUR). Arrêté le 8 juillet 1943 par la Gestapo, à l'âge de 22 ans. Déporté le 3 septembre 1943 à Buchenwald. Matricule : 20178.

Mme Jacqueline Fleury – Membre de Défense de la France et du Réseau «Mithridate» – Arrêtée en juin 1944 par la Gestapo, à l'âge de 20 ans. Déportée le 15 août 1944 à Ravensbrück et kommandos Torgau – Abteroda – Markleeberg (kommandos de femmes qui dépendaient de Buchenwald) – Matricules : 57595 à Ravensbrück, 31942 à Abteroda, 52150 à Markleeberg.

Mme Geneviève de Gaulle -Anthonioz – Membre du réseau «Musée de l'Homme» et du mouvement «Défense de la France». Arrêtée le 20 juillet 1943 par la Gestapo avec le concours de la «bande Bony et Laffont», à l'âge de 22 ans. Déportée le 20 janvier 1944 à Ravensbrück. Matricule : 27372.

Mme Andrée Gros – Membre du Bureau Central de Renseignement et Action (BCRA), du réseau «Action», du Bureau des Opérations Alliées (BOA). Arrêtée le 15 mars 1944 par la Gestapo, à l'âge de 18 ans. Déportée le 6 juin 1944 à Neue-Bremme puis Ravensbrück, Liepzig-Schönefeld (kommando de Buchenwald) – Matricules : 43069 à Ravensbrück, 3330 à Leipzig-Shönefeld.

M. DÉSIRÉ GUILLARD – Membre du réseau «Bordeaux Loupiac». Arrêté le 19 décembre 1943 par la Gestapo, à l'âge de 22 ans. Déporté le 25 janvier 1944 à Buchenwald – Matricule : 43475.

M. GEORGES GUILLEMIN – Membre du mouvement «Les Volontaires de la Liberté» (Mouvement de la Résistance intérieure, homologué par arrêté du 9 juillet 1948) – Membre fondateur (mai 1941) du réseau «Bourgogne» – FFC (BCRA) Agent P2. Arrêté le 29 octobre 1943 à Saint-Girons (Ariège) par le SD, à l'âge de 22 ans. Emprisonné à Saint-Michel (Toulouse), cellule n° 16, Fresnes, cellule n° 479, Compiègne Royallieu. Déporté le 27 avril 1944 à Auschwitz-Birkenau puis Buchenwald, Flossenbürg, kommando de Kamenz (KZ Gross Rosen), Dachau. Rapatrié le 11 mai 1945 – Matricules : 29712 à Royallieu, Auschwitz-Birkenau : 185714, 53912 à Buchenwald, 9760 à Flossenbürg, 145551 à Dachau.

M. ROLAND HAAS – Membre des Mouvements Unis de Résistance (MUR.), du réseau «Plutus» (Forces Françaises Combattantes). Arrêté le 18 mai 1944 par la Gestapo de Paris (rue des Saussaies), à l'âge de 22 ans. Déporté le 30 juin 1944 à Auschwitz III (Monowitz), puis Buchenwald – Matricules : A 16679 à Monowitz, 123238 à Buchenwald.

M. EMILE HAUSBERGER – Arrêté pour faits de résistance à Reichshoffen par la Gestapo en 1943. Déporté au Struthof et à Dachau.

M. HUBERT JESTIN – Membre des Mouvements Unis de Résistance (MUR) d'Auvergne. Arrêté le 21 juin 1944 par la SS et le SD, à l'âge de 19 ans. Déporté le 28 juillet 1944 de Compiègne à Neuengamme, puis Bremen-Hornisse, Lübeck-Thielbeck – Matricule : 39460.

M. ROGER JOLY – Membre du réseau «Martial» «Base Espagne» (Forces Françaises Combattantes). Arrêté le 17 avril 1944 par la Gestapo, à l'âge de 22 ans. Déporté le 17 mai 1944 à Neuengamme puis Watenstedt – Matricule : 31422 à Neuengamme.

M. Georges Jouanin – Membre du réseau « CND Castille » (1er février 1943 au 4 mai 1943) et du réseau « Vengeance » (5 mai 1943 au 22 juillet 1943) – Arrêté le 23 juillet 1943 par la Gestapo (rue des Saussaies), à l'âge de 20 ans. Déporté le 12 décembre 1943 à Buchenwald, puis Dora, Ravensbrück – Matricules : 38491 à Buchenwald et Dora, 14133 à Ravensbrück.

M. André Laroche – Membre du mouvement « Combat ». Arrêté le 29 mars 1944 par la Gestapo et la milice à Lyon, à l'âge de 19 ans. Déporté en mai 1944 à Buchenwald Dora – Matricule : 51726.

M. Edmond Lailler – Membre de l'Organisation Civile et Militaire (OCM). Arrêté le 21 décembre 1943 par la Gestapo. Arrêté à l'âge de 54 ans. Déporté le 30 juin 1944 à Neuengamme puis Ravensbrück – Matricule : 40276.

M. Paul Le Goupil – Membre du Front Patriotique de la Jeunesse (FPJ). Arrêté le 13 octobre 1943 par la Gestapo de Rouen, à l'âge de 20 ans. Déporté le 27 avril 1944 à Auschwitz-Birkenau, puis Buchenwald, Halberstadt, Langenstein – Matricules : 53354 à Buchenwald, 185899 à Auschwitz-Birkenau.

Père Léon Leloir – Docteur en théologie. Aumônier des maquis de Belgique, du nord et du nord-est de la France. Arrêté sur le pont de Dinan et condamné pour « délit de prêtrise ». Transféré, en août 1944, au camp de Buchenwald.

M. Roger Leroyer – Arrêté le 15 août 1944 par la Gestapo, à l'âge de 22 ans. Déporté le 15 septembre 1944 à Orianenburg-Sachsenhausen, puis Langenstein (kommando de Buchenwald) – Matricules : 103061 à Sachsenhausen, 93214 à Langenstein.

M. Pierre Le Rolland – Membre du mouvement « Combat », zone Nord. Arrêté le 29 juin 1942 à Paris par l'Abwehr, à l'âge de 21 ans. Déporté le 8 juillet 1942. Prison de Sarrebruck – NN en attente de jugement ; jugé le 13 octobre 1943 par VGH (5 ans de Zuchthaus) – Prison de Sonnenburg (6 décembre 1943), puis Orianenburg-

Sachsenhausen (14 novembre 1943) – Matricules : NN 43/1092 à Sonnenburg, 117094 à Orianenburg-Sachsenhausen.

M. Jean-Paul Linsig – Membre du réseau « Buckmaster César » puis des Forces Françaises de l'Intérieur. Arrêté le 6 octobre 1944 par la Gestapo aidée par la milice, à l'âge de 17 ans. Déporté le 24 octobre 1944 à Dachau puis Buchenwald, Halberstadt (kommando de Buchenwald) – Matricules : 120715 à Dachau, 101115 à Buchenwald.

M. Jean Mattéoli – Membre du Bureau des opérations aériennes – région D. Arrêté le 7 avril 1944 par le SD, à l'âge de 21 ans. Déporté le 4 juin 1944 à Neuengamme, puis Misburg, Bergen-Belsen. Matricule : 33265.

M. Gilbert May – Membre du mouvement « Combat » – Arrêté le 19 juillet 1944 à Saint-Dizier-Leyrenne (Creuse), maquis du Cher « Surcouf », par la division SS « Das Reich », à l'âge de 19 ans. Déporté au Struthof, puis Dachau (sous le nom de Jean Michot) – Matricules : 26645 au Struthof, 103322 à Dachau.

M. Jacques Moalic – Arrêté le 16 octobre 1943 dans les Pyrénées, région du Perthus-Le Boulou par la police allemande, à l'âge de 20 ans. Déporté le 14 décembre 1943, évadé, repris. Camp de Buchenwald – Matricule : 38348.

Mme Madeleine Perrin – Membre du mouvement « Résistance » – Arrêtée le 11 mars 1943 à Nancy par la Gestapo (von Knock), à l'âge de 38 ans. Déportée le 28 avril 1943 à Ravensbrück – Matricule : 19398.

M. François Perrot – I. Résistance individuelle à Gap (octobre 1940 à mars 1941) – Arrêté le 25 mars 1941 à Marseille pour tentative de réjoindre les Forces Françaises Libres (FFL), par la police française, à l'âge de 19 ans. Expulsé du lycée de Gap le 1er avril 1941. II. Résistance Intérieure Française : Front National Étudiant Paris (février 1942) – Arrêté le 19 mars 1943 par le S.D à l'âge de 21 ans.

Interné à Fresnes, puis Compiègne. Déporté le 16 septembre 1943 à Buchenwald, kommando de Berlstedt. Évacué sur Flossenbürg, avril 1945. Libéré le 23 avril 1945 – Matricule : 21.189.

M. MARCEL PETIT – Membre du réseau «Jade Amicol» (Loiret) – Arrêté le 29 juin 1944 par la Gestapo, à l'âge de 33 ans. Déporté le 15 août 1944 à Buchenwald.

M. BERNARD PONCET – Membre du mouvement «Combat» – Arrêté le 5 avril 1944 par la Gestapo de l'avenue Foch à Paris, à l'âge de 22 ans. Déporté le 2 juin 1944 à Neuengamme, puis Orianenburg-Sachsenhausen – Matricule : 84874 à Orianenburg-Sachsenhausen.

M. JEAN-PIERRE RENOUARD – Membre du réseau «Sosies». Arrêté le 16 mai 1944 par le SD assisté de la police française, à l'âge de 21 ans. Déporté le 6 juin 1944 à Neuengamme – Matricule : 34695.

M. JACQUES RICHARD-MOUNET – Réseaux du BCRA – «Manipule» «Pantagruel» «Ceux de la Résistance». Arrêté le 17 juillet 1943 par le SD, à l'âge de 20 ans. Déporté le 24 janvier 1944 à Buchenwald – Matricule : 41734.

MME ANDRÉE RIVIÈRE – Membre du Mouvement de la Libération Nationale (MLN), section locale, homologuée FFI-RIF. Arrêtée le 22 mai 1944 par la Gestapo allemande et française, à l'âge de 18 ans. Déportée le 1er juillet 1944 à Ravensbrück, kommando Rechlin – Matricule : 46905.

M. JEAN ROCHET – Membre du groupe «Liberté» FTP-F. Arrêté le 20 juillet 1944 par la Gestapo de Dijon, à l'âge de 24 ans. Interné à Dijon du 20 juillet au 19 août 1944. Fusillé le 19 août 1944, laissé pour mort, à Norges-la-Ville.

M. ANDRÉ ROGERIE – Membre du réseau CDL «Ceux de la Libération». Arrêté le 3 juillet 1943 par le SD, à l'âge de 21 ans. Déporté le 31 octobre 1943 à Buchenwald, puis Dora, Maïdanek, Auschwitz-

Birkenau, Gross Rosen, Nordhausen, Dora (à nouveau), Harzungen – Matricules : 31278 à Buchenwald, 183070 à Auschwitz-Birkenau.

M. HÉLIE DE SAINT MARC – Entré dans le réseau «Jade-Amicol» en 1941. Arrêté le 13 juillet 1943 par la Gestapo, à l'âge de 21 ans. Déporté à Buchenwald, kommando de Langenstein. Officier d'active. Indochine (1947-1954), Algérie (1954-1961). Condamné à 10 ans de réclusion criminelle en juin 1961 – Matricule : 20543.

M. JACQUES SONGY – Membre du groupe «Melpomene». Arrêté le 12 août 1944 par la Gestapo de Châlons, à l'âge de 20 ans. Déporté le 19 août 1944 au Struthof puis à Dachau – Matricule : 99959 à Dachau.

M. LUCIEN SOULA – Arrêté le 15 février 1943 par l'armée allemande, à l'âge de 24 ans. Déporté le 15 septembre 1943 à Buchenwald – Matricule : 21160.

M. JACQUES VERN – Membre des Forces Françaises Intérieures (isolé). Arrêté le 20 janvier 1943 du côté de La-Tour-de-Carol (pour rejoindre les FFL en Afrique du Nord), par une patrouille allemande le long de la frontière espagnole, à l'âge de 17 ans. Interné à Compiègne. Déporté le 16 septembre 1943 à Buchenwald, Dora, Harzungen, Ellrich, puis Bergen-Belsen – Matricule : 21877 à Buchenwald.

MME DENISE VERNAY – Arrêtée le 17 juin 1944 par la police allemande, à l'âge de 20 ans. Internée à la prison de Montluc. Déportée le 26 juillet 1944 à Ravensbrück, puis à Mauthausen – Matricule : 46886 à Ravensbrück.

M. HENRI WIOLAND – Membre de l'armée secrète «Savoie-Nord». Arrêté le 18 septembre 1943 par la Gestapo, à l'âge de 22 ans. Déporté le 30 octobre 1943 – convoi des 30 000 – à Buchenwald, puis kommando Julius, Schönebeck – Matricule : 30730 à Buchenwald.

Postface

« Quiconque écrit l'histoire de son temps doit s'attendre à ce qu'on lui reproche tout ce qu'il a dit ... et tout ce qu'il n'a pas dit », a affirmé Voltaire.

Malgré cette mise en garde, nous avons tenu, avec nos camarades déportés-résistants, au soir de notre vie, à transmettre le témoignage de ce que nous avons d'abord voulu, en répondant à l'Appel du général de Gaulle, puis subi, entre les mains de nos bourreaux, comme tous ceux qui ont disparu dans la tourmente concentrationnaire ou dans la paix retrouvée.

Il nous est apparu comme un devoir envers eux et envers les générations futures de laisser à celles-ci la trace de nos engagements, si divers dans l'unité de la foi en la Patrie et en la Liberté, et de nos souffrances, si diverses elles aussi, dans l'horreur programmée d'un système totalitaire.

Chers camarades, dans l'infortune et dans l'honneur !

Ce livre se veut notre message commun. Deux cents d'entre vous, les survivants, répondant à notre appel, ont participé fort utilement à cette œuvre collective. Cinquante y ont été directement impliqués. Ils ont pris la responsabilité de représenter la cohorte des déportés pour faits de Résistance. Le résultat de leurs efforts est, certes, loin d'être exhaustif et parfait. Tous les camps de concentration ne sont pas également présents, et, encore moins, les innombrables kommandos. Nous espérons cependant que votre regard sera fraternel et que vous retrouverez tous ici quelque souvenir de ce que vous avez subi. Chacun des témoins a tenté d'être précis, objectif et sincère, malgré le demi-siècle qui nous sépare de cette aventure indicible et inhumaine, qui fait hélas partie de l'histoire de l'humanité.

Amis lecteurs !

Ce livre de cendre, de sang et d'espoir vous est tout spécialement destiné. Il se veut, sans emphase, le testament des survivants imprévus d'un univers sans retour où la terreur cotoyait l'absurde. Recevez-le comme tel, qu'il fasse partie de votre mémoire et que votre volonté de vivre dans la dignité, le droit et la liberté demeure !

Permettez-nous, les uns et les autres, de conclure avec un déporté, le général Dejussieu (« Pontcarral » dans la Résistance) :

« Jusqu'à la pierre tombale, nous n'aurons jamais assez payé pour tout ce que la Patrie a fait pendant des siècles ».

André LAROCHE François PERROT

Remerciements

La Fédération nationale des déportés et internés de la Résistance, l'Union nationale des associations de déportés internés et familles de disparus

remercient :

Monsieur le Président de la République française
Monsieur le Président du Parlement européen

pour leur haut patronage.

Cet ouvrage a bénéficié du concours financier et du parrainage :

– du Ministère de la Défense, du secrétariat d'État aux Anciens Combattants
– du ministère de l'Éducation nationale, de la Recherche et de la Technologie
– du ministère de la Culture et de la Communication
– des entreprises :
Prisma et France-Loisirs
Électricité de France
Pinault-Printemps-Redoute
Promodès

Ils remercient également pour leur soutien :

– les conseils régionaux de :
Alsace – Bretagne – Guyane – Haute-Normandie – Lorraine – Midi-Pyrénées – Pays-de-Loire – Rhône-Alpes.

– les conseils généraux de :
Ain – Ardennes – Aube – Bouches-du-Rhône – Calvados – Haute-Corse – Gironde – Ille-et-Vilaine – Landes – Lot-et-Garonne – Marne – Mayenne – Meurthe-et-Moselle – Pyrénées-Atlantiques – Bas-Rhin – Haut-Rhin – Haute-Saône – Tarn-et-Garonne – Var – Vendée – Haute-Vienne – Vosges.

– la Ville de Lyon – Centre d'Histoire de la Résistance et de la Déportation

– la Ville de Paris (Mairies du IXe – XIe – XIIIe)

– les associations sœurs :
Amicale de Wansleben – Amis de la Bibliothèque d'Hautmont – Association des Anciens Combattants Français évadés de France Internés en Espagne du Var – Association Nationale des Médaillés de la Résistance – Association des Médaillés de la Résistance des Bouches-du-Rhône – Association des Médaillés de la Résistance du Haut-Rhin – Association Culturelle de Croocq – Association Culturelle de Jeumont – Comité Départemental des Bouches-du-Rhône du Concours National du Prix de la Résistance et de la Déportation – Comité des Hautes-Alpes de la Résistance et de la Déportation – Comité d'Union de la Résistance et de la Déportation du Vaucluse – Combattants Volontaires de la Résistance du Vaucluse – Maison des Enfants d'Izieu – Mémorial de la Résistance et de la Déportation de l'Hérault – Union départementale des Combattants Volontaires de la Résistance de l'Essonne.

– les associations départementales de déportés internés et familles de disparus et les sections de la Fédération nationale des déportés et internés de la Résistance

– tous les déportés internés et familles

qui par leurs souscriptions ont permis la réalisation de cet ouvrage.

La Fédération nationale des déportés et internés de la Résistance (FNDIR) ; l'Union nationale des associations de déportés internés et familles de disparus (UNADIF) témoignent leur reconnaissance à tous ceux dont les écrits passés ou présents ont permis de compléter utilement les sources documentaires réunies pour la réalisation de cet ouvrage.

Nous remercions particulièrement les familles des camarades disparus qui nous ont transmis des documents.

Roger AGNES
Michelle AGNIER-MOET
Madeleine ALLARD
Albert AMATE
Jean AMBRA
Gaston ANTONI
Maude d'ARGENCE
Jacques ARNAUD
Adrien AUBRY
France AUDOUL
Docteur P. AURIAC
Pierre AUROUX
Amicale des Anciens de DORA-ELLRICH
Amicale des Anciens de NEU-STASSFURT
Association Nationale des Anciens Combattants de la Résistance de Seine-et-Marne

Archives de la Fédération nationale des déportés et internés de la Résistance (FNDIR)

Archives du Mouvement d'Union et d'Action des déportés et internés de la Résistance à Lyon (MUADIR)

Paul BACOU
Lucien BAILLAUD
Albert BANNES
Colette BARBIER
Abbé Jean BARBIER
Louis-Robert BASTIAN
Roger-Gérard BARTHELEMY
Général Jean-Marie de BAZELAIRE
Roland BEAULES
Marie-Thérèse BEGUINOT
Lucien BENHAIM
Pierre BERG
M. BERNARDOT
Pierre BERRIER
Henry BERTRAND
Claude BIGNON
Marie-Louise BLANDIN
Michel BLONDAN
Abbé Jacques BOCA
Michel BONNOT
Henri de la BORIE de la BATUT
Jess BOROCCO
Thérèse BOUDIER
Abel BOURBON
Jeannine BOURREE
S. BRION
Paulette BROSSARD
Franc BRUEL
Pierre BUR
Pierre BERT

Marcel CAILLET
Général Véran CAMBON de LAVALETTE

Ralph CANU
René CASTEL
Mme Charles CASTERA
Jean-Pierre CATAINGTS
Guy CAUDRON
Pierre CAZEMAJOR
Georges CHAMBLET
Jacques CHAMBOISSIER
Roger CHETANNEAU
Maurice CHOQUET
René CLAVEL
Albert CLAVERIE
Edmond CLEMENTZ
Geoffroy de CLERCQ
Robert CLOR
Antoine CLOUP
Georges COCHET
Hubert COLLE
René COMBES
Madeleine COMTE
Marc CONSTANTINI
Louise COUPA
Olivier-Jacques COURTAUD
Louis CROTET
Centre d'Histoire de la Résistance et de la Déportation de Lyon (CHRD)

Abbé Jean DALIGAULT
Florent DEBUISSON
Jacques DECOBERT
Robert DENERI
Ed. DERESINSKI
Henry DENIS
Jean-Paul DIDIERJEAN
Georgette DRION
Pierre DUCAMP
Guillaume DUCHER
Pierre DUVIOL

Émile ERB

Roger FARELLE
Arnaud de la FARGUE
Colonel Raymond FAUVEAU
FAVIER-MANIA
Roger FAYARD
Michel FLIECX
Roger FOUCHER-CRETEAU
Louis FOURGEAUD
Abbé René FRAYSSE

Charles GALLIN-MARTEL
Louis GAMBUT
Odette GARNIER
Charles GEBEL
Pierre GENDRY
Daisy GEORGES-MARTIN
Général Robert GERARD
Ed. GOERGEN
Andrée GROS
François GUERIN
Thérèse GUERINEAU
Désiré GUILLARD
Paul GUILLERMINET
Jean GUYOT

Erling HANSEN
Corinne HERBET-DAOUÏ
Lt.-Colonel Jean HOLLEY
Huguette HUBERT
Charles HUMBERT-LEUBA

Docteur J.-M. INBONA

E. JEANNIN-GARREAU
Hubert JESTIN
Georges JOUANIN
Joseph JOURDREN

Jean KAUFFMANN
J. KRUZYNSKI

Étienne LAFOND-MAZUREL
Louis LAFONTAINE
Edmond LAILLER
J. LAMY
M. LANGLET
Claude LAZARD
Jean LAURENT
Ginette LEBRELL
Henri LECLERC
André LECUYER
Louis LEFRANCOIS
Jean LEGER
Pierre LELIEVRE
Capitaine de vaisseau André LEMAIRE
Lucien LENORMAND
Henri LEROGNON
Gustave LEROY
Pierre LOISEAU
Robert LORICHON
Emile LOSSON

Marcel MAIRE
Joseph MAITRE
Pierre MALLEZ
H. MANGIN
Denise MANQUILLET
Jean MANSON
Hervé MARC
H. MARFORT
Général Yves MARINELLI
Geneviève MATHIEU
Joseph MATTERA
Andrée MAY

Gilbert MAY
Jean MERCIER
Christian MERY
Jean MEUDEC
Henri MICONNET
François MOAL
Jacques MONTGERMONT
Claude MORISSEAU
Louis MOUROT

Musée Départemental de la Résistance et de la Déportation de la Haute-Garonne
Musée de la Résistance et de la Déportation de Besançon

Jean NALLIT
Docteur R. NEEL
Henri NUSSBAUMER

Pierre OZANON

Deborah PALLANDRE
M. PALAUD
Gaston PAPIN
Marcel PATTE
Louis PAUZE
Abbé R.de PAZANAN
Jean-Jacques PERIN
M. PERRIN
Mme PERRIN
Lucienne et Andrée PIC
Suzanne PIC-ORTS
Colonel Jean PILLAUD
Suzanne PILVEN
André POIRIER
Bernard PONCET
Jean PUISSANT

Madeleine RAIMBAULT
Jacqueline REMISE
Henri RENARD
Louis RENARD
Professeur Gabriel RICHET
Jean RIEG
Marcel G. RIVIERE
Jean-Michel ROCHET
Marcel ROCHETTE
Michel RODRIGUEZ
Élisabeth ROEDERER
Pierre ROPIQUET
Violette ROUGIER-LECOCQ
Maurice ROY
Mme Aristide ROYER
Pierre RUIBET

Paule SAUVAGEOT-BERNARD
Robert SAUVAL
Colette et Monique de SCHWILGUE
M.-L. SEEL
André SELLIER
Joseph SERPENTINI
François SIBI
Georges SIRIEX
Jean SOBRIALE
Jacques SONGY
Roger SOUCHAL
André SOULIER
Squadron Leader Derek Leyland STEVENSON, RAF

Boris TASLITZKY
RP Paul TASTAYRE
Colonel Jean THOMAS
Georges THYRARD
Jean-Christophe TROUFLEAU

Général Claude VANBREMEERSCH
Auguste VERCEY
Jacques VERN

Edgard WEISSENBACH
François WICHER
Henri WIOLAND

M. Henry Clogenson et Mme Dominique Magnien se sont chargés de recueillir et de classer tous les témoignages reçus par la FNDIR-UNADIF. Qu'ils trouvent ici l'expression de notre reconnaissance, ainsi que tous ceux qui ont pris la peine, parfois au prix d'un effort intérieur remarquable, de nous envoyer leurs écrits. Que ceux qui, par erreur ou par omission, n'auraient pas été cités veuillent bien ne pas nous en tenir rigueur.

FNDIR-UNADIF : 8, rue des Bauches, 75016 Paris.

Annexes

Les témoins des annexes

M. Paul Bacou
M. Roger-Gérald Barthélémy
M. Roland Beaulès
M. Maurice Braun
M. S. Brion
M. Guy Caudron
M. René Clavel
Mme Geneviève de Gaulle-Anthonioz
M. Guillaume Ducher
M. Abel Farnoux
M. René Gerber
Mme Lucienne Guezennec
M. Roger Joly
M. Jean Laurent
M. Pierre Le Rolland
M. Gilbert May
M. François Perrot
M. Marcel Petit
M. Louis Renard
M. Jacques Richard-Mounet
M. Jean Rochet
M. André Rogerie
M. François Sibi
M. Eugène Thomas
Mme Denise Vernay
M. Boris Vilde
M. Edgard Weissenbach

1

«Les camps tragiques[1]» (Dachau 1934)

Je ne m'attendais certes pas à ce qu'on me donnât l'autorisation de visiter le camp de concentration de Dachau. J'ai eu la chance à Munich de me trouver, au cours d'une réunion, en présence de plusieurs hauts fonctionnaires hitlériens. Il y avait là, notamment, M. Schemm, ministre de l'Instruction publique et des Cultes de Bavière, et M. Himmler, chef des sections de protection (SS) du Reich.

La conversation portait sur l'attitude de l'opinion mondiale en face de la révolution hitlérienne, et les Allemands marquaient leur étonnement des critiques adressées au nouveau régime et à ses procédés de terreur.

Notre révolution, m'assurait-on, n'est pas faite de violence brutale. Vous ne trouverez pas chez nous de guillotine installée en permanence. Nous luttons simplement pour l'honneur et l'intégrité de la race et de la culture germaniques. Nos seuls adversaires sont les esprits subversifs.

– Nous n'avons nullement l'intention, lui dis-je, de nous mêler de la vie intérieure de l'Allemagne. Mais nous ne pouvons rester insensibles aux récits atroces des réfugiés.

– Quelle foi pouvez-vous y ajouter? me réplique un secrétaire du fameux M. Rosenberg, le chef du bureau de politique extérieure du parti national-socialiste. Ces gens ne cherchent qu'à se venger.

1. *Les Lectures pour tous*, mars 1934.

– Peut-être, repris-je, mais le mystère qui entoure les camps de concentration est tel que nous ne pouvons contrôler la véracité ou la fausseté des dires des réfugiés.

– Je vois où vous voulez en venir. Cela vous intéresserait donc beaucoup de visiter un camp ?

– Certainement. (…)

Des plaintes et des cris

Avant de rapporter les brèves conversations que j'ai eues avec les détenus, je veux d'abord rappeler le régime auquel ils sont soumis.

Ils couchent dans des baraques mal closes, sur des brancards empilés les uns au-dessus des autres. J'ai visité ces dortoirs : il y a ainsi quatre ou cinq lits superposés. Chaque homme a tout juste la place de n'y être pas étouffé. L'été, la chaleur doit y être intolérable. L'hiver, un vent glacial traverse les murs de planches mal jointes et passées au goudron. Pour toute décoration, les salles s'ornent de grands portraits de Hitler, de Hindenburg, de Goering et de Goebbels, divinités qui doivent former désormais l'horizon de tout bon Allemand.

Dans la journée, par groupes de cinq ou six, les prisonniers partent, sous la garde d'une sentinelle. Pendant sept heures au moins, ils doivent faire des travaux de terrassement. On leur fait réparer les routes qui environnent Dachau, on leur fait même construire de nouvelles voies de communication. Ce que doit être ce travail, on l'imaginera aisément en sachant que le rendement de ces ouvriers occasionnels, qui sont pour la plupart des intellectuels inexpérimentés, est à peine inférieur de quinze à vingt pour cent au rendement des ouvriers professionnels.

La nourriture des prisonniers se borne à de la soupe et du thé, à du pain gris, *graues Brot*, et à des pommes de terre.

Pour jouir de ce régime – et ce n'est pas là un des traits les moins écœurants du règlement – les prisonniers doivent payer une pension d'un mark (six francs) par jour ! Les plus riches sont solidaires de ceux qui n'ont pas les moyens de payer l'honneur d'être prisonniers des nazis. (…)

Ceux dont la conduite est satisfaisante sont admis – grande

faveur ! – à se procurer, jusqu'à concurrence de cinq marks par semaine, du lait, du fromage, des fruits, des cigarettes et de la bière non alcoolisée.

Enfin, les prisonniers ont licence de lire des journaux hitlériens, à l'exclusion, bien entendu, de tout magazine ou livre.

Cette description objective du règlement pourrait laisser croire à un régime tolérable, en dépit de son caractère très strict. La réalité est tout autre.

La vue des prisonniers inspire une pitié infinie. Ils sont épuisés par la fatigue et par les coups. Leurs corps, amaigris par les privations et l'absence de nourriture substantielle, portent la marque des mauvais traitements qui sévissent. Sur les membres nus s'étalent des cicatrices. Les visages pâles, les joues creuses et mal rasées, les regards traqués, témoignent assez de l'effroyable misère matérielle et morale de ces hommes.

C'est qu'il ne faut pas oublier que tous ceux qui sont là y ont été amenés sans jugement. Ils ignorent la cause de leur incarcération. Ils ne savent pas s'ils sortiront jamais de cet enfer.

Ils sont à peu près sans nouvelles des leurs, à l'exception de quelques rares correspondances. (…)

Dans un coin de la cour, sous un petit auvent, se trouve la popote. On prépare justement le déjeuner sur de vieilles cuisines roulantes du temps de guerre.

Un prisonnier qui surveille les marmites me fait signe de m'approcher. Il me tend une gamelle remplie de ce brouet de pommes de terre dont on m'a déjà parlé : « Goûtez ! » Je porte une cuillerée à ma bouche. C'est une pâte grise qui serre la gorge et étouffe. Je fais effort pour masquer mon dégoût. (…)

Vision d'enfer

Notre visite était terminée. Je crois d'ailleurs que mes nerfs n'auraient pu supporter davantage. Il me fallut pourtant soutenir avec le directeur de la prison une conversation qui mérite d'être rapportée ici.

« (…) nous pratiquons ici la purification intérieure. Il s'agit d'extraire le virus pacifiste et marxiste de ces pauvres têtes malades. Nous faisons des conférences qui permettent aux prisonniers de se familiariser avec les idées national-socialistes.

«Je pense aboutir à un grand nombre de conversions. J'ai bon espoir, j'ai bon espoir[1].»

Guillaume Ducher.

1. «Nous devons éduquer, éduquer, éduquer", *disait Himmler, considérant les camps de concentration à leur création, comme une sorte "d'école sociale" de la nation.»* C. Fest citant H. Heiber *in Reichsführer :... Brief an und von Heinrich Himmler.*

2

Un Résistant de 40, le RP Michel Riquet s.j. Fondateur de l'UNADIF

Dès l'hiver 1940, un groupe de chrétiens se réunit chaque lundi chez André et Madeleine Noël. Ils font partie tous deux des amis de *Temps présent*, hebdomadaire d'inspiration chrétienne dont le membre portant la carte n° 7 n'est autre qu'un certain colonel Charles de Gaulle. Un groupe d'hommes et de femmes qui ont tout de suite choisi la Résistance. Dans cet appartement de la rue de Verneuil, autour du RP Michel Riquet, aumônier du Cercle Laennec, regroupant des membres du corps médical, se trouvaient réunis : le docteur Étienne de Véricourt, le futur professeur Milliez, les frères Marx, Jacqueline Chaumié, Mme Mallatere-Sellier, et d'autres qui, à l'occasion, venaient écouter le message du RP Riquet, comme Robert et Germaine Aylé. Moi-même je rejoignais ce groupe dès mon arrivée à Paris en juin 1941.

Autant que le combat théologique contre le nazisme que nous développait le RP Riquet, chaque participant exposait l'activité de résistant qui était la sienne.

Mais un échange fructueux d'informations sur la situation tant de la zone occupée que de la zone dite libre permettait aux participants d'avoir une meilleure compréhension de la lutte quotidienne.

C'est ainsi que le RP Riquet qui donnait des conférences sur les questions sociales à l'École des surintendantes de la rue Princesse, école d'inspiration protestante où avait étudié Berty Albrecht, se trouva là face au capitaine Robert Guédon, camarade d'École de guerre d'Henri Frenay. Robert Guédon dirigeait à Paris l'antenne du

Mouvement de libération nationale qu'avait créé à Lyon Henri Frenay, mouvement qui, après sa fusion avec Liberté, d'inspiration démocrate-chrétienne dirigé entre autres par François de Menthon et Pierre-Henri Teitgen, deviendra Combat. (...)

Beaucoup, catholiques ou non, se retrouvaient le dimanche à Saint-Séverin pour écouter ses prêches toujours pleins de fougue et d'espérance qui nous semblaient parfois bien imprudents. Ainsi, tandis que les frères Marx devenaient des militants de Défense de la France, d'autres rejoignaient Combat ou Libération du syndicaliste Christian Pineau et du protestant Jean Cavaillès.

La diffusion des *Petites Ailes*, dont certains articles étaient rédigés par le RP Riquet, comme d'*Unter Uns*, émanation du groupe Guédon destiné aux soldats allemands, ou de *Véritas* que l'abbé Armand Vallée, directeur des Secrétariats sociaux, publiait toujours, en liaison avec le RP Riquet, était alors l'une des grandes activités de ces petits groupes qui parallèlement distribuaient *La France continue* ou *Résistance*.

Parfois, le RP Maydieu quittait son couvent de dominicains de La Tour-Maubourg pour nous rejoindre; il en était de même d'un des responsables de l'Armée du Salut.

Louis Terrenoire, rentré de Lyon, nous rejoignit et la librairie Bloud-et-Gay de la rue Garancière fut bientôt un lieu de rencontre elle aussi.

Mais lorsqu'on évoque les souvenirs de cette première résistance organisée, ce n'est pas sans émotions qu'on évoque des visages... André Noël, arrêté le 2 février 1942, condamné à mort et décapité à Cologne le 7 janvier 1944; sa femme, Madeleine, déportée avec sa mère et sa sœur; Pierre Marx, abattu par la Gestapo près de Saint-Sulpice; ses frères Jean et Michel, sa sœur Marie-Odile, déportés; Robert Aylé, fusillé au Mont-Valérien le 28 mars 1944; sa femme déportée; l'abbé Vallée, mort à Mauthausen en avril 1945; Louis Terrenoire, déporté; Jean Cavaillès, massacré; le RP Riquet, déporté; Jane Sivadon, directrice de l'École des surintendantes, déportée; Berty Albrecht, assassinée.

Certes, la route de chacun dans la Résistance était tracée mais la voix chaude du RP Riquet a été pour beaucoup d'entre nous le petit déclic qui a déterminé notre engagement. (...)

Celui qui fut l'un des fondateurs de notre Fédération, comme il fut l'un des premiers à s'engager dans le combat des ombres, mérite qu'on se souvienne, car après notre retour son action pour la justice et la liberté reprit. Mais ceci est un autre chapitre d'une vie si bien remplie[1] !

Pierre Le Rolland.

1. *Le Déporté,* n° 500, juillet 1996.

3

Quelques exemples de résistance en Alsace-Lorraine, en zone interdite et dans les départements voisins

La révolte du 18 Février 1943 en Moselle

Dès juin 1940, la jeunesse s'est distanciée de l'occupant, fossé qui s'est élargi par l'arrogance des nazis, par l'annexion de fait de l'Alsace-Moselle avec toutes ses suites néfastes comme :

– la suppression de tout ce qui avait une résonance ou une ressemblance française;

– l'exil de la population de langue française vers la France;

– l'exil de nombreuses autres familles vers les Sudètes et la Pologne (PRO[1]);

– l'incorporation de force au RAD[2], puis à la Wehrmacht.

Chacun s'oppose à sa manière à l'occupant : hébergement et passage de prisonniers français et alliés; petits sabotages; fausses déclarations; inscriptions antiallemandes; écoute et divulgation des nouvelles de Radio Londres...

L'emprise allemande devient de plus en plus pressante, de plus en plus pesante, mais la population est de plus en plus réticente, malgré les obligations de HJ, de BDM, de DVG[3] et autres formations nazies. Les jeunes se groupent, portent des signes de reconnaissance (croix de Lorraine, cigogne, bouton spécial, béret...). Le sport, le théâtre alsacien, les sorties, les chants, tout se cristallise contre les Allemands.

1. Patriote résistant à l'occupation.
2. Reichs Arbeits Dienst.
3. Hitler Jugend; Bund Deutscher Mädeln; Deutsche Volks Gemeinschaft.

Cette situation est aggravée par l'incorporation de force. L'opposition devient ouverte et s'organise. De plus en plus de jeunes abandonnent leur famille et se cachent en zone libre, en forêt, d'autres essayent de rejoindre l'Afrique du Nord ou l'Angleterre, d'autres usent de toutes sortes de subterfuges pour retarder leur enrôlement, d'autres attendent la première permission pour brûler l'uniforme allemand et disparaître, mais d'autres malheureusement doivent se laisser enrôler pour éviter des représailles à leur famille, car les prisons et les camps commencent à se remplir d'« ennemis du peuple allemand ».

Voilà l'état d'esprit de toute l'Alsace-Lorraine en cet hiver 1942-1943 et de la majorité des six cents incorporés de force de ce 18 février 1943…

Edgard Weissenbach.

Insoumission

Malgré les pressions, les nombreuses tracasseries et même les menaces de déportations en Silésie, je refusais catégoriquement de signer la demande d'admission au sein de la Communauté du peuple allemand *(Volksgemeinschaft)* ou à toutes autres organisations nazies.

Une ordonnance du 19 août 1942 signée par le Gauleiter Bürckel ordonnait que tous les jeunes de la classe 42 ayant adhéré à la *Volksgemeinschaft* devaient servir dans la Wehrmacht. Effectivement, mes camarades ont été incorporés dans l'armée allemande le 17 octobre 1942.

Refusant de servir l'ennemi, je franchis à pied durant la nuit du 14 au 15 décembre 1942 la frontière « Lorraine » entre Solgne (Moselle) et Nomeny (Meurthe-et-Moselle). Après de nombreuses difficultés et avec l'aide d'un prêtre rencontré sur mon chemin qui m'a indiqué la meilleure direction à prendre pour traverser cette frontière, je me rendis à Dieulouard (Meurthe-et-Moselle).

François Sibi.

Le maquis de la Waldkapelle

Le maquis de la Waldkapelle avait été créé, dès 1941, par un groupe de jeunes Vieux-Thannois comprenant les frères Armand et Jean Neff, Albert Vonna, Eugène Hauler, Antoine Stantina et Émile Frey. Ceux-ci avaient pris des contacts avec l'antenne de Libération-Nord à Belfort.

Le maquis disposait au total de trois fusils-mitrailleurs, de fusils, de quatre mousquetons, de cinq pistolets 7,65 et de plus de dix mille cartouches. Ce matériel devait servir à équiper une compagnie en vue non pas de déclencher une opération d'envergure contre l'occupant, ce qui n'avait aucun sens, étant donné la nature peu sauvage de nos forêts et l'impossibilité de trouver des bases solides, à l'image du Vercors par exemple, mais de servir d'appui dès l'arrivée des futures troupes de Libération. Armand Neff précise : « *Tout maquis devait avoir un objectif militaire. Le nôtre était la défense du pont de la Thur, sur la route de Cernay.* » Si le maquis avait encore existé à la fin 1944, la libération de Vieux-Thann aurait pu être facilitée. (...)

Mais les Allemands ne devaient pas en rester là. La Gestapo était, semble-t-il, bien informée depuis quelque temps déjà. Elle organisa donc un grand coup de filet. Au total elle arrêta une quarantaine de personnes.

Parmi les personnes incarcérées, onze d'entre elles furent assassinées d'une balle dans la tête, à Rammersweier près d'Offenburg, le 6 décembre 1944, et leurs corps jetés dans une fosse commune. Beaucoup moururent sous la torture et par suite de mauvais traitements dans les camps de concentration. Il n'y eut que onze rescapés.

René Gerber.

4
La presse clandestine

Les débuts de la Résistance furent marqués en zone occupée par les sabotages des lignes téléphoniques des troupes d'occupation. Mais, très rapidement, par besoin de répondre aux mensonges de la propagande, tant des occupants que de Vichy, parurent les premiers journaux clandestins.

Si le premier tract « Les propos de l'Occupé » de Jean Texcier parut dès l'été 1940, à l'automne furent diffusés : *Les Petite Ailes du Nord*, *Pantagruel*, *Résistance*, des animateurs du Musée de l'Homme, *Libération* de Christian Pineau, *L'Alsace* à Strasbourg, *En captivité* à Nantes, *Veritas* et *Unter Uns* à Paris, *La France continue*.

La répression qui s'abat sur les artisans de cette presse clandestine sera rude. Les responsables du premier *Résistance* : Boris Vilde, Anatole Levitsky, Léon Maurice Nordman, seront fusillés ; Raymond Deiss, éditeur de musique qui publie *Pantagruel*, est décapité à Cologne, comme le seront Paul Petit et Raymond Burgard qui, outre *La France continue*, a publié *Valmy*.

Les animateurs des *Petites Ailes* : Tony Ricou, André Noël, Paul Dussauze, comme l'imprimeur de banlieue Adrien Thomas, seront également exécutés à Cologne.

Or le tirage global de ces premiers journaux ne dépassait pas quelques dizaines de milliers d'exemplaires.

Lorsque Daniel Decourdemanche, dit Jacques Decour, fondateur des *Lettres françaises*, est arrêté, il sera rapidement exécuté, tout comme les militants communistes diffusant *L'Humanité*. (On est loin alors des démarches de juillet 1940 auprès de la Propaganda Staffel demandant à faire à nouveau paraître le quotidien du parti communiste ; il est vrai que Hitler n'avait pas encore envahi l'Union soviétique !)

Jacques Grou-Radenez, imprimeur de *Défense de la France* entre autres, sera condamné à mort, gracié et, après un séjour à Sonnenburg, mourra au camp de Flossenbürg.

Mais en zone « libre » aussi la presse clandestine fut à l'origine de grands mouvements. *Combat, Franc-tireur, Libération* seront d'abord des journaux clandestins animés par de brillantes équipes : Bourdet, Pascal Copeau, voire de très bons journalistes tel Georges Altman. Ici encore le bilan est lourd.

Pierre Le Rolland.

*

André Bollier dit « Velin »
(20 mai 1920-17 mai 1944)

Après une héroïque campagne de 1939-1940, André Bollier, jeune polytechnicien, entre dès les premiers jours dans la Résistance française. Il se consacre aussitôt à l'organisation de la propagande et à la diffusion. C'est grâce à lui que, pendant près de trois ans, le journal *Combat* a pu être dirigé, imprimé et diffusé clandestinement. Par son activité débordante, il a su porter ce service à un tel point de perfectionnement, qu'il arrivait à sortir jusqu'au chiffre d'un million d'exemplaires mensuels[1].

Arrêté une première fois par la police française, puis une seconde fois par la police allemande, il est odieusement torturé, mais ne parle pas. Risquant le tout pour le tout, il réussit à s'évader à la veille d'être fusillé, et reprend aussitôt son activité.

Mais le 17 juin 1944, des miliciens et la Gestapo le cernent dans une imprimerie de Lyon qu'il vient d'organiser. Avec ses deux camarades Jaillet et Vacher, typographes, Lucienne, secrétaire, il soutient

1. Son action s'étendit aussi aux journaux marseillais.

un long siège et, après avoir abattu quatre adversaires, tombe frappé d'une balle au cœur.

André Bollier, marié, père de famille a choisi le combat pour la Libération nationale. Il demeure un exemple émouvant, incarnant magnifiquement, comme l'a écrit son chef de réseau : « *Cet homme nouveau dont le général de Gaulle saluait la venue*[1]. »

*

L'arrestation de « Velin »

Le 19 mars 1944, Velin est arrêté, emprisonné à Montluc, torturé par la Gestapo. Il s'évade le 2 mai et le jour même avec un courage inouï et une audace calculée reprend sa place à la tête de son équipe restée rue Viala à l'Usine, pour continuer le combat, imprimer et diffuser, à un rythme réduit certes, mais quand même.

6 juin 1944, le débarquement. Sur la France entière souffle le vent de la liberté et, dans Lyon, l'action de la Gestapo s'intensifie.

Velin espère, et nous avec lui, qu'il nous sera accordé d'aller combattre à l'air libre, de rejoindre le maquis.

Non, il reçoit l'ordre d'augmenter les tirages de *Combat*, de *La Marseillaise*, des tracts, et d'en intensifier la diffusion. Il accepte, nous aussi sans hésitation, mais nous sommes tous conscients de ce que cela implique.

Alors, pour faire face, pour assurer une certaine sécurité en supprimant autant que possible les contacts avec l'extérieur, Velin accueille deux compagnons résistants ayant appartenu au *Progrès de Lyon* (sabordé en novembre 1942) : Francisque Vacher, photograveur, Paul Jaillet, typographe, et fait installer pour eux dans les locaux de l'Usine un atelier de typographe et une machine à photograver.

La « copie » du prochain *Combat* est remise à Velin le 16 juin. Nos machines, une tireuse à plat de 5 tonnes et une petite automatique (à l'aide desquelles nous étions arrivés à tirer jusqu'à un million d'exemplaires de journaux et de tracts par mois) doivent démarrer le 19 au

1. In *Mémorial des Compagnons de la Libération*.

matin : Jaillet et Vacher devront donc se mobiliser les 17 et 18 pour préparer les clichés nécessaires.

Velin donne un congé exceptionnel de deux jours aux autres membres de son équipe, fait savoir à Vacher et Jaillet qu'il les retrouvera le 17 à l'Usine à 14 heures et me convoque également pour préparer des documents que j'avais réunis et classés destinés à illustrer les journaux.

Lorsque j'arrivai à l'Usine, ce 17 juin à 14 heures, je trouvai Jaillet dans une des petites pièces donnant sur la cour, devant ses casiers, Velin et Vacher dans le hall au fond de la cour préparant la machine à photograver dont seul Vacher connaissait le fonctionnement. Nous revînmes tous trois rejoindre Jaillet. Velin était, comme je l'avais toujours connu et profondément admiré, attentif pour ne pas dire sur le qui-vive, prompt à tout comprendre, précis et chaleureux dans ses rapports avec ses collaborateurs. Vacher et Jaillet paraissaient absorbés par leur tâche. En un très court moment, j'ai pensé aux heures d'angoisse et de chagrin vécues entre ces murs lorsque l'un d'entre nous ne se présentait pas au rendez-vous fixé.

Nous parlions naturellement du travail pressant, presque à voix basse parce que la pièce où nous nous trouvions était petite, la chaleur de ce mois de juin étouffante, qu'aucun bruit ne parvenait de l'extérieur.

Lorsqu'un cri : « Rendez-vous, vous êtes cernés », retentit, en même temps qu'un chapeau de feutre apparaît, grotesque, au niveau des fenêtres ouvrant sur la cour. Velin sort son parabellum. A-t-il le temps de tirer ? Les bruits se confondent car une rafale de balles traverse les vitres et couche Vacher entre nous. Des gouttes de sang perlent sur sa poitrine, il ne bouge pas, ne gémit pas, a les yeux clos, je sais qu'il est mort. Velin sort d'un tiroir un pistolet qu'il pousse vers Jaillet. « Non, dit Jaillet, je ne veux pas d'arme. » Velin, à voix basse : « Par les terrasses » et, de l'extérieur, comme en écho : « Cernez le pâté de maisons. » Velin m'entraîne, Jaillet refuse de nous suivre. Nous montons dans la cour les quelques marches d'un petit escalier qui reliait la cour aux jardins et maisons situés sur le toit des garages et locaux du fond de notre usine. Velin me hisse au-dessus d'un mur, m'entraîne vers le cours Eugénie. La rue à peine traversée, Velin est abattu par le feu croisé de mitraillettes, je me sens clouée à terre à son côté. Il me dit encore doucement : « Ils ne m'auront pas vivant », puis plus distinctement : « Mon Dieu, pardonnez-moi » et se tire une balle en plein cœur.

Je ne crois pas que beaucoup de temps se soit écoulé avant que je voie s'avancer un soldat allemand. Je cherche à m'emparer de l'arme de Velin. « Pas la peine », me dit avec une certaine pitié ce soldat, je dirais plutôt cet homme.

Plus tard, sur mon lit d'hôpital, j'ai appris que l'attaque avait été menée par la milice française et que ces miliciens français avaient exécuté Jaillet dans la cour de notre Usine.

Nos autres compagnons avaient échappé aux recherches de la Gestapo, mais ne gagnèrent pas le maquis.

À eux et à d'autres, je dois de pouvoir témoigner. Exprimer ma reconnaissance doit faire l'objet d'un autre récit[1].

Lucienne Guezennec.

1. *La Presse clandestine, colloque d'Avignon*, juin 1985, éditeur Médaillés de la Résistance du Vaucluse, 18, rue des Grottes.

5
Un conseil de discipline

Lycée Dominique-Villars
Gap

Extrait du procès-verbal de la séance extraordinaire
du Conseil de discipline (1er avril 1941)

Les membres du Conseil de discipline se sont réunis en séance extraordinaire le 1er avril 1941, à 11 heures, dans le cabinet de M. le Proviseur et sous sa présidence.

Le procès-verbal de la séance précédente est adopté après lecture.

M. le Proviseur fait ensuite connaître au Conseil qu'il est réuni sur la demande de M. le Recteur pour être saisi d'une affaire concernant quatre élèves du lycée qui se sont concertés pour s'enfuir afin de s'enrôler dans l'armée de Gaulle.

Ces quatre élèves sont les suivants :

....

Perrot, externe, Mathématiques

....

M. le Proviseur expose que des faits relatés dans les rapports et procès-verbaux il ressort que l'on peut relever contre les fugitifs les griefs suivants :

Annexes

1° Absence injustifiée et concertée avec l'intention pour chacun d'eux de se soustraire à l'autorité soit de leur famille, soit du lycée.

2°..

3° En ce qui concerne C... et PERROT, le fait qu'ils sont manifestement, C... surtout, les meneurs de l'affaire et qu'ils ont, au moins à l'extérieur du lycée, une activité de propagandistes qui ne peut que nuire à leurs études. Ils sont du reste, de ce fait, sous la menace de poursuites pénales : pose de papillons politiques et inscriptions sur des monuments publics.

....

Les faits ainsi exposés, M. le Proviseur demande au Conseil son avis sur les mesures à prendre. Après discussion, le Conseil estime que les faits relevés contre P... et C... et PERROT ne permettent pas de conserver ces mauvais élèves au lycée où leur présence créerait un foyer d'agitation politique et il propose, à l'unanimité, à M. le Proviseur, qui l'approuve, de leur infliger la peine de l'exclusion définitive.

....

Le Proviseur
Président du Conseil de discipline

....

Pour copie conforme
Gap le 2 mai 1946.

Vu pour certification
matérielle de la signature

Le Proviseur

Le Commissaire de police
(signé illisible)

Gap le 2 mai 1946

6

Qu'est-ce qu'un évadé de France ?

C'est un Français :

- qui a décidé de tout quitter pour rejoindre la France libre
- qui a franchi les Pyrénées au péril de sa vie
- qui a payé son audace par un dur internement
- qui a enfin réussi à être un combattant volontaire de la Libération

En juin 1940, après l'effondrement du Front allié, les Espagnols organisent à Miranda de Ebro, le regroupement des soldats et civils étrangers, français et alliés.

La construction du camp de Miranda, son organisation et sa mise au point avaient été conçues par les nazis envoyés par Hitler pendant la guerre d'Espagne pour y interner les républicains espagnols.

Les premiers internés étrangers furent des Anglais, échappés de Dunkerque et n'ayant pu embarquer à Saint-Jean-de-Luz, ainsi que trois cents Polonais.

Le camp, petit à petit, s'organise et se gonfle de plus de cinq cents prisonniers, représentant plus de trente nations : Anglais, Américains, Polonais, Belges, Hollandais, Norvégiens, Français, etc.

Certains sont refoulés, remis aux autorités allemandes en zone occupée via le fort du Hâ et la déportation en Allemagne, d'autres plus chanceux en zone libre, et après trois mois de prison sont remis en liberté par les autorités françaises de Vichy.

En 1942, le camp de Miranda comprend environ cinq mille personnes, la vie est très dure, un unique plat par jour : « soupe aux choux», l'eau est réglementée, la dysenterie sous le nom de «mirandite» y sévit énormément.

En novembre 1942, avec le débarquement en Afrique du Nord et l'envahissement de la zone libre par les Allemands, c'est un afflux de Français vers l'Espagne. Les principaux lieux de passage sont : Hendaye, Saint-Jean-de-Luz, Ibardin, La Rhune, Saint-Jean-Pied-de-Port, Le Somport, Le Portalet, Le Portillon, La Tour-de-Carol, Tabescan, Andorre, le Puymorens, col du Morens, Ceret, le Perthus, col de Balitres.

Le nombre important de passages oblige les Espagnols à interner une majorité de Français dans les prisons d'Irun, de Pampelune, Huesca, Saragosse, Barbastro, Lerida, Figueras, Gerone et Barcelone, après un passage de quelques jours dans les prisons frontalières où ont lieu la fouille et le contrôle de l'identité.

De nombreux Français se font passer pour Canadiens français sous de faux noms.

Le 6 janvier 1943 à Miranda, les Polonais déclenchent une grève de la faim. Au bout de sept jours, le mouvement se solde par un très grand nombre de malades et de sous-alimentés. Il aboutit, le 22 mars, à un départ pour l'Angleterre pour les Polonais, suivis par les Belges.

Le gouvernement espagnol, prenant un peu le large vis-à-vis de l'Axe, le gouvernement de Vichy perdant toute crédibilité, la délégation de la Croix-Rouge française à Madrid se met en contact avec les Alliés qui lui fournissent les moyens d'aider les Français internés dans les camps et prisons.

Une répartition est faite, les hommes de seize à quarante ans seront envoyés, dans la limite des places, à Miranda.

Certains seront concentrés dans les prisons-forteresses : Figuerido. Monastères transformés en prisons : Totana, Palacio des Missiones à Barcelone. Prisons cellulaires : Hellin, Bilbao, Logrono, Tarragone, Burgos, Barbastro, Saragosse.

Les plus jeunes et les plus âgés, ainsi que quelques femmes, sont internés dans des hôtels désaffectés depuis la guerre civile, et gardés militairement : Almazan, Arnedillo, Burguete, Caldas de Malavelle, Molinar de Carranza, Murguis, Onteniente, Rocaillaura, Sobron, Solan de Cobras, Uberuaga de Ubilla, Valdeganga, Zarauz, Zumaya.

En février 1943, un premier convoi de Français comprenant des sous-officiers et des officiers quitte Algesiras.

À partir de fin avril, huit convois vont quitter Setubal (près de Lisbonne), puis six autres partiront de Malaga et, en 1944, vingt et un de Gibraltar et Algesiras en direction de Casablanca, d'où un certain nombre se dirigeront vers l'Angleterre.

De 1940 à 1945, un total de quarante mille environ transitent par l'Espagne.

Vingt-trois à vingt-cinq mille s'engagent dans les Forces françaises libres et combattantes en Afrique du Nord et en Angleterre. Ils participent dans les rangs des commandos, des parachutistes, division Leclerc, armée d'Italie, 1re armée, aviation et marine, à tous les combats, à tous les débarquements. Ils sont présents partout.

Douze à quinze mille morts restent sur les champs de bataille. Les survivants sont parmi les premiers à délivrer nos camarades internés et déportés dans les camps nazis.

Ce transfert par les Pyrénées, des meilleurs et des plus nombreux combattants, se fit avec l'aide des passeurs français pyrénéens, au mépris de leur vie.

Des milliers de corps dorment encore dans les glaces des cols et des glaciers. Plus de cinq mille évadés furent repris et déportés en Allemagne. Nombreux furent ceux qui périrent en Espagne d'épuisement, de maladie, de mauvais traitements…

Ils avaient un idéal : la France. Pour y parvenir, ils durent choisir : souffrir dans les camps et les prisons, gardant au cœur l'espoir de recouvrer leur liberté afin de rejoindre les armées alliées, et participer à la libération de la patrie.

Plus des trois quarts sont morts.

Ne les oublions pas.

Mañana… leur répétaient leurs gardiens. Ce «*mañana*» (demain) dont ils n'ont jamais douté, débouchait sur le combat et la Liberté.

Roger-Gérald Barthélémy.

7

Les Juifs résistants[1]

Il faut savoir que, de 1940 à juin 1944, les résistants en France étaient peu nombreux – environ cinq pour cent de la population –, la proportion des Juifs engagés dans les divers mouvements n'était guère plus importante.

En dehors de nos coreligionnaires qui avaient rejoint les forces du général de Gaulle à Londres, la résistance juive a commencé réellement avec les arrestations des Juifs étrangers livrés par Pétain et Laval aux Allemands.

Dans certains réseaux, nous étions avertis par des amis de la police (tous heureusement n'ont pas participé aux arrestations) des listes des personnes qui seraient arrêtées dans les vingt-quatre heures. Il fallait donc absolument avertir ces personnes d'avoir à quitter de suite leur domicile, et surtout leur trouver une cachette de repli, leur fournir de fausses cartes d'identité et des tickets de ravitaillement, car toutes les denrées alimentaires étaient délivrées contre des tickets.

Nous n'étions pas des spécialistes de ce genre de travail, et il a fallu du temps pour s'organiser et surtout convaincre les personnes qui allaient être arrêtées du réel danger qu'elles couraient, car beaucoup pensaient que le fait d'avoir été ancien combattant en 14-18 les protégerait. Combien ont refusé de nous suivre et ont été arrêtés le lendemain !

Ce fut ensuite, en juillet 1942, la grande rafle du Vél' d'Hiv' à Paris, où les nazis firent arrêter environ treize mille Juifs, alors que les

1. Écrit pour le journal de la communauté israélite du Bas-Rhin.

prévisions d'arrestation étaient de vingt mille. Plusieurs personnes avaient été prévenues de ces rafles. Elles s'étaient cachées ou avaient mis leurs enfants en sûreté chez des amis non juifs.

Les organisations juives se sont trouvées du jour au lendemain avec environ mille enfants de six mois à quinze ans dont les parents avaient été arrêtés et qu'il fallait absolument cacher. Grâce aux organisations caritatives protestantes et catholiques, les réseaux juifs comme le Comité de la rue Amelot, L'Osée, la Yéchouroun et les EI[1] ont réussi ce dangereux travail, procurant refuges, fausses cartes d'identité et d'alimentation.

Puis il fallut transférer une partie de ces enfants en zone libre, et il faut souligner le courage de ces jeunes filles et femmes juives, qui ont convoyé ces enfants, dont certains ont pu passer en Suisse. (...)

Début novembre 1942 a lieu le débarquement des troupes américaines en Algérie et l'on ignore trop souvent que les membres et dirigeants de la communauté juive d'Alger ont été la cheville ouvrière qui a permis la réussite de ce débarquement.

Nombreux ont été nos coreligionnaires qui se sont ensuite engagés dans les Forces françaises libres, et ont débarqué en juin 1944 en Normandie, et en août 1944 sur les côtes méditerranéennes. Comment ne pas citer les chefs de réseau parachutés en France par Londres et rappeler le sacrifice héroïque d'un Bingen fusillé par les Allemands ?

Il faut souligner aussi le courage et le travail de ceux qui, au prix de leur vie, ont réussi à sortir des camps d'internement en France des centaines d'enfants qui avaient été parqués dans des camps du midi de la France pour le seul fait d'être juifs étrangers.

N'oublions pas le travail extraordinaire et le courage du docteur Joseph Weil, ancien président du Consistoire israélite du Bas-Rhin, une des âmes de cette opération. Et rappelons la mémoire du Grand Rabbin Hirschler, du rabbin Élie Bloch, de Léo Cohn et de tant d'autres qui y ont laissé leur vie.

Beaucoup ignorent que plusieurs chefs de mouvements de Résistance étaient juifs. Citons Léo Hamon, Kriegel-Valrimont, fils du rabbin Gunzbourger, que nombre d'entre nous ont connu au

1. Éclaireurs israélites.

Talmud-Thore, Jean-Pierre Levy, Daniel Meyer. Il faut aussi rappeler la contribution inestimable de l'amiral Louis Kahn dans la bataille victorieuse de l'Atlantique.

À partir de 1943, commence l'aventure des maquis et des parachutages d'armes. Là aussi très nombreux furent les combattants juifs, et il faut rappeler que les EIF [1] très engagés dans la Résistance comme tous les jeunes des mouvements sionistes avaient créé un maquis uniquement constitué de jeunes Juifs, la «compagnie Marc Haguenau», maquis qui a libéré Castres et fait prisonnière la garnison allemande devant laquelle ils ont défilé en criant : «Nous sommes juifs!» Quelle magnifique revanche sur le destin!

Rappelons le remarquable travail effectué par le groupe MOI (Main-d'œuvre ouvrière internationale) dont la majorité était des Juifs d'origine étrangère.

Qui ne se souvient de la fameuse «Affiche rouge» annonçant à la population française que ces Juifs terroristes du groupe Manoukian avaient été fusillés?

Nombreux ont été les Juifs arrêtés par les Allemands pour fait de Résistance et la plupart sous de faux noms. Malgré les interrogatoires musclés de la Gestapo, très peu ont flanché et reconnu leur identité réelle.

Gilbert May.

1. Éclaireurs israélites de France.

8

Les quatre-vingt-quinze réseaux Buckmaster

C'est à eux que l'on doit plus de cinquante pour cent des parachutages réussis en France.

Voici ce qu'a écrit le colonel Buckmaster : «*Les opérations de parachutage résultaient d'une étude approfondie des conditions dans lesquelles les avions, basés sur un terrain du comté de Bedfordshire, pouvaient opérer avec une relative sécurité.* »

Le colonel Buckmaster, rappelons-le, était le chef de la section française du SOE britannique (Special Operation Executive) créée dès 1940.

«*L'objectif,* poursuit-il, *consistait à mettre des armes et des moyens de communication à la disposition de ceux et celles qui savaient s'en servir.*

«*Dès que l'on avait établi des réseaux munis de moyens de communication par radio clandestine, une formule précise était adoptée. Dans une région de France, un comité de réception de patriotes était constitué (dix à quinze personnes au minimum) et un terrain trouvé.*

«*Ce terrain devait être d'une longueur ininterrompue par des obstructions, de huit cents mètres au moins et d'une largeur sensiblement égale. Ceci dans un lieu peu fréquenté, mais possédant de bonnes routes pour faciliter le transport rapide du matériel parachuté, et ce, en dehors des lignes à haute tension.*

«*Une fois le terrain accepté par Londres, l'opération recevait un nom de code et Londres donnait une phrase à répéter à la BBC la nuit de l'opération.*

«*Ce message capté, le comité de réception se précipitait à l'heure prévue. À ce moment-là, les responsables du balisage allumaient les feux, trois en ligne et un à une vingtaine de mètres à droite ou à gauche du premier feu pour indiquer la direction du vent.*

«*Le chef d'opération faisait alors le signal en morse de la lettre convenue d'avance avec Londres, et, contre le vent, ce qui empêchait les containers d'aller se perdre au loin, l'avion commençait son largage du matériel et éventuellement des agents parachutés.*

«*Les parachutes devaient être enterrés ou brûlés, ce qui n'a pas toujours été le cas. Certains résistants qui s'étaient fait confectionner des chemises en tissu de parachute ont été pris et fusillés par la Gestapo. Les agents étaient conduits à un foyer "hospitalier".*

«*Ces parachutages ne pouvaient s'effectuer que lorsque la lune avait une certaine phase car les pilotes dépendaient pour leur navigation de la reconnaissance de rivières, de lignes ferroviaires, etc. qu'ils devaient pouvoir distinguer.*»

Ces paroles sont rapportées par G. Wellers dans son livre *Le Système concentrationnaire nazi*. Je lui avais fourni ces renseignements avec l'aval du colonel Buckmaster.

Remercions les cultivateurs qui ont prêté leurs champs et fourni des caches. Sans leur aide, rien n'aurait été possible.

Jean Laurent[1].

1. Président fondateur et honoraire des déportés internés et familles de la FNDIR-UNADIF du Loiret, vice-président d'honneur de l'UNADIF.

9

Interrogatoire[1]

Ces faits concernent les sévices que j'ai subis personnellement ou que j'ai vu infliger. Je passerai sur tous les faits de moindre importance ou d'ordre moral pour ne relater que les tortures physiques ayant un caractère d'exceptionnelle gravité et constituant non seulement une infraction aux conventions internationales, mais surtout une preuve irréfutable de barbarie et d'atteinte à la dignité de la personne humaine.

Une demi-heure après avoir été arrêté, je fus conduit au siège de la Gestapo de Dijon, dans une pièce où se trouvaient réunis une quinzaine d'hommes, Allemands et Français, commandés par le lieutenant Pfeiffer.

Mis complètement nu, je fus étendu sur une table, deux ou trois hommes me tenant la tête et me mettant un chiffon dans la bouche pour étouffer mes cris. Quelques-uns me tenaient les bras en croix et, enfin, un autre (le plus lourd), à califourchon sur mes pieds.

Une fois ces préparatifs terminés, deux hommes – qui avaient pour prénom Fritz et Alex –, se plaçant de chaque côté et se relayant, me frappèrent à coups de nerf de bœuf, principalement sur les reins, jusqu'à ce que je m'évanouisse (ce qui m'arriva trois fois), mais espaçant les coups de telle façon que je dure le plus longtemps possible. C'est

1. Procès-verbal de déposition de témoin sur commission rogatoire internationale provenant des autorités judiciaires allemandes (Dortmund). Jean Rochet fut arrêté par la police militaire allemande le 30 juillet 1944 à Dijon pour « activités terroristes ». Il appartenait au mouvement de résistance FTPF. À l'époque, il était chef de groupe ayant pour mission de former un maquis dans le Val-de-Saône. Fusillé, il survécut à ses blessures.

d'ailleurs le lieutenant Pfeiffer qui limitait la cadence : il me faisait mouiller le visage pour que je revienne à moi.

Pendant ce temps, les hommes qui n'étaient pas occupés et qui, pour la plupart, fumaient, venaient de temps à autre éteindre leur cigarette en l'appliquant sur mon corps.

Lorsque Pfeiffer estimait que ma résistance physique était près de sa limite, il faisait varier l'« exercice », c'est-à-dire, me jetant à terre, on me mettait les menottes, puis les pieds étaient passés dans les bras, ce qui permettait de me suspendre avec un bâton dont les extrémités reposaient sur deux tables (ce supplice s'appelle, je crois, l'épreuve du chevalet ou de la balançoire). Pour augmenter la traction exercée sur les poignets par les menottes et qui était telle que celles-ci arrivèrent à s'ouvrir, les hommes me balançaient le corps en me bastonnant par-derrière et par-devant.

Cette façon de torturer, alternée avec la précédente, me fut appliquée de trois à quatre heures de temps.

Peu de temps avant de redescendre en cellule, un des hommes, que je crois être Alex, se donna la satisfaction de m'introduire dans le fondement le nerf de bœuf qu'il avait en main. Je fus laissé les menottes aux poignets sans soins, sans nourriture et surtout sans boire pendant trois jours. À ce moment, on m'apporta une bouteille de pétrole.

Enfin, après avoir passé vingt jours dans une cellule de deux mètres sur un mètre cinquante avec, continuellement allumée, une ampoule de cent bougies, je fus exécuté de deux balles dans la nuque et abandonné sur place.

Un de mes camarades de clandestinité, Lesuisse (à l'époque, commandant interrégional des FTPF), me parlant d'une cellule à l'autre, me dit avoir été à de nombreuses reprises pendu, les hommes ne lâchant la corde qu'à la dernière extrémité.

J'ai eu l'occasion de voir un jeune homme appelé Bernier, enrôlé dans la milice et, sans doute se trouvant abusé, il était passé au maquis en emportant le plus d'armes possible. Repris, je le vis quelques heures plus tard. Toutes ses dents étaient cassées, sa langue à moitié coupée pendant hors de la bouche et il était devenu fou.

Ce sont là les faits les plus marquants dont j'ai été témoin à la Gestapo.

Jean Rochet.

10

Les Français devant la justice allemande

À notre connaissance, aucune étude de fond n'a été réalisée sur les Français face à la justice allemande, hormis quelques pages dans l'histoire du réseau du Musée de l'Homme, de l'Affiche rouge et autres témoignages.

Pourtant, plusieurs milliers de Français ou de résistants étrangers travaillant en France ont connu les affres de ces tribunaux, soit en France, soit en Allemagne. Nous ne traitons pas ici des tribunaux dits « sections spéciales » car il s'agissait alors de cours établies par le gouvernement de Vichy composées de juges français suivant les lois dites françaises, bien qu'inspirées par l'occupant nazi.

Les premiers procès concernant des actes de résistance, le plus souvent actes de sabotages contre les troupes d'occupation, ont été rendus par des tribunaux militaires allemands dépendant de la Feldkommandantur : Rennes, Angers, Bordeaux, Nantes, Nancy par exemple.

Le tribunal du « Gross Paris » présidé par un juge de métier mobilisé pour cela, le président Roskothen, qui a d'ailleurs publié ses souvenirs traduits en français il y a une vingtaine d'années, est d'abord connu par le procès contre le lieutenant de vaisseau Honoré d'Estienne d'Orves, à la fin de juillet 1941[1].

Le second grand procès fut celui du réseau du Musée de l'Homme, toujours présidé par le capitaine Ernst Roskothen, qui se déroula à

1. Ernst Roskothen, *Grossparis - Place de la Concorde 1941-1944*.

partir du 8 janvier 1942, alors que les arrestations avaient été faites en mars 1941[1].

Les dix-neuf accusés étaient poursuivis pour espionnage; le plus jeune, René Sénéchal, n'avait que dix-huit ans. Tous étaient passibles de la peine de mort. Pourtant six furent relâchés, mais dix furent condamnés à mort : sept hommes et trois femmes. Les sept hommes furent exécutés le 23 février 1943 au Mont-Valérien. Parmi eux, leur chef, Boris Vilde, chercheur d'origine russe, réfugié dès le début de la révolution soviétique en Estonie, puis en Allemagne et qui s'installa en France en 1932. Il avait été l'initiateur du premier journal clandestin : *Résistance* en décembre 1940[2]. Les femmes furent déportées en Allemagne.

Deux autres procès qui, cette fois, auront les honneurs de la presse de l'époque vont bientôt suivre. Il s'agit d'abord de celui «des bataillons de la jeunesse» qui s'ouvrira le 4 mars 1942 à la chambre des députés et auquel assisteront le général von Stülpnagel et son état-major. Les accusés : sept jeunes, le plus jeune a dix-sept ans, le plus vieux vingt, revendiquent les attentats dont on les accuse. Ils seront tous condamnés à mort le 6 mars et exécutés le 9. En même temps, vingt otages, parmi lesquels Pierre Semard, secrétaire de la CGT, seront fusillés.

Pourquoi le procès suivant sera-t-il filmé par les services d'occupation, du début à la fin? (Toujours est-il que la bobine cinématographique retrouvée en Allemagne sera présentée quarante-deux ans après à la télévision française.) Il se déroulera du 7 au 16 avril 1942 dans la grande salle de la maison de la Chimie à Paris, aménagée pour la circonstance, devant un parterre de militaires et civils allemands. Il est présidé par le docteur Gotlaub, un nazi forcené qui, avocat de formation, sera tué quelque temps après sur le front russe.

Ils sont vingt-sept accusés dont deux femmes, le plus jeune André Kirschen[3] a quinze ans et demi, il est encore au lycée Pasteur de

1. Le livre a été écrit par un Américain, Martin Blumenson : *Le Réseau du Musée de l'Homme*, Le Seuil, 1977.

2. En page 443 la lettre qu'il écrivit à sa femme quelques heures avant son exécution.

3. André Kirschen, qui est rentré de déportation, s'est spécialisé dans l'édition et a publié une *Histoire de France à travers les journaux du temps passé*, aux presses de L'Arbre Verdoyant, maison qu'il a fondée.

Neuilly. Dix des vingt-sept sont des militants communistes : on les accuse tous de trente-quatre sabotages, explosions, tentatives d'assassinat sur les troupes d'occupation. Les avocats, qui devaient pouvoir parler allemand, sont pour la plupart des Alsaciens. Me Peter, quarante-deux ans après, fera un récit de ce procès qu'il considère comme devant être un exemple pour frapper l'opinion. L'un des accusés est Karl Schoenhaar, fils d'un député allemand arrêté en 1933 et assassiné par les SA.

Deux accusés seront acquittés. Tous les hommes seront fusillés au Mont-Valérien le 17 avril. André Kirschen condamné à dix ans de prison, le droit allemand interdisant la peine de mort pour les moins de seize ans! Mme Lefebre sera déportée et finira sa captivité à Mauthausen.

Arrêté en novembre 1943, Missak Manouchian, l'un des chefs de la MOI, revendiquait alors quelque soixante attentats. Il est remis par les brigades spéciales de Vichy aux Allemands.

Ce n'est que le 21 février 1944 qu'après avoir adjoint à son groupe des étrangers n'ayant rien à voir avec leurs activités qu'ils seront jugés à l'hôtel Continental à Paris : ils seront vingt-trois, tous condamnés à mort. Alors que l'arrêt de mort prévoyait quinze jours pour faire appel, c'est le jour même qu'ils seront fusillés. Seule femme de l'affaire, Olga Blancic sera transférée en Allemagne pour y être décapitée le 10 mai, jour de son trente-deuxième anniversaire.

Les services de propagande allemands font réaliser la fameuse Affiche rouge qui sera tirée à des milliers d'exemplaires et placardée dans toute la France.

Du 13 au 15 mars, ce sera le procès du réseau Comète, spécialisé dans le convoi des aviateurs alliés jusqu'en Espagne. Robert Aylé, Amable Fouquerel, et le Belge De Jongh seront fusillés le 28 mars.

À cette même période, ce sera le tour d'une vingtaine de policiers et gendarmes français de la région d'Angers, Nantes, Saumur, Le Mans, d'être condamnés et tous déportés en Allemagne.

En province aussi, la justice militaire allemande agit. Ainsi à Valenciennes, au tribunal militaire allemand n° 607, avec un jugement expéditif, sans même une plaidoirie, Guy Caudron et trois de ses camarades entendront-ils leur condamnation à mort *zum Tode bestraft*. Ils seront transférés en Zuchthaus (maison de réclusion en Allemagne).

Mais de nombreux Français et étrangers arrêtés en France, en particulier par la Geheime Feldpolizei qui dépendait de l'Abwehr (service d'espionnage de la Wehrmacht), devaient être transférés en Allemagne pour y être jugés par le Volksgerichtshof (tribunal du peuple[1]) soit lorsque le VGH en donnait l'ordre par des Sondergericht ou tribunaux spéciaux dont seule la composition diffère.

À partir de 1942, les affaires prises en main par l'Abwehr seront souvent traitées par ces tribunaux, après l'envoi des inculpés dans des prisons en Allemagne.

L'instruction durera souvent de longs mois avant la comparution devant le 2e Sénat du VGH qui se transporte de ville en ville : Cologne, Sarrebruck, Breslau. Deux procès en 1943 seront consacrés aux affaires «Porto» et «Continent», regroupant l'une quelque soixante-dix accusés, l'autre quarante et un.

Vingt-trois sur quarante et un de ce qu'il est convenu d'appeler Combat Zone Nord (affaire «Continent») sont condamnés à mort. Seules les six femmes resteront en instance d'exécution. Tous les hommes seront guillotinés entre le 7 décembre 1943 et août 1944. Deux femmes rentreront de déportation; et dix autres condamnés sur dix-huit mourront en Allemagne.

Les Alsaciens-Lorrains, considérés comme citoyens du Reich, passeront devant le 1er Sénat présidé par le sinistre Freisler.

De leur côté les tribunaux spéciaux auront eux aussi la main lourde et plusieurs centaines de Françaises et de Français seront guillotinés. Seuls les gendarmes arrêtés en uniforme seront fusillés.

Avant d'être transférés dans les camps à l'automne 1944, la plupart de ces condamnés connaîtront les Zuchthaus, les prisons pour les plus jeunes.

D'autres, ce sera le cas du général Delestraint et de son groupe, seront transférés au Struthof, puis à Dachau avant jugement et ne passeront jamais devant un tribunal.

Ajoutons que si ces tribunaux du Reich voulaient donner l'impression d'une certaine rigueur, des avocats désignés d'office

1. Le tribunal du peuple fut institué le 24 avril 1934 par Hitler pour les affaires de haute trahison. Le président et un assesseur doivent être magistrats de carrière, les trois autres assesseurs représentent l'armée et le parti. Tous les juges sont nommés par Hitler lui-même. Les jugements sont sans appel. Tout doit être strictement secret pour les accusés NN.

«défendaient» les accusés[1] mais les verdicts étaient décidés avant même la comparution.

Et durant toutes ces années noires des milliers de Français étaient fusillés en France, sans jugement, à titre de représailles ou d'otages.

Pierre Le Rolland.

1. Voir à ce sujet p. 432.

11

Réquisitoire du conseiller de la cour d'appel, le Dr Diescher, au tribunal du peuple, 2e Sénat[1]

Contre l'avoué Louis Renard, président du Conseil de l'Ordre des avocats de Poitiers ; le professeur Louis Toussaint de Poitiers ; le professeur Cartan de l'Université de Poitiers ; le professeur Théodore Lefebvre de l'Université de Poitiers ; Pierre Pestureau, huissier à Civray ; le père Th. Lambert de l'abbaye de Ligugé ; l'étudiant Jacques Moreau d'Aiguillon-sur-Mer ; l'étudiant Clément Perruchon, de Ligugé ; Paul Préaux, employé de banque à Poitiers ; Jacques Levrault, étudiant à Poitiers

Tous de nationalité française, actuellement en détention judiciaire pour l'affaire en cause pour aide à l'ennemi.

Le tribunal du peuple, 2e Sénat, suite aux débats principaux des 12 et 13 octobre 1943, auxquels ont pris part :

Les juges : le conseiller général de la Cour suprême, Dr Koechler ; le conseiller de la cour d'appel, Dr Diescher, etc.

Sont reconnus justes les faits suivants :

I

Les accusés, à l'exception de Levrault, ont œuvré en France occupée après l'effondrement français pour l'édification d'un réseau de Résistance dirigé contre l'Allemagne, ou soutenu les activités de ce réseau.

1. Archives nationales. Dossier AS40. Document communiqué par Henri Renard, fils de Louis Renard.

Perruchon et Levrault ont de plus essayé, au cours de l'année 1942, de transmettre au Service de renseignement anglais, un plan d'atterrissage pour avions en territoire occupé.

Pour cette raison, ils sont tous condamnés à la peine de mort.

(...)

Les faits exposés par le conseiller général de la Cour suprême, Dr Koechler :

« Après l'effondrement de la France, nombreux furent les Français qui n'étaient pas d'accord avec la politique de collaboration du maréchal Pétain. Ils croyaient plutôt à la victoire de nos ennemis, ils comptaient sur cette victoire pour que la France retrouve sa qualité de grande puissance et son indépendance. Ils considéraient donc de Gaulle comme le sauveur de la France. Ils s'efforcèrent donc de soutenir sa politique et de gagner tous les mécontents à participer à un Mouvement de résistance contre l'Allemagne et de les préparer à reprendre le combat.

« À Poitiers, l'accusé Renard suscita, durant les années 1941-1942, dans le but de reprendre la lutte, un réseau de résistance prêt à intervenir, dans le cas d'une défaite allemande possible, aux côtés des troupes ennemies encore en état de guerre. Ensemble ils devaient vaincre l'armée allemande d'occupation, la chasser hors de France ou la rendre inoffensive de quelque autre manière. Il avait aussi l'espoir d'un débarquement anglais en France, d'y prendre solidement pied et d'y repousser l'armée allemande. Dans ce cas, l'armée devait être aidée par le peuple français ayant pris les armes, qui attaquerait les arrières de l'armée allemande amenant ainsi la rupture du front allemand et la destruction du Grand Reich allemand. Dans ce but, il entra en contact avec diverses personnes qu'il savait être de bons patriotes, leur fit part de son dessein et leur fit comprendre qu'en cas de victoire allemande, la France ne retrouverait jamais sa pleine indépendance. Il était donc du devoir de chaque bon Français de se joindre à ceux qui étaient décidés, le moment venu, à reprendre le combat (...). Il se rédigea un plan de bataille jusque dans les plus petits détails, qui devait rester strictement secret, et dont il assurait lui-même la direction.

« Il fixa dans un mémoire annexe destiné aux commandants militaires des secteurs sous ses ordres les responsabilités de chacun et tout particulièrement la mise en place d'un service de renseignements civils et militaires, l'occupation des points stratégiques par l'armée régulière par des groupements de volontaires, l'internement des troupes ennemies et l'arrestation de tous ceux qui avaient collaboré avec l'ennemi. En ce qui concerne l'armement était précisé ce qui suit :

« "Au début, nous n'aurons pas d'armes, et par la suite nous ne pourrons compter que sur celles qui se trouvent entre les mains des armées allemandes. Notre premier objectif sera donc de nous en emparer. Pour cela, nous devrons intervenir immédiatement où seront des troupes allemandes, en nous faisant assister si possible par un interprète qui les invitera à se rendre et utiliser la surprise pour nous emparer de leurs armes. Il y a également lieu de prévoir la possibilité de trouver des poignards. Par la suite, nous recevrons des armes et des renforts par voie aérienne. Le terrain d'aviation devra donc être constamment tenu en bon état et des 'souricières' prévues."

« Des plans précis étaient prévus par des actions précises. C'est ainsi qu'à l'occasion d'une rencontre à laquelle participa, entre autres, l'accusé Toussaint, on proposa, à l'encontre de la Feldkommandantur de Poitiers, que soient prévues des échelles et des fausses clés, de s'entendre avec les propriétaires de leur logis pour que les portes restent ouvertes – mais fermées en apparence – et les occupants endormis pour éviter toute résistance. Il avait même été prévu que le serviteur connu pour son ivrognerie ne serait averti qu'une heure avant l'attaque et ne recevrait qu'alors les somnifères destinés aux Allemands de peur qu'il ne dévoile le plan dans une crise d'ivrognerie.

« Ayant ainsi prévu ses projets jusque dans les moindres détails, l'accusé Renard trouva relativement facilement, grâce à ses nombreuses connaissances en sa qualité de président du Conseil de l'Ordre des avocats de Poitiers, des collaborateurs pour son organisation. Il la créa seul et veilla seul à son développement. Il témoigna une activité fébrile, d'abord dans le milieu intellectuel, gagnant tout d'abord à sa cause l'huissier Chapron qui lui fit connaitre le chef d'entreprise des transports Sorin et le coïnculpé Cartan. Un peu plus tard, les accusés Toussaint, Pestureau, Lefebvre, Lambert et Moreau. Avec le titre de général, il assuma la direction de son organisation, s'entoura d'un état-major de collaborateurs avec Toussaint comme chef, Cartan comme responsable des effectifs, Sorin en qualité de commandant militaire de la région de Poitiers avec Chapron comme délégué. Il essaya également de trouver des adeptes à sa cause dans les milieux religieux. C'est ainsi qu'il s'adressa à l'abbé Billard, curé de Villedrin, chez lequel se réunissaient souvent d'autres ecclésiastiques pour jouer aux cartes, mais il ne réussit à convaincre aucun d'entre eux. Il eut plus de succès auprès du coaccusé Lambert de Ligugé comme cela sera expliqué plus loin. Sa tentative d'entrer en contact avec d'autres organisations poursuivant le même objectif que lui échoua. À Châtellerault, il réussit à entrer en relation avec un membre d'une organisation communiste illégale, mais il rompit immédiatement, ne voulant pas coopérer avec les communistes.

« En avril 1942, il entra en relation avec un agent d'information d'une organisation anglaise nommée "Legrand". Pour vérifier qu'il pouvait lui accorder sa confiance, il lui demandera de faire transmettre par la radio anglaise un texte minutieusement convenu, puis le mit en relation avec son collaborateur le plus proche et lui fit part de ses projets. Il le reçut plusieurs fois et le visita au moins deux fois à Paris, ce qui laisse présumer d'une étroite collaboration entre eux. Les autres membres du réseau secret de Renard exercèrent les activités suivantes : »

(Page 11 en trop mauvais état pour être déchiffrée.)

II

Les accusés n'ont reconnu qu'une partie de ces faits.

1) Renard conteste avoir eu comme but des menées anti-allemandes. En fait, son organisation avait pour objectif d'empêcher l'effondrement de la France après la chute du gouvernement de Pétain et la prise en main du pouvoir par les communistes. Cette affirmation n'est pas valable. À son encontre viennent ses instructions écrites de « surveiller et interner les armées ennemies » et l'ordre donné d'« intervenir fermement partout où se trouvent les soldats allemands et de s'emparer de leurs armes qui devaient servir contre toute résistance ». L'accusé avait prévu un véritable plan de guerre, avec uniformes militaires pour éviter d'être considérés comme francs-tireurs et traités

comme tels, ce qui n'a aucun sens si réellement il avait eu comme seul objectif d'empêcher le désordre. Cela ressort également des mesures prévues par Toussaint à l'encontre de l'armée d'occupation et des tentatives de Pestureau de se renseigner sur les forces de l'armée d'occupation à Civray. De même sa collaboration avec « Legrand » constitue une preuve évidente que Renard attendait le débarquement aérien des Anglais et comptait sur un parachutage d'armes ; c'est dans ce but qu'il avait prévu un soulèvement des Français et la mise hors d'état de nuire du groupe « Doriot » et son arrestation. La procédure n'a laissé subsister aucun doute à ce sujet. Il ne s'agissait pas d'une lutte contre un ennemi de l'intérieur mais d'un soulèvement armé contre l'armée d'occupation allemande.

2) À l'exception de Levrault, les autres accusés étaient soit des membres du réseau Renard, soit ses collaborateurs. Ils connaissaient ses objectifs et ont agi en pleine connaissance de cause. Malgré leurs contestations, ils sont incontestablement confondus par les faits.

D'évidence, d'ailleurs, un complot dans un pays occupé fait inévitablement penser qu'il est dirigé vers l'ennemi extérieur et que cette organisation secrète a pour but la libération du peuple. Tous ceux qui entendront parler d'une pareille entreprise sauront qu'elle est dirigée contre la puissance occupante. Les accusés qui sont tous d'un certain milieu intellectuel ont suffisamment de connaissances historiques pour tirer leurs conclusions de ces faits et, pour le Sénat, il n'existe aucun doute que l'organisation créée par Renard était dirigée contre l'Allemagne même si l'on admet que Renard a sciemment caché certains de ses objectifs. En réalité, il n'y a même pas eu de véritable camouflage, comme cela ressort de l'attitude de Sorin qui exposa les objectifs de Renard si clairement à Toussaint que celui-ci en fut tout ahuri et émit son opinion à Lefebvre, à savoir qu'il se demandait s'il ne s'agissait pas d'un agent de la Gestapo.

En dehors de cela, il y a pour chaque accusé un certain nombre de circonstances particulières qui ne laissent planer aucun doute que tous connaissaient le but de Renard dans son intégralité.

Toussaint en sa qualité de chef de l'état-major et Cartan en tant que chef du personnel (des membres du réseau) ne pouvaient remplir leurs obligations qu'à condition d'être parfaitement au courant. Il n'est pas possible à ce sujet d'envisager la possibilité qu'ils aient pu être induits en erreur.

Lefebvre, lui, a observé une certaine réserve et même il prétend qu'il n'a jamais adhéré à l'organisation. Toutefois, la façon dont il a gagné l'adhésion de Toussaint prouve les liens très étroits qui l'unissaient à Renard et qu'il connaissait ses objectifs. Lorsque Toussaint laissa voir sa crainte que Sorin fût un espion, l'accusé convainquit Toussaint de sa fidélité si bien qu'il resta à l'état-major. Cela prouve qu'il était parfaitement au courant du but poursuivi.

Pestureau n'a pu fonder son groupe propre à Civray que parce qu'il connaissait parfaitement l'objectif de l'accusé Renard, qui finalement l'a exposé clairement devant l'accusé et son groupe à Civray.

Lambert a prétexté n'avoir voulu la liste des adhérents de « Doriot » que par souci pastoral envers eux. C'est là un mensonge. Si cela avait été le cas, il n'aurait eu aucune raison de transmettre la liste à l'accusé Renard. Lambert est un vieux propagandiste et un combattant politique depuis la Première Guerre mondiale. Il a été informé personnellement par Renard de ses projets et comme il l'a démontré lui-même, il a fortement poussé vers le gaullisme son élève Perruchon. Il ne saurait y avoir aucun doute à ce sujet.

Il en est de même pour son élève Perruchon comme le prouvent incontestablement les entretiens qu'il eut avec Lambert. Sa tentative de transmettre aux Anglais l'emplacement d'un éventuel terrain d'atterrissage près de Ligugé laisse même préjuger que cet accusé a eu connaissance des moindres détails du plan de Renard vu que celui-ci attendait une aide aérienne comme cela a été reconnu. Perruchon, il est vrai, a qualifié toute l'affaire de « drôlerie » et prétendu n'avoir jamais su vraiment que Levrault transmettait les quelques chiffres qu'il lui avait communiqués. Il ne se serait pas efforcé de se procurer ce matériel s'il n'avait pas été certain que Levrault pourrait le transmettre plus loin.

Moreau était le confident de Renard et son homme de liaison avec Toussaint. En outre, il était le chef de groupe des jeunes et à ce titre certainement au courant des objectifs de Renard.

Préaux a été lui aussi parfaitement au courant des buts de l'Organisation de par sa collaboration active avec Toussaint.

3) L'accusé Levrault n'a pas fait partie de l'Organisation, il n'est pas tout à fait certain qu'il en connaissait tous les objectifs. Par contre, il s'est déclaré prêt à transmettre les documents que Perruchon lui avait remis à destination de l'Angleterre au professeur Riedinger qui devait servir d'intermédiaire. Par la suite, il a allégué qu'il s'agissait d'une simple blague mais l'importance des documents exclut totalement cette possibilité. D'autre part, le Sénat estime impossible une pareille facétie vis-à-vis d'un professeur âgé alors de soixante ans.

III

L'existence d'une organisation de forme militaire ayant pour but d'intenter une action violente contre l'armée d'occupation allemande en France, au moment opportun et en collaboration avec des puissances ennemies, constitue un préjudice certain pour la force de guerre du Reich. Celui qui crée cette organisation, y adhère ou la soutient favorise la puissance ennemie. Tous les accusés, à l'exception de Levrault, sont donc coupables d'aide à l'ennemi en infraction du décret 91 b St GB.

En outre, l'accusé Perruchon et l'accusé Levrault tombent sous le coup du décret 2 K SSVO. Tous deux ont essayé, dans la zone française occupée par l'armée allemande, de transmettre des informations secrètement. Le Sénat est convaincu que même si Levrault n'a agi que sur l'instigation de Perruchon, il avait, en tant que patriote français, un intérêt personnel au succès de cette entreprise et pas seulement le désir de complaire à un ami. Tous deux sont donc inculpés de préméditation.

IV

La loi punissant l'espionnage uniquement de la peine de mort, les accusés Perruchon et Levrault devaient donc être condamnés à la peine de mort.

Les délits des autres accusés relevant du décret 91 b St GB, sont passibles soit de la peine de mort, soit de la détention à perpétuité. Vu la gravité du délit, il ne saurait toutefois être appliquée une peine moindre.

Dans son jugement, le Sénat a tenu compte du fait que le délit constitue dans les circonstances actuelles le plus grand danger possible (pour l'Allemagne). Ils étaient prêts à exposer leur vie pour obtenir l'effondrement de l'Allemagne. On ne saurait méconnaître qu'à certains égards, notamment en face de la force de résistance et de la force guerrière de nos armées, le point de vue des accusés peut sembler enfantin. Mais cela ne modifie en rien le danger que leur organisation représentait et qu'elle aurait représenté même en se heurtant à une résistance beaucoup plus forte que prévu par eux. La tentative d'expulser l'armée d'occupation de France par la force et d'aboutir ainsi à la destruction de notre peuple encourt donc toute la sévérité de la loi. La peine de mort seule, c'est-à-dire la plus forte peine, doit donc leur être appliquée.

Conformément à la loi, les frais incombent aux accusés.

Signé : Drs Koechler, Diescher.

12

Procès au tribunal du peuple de l'affaire « Continent »

Octobre 1943 est pour la Résistance une année bien importante. Création des MUR, du Conseil national de la Résistance, libération de la Corse, débarquement en Sicile, mais, hélas ! poursuite des déportations, tant de résistants que d'Israélites, arrestation du général Delestraint, mort de Jean Moulin. On sait moins cependant que cette année 1943 fut aussi l'année des grands procès de résistants expédiés en Allemagne en attente de jugement, soit par le tribunal du peuple, soit par les *Sondergericht* (tribunaux d'exception).

Deux affaires importantes furent ainsi jugées : « Porto » et « Continent », suivant les appellations que l'Abwehr avait retenues. Toutes deux eurent les honneurs du tribunal du peuple ; à Düsseldorf à partir du 23 août 1943 pour les accusés de l'affaire « Porto », à Sarrebrück, du 12 au 19 octobre pour l'affaire « Continent ».

C'est sur cette dernière que nous voulons nous arrêter. Elle concerne ce qu'Henri Frenay appelle en première annexe de *La nuit finira* « Combat zone Nord ». Au cours de procès, quarante et un membres de « Combat » de la zone occupée furent jugés : vingt-trois condamnés à mort, dix-sept hommes tous exécutés et six femmes demeurées en instance d'exécution mais dont quatre d'entre elles devaient mourir durant leur captivité. Huit condamnés connurent les joies du retour. Tous les autres disparurent dans les Züchthauser ou plus tard dans les camps de Sachsenhausen ou de Mauthausen.

Qui étaient ces Résistants ? Pour la majorité d'entre eux, ils habitaient la région parisienne et constituaient le noyau central du Mouvement qui possédait des ramifications en Normandie, en Champagne, en Bretagne.

Le capitaine Guédon, breveté d'état-major, blessé en 1940, avait créé à Granville un premier noyau dès l'été 1940. Pour lui, le renseignement avait priorité sur tout, et lorsqu'il rencontra Henri Frenay (son camarade de l'École de guerre) à Vichy, en décembre 1940, il accepta de monter en zone Nord l'antenne du «Mouvement de Libération nationale» que Frenay et Berty Albrecht venaient de constituer en zone non occupée.

Surintendante d'usine, étant alors chargée du chômage féminin à Lyon, Berty Albrecht avait été formée à l'École des surintendantes, rue Princesse à Paris, dirigée par Jane Sivadon, assistée d'Odile Kienlen et d'Anne-Marie Boumier. Aussi, les premières adresses que donna Berty Albrecht à Robert Guédon furent celles de Jane Sivadon et Anne-Marie Boumier.

Ayant accepté immédiatement, l'École de la rue Princesse devint de fait le secrétariat de l'antenne parisienne.

Le révérend père Riquet, aumônier du groupe Laennec (Association des médecins et étudiants en médecine catholiques), donnait des conférences à l'École des surintendantes. Il rencontra, dès le printemps 1941, Robert Guédon à qui il envoya des membres de son entourage décidés à faire de la Résistance, dont André Noël, l'un des responsables des Amis de *Temps présent* et des Nouvelles Équipes françaises fondées par Georges Bidault à l'automne 1938, lesquelles, bien sûr, n'avaient plus aucune activité apparente.

Délaissant ses études d'histoire, Pierre Le Rolland accepta d'assurer les liaisons de Robert Guédon en Champagne, Normandie et Bretagne et, par ricochet, pour Jean Cavaillès à Bruxelles auprès du professeur Jean Lameer.

Anne-Marie Boumier de son côté avait contacté une brillante collègue de l'Union métallurgique et minière, Élisabeth Dussauze, chargée des études économiques de ce fameux «Comité des Forges». Celle-ci recrute son frère Paul, ingénieur, et l'un de ses adjoints, Philippe Le Forsonney qui avait perdu une jambe dans la Sarre début 1940. Élisabeth, qui habitait rue Léon-Vaudoyer, devait être des plus actives et amena à ce petit groupe : Tony Ricou, ancien chef de cabinet de Chautemps, artiste peintre devant qui s'ouvrait une carrière des plus prometteuse ; François Morin, lequel convainquit bien vite Jacques Lecompte-Boinet, gendre du général Mangin, de rejoindre le petit groupe.

De son côté, Tony Ricou avait contacté Henri Ingrand. Collaboratrice d'Élisabeth Dussauze à l'UMM, une jeune avocate, Marthe Delpeyrou, s'engagea à fond dans ce qui n'étaient que les prémices de la Résistance.

Surintendante d'usine également, Denise Lauvergnat convainquit Jean-Louis Bridet, un jeune débutant dans la carrière du cinéma.

Plein de dynamisme, Robert Guédon avait très vite organisé un véritable centre de résistance sous couvert d'une agence d'assurance, quai Blériot. Par Pierre de Froment, il avait, avec Henri Frenay, repris *Les Petites Ailes,* publiées clandestinement dans le nord et qui devinrent *Les Petites Ailes de France* avec une édition zone occupée et zone Sud, imprimées par Adrien Thomas, petit imprimeur à La Garenne-Colombes.

Adrien Thomas imprima également le numéro de *Résistance* publié par Guédon après *Les Petites Ailes*.

Auguste Durand, chauffeur, qui avait été amené au Mouvement par Maurice Jubert[1], remplissait quai Blériot à la fois une sorte de permanence et assurait les liaisons avec l'imprimeur et différents services, ce qui devait le conduire à entrer en contact avec Mme Lindemann, concierge de l'immeuble.

Le RP Riquet avait mis en contact Guédon avec deux prêtres qui assuraient la direction des Secrétariats sociaux, rue Guénégaud : l'abbé Armand Vallée, de Saint-Brieuc, et l'abbé Portier. Ensemble, ces deux prêtres assistaient d'autres chrétiens et éditaient une feuille clandestine, *Veritas*, particulièrement destinée à alerter les chrétiens sur les dangers du nazisme.

À travers toutes ces liaisons, Robert Guédon assurait la diffusion de *La France continue*, autre feuille clandestine dont l'âme était le diplomate Paul Petit, assisté de Marietta Martin-le-Dieu, poétesse de talent, et de Raymond Burgard, professeur au lycée Buffon, qui avait, par ailleurs, fondé *Valmy*, autre journal clandestin. Militant

1. Maurice Jubert, après être passé par Hinzert et Trèves, fut incarcéré à la prison de Sarrebrück où il devait décéder le 22 juillet 1943 bien avant le jugement.

actif de la Jeune République, cet universitaire s'était, dès 1940, engagé dans la Résistance, n'hésitant pas à afficher ses convictions dans l'établissement où il enseignait[1].

Toujours actif, Guédon ayant contacté, par l'intermédiaire de Paul Petit, Édouard Le Gualès de La Villeneuve, chef de section au ministère des Finances, ainsi que sa secrétaire, Marcelle Vilaine, lui demanda de voir si dans l'Oise où il résidait des actions étaient possibles.

Un officier de gendarmerie de Compiègne acquis à la Résistance fit rencontrer Le Gualès à un jeune Belge impatient de faire quelque chose ; ce fut pour le malheur de tous : Jacques Desoubries[2], rexiste fanatique et, en fait, agent de l'Abwehr.

Car Le Gualès avait constitué un petit groupe qui était chargé de récupérer, de remettre en état et de cacher des armes relativement abondantes abandonnées par des soldats français lors de leur retraite en 1940.

Ce petit groupe comprenait aussi bien un garagiste, Georges Tainturier ; un libraire, Pierre Bourson ; un chapelier, Robert Toustou, un étudiant, Gabriel Clara. Un très jeune aussi, Maurice Rousselet, apprenti mécanicien, et René Nicot, instituteur. C'était le « Bataillon de France » rattaché au réseau Hector.

Tony Ricou, qui avait pris la responsabilité des groupes de province, visita donc en janvier 1941 celui de Compiègne, accompagné de Jacques Desoubries. Ce dernier fit un compte rendu complet de cette visite à l'Abwehr.

Infatigable, Robert Guédon avait multiplié les contacts, tant avec des hommes profondément anti-allemands, mais fort peu gaullistes comme le général de La Laurencie, qui avait représenté Vichy à Paris jusqu'à la chute de Laval en décembre 1940, que Christian Pineau ou le colonel Heurtaux. Ce dernier, as de l'aviation durant la guerre

1. C'est pour protester contre l'arrestation et l'absence de nouvelles de leur professeur que les cinq lycéens de Buffon avaient organisé la manifestation à la suite de laquelle ils furent arrêtés et exécutés (*Le Déporté*, n° 474, février-mars 1993).

2. Continuant sa mission pour l'Abwehr après les arrestations de Compiègne, il s'introduisit au réseau Comète, réseau d'évasion d'aviateurs alliés dirigé par Robert Aylé et Dejong qu'il dénonça, les faisant fusiller, ainsi qu'Amable Fouquerel. Il semble avoir sévi en Eure-et-Loir. Arrêté après la guerre, il fut condamné à mort et fusillé le 23 décembre 1947. Il serait mort en criant : « *Heil Hitler !* »

14-18, était devenu l'homme de la Maison du Combattant en zone occupée, mais avait en parallèle, et en liaison avec Maurice Duclos – « Saint-Jacques », créateur du réseau du même nom –, monté le réseau Hector.

Toujours par le canal des surintendantes, Guédon avait recruté le mari de l'une d'elles, l'Alsacien Joseph Schilling. Interprète auprès du Dr Rheinardt, patron des services économiques du Majestic, Joseph Schilling non seulement apportait de précieux renseignements sur le pillage économique mais rédigeait le journal clandestin *Unter Uns (Parmi nous)*, destiné aux troupes d'occupation et qui eut les honneurs d'une mise en garde sur les ondes de Radio Stuttgart.

L'Abwehr veille

Il n'y a pas qu'à Compiègne que l'Abwehr avait mis le ver dans le fruit. En effet, un ancien sous-officier proche d'Henri Frenay, Jacquinot, lui indiqua une recrue toute désignée pour assurer les liaisons entre Lyon et Paris. Un certain Henri Devillers[1], employé aux Messageries Hachette, assurait régulièrement et le plus officiellement du monde des liaisons entre ces deux villes pour les envois de presse. Malheureusement, le destinataire ne recevait son courrier qu'après qu'il eut été photographié d'abord par les services allemands; Devillers était lui aussi un agent de l'Abwehr. Bien que rédigé à l'encre sympathique, le courrier était vite déchiffré et seuls les pseudonymes employés permettaient une apparente protection...

Les arrestations

Pour des raisons familiales, décès de son épouse, mais aussi parce qu'il se sentait recherché, Robert Guédon « décrocha » en janvier 1942. Henri Frenay venu de Lyon désigna alors un collège de direction avec Élisabeth Dussauze, Jane Sivadon, Tony Ricou et André Noël. Tandis qu'Élisabeth Dussauze devait assurer une sorte de

1. Les services des menées antinationales, qui traquaient non seulement les résistants mais aussi les agents allemands, arrêtèrent Devillers. Il fut jugé par un tribunal militaire de Vichy, condamné à mort et exécuté au fort de Montluc le 15 avril 1942, la veille du retour de Laval, avant même le départ en Allemagne de ceux qu'il avait trahis...

secrétariat général et Jane Sivadon la permanence, Tony Ricou était chargé des groupes et André Noël des relations avec les milieux syndicaux, politiques et économiques.

Le colonel Reile, chef de l'Abwehr, ne laissa pas cette belle organisation se mettre en place. Dès le 8 janvier, l'AST de Dijon, avec le lieutenant Merk, a rencontré une nouvelle fois Devillers et déclare avoir identifié trente membres de l'organisation.

Le 2 février, à 0 h 45, Jane Sivadon est arrêtée. Quelque soixante-cinq personnes, dont certaines n'ont comme motif que d'être parent de résistant, sont ainsi arrêtées. Seuls échapperont ceux qui n'étaient pas à leur domicile, ainsi le Dr Stefani, chargé des faux papiers, ou Le Rolland en mission à Bruxelles. Mais l'Abwehr ne lâcha pas sa proie.

Trois rescapés se retrouveront fin février pour faire le bilan : Henri Ingrand, Jacques Lecompte-Boinet et Pierre Le Rolland.

Le bilan est lourd, très lourd. Paris est décapité, Compiègne liquidé mais rien ne s'est passé ni en Normandie, ni en Champagne, ni en Bretagne. Le Rolland, qui connaît bien ces groupes, est prêt à relier les fils; Lecompte-Boinet à prendre la direction; Ingrand à le seconder. Ainsi le train est remis sur les rails, d'autres vont s'y adjoindre dont un jeune avocat, Pierre Arrighi, et Georgette Drion qui assurera le secrétariat.

On sait peu de chose, au-dehors, de ceux qui ont été arrêtés et interrogés soit à l'hôtel Cayré, où règnent des services de l'Abwehr, soit au Cherche-Midi.

Le 29 juin, Ingrand propose de tenir chez lui une rencontre pour établir un plan de travail après les missions de Le Rolland en province. On doit se retrouver à 20 heures. Lorsque Le Rolland arrive, deux sbires de l'Abwehr l'accueillent d'un «Monsieur Lacroix, on vous attendait», Lacroix étant son pseudonyme. Ingrand est déjà arrêté, Lecompte-Boinet pas arrivé en réchappera. Mais le groupe «Combat zone Nord» a vécu.

Ceux qui avaient pu gagner la zone non occupée, François Morin et Jacques Dhont, continuèrent dans le cadre de «Combat» leur activité de résistance, ou le Dr Stefani comme médecin dans les FFL en Afrique du Nord après le débarquement de novembre 1942.

Robert Guédon, arrivé lui aussi au Maroc, devint directeur du Rapatriement au ministère des Prisonniers et Déportés que de Gaulle avait confié en 1943 à Henri Frenay.

À Paris, Jacques Lecompte-Boinet se retrouve seul avec Pierre Arrighi (Pierre Arrighi et Georgette Drion seront arrêtés en novembre 1943 et déportés ; Pierre Arrighi, qui vient d'entrer dans le mouvement, décédera au camp de Mauthausen) ; sa secrétaire, Georgette Drion, connaît bien les contacts en province depuis son mariage avec Pierre Le Rolland. Trop difficiles, trop risquées aussi les liaisons avec Lyon ; Jacques Lecompte-Boinet décide de se séparer de Combat pour créer Ceux de la Résistance : CDLR.

L'attente à la prison de Sarrebrück

Le 19 mai 1942, le capitaine Schmitz de l'Abwehr III F, coordonnateur de toute l'affaire « Continent » qui interrogeait et rédigeait les procès-verbaux à l'hôtel Cayré, demande à être déchargé de cette affaire, ayant trop de travail, déclare-t-il.

Aussi l'affaire « Continent » est-elle confiée aux sections III A et IV de la Gestapo de Sarrebrück. Le dossier est alors confié au conseiller-criminel Schmitz, homonyme du précédent, assisté du Dr Clovers.

Il est donc normal que les prévenus de cette affaire soient transférés à la prison de Sarrebrück. Ce qui interviendra de mai à septembre 1942. Une partie des hommes fera un court séjour au camp de Hinzert, de sinistre réputation, avant d'arriver à Sarrebrück.

Quant aux femmes, quelques-unes seront dirigées sur les petites prisons de Zweibrucken ou Neunkirchen, mais la majorité à Sarrebrück également.

Toujours au secret dans des cellules de 4,20 mètres carrés, tout contact avec l'extérieur est impossible. Seul Henri Ingrand, qui sera remis en liberté le 26 juillet après vingt-quatre jours de séjour forcé, pourra faire savoir aux familles où se trouvent leurs proches avant de rejoindre la zone libre et la lutte en Auvergne.

La prison de Sarrebrück a la forme d'une croix dont le montant supérieur est l'un des deux cadeaux que Hitler a faits aux Sarrois après leur retour au Reich, l'autre étant l'Opéra…

Il convient de dire que cette nouvelle partie comprend des cellules plus spacieuses qui ont surtout l'avantage d'avoir des canalisations, des w-c inachevés, permettant ainsi de communiquer facilement lorsqu'au printemps 1943 les prévenus de l'affaire «Continent» y seront transférés. Ils réintégreront les petites cellules en juillet, lors de la remise de l'acte d'accusation.

Le régime est dur sans l'être trop. La nourriture est proche de celle qu'on connaît alors à la Santé, au Cherche-Midi ou à Fresnes. Mais sans la possibilité de recevoir le moindre colis. Et si tous les quinze jours on remet aux prisonniers du papier à lettres pour écrire aux familles, les lettres restent à la Gestapo où elles seront retrouvées après l'arrivée des troupes alliées à Sarrebrück. Un travail est demandé aux prisonniers : les hommes comme les femmes doivent confectionner des guêtres pour les soldats de la Wehrmacht. Mais l'isolement durant de longs mois dans un milieu hostile est le plus dur. Il ne sera pas sans laisser de séquelles à certains. Les gardiens, soit de métier, soit mobilisés à cet effet, traitent durement ceux qui leur sont décrits comme des terroristes. Seuls deux d'entre eux essaieront d'adoucir le régime en leur communiquant le journal que peuvent déchiffrer ceux qui connaissent l'allemand.

Les aumôniers font ce qu'ils peuvent. Si le pasteur protestant, le Dr Wolff, réussit à fournir des Nouveaux Testaments en français, l'aumônier catholique, l'abbé Schlichter, est beaucoup plus réservé et remplit en même temps une activité de secrétariat qui semble indiquer une certaine sympathie pour le régime.

Quant au directeur, il ne connaît que le règlement, et ceux qui seront pris à communiquer connaîtront le cachot : une cellule sans paillasse et une soupe chaude tous les deux jours, sinon, eau et pain sec.

Durant cette longue période devait décéder Maurice Jubert, le 22 février 1943. Il avait été également en liaison avec d'autres prévenus de l'affaire «Porto[1]».

En juillet 1943, le directeur de la prison remit à chacun des quarante

1. L'affaire «Porto», autre importante action que l'Abwehr décapita à l'automne 1941, et à laquelle fut rattaché le réseau Saint-Jacques. Près de six cents arrestations eurent lieu. Beaucoup devaient être libérés parmi les prévenus mais les jugements s'étaleront durant de long mois en 1943.

et un accusés[1] leur acte d'accusation les renvoyant devant le 2e Sénat du tribunal du peuple (VGH) et leur désignant un avocat d'office. Dans les premiers jours d'octobre, ceux-ci vinrent s'entretenir quelques minutes avec les prévenus, les incitant à présenter des excuses pour leur action contre le Reich.

En fait, le procès se déroula du 12 octobre au 19 octobre 1943. Chaque jour, un certain nombre de prévenus comparaissaient. Amenés au palais de justice de Sarrebrück, qui avait été en partie détruit lors d'un bombardement, vers 9 heures du matin le tribunal siégeait toute la matinée, le verdict étant rendu dans l'après-midi, bien qu'il ait été déterminé dès avant le procès comme cela semble à peu près certain.

De plus, comme il se déroulait à huis clos, seuls quelques sbires de la Gestapo assistaient aux débats.

Le tribunal du peuple, qui s'était réservé, paraît-il, les grosses affaires, se déplaçait de ville en ville pour accomplir sa basse besogne. On peut découvrir dans les archives laissées au siège de l'avocat général des VGH après la guerre le montant des frais de déplacement de messieurs les juges… Le 2e Sénat qui siégea à Sarrebrück était présidé par le Dr Crohne, vice-président du VGH, qui fut l'un des principaux rédacteurs du décret *Nacht und Nebel.*

Il était assisté du directeur de justice Preussner, du vice-amiral von Heimburg, du général major d'aviation Stutzer, et du Hauptbannführer Kleesberg. Quant à l'avocat général, c'était le Dr Görisch.

Le lundi 12 comparurent : Élisabeth Dussauze, Jane Sivadon, Odile Kienzen, Édouard Le Gualès de La Villeneuve, Tony Ricou, André Noël, Paul Dussauze, Anne Noury et Anne-Marie Boumier. En fait, c'était l'état-major du mouvement.

L'avocat général établit un réquisitoire sans faille, possédant des documents irréfutables grâce aux agents de l'Abwehr, Henri Devillers et Jacques Desoubries.

1. René Nicot, instituteur dans l'Oise, fut envoyé sans jugement à Dachau; François Claux, marchand de vin en gros à Margny-les-Compiègne, demeura à Sarrebrück où il fut officiellement déclaré décédé le 11 mai 1944. Un certain Béchon, dont le rôle dans le mouvement n'a jamais été reconnu, aurait été acquitté selon les dires, après la guerre, de l'un des avocats, Me Walter Schmidt.

Le rôle des avocats se réduisait à peu de chose. Le Dr Schmidt, qui défendait Paul Dussauze et André Noël, essaya d'infléchir le tribunal, indiquant notamment que, du fait du secret, le jugement ne pouvait avoir valeur d'exemple.

Le Dr Heinrich Folz, par contre, s'efforça de prouver que Tony Ricou et Le Gualès de La Villeneuve n'avaient somme toute fait que leur devoir de patriotes. Ce qui lui valu la question du président : «Oubliez-vous que vous êtes allemand?»

À quoi Me Folz répondit : «Ici, je suis avocat[1].»

Le Dr Egon Reinert essaya d'obtenir l'indulgence du tribunal. La parole fut enfin donnée aux accusés. Élisabeth Dussauze inquiète pour son frère essaya de prendre sur elle la responsabilité de l'ensemble. Le fait de parler fort bien allemand ainsi que sa beauté et son intelligence faisaient fort impression sur le tribunal. Hélas! ce fut en vain.

Tony Ricou prit la parole pour déclarer : «Au moment où vous demandez ma tête, je tiens à vous dire que je n'ai aucune haine contre l'Allemagne. J'étais avant la guerre pour une entente, tout au moins économique, avec elle. Mais en ce moment, mon pays est en guerre, et je me devais d'avoir une autre attitude. N'est-ce pas votre grand Schiller qui a dit : "*Avant la vie, il y a l'honneur*"?»

Puis André Noël se leva et déclara : «Je veux vous dire aussi que je ne nourris aucune haine contre votre pays, mais c'est bien encore l'un des vôtres, Fichte, qui disait à la jeunesse allemande lors de l'occupation napoléonienne : "*Devant l'occupant, restez dignes et résistez*"; c'est tout simplement ce que nous avons fait.»

L'ensemble des accusés qui comparurent les jours suivants tinrent le même langage. Aucun n'exprima de regret pour ce qu'il avait fait.

Et, jour après jour, les sentences tombaient. Le 12 octobre, sept condamnations à mort, deux à des travaux forcés; le 13 octobre, deux condamnations à mort : Louis Durand et Adrien Thomas, l'imprimeur des *Petites Ailes*, et neuf condamnations aux travaux forcés.

Le matin du 15, Gilberte Bonneau du Martray, Gualbert Flandrin et Alexandre Gandouin sont condamnés à mort; l'après-midi du même jour, Hélène Vautrain est aussi condamnée à mort et ses autres

1. Sa plaidoirie lui valut de partir, peu de semaines après, sur le front russe.

compagnons aux travaux forcés. Le samedi 16, Paul Petit, Raymond Burgnard et Marietta Martin-le-Dieu sont condamnés à mort pour avoir écrit dans *La France continue*. Enfin, le 19, le jeune étudiant de Compiègne, Michel Clara, qui voulait être missionnaire, est condamné avec six de ses compagnons. Deux autres aux travaux forcés et le jeune Maurice Rousselet, arrêté alors qu'il n'avait que quinze ans, est condamné à dix ans de prison vu son jeune âge !

Le verdict est lourd, très lourd. Certes dans l'acte d'accusation il est dit que ce groupe a donné naissance à un important mouvement qui met en danger l'armée allemande. Mais comme pour l'affaire « Porto », on peut se demander quel objectif avait le tribunal si ce n'est la rage de sentir qu'en cet automne 1943 la victoire avait changé de camp ?

L'exécution du verdict

Quelques jours après le verdict du tribunal du peuple, les condamnés quittaient la prison de Sarrebrück. Les dix-sept hommes condamnés à mort, enchaînés aux pieds et aux mains, partaient pour Rheinbach, où ils devaient attendre leur exécution. Les résistants du groupe de Compiègne furent les premiers guillotinés[1] à Cologne, le 7 décembre 1943. Ils étaient arrivés la veille et ils furent assistés par un aumônier catholique, l'abbé Gertger.

Tony Ricou, André Noël, Paul Dussauze et Édouard Le Gualès de La Villeneuve arrivèrent le 6 janvier 1944. Ils demandèrent à rester ensemble jusqu'à l'exécution.

(...) Louis Durand et l'imprimeur Adrien Thomas furent décapités le 24 mars, Raymond Burgard attendit jusqu'au 15 juin son exécution et ce n'est que le 26 août 1944, soit après une attente de dix mois, que Paul Petit fut exécuté.

Les femmes condamnées à mort restèrent jusqu'au bout en « suspension d'exécution ». Elles furent transférées à Lübeck puis à Cottbus où elles retrouvèrent les autres condamnées, à l'exception d'Élisabeth Dussauze qui fut conduite à Jauer et de Marietta Martin-le-Dieu qui, vu son état de santé, fut envoyée à la prison de Francfort-Hoechst où elle devait s'éteindre le 11 novembre 1944.

1. Depuis 1938, la guillotine avait remplacé la décapitation à la hache.

Toutes les survivantes furent transférées en novembre 1944 après l'annulation du décret « NN » au camp de Ravensbrück, au bloc 32, et la plupart connurent le transfert vers Mauthausen en mars 1945 et furent libérées par la Croix-Rouge, le 23 avril 1945.

Les hommes furent envoyés à Sonnenburg, après un périple d'un mois dans les prisons allemandes.

Toujours dans l'isolement du régime « NN », ils travaillèrent dans divers ateliers de cette Zuchthaus qui abritait quelque mille à mille deux cents prisonniers, tous provenant des pays de l'Ouest. La mortalité était importante : Gilbert Chevance et Jean-Louis Bridet devaient y décéder. En novembre 1944, la quasi-totalité des prisonniers fut transférée au camp de Sachsenhausen. Là, encore trois du groupe devaient mourir.

Maurice Rousselet, vu son jeune âge, avait été incarcéré à la prison de Bautzen.

Onze des quarante et un accusés devaient connaître les joies du retour, quatre sont encore vivants à ce jour.

Tous ceux qui échappèrent aux arrestations de 1942 continuèrent la Résistance et nombre d'entre eux furent pris, dont : Robert Aylé, exécuté ; RP Riquet, Madeleine Noël, Georgette Drion, Louis Terrenoire, déportés ; Pierre Bouchard, Albert Le Rolland, Maurice Bourdet, morts en déportation.

Pierre Le Rolland[1].

1. *Le Déporté*, septembre 1993.

13

Nacht und Nebel

« Tu vas bientôt sombrer dans la nuit et le brouillard » *(Nacht und Nebel – NN)* : cette expression, tirée de *Siegfried* de Wagner, fut utilisée par les nazis pour désigner une catégorie de déportés qui devaient disparaître sans laisser de trace. À la suite d'une décision du 7 décembre 1941, « *fruit de la volonté longuement réfléchie du Führer…* », fut promulgué le décret *Nacht und Nebel* qui devait conserver un caractère de secret absolu. Il fit l'objet d'ordonnances prises le 12 décembre 1941 par le chef du haut commandement des forces armées (OKW) Keitel.

On a longtemps qualifié de NN tous les déportés des camps de concentration. Cette confusion reste fréquente.

S'il est vrai que tous les déportés, à des degrés divers, subirent la dure expérience de l'univers concentrationnaire, il n'en reste pas moins qu'une catégorie, classée NN, fut victime d'une juridiction spéciale qui les isolait totalement du monde extérieur, dès leur arrestation.

Il faut se replacer dans le contexte de l'époque pour essayer de trouver une explication (et non une justification) à cette entreprise démentielle. Si les accusés du procès de Nuremberg en 1945-1946, et notamment le haut commandement militaire, l'imputèrent à Adolf Hitler, ils ne firent rien pour en empêcher l'application.

Les autorités occupantes combattaient la Résistance par les moyens les plus brutaux : listes d'otages, exécutions, déportations, amendes collectives ; mais ces méthodes se révélaient peu efficaces et les tribunaux militaires reçurent l'ordre d'appliquer les peines les plus sévères. Selon Keitel, chef de l'OKW, «*le moyen le plus efficace d'intimidation reste la peine de mort*». Les tribunaux prirent une part active dans ces actes de représailles.

En juin 1942, le SD (service de sûreté et de renseignements de la SS) se mit aussi de la partie. Fin mai 1942, 434 exécutions avaient eu lieu sur 655 arrêts de mort prononcés, soit 66,3 pour cent.

Pour maîtriser une situation que l'état-major de l'OKW estimait «*menaçante pour la stratégie du Reich en guerre*», un ordre du 16 septembre 1941, signé par Keitel, jugeait indispensable que l'on considère toute manifestation de résistance, sans égard à sa véritable origine, comme étant d'inspiration communiste. «*La propagande qui suivra cette action insistera sur l'utilité de celle-ci, au profit de la population autochtone libérée ainsi des criminels communistes.*»

L'application des mesures prévues dans l'ordre de Keitel devait se passer en dehors des tribunaux militaires.

En effet, Hitler s'était prononcé sur les jugements des tribunaux militaires : «*À la terreur, on répond par la contre-terreur : les arrêts des tribunaux militaires ne font que faire naître martyrs et héros nationaux.*»

Les disparitions mystérieuses (transferts en Allemagne) devaient produire sur la population civile un effet déprimant et aggraver les sentiments de crainte sur le sort des proches.

Ainsi naquit cette procédure, arme perfide, utilisée contre la Résistance en Europe de l'Ouest, après un simulacre de concertation avec les représentants des armées de terre, de l'air et de mer.

«*1. Dans les territoires occupés, la peine de mort est par principe de rigueur pour tous actes délictueux, commis par des civils non allemands, dirigés contre l'État allemand ou contre la Puissance occupante et qui constituent une menace pour leur sécurité ou leurs forces combattantes.*

«*2. Ces actes de l'alinéa 1 ne seront, en principe, à juger dans les territoires occupés, que s'il est probable que des peines de mort soient prononcées contre leurs auteurs principaux et que si les poursuites et l'exécution des condamnations à mort peuvent être menées avec le maximum de diligence. Dans les autres cas, les auteurs, au moins les auteurs principaux, seront transférés en Allemagne.*

«*3. Les auteurs transférés en Allemagne n'y seront soumis aux procédures de guerre que si les considérations d'intérêt militaire l'exigent. Il y aura lieu de répondre aux demandes de renseignements, émanant des services allemands ou étrangers et concernant de tels auteurs, qu'ils ont été appréhendés et que l'état de la procédure ne permet pas de donner de plus amples informations.*

«4. Les commandants des territoires occupés et les magistrats sont personnellement responsables, dans le cadre de leur compétence respective, de l'exécution de cette ordonnance.

«5. Le chef du Haut Commandement des forces armées déterminera les territoires occupés dans lesquels cette ordonnance sera appliquée. Il a pouvoir pour donner des éclaircissements, pour arrêter des règlements d'exécution et des dispositions complémentaires. Le ministre de la Justice du Reich arrêtera les dispositions d'exécution dans le domaine de ses attributions.»

En annexe à cette ordonnance, un décret d'application, signé lui aussi par Keitel, énonçait les actes délictueux, objets des poursuites selon la nouvelle procédure :

«a) Le décret NN doit être appliqué aux cas : d'attentats à la vie et coups portés aux personnes; d'espionnage; de sabotage; de menées communistes; de fomentation de troubles; d'avantages procurés à l'ennemi par aide portée au passage des frontières; de tentative de gagner les forces armées ennemies; d'aide portée aux membres des forces armées ennemies (par exemple aux parachutistes); enfin en cas de détention illégale d'armes.

«b) Ces délits ne sont à juger dans les territoires occupés que s'il est probable que des condamnations à mort soient prononcées contre les auteurs; si les poursuites et l'exécution de l'arrêt de mort peuvent être menées dans un délai d'une semaine à partir de l'arrestation de l'auteur; qu'à l'exécution immédiate s'interposent des conditions particulières d'ordre politique et qu'une sentence de mort prononcée contre une femme paraît probable. Dans le cas d'un meurtre commis par une femme ou de son appartenance à un groupe organisé, cette dernière possibilité ne doit pas être prise en considération.

«c) La décision sur le renvoi du prévenu devant un tribunal dans les territoires occupés revient au commandant militaire en tant que supérieur judiciaire, selon sa compétence territoriale et en accord avec les services locaux de l'Abwehr; en cas de décision positive, le commandant militaire ordonne la réunion d'une cour martiale, en cas de décision négative il renvoie le dossier de l'affaire à son supérieur qui décide finalement du renvoi de l'auteur devant un tribunal dans les territoires occupés ou de son transfert par la Geheime Feldpolizei en Allemagne.

«d) Les auteurs, envoyés en Allemagne, peuvent être soumis à une procédure militaire seulement en cas de besoins d'ordre militaire. Sinon, l'auteur passe à la disposition de la juridiction de droit commun.

«e) Les audiences des tribunaux en Allemagne, compte tenu des "menaces à la sécurité nationale", doivent se dérouler à huis clos et dans le secret le plus absolu. Les témoins étrangers ne peuvent paraître devant le tribunal qu'avec l'assentiment de l'OKW.

«f) Sont abrogées et remplacées par la procédure NN les dispositions sur la procédure devant les tribunaux militaires, définies dans les ordres du chef de l'OKW du 13 septembre 1941 (pour la Norvège) et du 16 septembre sur les mouvements armés communistes.

«g) Ce décret entre en vigueur dans les trois semaines suivant le moment de sa signature, c'est-à-dire le 29 décembre 1941 : jusqu'à son abrogation, il doit être appliqué dans tous les territoires occupés sauf au Danemark. Les dispositions en vigueur dans les territoires occupés en URSS (appelées : juridictions Barbarossa) ne sont pas pour autant abrogées : le décret NN est appliqué dans toute affaire en cours devant les tribunaux militaires et aux personnes déportées déjà en Allemagne.»

À la suite des décisions prises lors d'une conférence du 21 janvier 1942, le renvoi des affaires de NN aux tribunaux de droit commun devait se faire par l'intermédiaire de la Gestapo. À partir de 1942, l'Abwehr, souvent en rivalité avec le SD, enverra en prison en Allemagne pour y être jugés des résistants quelquefois arrêtés depuis l'automne 1941. Ce sera le cas des inculpés de l'affaire «Porto» et de l'affaire «Continent». Après de longs mois d'instruction confiée à la Gestapo locale, ils seront jugés par le 2e Sénat (chambre) du tribunal du peuple.

Les jugements de l'affaire «Porto» (les inculpés étaient en réalité membres du réseau Saint-Jacques démantelé en octobre-novembre 1941) s'échelonneront de 1943, à Cologne, au printemps 1944, à Breslau, où le tribunal avait été transféré à cause des bombardements. À l'inverse, les 47 inculpés de l'affaire «Continent», membres du réseau Combat-zone nord, seront tous jugés à Sarrebrück du 12 au 19 octobre 1943. Sur 457 condamnations à mort, cette juridiction, à elle seule, en prononcera 381.

Ceux qui échappèrent à ce verdict retrouveront dans les Züchthauser d'autres prisonniers jugés par les tribunaux militaires dans les pays occupés, pour certains rejugés en Allemagne par les Sondergerichte.

À Sonnenburg seront internés les membres du réseau du Musée de l'Homme non exécutés, jugés au printemps 1941 à Paris; à leur arrivée en septembre 1942, ils seront les premiers Français.

Le colonel de la Rochère, âgé de plus de soixante-quinze ans et qui devait succomber au camp, y représentait le plus bel esprit de la Résistance française. Plus de quatre cents Français NN y séjournèrent.

À l'automne 1944, la procédure NN fut officiellement levée et la plupart des Zuchthäuser se vidèrent des NN qui furent transférés dans les camps de Gross-Rosen et Sachsenhausen pour les hommes, et de Ravensbrück pour les femmes : mais un certain nombre d'entre elles connurent d'autres camps. Les NN de Ravensbrück furent dans la quasi-totalité – 1 200 de plusieurs nationalités – transférées au camp de Mauthausen, vraisemblablement pour y être liquidées. Il semble qu'elles furent l'objet de tractations entre Himmler et le comte Bernadotte et libérées, pour les survivantes, par la Croix-Rouge et rapatriées via la Suisse.

Enfin, il faut rappeler l'horrible massacre de Sonnenburg du 31 janvier 1945 où 819 prisonniers, dont un grand nombre de NN, parmi lesquels le colonel Faye, chef du réseau Alliance, furent abattus par un détachement SS.

Il est important de souligner qu'après l'Abwehr, le SD et la Gestapo décidèrent d'eux-mêmes d'appliquer la procédure NN à un certain nombre de résistants qui ne seront jamais jugés. C'est ainsi que le camp du Struthof, en Alsace, reçut des Français, des Norvégiens, des Belges, des Hollandais, qui, sans qu'aucune poursuite judiciaire ait été engagée, connurent le régime de secret absolu prévu par les normes des NN. Il en fut ainsi pour le général Delestraint.

La plupart des survivants (mais combien, hélas, y succombèrent?) furent transférés à Dachau en septembre 1944.

De son côté, le haut commandement de la Wehrmacht établissait de nouvelles consignes pour assurer aux tribunaux militaires toute l'efficacité possible à l'action NN : un délai de huit jours était fixé pour clore la procédure devant les tribunaux militaires après l'arrestation. En cas d'impossibilité de prononcer une condamnation à mort, les auteurs d'actes de résistance devaient être déportés en Allemagne sans laisser de traces.

Le décret NN interdisait formellement à la Croix-Rouge et aux personnes civiles de s'intéresser au sort des prisonniers NN. Ces derniers ne pouvaient ni correspondre, ni recevoir lettres, colis ou visites.

L'action NN se développa rapidement. Il est difficile d'évaluer le nombre de prisonniers NN déportés en Allemagne car la disparition de documents militaires, détruits par les Allemands, rend impossible d'établir avec exactitude la chronologie des convois dirigés vers le Reich. Il est encore plus difficile d'évaluer les effectifs.

Au mois de septembre 1944, au moment où fut prise la décision de cesser l'action NN et de transférer tous les prisonniers de cette catégorie aux mains de la Gestapo, leur nombre a été évalué à 24 000.

Auparavant, les prisonniers condamnés à mort, mais en sursis d'exécution, ou à des peines de réclusion (NNZ), s'étaient retrouvés dans des prisons criminelles ou des camps de concentration. Les autres restaient « en prévention » (NN Untersuchungsgefangene) dans ces mêmes lieux en attente de jugement devant les tribunaux spéciaux.

Il est difficile de caractériser d'une façon uniforme la condition des prisonniers NN, tant leurs périples furent différents.

Ceux qui furent condamnés dans leur pays, après une parodie de justice, étaient soit exécutés, soit transférés en Allemagne (Zuchthausgefangene).

Les autres (Untersuchungsgefangene) attendaient, après leur arrivée en déportation, un jugement expéditif vite suivi d'effet, ou bien demeuraient « en prévention ».

À titre d'exemple, le parcours du premier auteur de ces lignes, est simple, mais éloquent. Arrêté par la GFP le 16 décembre 1943, condamné à mort le 8 mai 1944 avec trois de ses camarades dont deux seront exécutés le 14 juin 1944, il est en « sursis d'exécution » avec un compagnon de son âge (vingt ans). Transféré à la prison d'Ebrach, il est remis à la Gestapo en janvier 1945, retourne en cellule de condamné à mort et part, avec vingt-cinq autres condamnés à la peine capitale, pour la sinistre prison de Wolfenbüttel, prison où fonctionne chaque mardi la guillotine SS. Évacué à Brandebourg où les prisonniers des cellules du rez-de-chaussée sont sacrifiés le 20 avril en l'honneur de l'anniversaire de Hitler, il a la chance d'être à l'étage. La prison est libérée le 27 avril 1945 par les forces soviétiques.

La multiplicité des prisons, pénitenciers, camps et kommandos faisait de ces lieux de souffrance autant de cas particuliers. L'Allemagne entière et ses territoires occupés n'étaient plus qu'un vaste camp de détention.

La quantité d'organismes chargés de veiller à la sécurité du Reich (Gestapo; SD; GFP; RSHA; Abwehr) et la rivalité des chefs de ces diverses composantes ne constituaient pas un facteur d'unité dans le traitement infligé aux déportés.

De plus, à la fin de 1944, la Gestapo et son chef Himmler avaient fini par évincer les autres détenteurs de l'autorité répressive et tout était à craindre de la part des SS fanatisés et n'ayant plus rien à perdre.

Dans cette atmosphère menaçante, victimes de la faim, du froid, des coups, en face de bourreaux nazis au pouvoir discrétionnaire, à la souffrance physique, s'ajoutait une impression d'abandon de la part du monde dit civilisé, il fallait énormément de volonté et de force morale pour survivre et garder sa dignité humaine.

Citons Edmond Michelet, survivant de Dachau, plus tard ministre du général de Gaulle et qui écrit dans *Rue de la Liberté* : «*L'expérience que nous avons vécue est indélébile. Elle nous a marqués pour le restant de nos jours. Nous en avons gardé des cicatrices pas toutes apparentes. Ni sains, ni saufs. Nous avons sondé des abîmes en nous-mêmes et chez les autres. Une certaine candeur nous est à jamais interdite.*»

Mais «*il s'agissait de pouvoir diriger soi-même une vie d'homme et non de troupeau et de garder l'héritage de patience, d'intelligence et de liberté de nos pères et nos grands-pères…*».

Guy Caudron, Pierre Le Rolland.

14

Récit d'un «fusillé» [1]

... Le commandant Hulf ne m'a pas dit que j'étais condamné à mort. Il m'a seulement fait reconduire à ma cellule. Mais par la suite des miliciens sont venus me trouver dans ma cellule. Je leur ai posé des questions sur mon avenir et c'est par eux que j'ai appris que «je serais fusillé». Pour en revenir au commandant Hulf, je me rappelle qu'il m'a demandé si j'avais des puces car il se grattait. Je crois qu'il s'agissait de la gale.

Le 17 août, deux Français sont venus me rejoindre dans ma cellule. Il s'agissait d'un résistant de Vesoul qui était arrêté depuis sept mois. L'autre était un Dijonnais non résistant a priori, mais seulement opposant. Il s'agissait de Barbier, de Vesoul, et de Marcel Beninger, de Dijon. Je crois devoir préciser que ces deux hommes avaient été libérés de la prison de la rue d'Auxonne. Ils avaient signé leur levée d'écrou, mais avaient été arrêtés à leur sortie de cet établissement... Ces deux prisonniers ne savaient pas qu'ils avaient été condamnés à mort.

Après avoir été interrogé par Hulf, on m'avait ramené dans ma cellule jusqu'au soir ou au lendemain. D'ailleurs, tout bien réfléchi, je me trouvais encore dans ma cellule le 15 août. Lorsque par la suite j'ai été transféré dans une autre cellule, c'est là où j'ai été rejoint par les deux autres dont j'ai parlé. Le même jour ou peut-être le lendemain un troisième est venu nous rejoindre. Il s'agissait de Claude

1. Suite de la déposition de Jean Rochet, procès-verbal.

Le Guyader, un résistant dont le père et la mère étaient eux-mêmes résistants et qui, pour sa part, était responsable départemental des jeunesses communistes.

Le 19 août vers 9 heures du matin environ, mes trois camarades ont pris place dans deux tractions avant Citroën accompagnés par huit agents de la Gestapo dont Pfeiffer, Alex et Fritz, plus les auxiliaires allemands, français, voire étrangers. J'étais avec eux dans l'une de celles-ci…

Dans ma traction se trouvaient deux prisonniers, Pfeiffer, Alex et Fritz. Je crois que c'était Pfeiffer qui conduisait. Nous étions six dans cette voiture dont un auxiliaire de la Gestapo de nationalité belge, du moins je le pense.

Celle qui suivait était également occupée par six autres personnes sans que je puisse dire lesquelles. Arrivés à Norges, on nous a fait descendre des deux voitures et parcourir une vingtaine ou une trentaine de mètres… Lorsque nous avons été extraits des voitures et que Pfeiffer me tenait par la veste, je pensais que peut-être on nous emmenait au fort d'Asnières qui était à proximité. Je ne savais pas si nous serions exécutés au fort d'Asnières ou internés dans celui-ci, mais je redoutais la première hypothèse.

Mon esprit était occupé également par le fait que mes menottes pouvaient peut-être s'ouvrir puisque cela était déjà arrivé lorsque j'avais été flagellé. J'envisageais alors de prendre la fuite dans les fourrés même au risque de recevoir des rafales.

Cela d'ailleurs était impossible car j'étais attaché avec Le Guyader et nous avions des menottes qui encerclaient nos avant-bras dont la peau avait disparu. Notre chair était à vif et lorsque je tirais un peu Le Guyader, je le faisais souffrir.

J'ajoute enfin que j'étais dans une certaine torpeur, obnubilé par ce qui allait se passer.

Je marchais donc attaché à Le Guyader et tenu à la veste par Pfeiffer. Derrière nous se tenaient trois hommes armés dont Guignier certainement. À un certain moment Pfeiffer m'a entraîné face à un arbre en me disant «par ici» ou «venez». Brusquement, il s'est rejeté de côté et j'ai senti comme une explosion dans ma tête. Je me suis senti sauter en l'air, «raide». J'ai reçu des coups de feu puis, lorsque je suis revenu à moi, j'étais allongé à terre et je sentais

Le Guyader qui, toujours attaché à moi, remuait. À cet instant j'ai perçu comme un écran noir qui s'avançait vers moi. Il s'est arrêté et j'ai revu alors clair d'un œil. J'ai vu des brindilles et de l'herbe par terre et ma conscience est revenue petit à petit. Je me disais : «Je ne suis pas mort, je vais peut-être m'en tirer.»

J'ai perçu également la clé des menottes qui, introduite dans celles-ci, me libérait les poignets. Quelqu'un s'est penché sur moi et m'a retourné une deuxième fois, du moins j'en ai eu l'impression puis, par la veste, on m'a traîné sur cinq ou sept mètres. On m'a regardé encore une fois, on m'a retourné encore une fois et on m'a laissé le visage contre terre. Je me rappelle avoir pensé à dire aux Allemands qu'ils faisaient «leur boulot» et que je n'étais pas mort…

Je me rappelle qu'après avoir été retourné plusieurs fois, les Allemands ont dispersé les cadavres dans les fourrés.

Lorsque j'ai été fusillé, je ne portais plus mes propres vêtements. J'étais affublé d'un vieux pantalon de travail taché de sang et de pus ainsi que d'une veste trop étroite, ces vêtements ne portaient plus aucun bouton et devaient avoir servi à des cas identiques.

Lorsque j'ai entendu les voitures s'en aller, j'ai appelé au secours et les habitants du village voisin sont venus m'assister. J'ai reçu les premiers soins par le médecin du village puis j'ai été transporté à l'hôpital de Dijon où je suis resté dix jours. Comme les Allemands avaient appris qu'un des fusillés avait survécu, j'ai été transporté pour plus de sécurité dans une clinique privée.

Jean Rochet.

15

Dernière lettre de Boris Vilde[1]

Ma bien-aimée, Irène chérie,

Pardonnez-moi de vous avoir trompée : quand je suis redescendu vous embrasser encore une fois, je savais déjà que c'était pour aujourd'hui. Pour dire la vérité je suis fier de mon mensonge : vous avez pu constater que je ne tremblais pas et que je souriais comme d'habitude. Ainsi j'entre dans la vie en souriant, comme dans une nouvelle aventure, avec quelque regret mais sans remords ni peur. À vrai dire je suis déjà tellement engagé dans le chemin de la mort que le retour à la vie me paraît de toute façon trop difficile, sinon impossible.

Ma chérie, pensez à moi comme à un vivant et non comme à un mort. Je vous ai donné tout ce que j'ai pu donner. Je suis sans crainte pour vous : un jour viendra où vous n'aurez plus besoin de moi ni de mes lettres ni de mon souvenir. Ce jour-là vous m'aurez rejoint dans l'éternité, dans le vrai amour. Jusqu'à ce jour ma présence spirituelle (la seule vraie) vous accompagnera partout.

Vous savez combien j'aime vos parents qui sont devenus mes parents. C'est à travers des Français comme eux que j'ai appris à connaître et à aimer la France, ma France. Que ma fin soit pour eux un orgueil plutôt qu'un chagrin.

J'aime beaucoup Éveline et je suis sûr qu'elle saura vivre et travailler pour faire une France nouvelle. Je pense fraternellement à toute la famille

1. Extrait du cahier n° 7, février 1988, de l'IHTP – CNRS.

Mahn. Tâchez d'adoucir la nouvelle de ma mort à ma mère et à ma sœur; j'ai pensé souvent à eux et à mon enfance. Dites à tous les amis mes remerciements et mon affection.

Il ne faut pas que notre mort soit un prétexte pour une haine contre l'Allemagne. J'avais agi pour la France, mais non contre les Allemands. Ils font leur devoir comme nous avons fait le nôtre. Qu'on rende justice à notre souvenir après la guerre, cela suffit. D'ailleurs nos camarades du Musée de l'Homme ne nous oublieront pas.

Ma chérie, j'admire beaucoup votre courage et j'emporte avec moi le souvenir de votre visage souriant. Tâchez de sourire lorsque vous recevrez cette lettre comme je souris moi-même en l'écrivant (je viens de me regarder dans la glace, j'y ai trouvé mon visage habituel). Il me vient à l'esprit le quatrain que j'ai composé il y a quatre semaines :

Comme toujours impassible
Et courageux (inutilement)
Je servirai de cible
Aux douze fusils allemands

En vérité je n'ai pas beaucoup de mérite à être courageux. La mort est pour moi la réalisation du Grand Amour, l'entrée dans la vraie Réalité. Sur la terre vous en représentiez pour moi une autre possibilité. Soyez-en fière.

Gardez comme dernier souvenir mon alliance : je l'embrasse avant de l'enlever.

Il est beau de mourir complètement sain et lucide, en possession de toutes ses facultés spirituelles. Assurément c'est une fin à ma mesure qui vaut mieux que de tomber à l'improviste sur un champ de bataille ou de partir lentement rongé par une maladie.

Je crois que c'est tout ce que j'avais à dire. D'ailleurs bientôt il est temps. J'ai entrevu quelques-uns de mes camarades. Ils sont bien; cela me fait plaisir.

Mon amour, z.vierik chérie, une immense tendresse monte vers vous du fond de mon âme. Je vous sens tout près de moi. Je suis entouré de votre amour, de notre amour qui est plus fort que la mort. Ne regrettons pas le pauvre bonheur, c'est si peu de chose à côté de notre joie. Comme tout est clair! L'éternel soleil de l'amour monte de l'abîme de la mort.

Ma bien-aimée, je suis prêt, j'y vais. Je vous quitte pour vous retrouver dans l'éternité.

Je bénis la vie qui m'a comblé de ses présents.

Toujours vôtre,

Boris.

16
Évasion de Royallieu

Il exista plusieurs tentatives d'évasion du camp de Compiègne dont une seule a réussi avant la nôtre. Un début de tunnel partait de la chapelle de culte protestant située près du bâtiment 1. Nous l'avons exploré sommairement, un matin de fin mars 1944, à 7 heures, avant l'appel. Mais ce fragment de tunnel était inexploitable car il avait été comblé par les Allemands à l'aide de purin, ce qui rendait le recreusement impossible. Cette reconnaissance a duré dix minutes avec Bommelaer explorant le tunnel, moi-même faisant le guet devant la chapelle.

Ces dix minutes ont suffi pour que nous soyons dénoncés et, deux heures après, une patrouille de quatre Allemands se situait devant la chapelle qui a été ultérieurement fermée définitivement.

Un autre fragment de tunnel partait en principe d'une des chambrées du bâtiment 6, mais nous n'avons jamais pu en découvrir le départ.

Un seul tunnel qui avait conduit à une évasion réussie fut creusé en 1942 par « la base » et a permis à Georges Cogniot et à dix-huit autres responsables communistes de s'évader. Le départ de ce tunnel se situait dans une petite pièce désaffectée située dans le grand bâtiment proche des cuisines qui servait de salle des fêtes. Il était marqué par un rectangle de terre battue devant la fenêtre de cette petite pièce. En effet, après sa découverte, les Allemands l'avait comblé, mais n'avaient pas recimenté le sol. Toutefois, quand nous avions exploré cette entrée avec Bommelaer, toujours fin mars 1944, il était impossible de recreuser à cet endroit, puisque la pièce était ouverte à tout venant.

Les égouts étaient également une impossibilité d'évasion. Nous ne les avons pas personnellement explorés mais un de nos camarades, lieutenant d'active, très axé sur les évasions dont il était un spécialiste, se promenait toutes les nuits dans le camp et nous a donné de précieux renseignements en nous signalant tout d'abord que, couché à plat, même en terrain nu, on ne peut pas être vu du mirador par le balayage du faisceau du projecteur, à condition de ne pas bouger et de ne pas, bien sûr, créer de tache blanche. Ce même camarade prétendait avoir exploré les égouts mais sans aller jusqu'au bout et pensait qu'il y avait une grille séparant la sortie des égouts de l'Oise, ce qui rendait l'évasion difficile.

Ce même camarade avait un tiers-point, outil précieux avec lequel il faisait des scies pour favoriser les évasions du train. Il m'en a donné la technique, et j'ai fait de nombreuses scies en utilisant l'armature de fer des petits couteaux qu'on avait le droit d'acheter à la cantine et qui, traités pour former des dents à l'aide du tiers-point, donnaient d'excellentes petites scies. Nous préparions donc des scies à chaque départ pour en pourvoir les camarades qui le désiraient.

Notre tunnel

Le tunnel qui nous a permis de nous évader finalement n'a été en somme que la réouverture du tunnel creusé par les communistes. Il n'y avait pas de ciment à faire sauter au départ mais simplement le remblai de terre battue qui se poursuivait jusqu'au fond de la tranchée. Une fois enlevé ce remblai, qui devait avoir une profondeur d'un mètre cinquante, on arrivait au tracé du tunnel et ce tunnel avait été remblayé par de la terre meuble en effondrant le sommet, de sorte que nous n'avions qu'à retirer cette terre en nous guidant sur les côtés durs et le fond dur du tunnel et en étayant le tout qui, sinon, n'aurait cessé de s'effondrer. Le déblaiement de la terre posait un problème qui a été résolu en découpant une trappe dans le plafond pour permettre de mettre la terre dans le grenier. La trappe était remise tous les soirs et portait sur l'un de ses bords une baguette électrique, ce qui permettait de masquer la fente. Dans le grenier travaillaient, tandis que l'on creusait, deux «répartiteurs de terre», car il fallait répartir la terre dans tout le grenier où se trouvait déjà la terre du premier tunnel, de sorte que nous craignions des effondrements, surtout vers la fin mai 1944, quand les Anglais ont commencé à bombarder la gare de Compiègne. À cette époque, notre grande terreur était l'effondrement du toit, si les bombes secouaient un peu trop le bâtiment. Le déblaiement de la partie initiale du tunnel a dû se faire, autant que je me souvienne, sur une douzaine de mètres puis le tunnel a fait un coude sur la gauche, s'est poursuivi sur une longueur de deux mètres et a brusquement débouché dans le puisard situé entre le bâtiment du tunnel et le bâtiment des cuisines. La traversée de ce puisard a posé un problème sur lequel nous reviendrons, puisqu'il avait deux mètres de côté et que nous l'avons traversé en diagonale. De l'autre côté du puisard, le tunnel était toujours bouché, cette fois avec du mâchefer. Cependant, au bout de deux mètres, on a eu l'heureuse surprise de trouver une grande longueur, je pense une douzaine de mètres, entièrement creusée et non effondrée formant un tunnel creusé dans de la pierre dure et qui correspondait à la zone située sous les barbelés que les Allemands avaient eu la paresse de combler. Ultérieurement, le tunnel a traversé sous le chemin de ronde et est sorti de l'autre côté du chemin de ronde au-delà du mur d'enceinte, mais beaucoup plus près de celui-ci que nous le pensions. Là aussi, nous y reviendrons.

Mon intervention personnelle se situe à partir de mi-mai 1944, quelques jours après le début des travaux, car je n'avais pas été averti du démarrage du tunnel. Je l'ai découvert car, à l'époque, je me trouvais au bâtiment 8, partageant une chambrée avec Kiki le Savoyard et Lecole qui étaient deux policiers du 8. Or Lecole, un soir, avait les cheveux sales et en lui touchant la tête j'ai senti de la terre et, comme je connaissais toutes les possibilités de tunnel du camp, je lui ai fait rapidement avouer qu'ils avaient commencé à recreuser le tunnel des communistes. Ce recreusement s'était fait, à ma connaissance, sous la direction de Marius dont je ne sais plus le nom. Je pense que c'était Giraudon, qui était policier du 4 et qui était l'âme et la cheville ouvrière de ce tunnel.

Le premier point fut d'isoler et de fermer la chambre d'où partait le tunnel pour pouvoir y creuser tranquillement. Ce fut relativement facile, car on avait décidé de créer un bâtiment des galeux, pour séparer les gens atteints de la gale des autres prisonniers... Ce bâtiment des galeux avait été fait dans une moitié du grand bâtiment de la salle des fêtes. En tant que bâtiment des galeux, il lui fallait un chef de bâtiment. Ce chef de bâtiment (Nicolas) n'étant pas galeux lui-même devait avoir un local séparé et le seul local disponible était celui d'où partait le tunnel : il lui fut donc attribué. Cela lui permit d'y mettre un cadenas, de le laisser fermé toute la journée, alors qu'il se promenait dans le camp. Cette facilité nous permettait d'enfermer dans la chambre l'équipe travaillant et lui permettait de travailler en toute tranquillité. L'équipe se composait d'un creuseur qui était en pointe dans le tunnel, d'un aide qui tirait la terre derrière, dans une gamelle avec va-et-vient de ficelles, creuseur et aide changeant périodiquement. Dans la chambre se trouvait un guetteur qui prévenait dès que les Allemands passaient dans le chemin de ronde voisin, ces avertissements se faisant à l'aide de signaux électriques car il nous fallait voir dans le tunnel et on avait donc branché de l'électricité avec des ampoules disposées tous les quatre, cinq mètres. Un jeu de signaux d'extinction et d'allumage périodique permettait de prévenir facilement les gens quand ils devaient s'arrêter de travailler.

Enfin, deux personnes se trouvaient dans le toit; leur rôle était de répartir la terre, rôle qui était capital et qui heureusement s'est terminé dès que l'on a débouché dans le puisard, où nous avons pu rejeter ensuite la totalité de terre débouchée plus loin.

Les dimensions du tunnel étaient étroites. En largeur, c'était une largeur d'épaules moyenne. En hauteur, on pouvait y avancer en rampant. On ne tenait pas vraiment à quatre pattes. De plus, il fallait boiser très souvent pour éviter les effondrements.

L'un de nos creuseurs, Janjisch, un Yougoslave, ne pensait qu'à creuser et ne voulait jamais étayer, de sorte qu'immanquablement, au bout d'un mètre cinquante de creusement, une masse de terre s'effondrait et plusieurs fois j'ai dû le tirer par les pieds, à moitié étouffé, tandis qu'en boisant régulièrement au bout de cinquante centimètres de creusement il n'y avait aucun problème.

Les boisages étaient tirés des châlits de lits démolis et nous profitions de chaque départ en convoi pour faire des razzias dans les chambrées vides; les chefs de bâtiment faisant également des razzias pour alimenter leur poêles personnels, cela ne se voyait pas trop et surtout cela n'étonnait pas.

L'électricité nécessitait d'avoir du fil électrique, denrée rare dans le camp. Nous avions eu un petit stock au début, puis nous nous en sommes fournis après en le volant délibérément au chef du bâtiment A1, qui était un journaliste très gentil et qui s'était désolé qu'on lui volât ses fils électriques, sans, bien sûr, savoir que c'était nous. Il nous a même, après un premier vol, montré qu'heureusement il avait une réserve et, grâce à cette réserve que nous lui avons fait impudemment disparaître le lendemain, nous n'avons plus eu de gros problèmes de branchements électriques. Cependant, le courant était du 220 volts et le tunnel humide, et très souvent on s'électrisait en travaillant dans le tunnel.

Le passage du puisard fut une aventure assez extraordinaire car on a découvert le puisard après un tournant assez brusque du tunnel et on a constaté qu'ayant deux mètres de côté, il fallait, si on voulait le traverser de biais pour rejoindre le coin opposé d'où repartait l'autre partie du tunnel, une passerelle de trois mètres : or nos longerons de bois de trois mètres ne passaient pas du fait de la coudure du tunnel. C'est là où le génie de Marius a joué en construisant sur place une passerelle avec des planches clouées à plat, puis mises de champ, ce qui leur donnait une grande solidité, et recouvertes ensuite de planches à plat faisant passerelle. Cependant, là encore l'électricité nous posait des problèmes et on n'arrivait jamais à passer la passerelle ou à la quitter sans recevoir une horrible décharge de courant électrique.

Après la passerelle, nous avons continué à creuser le tunnel et, au bout de deux mètres, on a vu apparaître un long couloir voûté et concave faisant une grande concavité vers la droite qui était la partie du tunnel non effondrée, creusée dans la roche calcaire avec des traces de burins au plafond et sur les côtés, tandis que nous trouvions abandonnés là les outils avec lesquels les communistes avaient creusé ce tunnel. Nous avons cru comprendre alors que leur manière de creuser le tunnel avait été différente de la nôtre. À l'époque, en 1942, le puisard des cuisines était en construction et il semble que ce soit les ouvriers construisant le puisard qui en ont profité, sous le nez des Allemands, pour faire deux branches, l'une rejoignant le bâtiment des galeux et l'autre se continuant sous les barbelés.

Marius Giraudon fut la cheville ouvrière de ce tunnel et c'est lui qui nous a toujours guidés, a donné les conseils nécessaires et pris toutes les décisions utiles chaque fois qu'un problème se posait et il s'est posé effectivement souvent des problèmes techniques. C'est lui qui a fait la passerelle du pont, qui a branché l'électricité, qui a découpé la trappe dans le toit et qui a fait ultérieurement, quand cela a été nécessaire, la dalle qui a été découverte après notre évasion.

Le chef du bâtiment des galeux avait un rôle très important qui consistait à se montrer partout, à évoluer dans le camp et surtout à ne pas être dans sa chambre, afin que personne n'ait l'idée de vouloir rentrer chez lui. Enfin, dans sa chambre, le camouflage de l'orifice du tunnel était fait par une table avec un tapis débordant et cachant le trou.

Il était important de connaître ce qui se passait au-delà du camp pour pouvoir convenablement terminer l'évasion. Dans ce domaine, deux camarades nous ont servi dont je ne sais plus les noms exacts. L'un était un ancien officier des corps francs, je pense qu'il s'appelait Cassaigne. Il avait une carte d'état-major, avait étudié la région et se chargeait de nous conduire. L'autre était un couvreur communiste qui était permanent au camp « Stamm ». Je pense qu'il s'agissait du matricule 5795 mais je ne me rappelle plus son nom. Il était utile car ayant été souvent sur les toits du camp il savait ce qui se passait autour et il nous avait décrit le terrain pour que nous puissions ensuite nous guider après la sortie.

Les derniers jours

Nous comptions nous évader dans les premiers jours de juin 1944 en choisissant un dimanche pour avoir plus de temps étant donné que l'appel se faisait plus tard. D'autre part, nous ne voulions pas traîner, ayant peur d'être appelés en convoi avant d'avoir pu nous évader. Au-delà des douze mètres tout faits qui nous avaient été livrés par l'ancien tunnel communiste au delà du puisard, nous avions encore creusé sept ou huit mètres en pensant avoir creusé ces sept ou huit mètres au-delà du mur d'enceinte, de façon à émerger assez loin de ce mur et relativement près du début des champs qui entouraient le camp.

Cependant vers fin mai, des problèmes ont commencé à se poser, car Janjisch, le Yougoslave qui travaillait avec nous et qui était membre du parti communiste, avait dû demander à ses chefs l'autorisation de partir, et ceux-ci la lui avait bien entendu refusée. À partir de là a commencé un chantage, les chefs communistes de Janjisch demandant de garder le tunnel secret et d'en profiter éventuellement pour faire rentrer la Résistance de l'extérieur, idée qui ne nous paraissait pas des plus réalisable. Par ailleurs, nous craignions par suite de ce chantage des délations éventuelles. Sur ces entrefaites est survenu le débarquement allié, le 6 juin, et le chantage s'est accru pour faire entrer la soi-disant Résistance. Nous avons alors décidé d'isoler totalement Janjisch du secret et de faire semblant de reboucher le tunnel. Dans ce but, Marius a fabriqué une fausse trappe, celle qui a été retrouvée après notre évasion : elle était faite, autant que je me souvienne, d'une large plaque de tôle recouverte de béton et de terre, de façon à ressembler à la terre battue primitive et à donner un son qui ne soit pas trop creux, si on venait à sonder l'endroit. Cette plaque avait été mise, soutenue par-dessous par des cales de bois au niveau du trou d'entrée du tunnel. Le travail avait été bien fait et on avait vraiment l'impression qu'il n'y avait jamais eu de trou débouché à ce niveau. Cela a permis également de faire venir quelques personnages dans la chambre du chef du bâtiment des galeux, de façon à faire disparaître tout soupçon de creusement éventuel.

Cependant, quelques jours plus tard, vers le milieu de la semaine du 6 au 13, le jeudi je crois, nous avons recommencé à creuser en secret sans prévenir personne et ce creusement a prolongé le tunnel de cinq mètres environ. Puis le dernier jour, le samedi 12 juin, nous avons préparé la sortie avec Marius en remontant en pente douce jusqu'à ne laisser qu'un petit chapeau de terre où l'on voyait les racines d'herbes, en le soutenant par un tampon de bois, lui-même maintenu par un étai pour éviter que quelqu'un marchant à l'extérieur n'effondre le trou.

D'autre part, le camp contenait un chien policier, estimé à juste titre dangereux, et il semble que le chien ait été empoisonné sur le conseil de Marius, mais je n'ai pas su comment.

Jour J, heure H

L'heure de l'évasion a été fixée dans la nuit du samedi au dimanche, 12 au 13 juin 1944, à 0 heure. Les gens devaient se rendre par petits groupes dans la chambre du bâtiment des galeux. L'ordre de sortie était très précis. Venait en tête Cassaigne, l'homme des commandos, car il connaissait la région, avait la carte d'état-major et paraissait donc le plus qualifié pour sortir vu ses antécédents de commando. Ensuite Marius Giraudon, le creuseur-chef, moi-même le creuseur en second, puis probablement Nicolas, Lecole et Kiki et les autres dont certains avaient creusé et dont les autres étaient au courant mais n'avaient pas participé à la confection du tunnel. Le dernier à sortir devait être le couvreur communiste, qui nous avait donné des renseignements extérieurs. C'est au cours de cette sortie que s'est produite la panique qui a fait que nous ne sommes partis qu'à treize au lieu de vingt...

Au niveau de la sortie, Cassaigne est sorti le premier après avoir enlevé le tampon. C'est en sortant que l'on s'est aperçu que l'orifice du tunnel n'était pas à cinq ou six mètres du mur d'enceinte, mais immédiatement contre lui, de sorte que si l'on n'avait pas creusé ces cinq mètres supplémentaires nous serions sortis en plein chemin de ronde ! Cassaigne est donc sorti et a commencé à progresser vers un champ dans une portion dépourvue d'herbes et faite uniquement de terre battue ou labourée, non semée. Nous devions sortir toutes les trente secondes. Après qu'il eut fait une dizaine de mètres, Marius, dont la tête émergeait, s'apprêtait à le suivre quand dans la nuit noire sans lune, il a entendu et vu arriver deux Allemands, Paul l'Autrichien et un autre, qui remontaient de l'Oise. Ces Allemands sont passés entre Cassaigne et Marius qui rentra précipitamment la tête dans le trou. Au moment où ils passaient, heureusement sans chien, puisque celui-ci était mort, Paul a montré à son collègue quelque chose dans le ciel en direction des étoiles, et nous nous sommes toujours demandé s'il n'avait pas vu Cassaigne et s'il n'avait pas, de ce fait, favorisé notre évasion, ce qui aurait très bien pu être dans sa manière.

Marius rentrant m'a télescopé, j'ai télescopé à mon tour celui qui était derrière moi et ainsi de suite jusqu'au bout. En même temps que ces arrêts et reculs brutaux, des explications confuses s'en sont ensuivies. Marius m'a simplement dit à voix basse de me taire et de rester tranquille, qu'il y avait des Allemands. J'ai transmis ce message derrière mais par le jeu du téléphone, le message a été déformé et, arrivé vers la passerelle, il s'est transformé en une panique où l'affaire était devenue une fusillade faite par les Allemands qui nous attendaient à la sortie.

Cette panique s'explique pour deux raisons : d'une part, depuis quelques jours une certaine inquiétude régnait parmi les conjurés et je me souviens par exemple que Radot, le chef du bâtiment 3, qui devait s'évader avec nous avait décidé de ne plus le faire, persuadé que les Allemands nous attendraient au-dehors avec des mitraillettes : cela à la suite du chantage des communistes. Par ailleurs, le dernier après lequel s'est faite la panique était un Niçois dont les motivations nous ont toujours paru un peu suspectes et on s'est demandé après coup s'il n'avait pas saisi l'occasion de créer cette panique en se disant que moins on serait d'évadés, plus on aurait de chance de passer au travers des mailles.

Toujours est-il que vers l'avant, dans les premiers, après le premier moment d'inquiétude, Marius m'a dit que tout allait bien et est sorti. Je suis sorti à mon tour trente secondes derrière lui. J'ai d'ailleurs paniqué en silence au milieu du *no man's land* en entendant un bruit dans le mirador. J'ai imaginé qu'on me mettait en joue, alors que c'était simplement le volet rabattu par le soldat qui avait manifestement trop chaud, puis j'ai vu le suivant sortir et quelques mètres plus loin, nous étions dans les herbes totalement camouflés.

En revanche, derrière, la situation s'est changée : au-delà du douzième est survenue une panique et il semble qu'il y ait eu cinq ou six personnes refluant en désordre et en poussant des cris silencieux sur la passerelle traversant le puisard. C'est d'ailleurs un miracle que cette passerelle ne se soit pas effondrée alors. Le dernier qui venait fermer la marche, le couvreur, a reflué comme les autres du fait de la panique, mais il n'a pas perdu son sang-froid et, dans la chambre d'où partait le tunnel, il a attendu, s'est rendu compte qu'il n'y avait aucune lumière dans le camp, aucun balayage ni aucun coup de feu et, par conséquent, il était peu vraisemblable que les Allemands fussent alertés. Il a donc attendu une dizaine de minutes puis a repris le tunnel, s'est évadé, nous a rejoints et nous a raconté alors ce qui s'était passé.

Il est certain que d'autres gens auraient pu s'évader et qu'une bonne noria aurait pu s'établir. Mais il est non moins certain que plus il y a de gens qui s'évadent, plus les risques d'être découverts existent. Nous avions d'ailleurs décidé, dès le départ, du nombre des gens qui partiraient et en principe personne (pour ne pas créer de jalousie) ne devait rien dire à personne. Le secret était d'autre part une des conditions de la réussite.

Pour ma part, ayant beaucoup creusé le tunnel, j'avais demandé et obtenu l'autorisation de faire évader avec moi quelqu'un de mon choix mais cela n'a finalement pas été possible car l'un des responsables de mon réseau, Jovignot, le seul restant au camp, se trouvait à l'époque à l'infirmerie avec une blessure à la jambe et était incapable de prendre le tunnel. Un autre jeune homme à qui je pouvais offrir de s'évader avait un camarade qu'il ne voulait pas lâcher et, de ce fait, comme je n'avais le droit qu'à une place, il n'a pas pu partir.

S. Brion.

17

Les Français à Auschwitz[1]

• 25 000 Français ont été déportés vers Auschwitz parce qu'ils étaient juifs. 50 000 personnes vivant en France ont été déportées vers Auschwitz parce qu'elles étaient juives. Sur les 75 000 déportés juifs partis de France, 2 500 seulement sont revenus, et pas un seul enfant.

• Un convoi de 1 175 communistes est parti le 6 juillet 1942 pour Auschwitz, dont il n'est revenu que 119. Ce convoi est connu sous le nom de «convoi des 45 000» en raison des numéros matricule.

• Un convoi de 230 Françaises est parti en janvier 1943 pour Auschwitz. 56 seulement sont revenues.

• Un convoi de 1 700 Français non juifs, parti le 27 avril 1944, est arrivé à Auschwitz le 30 avril. Après être resté douze jours au camp, le convoi est reparti vers Buchenwald. Quelques isolés malades sont restés à Auschwitz.

• Un petit nombre de Français, ayant survécu au camp de Maïdanek, ont été transférés en 1944 vers Auschwitz en raison de l'avance russe.

• Une dizaine de Français non juifs, venaient d'une prison ou d'un autre camp.

1. Auschwitz représente trois camps très différents : Auschwitz 1 qui était une ancienne caserne polonaise où les Allemands, dès 1940, ont enfermé et tué de nombreux Polonais, Russes et Juifs de toutes nationalités; Auschwitz 2 appelé «Birkenau», situé à deux kilomètres du premier camp, où a eu lieu «la Shoah», ainsi que l'extermination des tziganes et d'autres détenus; Auschwitz 3 appelé «Buna», à huit kilomètres des autres camps et qui était une usine de l'IG Farben où travaillaient de nombreux détenus.

• 158 Français dans un convoi de 207 détenus partis de Dachau, début novembre 1944, et arrivés à Auschwitz le 7 novembre.

• 850 Français dans un convoi de 1014 détenus sont partis de Dachau le 24 novembre 1944 et sont arrivés à Auschwitz le 26 novembre 1944.

André Rogerie.

18

SS Sonderlager[1]

Il s'agissait d'un réseau de petits « camps de police » gérés par la SS (d'où leur appellation habituelle de « *SS Sonderlager* »). Il fut mis en place dès le début de la guerre pour punir et rééduquer, en 21 ou 56 jours, les travailleurs (allemands d'abord, puis étrangers au fur et à mesure du développement de la guerre) dénoncés comme « tire-au-flanc » *(Arbeitsscheu)* sur leur lieu de travail. Le régime de ces petits camps était le même que celui des pires camps de concentration. Une simple décision de la police locale, contresignée par la Gestapo régionale, suffisait pour envoyer les ouvriers jugés insuffisamment zélés dans ces camps où le titre officiel était « AEL » *Arbeitserziehungslager* (camp de redressement par le travail).

Dans certains cas de « sabotage » ou d'action politique ou religieuse, l'ouvrier passait devant un tribunal SS. Il était alors condamné soit à être envoyé dans un camp de concentration (directement ou après son temps de punition en Sonderlager), soit à être exécuté dans le Sonderlager même. Les polices locales utilisaient souvent les Sonderlager et les camps de concentration comme lieux d'exécution.

On ne connaît ni le nombre exact de ces SS Sonderlager (cent quatre sont jusqu'à maintenant répertoriés) ni le nombre de jeunes Français qui, envoyés en Allemagne au titre du Service du travail obligatoire, y séjournèrent, y moururent ou furent transférés dans les

1. Camps spéciaux SS.

camps de concentration. Deux de ces SS Sonderlager, situés non loin de la frontière française, Neue Bremme près de Sarrebrück et Hinzert près de Trêves, servaient aussi de camps de transit et de dressage pour les déportés politiques français qui en ont gardé un souvenir terrifiant.

André Rogerie.

19

Mauthausen 1945

C'est ce block énorme toujours le même. Il est accolé à un bois de mélèzes et de pins, je crois, masse sombre de conifères. Baraques que nous rencontrons à travers l'Allemagne, semblables à ces animaux qui prennent la teinte de ce sur quoi ils reposent. Tout autour, à un mètre du mur peint en vert foncé, les barbelés, l'eau en est exclue. Elle ne saurait être prisonnière et de l'entendre suffit à nous laver et à étancher notre soif. Un mirador à l'entrée. Et nous voici debout, les bras ballants, projetées par les autres dans ce fatras de corps, de paille, de gamelles et têtes. Mais quelles autres ? Quelle intense solitude plutôt.

Et toujours des arrivantes qui veulent une place, un peu de paille pour camper.

C'est un grand hall pour la vente des fruits et des légumes. Une immense bergerie ou bien encore une gare de marchandises avec ses remises vides attendant des trains en panne. Le décor est simple, les yeux ne savent où se fixer, tout se passe au ras du sol, dans la poussière de terre et de paille, de loques, de bras qui s'étalent pour accrocher le plus d'espace possible. Deux mille femmes sont ainsi parquées, avec tout ce qui doit les faire vivre jusqu'à la fin. Pour joindre un quart de mètre carré de vide qu'une compagne charitable a essayé de vous garder, il faut marcher sur le tout, rapidement pour faire mal le moins longtemps possible. Quand on a acquis un certain équilibre c'est-à-dire la surface de ses deux pieds à une distance convenable – debout –, on n'ose s'accroupir car le tableau qui s'offre à vous a une poignante grandeur qui vous suffoque et auprès duquel le pont de troisième classe des bateaux d'émigrants n'est rien. Des femmes et des objets constituent un tas informe jusqu'aux genoux. Pour toutes, cela va être le moment de prendre place pour la nuit, mais il vaut mieux n'y pas penser : accroupies souvent à même le sol, entassées les unes sur les autres, ces centaines de femmes luttent contre la folie, le vol, le sommeil, la faim et la vermine. Rien où accrocher son regard halluciné, éperdu. Partout cette même teinte grisaille des couvertures sales, des visages et des robes que l'on traîne avec soi depuis des mois. Et chacune d'un instinct élémentaire s'agrippe à son peu de paille, à sa gamelle, à son petit sac où elle a conservé ses derniers trésors, peut-être un reste de pain ou un bout de savon.

Une seconde d'inattention et c'est perdu à jamais. Tout ce qui est masse est amoindri, rapetissé au point de former un nouveau sol vaguement vivant et gémissant. Le volume est devenu plan. En cette fin de journée, personne ne peut plus crier sans tourner à l'hystérie. Cependant, mugissantes, victorieuses, occupant les seules bases solides de cet immense capharnaüm, les Blockovas et Stubovas essayent leur force, volée à chacune d'entre nous, à chaque soupe ou ration de pain, contre les malheureuses qui n'ont su se défendre contre les voisines envahissantes. Et c'est alors le mouvement d'un géant sur un peuple de fourmis. La lutte est impossible, disproportionnée et il ne s'agit plus que de préserver son esprit qui risque de s'abattre. Pour cela il faut s'accroupir à son tour, fermer les yeux, ne rien voir, ne rien entendre, ne rien sentir, ne serait-ce que quelques secondes. Maintenant il ne reste plus là qu'une immense et effroyable moisson de femmes recroquevillées en leur infinie solitude, que ni les cris ni la faim ne saurait atteindre. Épuisées elles dorment sur place sans rêve et sans repos – anonymes. Mais dans une main crispée et inconsciente une fleur jaune finit de se faner.

Et ceci se passait dans des temps très anciens…

Denise Vernay.
(Écrit en 1946.)

20

Candélabre SS (Julleuchter)

Le Julleuchter, candélabre en terre cuite représentant de vieux symboles germaniques – le cœur et la roue –, était donné à chaque SS lors du solstice d'hiver suivant son entrée officielle dans l'organisation SS.

Le soir du solstice, devant la famille rassemblée, une petite bougie était allumée à l'intérieur du candélabre, tandis qu'à minuit, une grande bougie était allumée en son sommet, symbolisant à la fois l'ascension de son propriétaire au rang de surhomme et l'arrivée d'une nouvelle année païenne beaucoup plus brillante que la précédente.

Ces candélabres étaient fabriqués par des déportés de Buchenwald pour le compte de la société (SS à cent pour cent) dénommée DEST (Deutsche Erd und Steinwerke, GmbH) de Berlin, qui possédait des installations dans plusieurs camps de concentration : carrières de granit au Struthof, à Flossenbürg, à Mauthausen et à Gross-Rosen; carrières d'argile et briqueteries à Oranienburg, Neuengamme et Buchenwald. C'est à quelques kilomètres du camp de Buchenwald que se trouvait, près du village de Berlstedt, le kommando du même nom qui comprenait une carrière, une briqueterie et un atelier de poterie.

Dans cet atelier travaillaient des détenus allemands « Témoins de Jéhovah », ainsi que des déportés belges, français et polonais qui fabriquaient et décoraient des vases destinés aux femmes des dignitaires SS; ils coulaient dans des moules des urnes funéraires et des candélabres, qu'ils faisaient ensuite sécher dans la briqueterie, puis qu'ils démoulaient; ils évidaient alors les cœurs et les roues, apposaient sous l'un des pieds la marque SS et les renvoyaient à la briqueterie où ils étaient cuits.

Parmi ces Français se trouvaient trois résistants francs-comtois : Marcel Pernin, d'Asnans (Jura), matricule 21009, membre du réseau Buckmaster-César, qui avait alors vingt-trois ans; Auguste Vercey, de Chaussin (Jura), matricule 21123, membre du réseau Buckmaster-César, qui avait vingt ans, et moi-même. Tous trois, arrivés à Buchenwald en septembre 1943 par le «convoi des 21 000», avions été affectés (après la «quarantaine» passée au «petit camp») au kommando de Berlstedt. Après une dure année passée dans la carrière, nous fûmes envoyés à l'atelier de poterie où nous avions la satisfaction d'avoir un travail à la fois moins pénible, mais surtout totalement inutile et dont le caractère absurde ne nous échappait pas; ce qui ne nous empêchait d'ailleurs pas de saboter la production.

En avril 1945, les trois Francs-Comtois furent, comme tout le kommando de Berlstedt, ramenés au «grand camp» de Buchenwald, puis emmenés dans des wagons de marchandises jusqu'en Tchécoslovaquie (Tachov); de là, ils rejoignirent à pied le camp de Flossenbürg à travers les monts de Bohême et après quelques jours passés à Flossenbürg, repartirent à pied en direction du sud. Ils furent libérés le 23 avril dans le village bavarois d'Untertraubenbach, près de Cham, par une colonne blindée de l'armée Patton. Ils furent rapatriés en mai dans un état d'épuisement presque total, mais survécurent tous trois. Marcel Pernin est décédé il y a cinq ans, Auguste Vercey vit dans le Jura.

J'ai pour ma part retrouvé un exemplaire de ces candélabres en Allemagne et en ai fait don au musée de la Résistance et de la Déportation de Besançon.

François Perrot.

21

«Les RU, déportés méconnus, ignorés»

«*RU*» sont les initiales des mots allemands «*Rückkehr unerwünscht*» : traduction littérale «Retour non souhaité» ce qui équivaut pour le déporté à la déportation sans retour... bref à la condamnation à mort. La catégorie spécialement tragique de déportés parfaitement connue est la catégorie «*NN*» – *Nacht und Nebel*, Nuit et Brouillard – et il me paraît injuste et abusif d'établir une comparaison, un lien entre les «*NN*» et les «*RU*». Néanmoins, n'existe-t-il aucune similitude entre «*NN*» et «*RU*»?

Même si la finalité programmée des déportés classés «*NN*» était bien la mort «voulue»... et non seulement «souhaitée» pour les «*RU*», par le régime nazi, il convient de faire ressortir que la distinction essentielle entre les «*NN*» et les «*RU*» provient du fait extrêmement important que le classement d'un déporté en catégorie «*NN*» résulte d'une procédure officielle établie par le Reich hitlérien promulguée par le décret criminel du 7 décembre 1941 signé Keitel, alors chef du Haut Commandement des forces armées nazies.

C'est bien la peine de mort qui était fatalement réservée à tout déporté «*NN*»... et cela quel que soit le pays d'origine, la zone occupée.

Qu'en est-il au contraire de la catégorie de déportés classés «*RU*»? (...) Je me permets d'évoquer mon destin concentrationnaire personnel : (...) j'ai été arrêté par la Gestapo, pour faits multiples de Résistance au régime nazi, interrogé au siège de la Gestapo, emprisonné au secret pour nouveaux interrogatoires... puis jugé et condamné par un tribunal nazi… (…) Jugement rendu, condamnation prononcée, je quitte en novembre 1944 la prison pour le camp de concentration de Sachsenhausen-Oranienburg dans le convoi de 200/250 prisonniers extrait de prisons diverses – la dernière étant l'« Alexanderplatz » à Berlin. J'arrive au camp le 3 ou 4 décembre 44.

Après le « toilettage-désinfection » traditionnel et la remise de la tenue rayée, une dizaine de déportés, dont je suis – sur les 200/250 – n'est pas envoyée en quarantaine traditionnelle; mis à l'écart des autres camarades, sans ménagement aucun… les dix (environ) sommes refoulés vers un block-bureau où nous attendent quelques SS et où se trouvent sur une table quelques dossiers éparpillés… parmi eux nos dossiers sans aucun doute possible…

L'entretien fut bref, rude mais global, pas d'interrogatoire individuel : globalement nous sommes accusés d'actions anti-allemandes. Le SS qui paraissait être le chef prit seul la parole – et le seul mais très précis souvenir que j'ai de ce premier contact avec les SS réside dans les hurlements de cette brute humaine nous traitant de « *RU Schweinerei* [1] » – et autres injures toutes ponctuées avec force du qualificatif « RU » dont moi-même n'ai alors absolument pas compris la signification, et pas plus certainement la petite dizaine de camarades « sélectionnés » pour une destination autre que la quarantaine traditionnelle.

En effet, notre destination fut la Strafkompanie – SK –, block 14 – Flügel A – la Flügel B étant réservée aux Juifs –, et à la Strafkompanie, pour ma part, je fus affecté au kommando des Schuhlaüfer, « briseurs de chaussures SS ».

La Strafkompanie était la compagnie disciplinaire du camp de Sachsenhausen, « un bagne dans le bagne », est-il écrit dans le livre souvenir *Sachso* contenant les témoignages de survivants du camp et, à l'intérieur de la Strafkompanie, le kommando des Schuhlaüfer était l'un des plus durs, l'un des plus inhumains.

Dans la brochure allemande *Damals in Sachsenhausen* (Autrefois à Sachsenhausen) éditée à Berlin dans les années 50 par « Kongress-Verlag » il est dit : « *In die SK kommst du leicht hinaus nur durch den Schornstein* », ce qui signifie : « Qui entre à la Strafkompanie, n'en

1. « Cochons de RU. »

ressort que par la cheminée»..., propos bien confirmé par les SS lors des marches forcées des déportés du «Schuhlaüfer-kommando» répétant aux traînards en pointant le doigt vers la fumée sortant du crématoire «*Da ist dein Schicksal*», «C'est là ton destin»; le seul Français présent dans le kommando avec moi, en décembre 1944, mon camarade Pierre Roche ne résista que quatre jours aux marches forcées par -10 à -15° de température... Ma chance de survie après vingt jours de SK fut le besoin absolu de main-d'œuvre des SS pour réparer les voies ferrées détruites par les bombardements, qui me valut mon affectation le 25 décembre à la 12e SS Baubrigade – nous étions en 1944 fort heureusement... et la main-d'œuvre manquait! (...)

J'ai ignoré jusqu'en 1961 la signification des lettres «*RU*»... Comment deviner quand les SS hurlaient «*RU*» (on entendait «Errou») qu'il s'agissait des initiales des deux mots «*Rückkehr unerwünscht*» : je ne l'ai appris qu'à l'occasion de mon premier pèlerinage à Sachsenhausen pour l'inauguration du Mémorial du camp en 1961[1]...

Paul Bacou.

1. La catégorie des «*RU*» est aujourd'hui confirmée : la brochure *Damals in Sachsenhausen* faisant état des détenus condamnés d'avance à la mort par la Gestapo et la Police criminelle affectés à la SK du KL et classés «*RU*»; le livre *Sachso*, chapitre intitulé «La Strafkompanie» dans lequel on relate la réalité du classement en catégorie «*RU*» de certains déportés... de leur affectation à la SK... et l'existence de kommandos d'extermination tel le «Schuhlaüfer-Kommando»; la brochure *Souvenir et Rencontre*, éditée par le ministère de la Recherche et de la Culture du Land de Brandenburg «Verlag für Berlin-Brandenburg» qui contient le discours de Cordula Rinsche sur les lieux de pèlerinage : on lit «*la Gestapo notait dans le dossier des déportés dont la mort était décidée cette simple mention "RU"*»; le discours de Charles Désirat, président du Comité international de Sachsenhausen : «Le Lagerälteste Harry Naujoks fut destitué et envoyé *"RU"* à Flossenbürg... pour avoir essayé de sauver le maximum de prisonniers de guerre soviétiques.»

22

Eugène Thomas, député du Nord fondateur de la FNDIR à Buchenwald[1]

«Mon cher ami, la lecture de votre cahier n'est guère réjouissante… On sent bien que vos collaborateurs occasionnels, bien qu'exprimant des sentiments différents, sont presque tous d'accord sur leur conclusion : c'est que l'homme est un bien sale animal!»

Eh oui! Ici, on est trop souvent mesquin, veule, lâche… On a peur… Alors, un seul principe, une seule règle : ne rien voir, ne rien dire, fermer les yeux, fermer la bouche, ne pas s'indigner devant un spectacle indigne; ne plus bondir devant l'injustice, bref, se faire mouton, docile dans le troupeau servile.

Certes, tout cela est triste, décevant. Mais nous devons cependant nous dire que le pauvre tableau de dégradation humaine que nous avons sous les yeux est le fruit normal de l'atmosphère même du camp : terreur, délation, mouchardage, manœuvres souterraines, dictature plus ou moins secrète.

Aussi je crois et j'espère ardemment que tout homme digne de ce nom aura ici senti grandir en lui l'Amour de la Liberté. (…) Ah! pouvoir parler, écrire, dire ce qu'on pense, pouvoir protester contre l'injustice, dénoncer la méchanceté, la malhonnêteté! Je sens quant à moi que demain je serai avant tout un Soldat de la Liberté.

1. Extrait d'un cahier manuscrit tenu par M. Roger Foucher-Créteau pendant sa détention à Buchenwald, rassemblant les témoignages de soixante-quinze camarades.

Jusqu'au bout de la Résistance

Tolérance et Liberté pour tous, oui... Discussion vive, ardente, passionnée même, oui... Mais la dictature qui fait les lâches, la pression, le joug, la prétendue Vérité imposée par une secte, jamais.

Buchenwald, le 22 janvier 1945.

23

Tentatives de Himmler…

Je sortais juste de mes «peaux de lapin» où mes camarades m'avaient cachée suite à mon ulcération de la cornée, quand un jour une surveillante me conduisit auprès du commandant du camp. Je suis arrivée dans ce bâtiment de l'autre côté du camp, à la Kommandantur. Comme je parlais l'allemand, on m'a laissée sans interprète. Je l'ai trouvé assis à son bureau, il s'est levé, s'est appuyé à son bureau – ne m'a pas fait asseoir évidemment – et a prononcé ces mots surprenants :

– Comment allez-vous ?

– Très mal.

– Je vois… Où travaillez-vous ?

Je lui ai répondu que j'étais dans le mauvais block, que nous faisions le pire travail dans les pires conditions…

(…)

Après la Libération de Paris, Himmler cherchait par tous les moyens à entrer en relation avec les Anglo-Saxons. Il avait pensé que de Gaulle pourrait être un bon intermédiaire. Il avait justement quatre membres de sa famille en otage : Pierre, un frère du général, sa sœur et son beau-frère, et moi-même. Il désirait que l'on examine avec le général de Gaulle une proposition d'échanges avec quelques prisonniers allemands. C'était évidemment un prétexte pour entrer en contact.

Du coup, on m'a sortie de la baraque où j'étais et on m'a mise dans un block «normal». Puis on m'a mise au travail à l'infirmerie. Ne voulant pas un régime de faveur, j'ai protesté, mais en vain. J'y suis d'ailleurs restée très peu de temps. Une nuit, deux sentinelles m'ont amenée à un petit bâtiment que nous connaissions bien pour y avoir des camarades punies : le bunker.

Le même commandant m'a dit que je ne serais pas privée de nourriture (normalement, au bunker on avait à manger une soupe chaude tous les cinq jours et une ration de pain tous les trois jours), ni complètement de lumière (les autres avaient leurs volets cloués)… Si j'étais restée dans le camp, l'otage que j'étais pouvait en effet « disparaître ». Il suffisait de se trouver sur le passage d'une SS ou d'une blockova un peu nerveuses… Je resterai dans ce bunker du 28 octobre 44 au 28 février 45. Sans nouvelles de l'extérieur.

Geneviève de Gaulle-Anthonioz.

24

Une évasion réussie de Buchenwald

Je ne connais qu'une évasion réussie par un Français. Celle de mon ami Pierre Mussetta. Toutefois, après la guerre j'ai appris que le Belge Edmond Vandievoet – un Buckmaster – et le Français Aristide Pennetier avaient réussi à s'évader. Malheureusement le Français fut repris en gare d'Iéna. Vandievoet, après des péripéties multiples, regagna Bruxelles puis Paris où le Strategic Service de l'armée américaine fut ainsi renseigné avec précision sur l'armement et la défense des SS de Buchenwald.

Le colonel Pierre Mussetta, officier de carrière de la Légion étrangère, était une force de la nature. Champion de judo, tireur d'élite, il semblait courir après les risques comme d'autres vont à la pêche[1].

Arrêté puis déporté à Buchenwald, il ajoutait à sa témérité et à sa force physique une foi indestructible de Résistant. « On ne s'évade pas de Buchenwald », lui répétaient certains. Lui épiait et se préparait en secret. Il choisit le 29 juin 1944 pour son évasion. Fort judicieusement car ce jour-là il pleuvait à verse. La visibilité s'atténuait au fur et à mesure que la pluie redoublait de violence. Tandis que les déportés ruisselaient de pluie et de sueur, les SS s'étaient réfugiés sous une toile de tente. Les sentinelles entouraient bien la carrière, mais en s'abritant.

1. Il avait attaqué en plein jour le palais de justice de Sète pour délivrer un camarade. Et à Blois, revolver au poing, il sortit d'un hôpital la femme (blessée par la Gestapo) d'un camarade qui venait d'être fusillé.

Il courut de toutes ses forces droit devant lui. Fut-il dénoncé ? Un kapo remarqua-t-il aussitôt sa disparition ? Toujours est-il que les SS et leurs chiens le prirent aussitôt en chasse. Les aboiements se rapprochaient. Quoique les pistes fussent brouillées par la pluie, allant être rejoint il se jeta dans un gros ruisseau conduisant à la rivière, s'allongea de tout son long dans l'eau et retint son souffle aux limites du possible. À la nuit, transi de froid, il poursuivit sa route un peu au hasard en direction de Weimar. Par deux fois il échappa à des coups de feu tirés dans sa direction. Il marcha longtemps, à travers champs et finalement, les poumons en feu, il trouva une baraque de jardinier. Sa chance fut d'y découvrir un bleu de travail, une veste de velours, un chapeau et des outils de culture. Il quitta ses loques de déporté qu'il enfouit dans un endroit désert. Après s'être reposé, il enfila ces vêtements et sortit une fourche sur l'épaule.

Il marchait le jour en évitant les villages et les fermes. Un jour, me raconta-t-il, il tua à coups de pierre un lapin, un autre un petit marcassin. Il volait des légumes dans les champs. Rencontrant des prisonniers de guerre il se garda bien de leur dévoiler son identité de bagnard en fuite. Ils lui donnèrent des allumettes. Il put se faire du feu en forêt et même rôtir une poule. Il croisa plusieurs fois des paysans allemands. Ceux-ci se contentèrent de le saluer.

Près de Solingen, il se trouva nez à nez avec un soldat du Volkssturm qui lui intima l'ordre de le suivre. Il essaya de parlementer avec lui du peu d'allemand qu'il connaissait, mais l'autre ne voulait rien entendre. Soudain, avec la vivacité du désespoir il abattit sa fourche sur le crâne du soldat qui pointait sur lui son revolver. Le Volkssturm s'écroula. Mussetta l'acheva avec sa fourche, lui prit son argent et ses papiers et dissimula le cadavre sous un amas de branchages.

Peu de temps après, toujours dans les environs de Solingen, un vieux paysan offre à Mussetta installé dans un cabanon d'aller lui chercher un peu de nourriture. Mussetta accepte, pensant que le vieil homme qui doit avoir des enfants sur le front russe a pitié de lui. Mais il revient accompagné d'un Schutzpolizist.

Mussetta et le Schupo (le paysan ne les avaient pas suivis) arrivèrent sur une place déserte de la ville. L'obscurité était totale. Mussetta était épuisé par sa marche, le manque de nourriture et de sommeil et le guet perpétuel. Mais à l'idée d'échouer alors qu'il était déjà dans la Ruhr, si près de la frontière française le rendit furieux. Comme le Schupo marchait derrière lui, soudain Musseta se retourna et lui lança un formidable coup de poing dans le ventre. Le policier se plia en deux. Mussetta lui lança un coup de pied en plein visage et détala. Il regagna la campagne et il trouva refuge dans une meule de foin.

Évidemment l'alerte avait été donnée. Caché dans le foin il entendit la battue générale. Il resta sans boire ni manger dans sa meule de foin jusqu'à la fin de la nuit suivante. Nous étions le 15 ou le 16 juillet. Cela faisait 16 jours qu'il marchait!

Et il marchait avec une extrême prudence. Cette fois il portait avec une désinvolture feinte un râteau sur l'épaule (il l'avait trouvé près d'une maison isolée).

L'étape la plus difficile s'annonçait : traverser le Rhin à la nage! Or, alors qu'il traversait un bois, il crut entendre parler français. S'étant rapproché avec précaution il se trouva devant un groupe de prisonniers de guerre. Comme il leur confia son projet de traverser le Rhin à la nage, ils se mirent à rire et lui dirent qu'il était plus simple de se joindre à eux et de prendre le bac comme ils le faisaient tous les jours. Puis ils l'emmenèrent dans leur kommando où il put enfin se laver et raser sa barbe qui, hirsute, attirait la méfiance. Ils lui donnèrent d'autres vêtements et lui offrirent un copieux déjeuner.

Il monta donc dans le bac. Les prisonniers de guerre lui conseillèrent de contourner Cologne.

Et marcha avec de nouveau une fourche sur l'épaule – une meilleure arme qu'un râteau. Longeant la ligne Siegfried sur une dizaine de kilomètres, il se dirigea vers Verviers. En effet, entre Liège et Verviers, pendant la Résistance, quand il luttait dans le réseau Action, il avait un relais sûr, ce que nous appelions une « boîte aux lettres ».

En deux jours il parcourt encore cent kilomètres et arrive épuisé chez le contact du réseau belge Armée Blanche. Il est caché pendant deux jours chez un curé, membre du réseau, le temps qu'on lui fabrique de faux papiers, une fiche de démobilisation et qu'on prépare une escale au maillon suivant du réseau. La nouvelle boîte aux lettres se trouvait dans la banlieue de Charleroi, il n'y resta qu'une nuit, une résistante lui fit passer la frontière en voiture à cheval et le conduisit jusqu'à Avesnes.

Pierre savait que rien n'était encore joué. Bien des évadés s'étaient fait prendre dès leur retour en France occupée. Par sécurité, c'est à pied qu'il gagna Laon (les chemins de fer étaient de toute façon inutilisables). Rentré dans un café, il lia conversation avec le patron et lui demanda comment il pouvait rejoindre Paris.

« Voulez-vous que je vous emmène dans mon camion qui stationne devant ? » entend-il du fond de la salle.

Il se retourne. C'est un officier SS qui a entendu leur conversation… Si Mussetta refuse, le SS le soupçonnera. Alors il monte dans le camion, la sueur au front, et éberlué. Son aventure touche à l'invraisemblance. Quelques heures plus tard, après avoir essuyé un bombardement allié près de Meaux (allait-il mourir de projectiles anglais aux côtés d'un SS ?), il se retrouve place de la Nation où l'officier l'a déposé.

Maurice Braun.

25

Évacuations de Neuengamme par Lübeck

L'évacuation de Neuengamme s'est faite en trois directions : l'une à l'ouest, vers Sandbostel; une autre, au sud, vers Bergen-Belsen; et le gros en direction du nord-est, seul corridor disponible dans le dispositif général des armées alliées.

Les Norvégiens et les Danois sont libérés en priorité et remis à la Croix-Rouge suédoise. On aperçoit des cars blancs, à croix rouge, venir charger à l'entrée du camp ces privilégiés du destin. Les autres, tous les autres restent au bagne.

Début avril 1945, des convois de malades partent en camion pour Bergen-Belsen. Pour le mouroir. D'autres partent à pied, en colonnes, pour des destinations inconnues. Pour la mort. Tous ceux qui ne peuvent suivre reçoivent une balle dans la nuque : les routes allemandes sont jonchées de cadavres. À Gardelegen, une colonne de 1 016 hommes est parquée dans deux immenses granges. Les SS bloquent les issues et y mettent le feu : tous périssent sauf deux.

Wattenstedt, où sont restés nombre de nos camarades, est évacué le 7 avril. Trains de bestiaux. Le convoi tourne en rond pendant sept jours; rien à manger dans les wagons découverts. Les cadavres parsèment la voie ferrée. Les survivants arrivent finalement à Ravensbrück, le grand camp des femmes, vidé de ses occupantes. Elles aussi en marches forcées. L'Armée rouge libère les survivants.

À Wilhelmshaven, autre kommando de Neuengamme employé aux chantiers navals, l'évacuation se fait à pied pendant deux semaines. Arrivée à Sandbostel, dans un autre kommando. Typhus, dysenterie, dénuement total. Un témoin écrit : «*Des cadavres partout, certain nus, d'autres à moitié recouverts de lambeaux de vêtements. Des corps gonflés, des têtes déchiquetées, des visages tuméfiés. Des silhouettes faméliques rôdaient, tels des chacals, à travers le camp à l'affût d'une proie quelconque.*

«*En faisant le tour du camp, nous surprîmes quelques détenus qui s'affairaient autour des tas de cadavres. La longue détention et la faim avaient transformé ces hommes en bêtes.*»

Alors que tout ceci s'accomplit, je suis toujours à Neuengamme, avec les malades du Revier V. Nous sommes englués par la fatalité. Le canon tonne au loin. Nous pensons être libérés sur place si tout va bien. Le bruit de la bataille se rapproche; les chasseurs-bombardiers alliés volent en rase motte, tirant sur tout ce qui bouge. Ils épargnent le camp. Les quelques sanitaires présents ainsi que les malades conscients sont pleins d'une joie contenue.

«Cette fois, ça y est! On va être libérés, me dit Jeune. Ils sont foutus...»

Les SS le savent. Le 19 ou le 20 avril, une rumeur se propage : ils brûlent la potence et les archives de la Politische Abteilung! Tous les dossiers crament! C'est l'aveu de la défaite, son signe le plus sûr. Quelqu'un descend du toit du Revier I : «Des chars! Là-bas, de l'autre côté de l'Elbe!»

D'autres grimpent; ils confirment. Malheureusement, dans ce pays de marais, l'Elbe est large, très large. Les chars doivent stopper. Ils tirent par-dessus le camp; des formations SS répliquent. Puis tout se calme.

Soudain, des SS surgissent dans le block. Deux ou trois groupes. Ils pénètrent par le fond et progressent le long de deux rangées de châlits. Ils font un dernier tri : ils ordonnent aux malades qu'ils jugent transportables de se lever et de prendre des habits dans le coin du block. Les autres doivent rester là.

J'observe la scène à distance, me demandant ce qui va se passer. Je crains le drame. Les malades désignés s'habillent. Retour des SS un quart d'heure plus tard. Ils font sortir les malades du block. Puis, toujours par groupe de deux, ils tirent à bout portant sur les grabataires... Vite fait. De la porte d'entrée, je contemple la scène un court instant et m'empresse de rejoindre les autres malades. Nous traversons la place d'appel et gagnons une cour située derrière le Revier III où se trouvent déjà d'autres malades. Il est environ 16 heures. Nous sommes le 22 ou le 23 avril 1945.

Nous sommes en sursis. Que vont-ils faire de nous ? Des camions arrivent; on y charge les malades. Thumann assiste au chargement, debout sur la plate-forme. Impeccable comme toujours. Soudain, geste incroyable, il tend sa main gantée pour hisser un malade. Deviendrait-il humain ? Il recommence mais, alors que l'homme est au bout de son bras, presque hissé, il lâche tout. Le malheureux s'écrase sur le béton de la route. Lui ricane. C'est ma dernière vision de Thumann. Les camions gagnent la gare du camp; on transfère tous les malades dans les wagons à bestiaux à raison de cinquante à soixante par wagon.

Les portes sont refermées et plombées. Tiré par une locomotive poussive, le convoi s'ébranle lentement. Le voyage dure vingt-quatre heures; il est désastreux. Les malades sont empilés, tassés les uns contre les autres; tous sont étendus à même le plancher. Certains agonisent. Rien à boire ni à manger. Enfin, le convoi s'arrête définitivement. Les SS s'agitent sur la voie. Soudain la porte à glissière s'ouvre et, dans l'encadrement, j'aperçois un grand mur noir.

Où sommes-nous ? Pourquoi ce mur ? La réponse vient très vite : nous sommes sur un quai maritime et le mur noir n'est autre que le flanc d'un cargo.

Les SS nous font descendre des wagons à coups de schlague. Les morts restent sur place. Puis nous gravissons l'échelle de coupée et accédons au pont. Une écoutille est ouverte, vers laquelle nous sommes poussés. Une étroite échelle de fer plonge à pic dans les flancs du navire.

C'est ici que commence la phase la plus abjecte de ce temps maudit. Nous sommes à Lübeck, ce 24 avril 1945...

La plupart des malades ne peuvent utiliser seuls l'échelle de fer aux étroits barreaux. Il faut donc les prendre un par un. Le personnel sanitaire s'y emploie. Descendre, remonter, redescendre ; c'est long... Les SS s'impatientent. L'un d'eux précipite un malheureux dans le trou béant; il s'écrase sept ou huit mètres plus bas, blessant des camarades.

Car les cales ne sont pas vides ! Elles regorgent, au contraire, de moribonds et d'êtres hébétés qui ont évacué Neuengamme voici une ou même deux semaines. Et nous, les derniers arrivants, nous les retrouvons là dans les flancs de ce navire. Dans quel état ! Pour toute nourriture, une soupe par jour, trois quarts de litre d'eau tiède où baignent des choses innommables. En quelques jours, ils sont devenus des sous-hommes ! Ils ont marché en longues colonnes, jusqu'à épuisement. Les traînards ont été abattus d'une balle dans la tête. Deux jours et demi de marche pour couvrir les quatre-vingt-dix kilomètres. Jusqu'à ce rafiot ventru où ils se trouvent entassés, sans air, sans lumière, sans eau autre que cette unique « soupe » quotidienne. Pas de lavabos, pas de tinette, rien… Le dénuement total. L'enfer ne peut être pire : le manque de place est tel qu'ils s'empilent les uns sur les autres et s'entremêlent ; à bout de forces, ils ne bougent guère. D'ailleurs pour aller où ? Les SS gardent le pont et en interdisent l'accès ; très peu auraient la force de grimper le long des barreaux de fer ; une faible lueur provient de l'écoutille… quand elle est ouverte ! La deuxième cale, elle, située à quinze mètres au-dessous du pont et bien au-dessous du niveau de flottaison est, en permanence, plongée dans les ténèbres.

Dans cet entassement atroce, les morts servent de tapis… L'épaisseur varie. Mais tous les vivants sont étendus sur les morts dans une fraternité silencieuse. En attendant de former eux-mêmes la deuxième ou troisième couche de tapis humain. La dysenterie règne et se propage. Tout le monde baigne dans un jus brunâtre et nauséabond qui favorise la décomposition des cadavres. L'odeur ambiante est pestilentielle. Quant aux poux, c'est, pour eux, la grande fiesta. Ils montent des morts pour se repaître des vivants. Leurs légions sont telles que beaucoup renoncent à s'épouiller. Alors le typhus répand ses ravages…

Voilà ce que nous découvrons au fond des cales de l'*Helmenhorst* qui va devenir notre propre univers…

Il y a là deux cargos de dix mille tonnes. À quai, le long de la Trave qui baigne Lübeck avant de se jeter dans la Baltique. L'autre bâtiment porte le nom de *Thielbeck*.

Résignés, nous attendons notre destin. Nous ne savons pas ce qu'il sera. La faiblesse trouble nos esprits ; on ne communique guère. Je tente de me soustraire à ce monde d'horreur en gagnant le pont. Plusieurs fois, je suis refoulé par le SS de garde. Je dis que j'ai besoin d'air un court instant, que ça pue comme la peste, là-dedans – je suis renvoyé en cale sans ménagement...

Cependant, une de mes tentatives est couronnée de succès! Aussitôt, je me blottis dans un recoin du pont et prends soin de me dissimuler à la vue de quiconque viendrait à passer par là. Tout le jour se passe ainsi. Je n'ai pas eu ma soupe mais le grand air et la tranquillité valent bien ce sacrifice. Détail très important : juste à notre départ de Neuengamme, les SS nous ont remis un colis de la Croix-Rouge. Le premier et le dernier! Événement inouï; il contient des pâtes de fruit, des boîtes de pâté, du sucre, du chocolat, du café en poudre, des cigarettes... C'est grâce à lui qu'on va pouvoir survivre aux conditions que j'ai dites. Mais il est très vite épuisé.

Les Russes n'en ont pas eu (l'Union soviétique n'adhère pas, alors, à la Croix-Rouge internationale!). Alors, dans les cales de ces sinistres cargos, des bagarres éclatent au cours desquelles des Français, des Belges, des Hollandais, etc. sont tués pour quelque nourriture...

Le lendemain, je réédite mon coup. Me revoilà sur le pont, tapi dans mon recoin. J'observe alors le curieux manège d'un troisième bateau dont la coque s'orne du nom *Athen*. C'est aussi un cargo. Il se range le long du *Thielbeck* et engrange plusieurs centaines d'hommes extraits de ce dernier. Puis il s'éloigne et gagne la haute mer. Il revient le lendemain et les jours suivants, effectuant le même manège.

Un de mes camarades français, infirmier comme moi, a, lui aussi, réussi à s'extraire de l'enfer. Nous devisons à voix basse, cachés derrière des appareils de pont. On s'interroge sur le manège de l'*Athen*. Que fait-il de ses prisonniers? Les transfère-t-il, mais où? Les jette-t-il à la mer? Perplexes, nous nous attendons à tout. C'est alors que passe près de nous, sans nous avoir remarqués, un marin du bâtiment. Nous le hélons et lui posons la question qui nous préoccupe. Il a l'air surpris de nous voir là mais nous répond :

« L'*Athen* va au large, en Baltique, et déverse ses prisonniers sur un gros bâtiment qui s'appelle le *Cap-Arcona*. C'est un paquebot de 27500 tonnes. Vous serez tous transférés sur ce bâtiment. Après quoi, il sera torpillé par un sous-marin et vous serez tous noyés. »

Il a dit ça tranquillement, sans émoi inutile. Nous l'enregistrons de même. Nous lui demandons cependant s'il est sûr de son information. Il nous répond qu'il l'a entendue lui-même en servant le thé au commandant du navire sur lequel nous sommes et à deux ou trois officiers SS, dont le commandant du camp de Neuengamme. Nous le remercions. Il s'éloigne sans nous chercher de noises.

Maillard – c'est le nom de mon camarade – est journaliste à *L'Écho du Nord*, un grand quotidien régional. Il ne manque pas d'imagination; nous mettons en commun nos cogitations pour tenter de faire face à la nouvelle situation qui nous attend. Nous concluons à la nécessité qu'il faudra rester près du pont supérieur et décrocher une porte de cabine pour mieux flotter.

Le lendemain me réserve un déchirement. L'*Athen* arrive de la haute mer et se range bord à bord le long de notre bâtiment. Il vient pomper une nouvelle cargaison humaine.

La ponction se fait sur la cale avant. Cette fois je suis requis pour aider au transfèrement de mes malheureux camarades. Tout à coup, entre deux allées et venues, je tombe sur Thomen[1]!

Il a été hissé sur le pont et, s'appuyant sur ses cannes, essaye d'éviter les coups de schlague des SS qui pressent le mouvement. Aussitôt, je le prends en charge. Je voudrais le cacher, le redescendre en cale, bref, le soustraire à un destin sans espoir. Rien à faire, les SS veillent; il faut avancer et passer sur l'*Athen*. Le bord à bord est périlleux; je l'installe sur mon dos. Nous voilà sur l'*Athen*; il faut descendre en cale, impossible d'obtenir qu'il reste sur le pont. Je l'« encage » entre mes bras et le descend à la verticale. Nous stoppons à la première cale, encore vide d'occupants. Un kapo nous enjoint de descendre dans la deuxième cale, celle du fond. Je gueule comme un putois et prétends que j'ai l'accord de l'Oberscharführer SS pour l'installer ici. Thomen appuie mes dires dans son excellent allemand. L'autre cède. J'installe Thomen dans un recoin, proche de l'échelle qui grimpe au pont… C'est la moins mauvaise place. Mais comment pourra-t-il franchir les barreaux verticaux dans la bousculade qui sévira? Pas la moindre chance… il n'aura pas la moindre chance… Je

1. Louis Thomen est ce camarade suisse qui me sauva la vie en « planquant » plusieurs fois mon dossier à Neuengamme.

ne peux rien de plus pour lui, qui m'a sauvé la vie. Nous nous étreignons.

«Bonne chance, Louis!

– Bonne chance, Roger… et merci!»

Je remonte vers le pont, le cœur serré.

Nous sommes le 28 ou le 29 avril. Les événements sont en marche. Le 30 avril est le jour où tout se décide. Du moins pour quelques-uns, dont je suis. C'est aussi le jour où Hitler se suicide, assiégé dans son bunker de la Chancellerie, à Berlin.

Ce jour-là, en fin de matinée, un rayé polonais se trouve sur le pont de l'*Helmenhorst*. Comme Maillard, comme moi, il a pu s'extraire des cales empuanties. Du haut du bastingage il aperçoit, tout en bas sur le quai, une voiture à l'arrêt qui porte les insignes de la Croix-Rouge. Quelqu'un est à son bord, au volant. Immédiatement, le rayé mesure tout le parti qu'il peut tirer de cette présence. Il possède un bout de crayon (de quoi le faire pendre), il trouve un morceau de papier. Il griffonne : «*Ici, c'est un enfer. Les cales sont pleines de cadavres; typhus, dysenterie, tuberculose sévissent. Rien à manger. Nous allons tous mourir rapidement si vous ne venez pas à notre secours. À l'aide. Vite!*»

Une boîte d'allumettes traîne sur le pont. Il glisse son message dans la boîte; jette un coup d'œil rapide autour de lui pour s'assurer de ne pas être vu et, penché sur le bastingage, lance son message vers l'homme d'en bas. Celui-ci voit le spectre rayé lui lancer un objet. Le message tourbillonne dans le vent et vient choir devant la voiture. Le conducteur en sort, ramasse la boîte, l'ouvre, lit le court message. Puis il remonte en voiture et s'en va. Il gagne immédiatement le QG de Bernadotte, quelque part dans Lübeck en pleine effervescence. C'est un officier de la Croix-Rouge suédoise; il s'introduit dans le bureau du président et lui tend le message. Puis il décrit l'endroit où se trouvent les bateaux.

Bernadotte saisit son téléphone et appelle directement Himmler, alors à Lübeck. Il veut le voir de toute urgence. Himmler lui répond de venir dans l'heure. Ce que fait Bernadotte. Le dialogue suivant, tel que rapporté par Bernadotte, s'engage dans le bureau de Himmler :

«Je viens d'apprendre l'existence, à bord de deux cargos allemands, de détenus de camp de concentration. Les conditions de détention, dans les cales, sont effroyables. Beaucoup sont morts. Les autres vont aussi mourir. Très vite. On ne peut laisser les choses en l'état. Je vous demande de me remettre tous les survivants que je me propose d'emmener en Suède, sous la protection de la Croix-Rouge.

– Pas question ! Ce sont des ennemis du Reich, ils ont combattu le Reich. Ils périront.

– Cette position n'est pas humaine. Or je suis à la tête d'une organisation humanitaire.

– C'est votre affaire. Ma décision est prise : je ne vous remettrai pas des criminels.

– Dans ce cas, vous m'obligeriez à prendre moi-même une position contraire à la raison d'être de la Croix-Rouge et, de surcroît, à l'intérêt du peuple allemand.

– Que voulez-vous dire ?

– Ceci : ce matin même, deux navires suédois ont accosté à Lübeck. Ils ont pour nom *Magdalena* et *Lilly-Mathiesen* et sont chargés de produits pharmaceutiques pour la Wehrmacht et la population allemande. Si vous refusez la libération des concentrationnaires, leurs cargaisons ne seront pas déchargées. Et ils repartiront pour la Suède.

– Cela m'importe peu. Faites ce que vous voudrez mais je ne vous livrerai pas les détenus du camp de Neuengamme. »

Bernadotte retient son souffle ; marque un long silence. Il va jouer son joker : quitte ou double.

– Parfait, mais sachez alors une chose. À compter de cet instant, je cesse de jouer les bons offices avec l'Ouest ! Plus question d'être votre porte-parole auprès de Churchill et des Américains ; vous agirez seul. L'Allemagne a perdu la guerre ; vous subirez la capitulation sans conditions[1]. »

Himmler accuse le coup. Réfléchit quelques instants et lâche :

« C'est entendu. Je vous livrerai des prisonniers. Mais seulement les Français, les Belges et les Hollandais. À l'exclusion de tous autres. Ma décision est irrévocable ! »

1. Depuis six mois, Himmler avait admis l'idée que l'Allemagne allait perdre la guerre. Dès lors, à l'insu de Hitler, il avait engagé des négociations avec Churchill et Roosevelt (qui devait mourir en avril 1945) en vue de conclure une paix séparée à l'Ouest. Ensuite de quoi, l'Angleterre, les USA, la France et l'Allemagne se retourneraient contre l'URSS pour faire échec au communisme. Ces négociations se faisaient par le canal du comte Bernadotte.

En rapportant ultérieurement cet entretien, Bernadotte avait ajouté : «À cet instant j'ai compris que j'avais atteint une limite extrême. À vouloir plus, je n'obtiendrais rien. Alors, j'ai pris!»

Dès lors, les événements se précipitent. Dans l'après-midi, des femmes secrétaires SS montent à bord de l'*Helmenhorst*, munies de machines à écrire. On les installe sur le pont. Ordre est donné à tous les Français, Belges et Hollandais de sortir des cales et de gagner le pont.

Pour quoi faire? Pourquoi ce choix? Qu'y a-t-il derrière cet ordre? Une libération ou une exécution collective? Chacun s'interroge. Une majorité grimpe – ou plus exactement se fait hisser – sur le pont. Là, les groupes se forment, par nationalité. Nous défilons, un par un, devant les «souris grises» qui tapent des listes comportant : nom, prénom; date de naissance; lieu de naissance; numéro matricule; nationalité.

Qu'on s'intéresse à nos noms nous paraît impensable! Depuis un an nous n'avons été que des numéros matricules. Cela nous frappe, oui, c'est décidément bon signe! Avant de regagner les cales, un officier SS nous lance : «Demain matin, tout le monde sur le pont à 8 heures. Lavé, propre! Vous quitterez le navire à 8 h 30. *Weg!*»

Nous regagnons les cales l'esprit en feu, dévorés par le fol espoir d'une libération imminente... Serait-il possible que ce calvaire finisse ainsi? Nous sommes 220 à être sortis des flancs du monstre. Ces 220-là sont sauvés : 180 Français; 20 Belges; 20 Hollandais. Les autres, tous les autres, en instance de départ ou déjà partis, périront. À l'exception de 311. Sur 8 000!

Roger Joly.

26

Tragédie de la Baltique, 3 mai 1945. *Cap-Arcona*. Récit d'un des onze Français survivants [1]

Les Alliés avançaient sur plusieurs fronts, les Anglais dans notre secteur, et le camp mère de Neuengamme était évacué. Un matin, on nous fit monter dans les wagons, et direction l'Est. Le train s'arrêta à Lübeck. Là on nous fit monter sur un cargo qui était à quai : l'*Athen*. Nous fûmes entassés dans les cales (...)

L'*Athen* remonta le canal de l'Elbe et s'engagea en Baltique par la baie de Neustadt. La misère la plus grande qu'un homme puisse concevoir s'étala devant nos yeux : les déportés mouraient par dizaines chaque jour, leurs corps étaient hissés à l'aide de cordes sur le pont. (...)

Dans la cale nous n'avions pas la place de nous allonger pour dormir, pas de toilettes, ni même de tinettes, les besoins se faisaient à même le sol, et nous rapportions la fiente à la semelle de nos galoches, ainsi tout le sol de la cale était couvert de déjections, et nous dormions dessus. Aucune nourriture, pas d'eau. Les hommes devenaient fous !

(...) Quelques jours après, en pleine mer nous accostâmes un grand navire : le *Cap-Arcona*, et nous fûmes transbordés sur ce bateau. C'était un luxueux navire de plus de deux cents mètres qui faisait le service de l'Amérique du Sud avant 1940. Beaucoup d'entre nous furent enfermés dans les soutes à bagages. Je décidai de sortir de ce nid à rats et j'attendis une occasion qui ne tarda pas à se présenter sous forme d'une corvée.

1. Extraits de l'allocution prononcée par Roland Beaulès lors de sa réception dans l'Ordre de la Légion d'honneur.

Roland Beaulès et Pierre, un ami, errent à bord puis se perdent et se séparent. Roland Beaulès se retrouve dans une cabine d'officier électricien puis, le 3 mai 1945, vers midi…

(…) le navire fut ébranlé par une terrible secousse. Je fus précipité au fond de la cabine. Un camarade regarda par le hublot, et nous dit qu'un important incendie s'était déclaré à bord. Nous venions d'être bombardés par l'aviation anglaise. Mes camarades de cabine décidèrent de fuir et sautèrent à la mer. Que sont-ils devenus ? Je ne les ai jamais revus.

Quant à moi, j'attendais, puis je pris la décision de monter sur le pont. Dans les coursives, une grande panique régnait, les hommes couraient dans tous les sens, nombreux étaient blessés, brûlés. La fumée envahissait les couloirs, nous asphyxiait. Je gagnai enfin le pont supérieur (…).

Du pont, les détenus regardent deux autres bateaux remplis de déportés : le *Thielbek* et le *Deutschland* qui brûlent. […]

*

* *

Carnet de bord du Squadron leader Derek Leyland Stevenson de la RAF qui coula le Deutschland :

Les hommes se jetaient à la mer, lançaient par-dessus bord tout ce qui pouvait servir de bouée (…) Les objets en tombant blessaient ou tuaient les hommes qui se trouvaient à l'eau. Nous assistions à un véritable spectacle dantesque ; devant nous se jouait la tragédie qui fut appelée par la suite la tragédie de la Baltique.

Le *Deutschland* et le *Thielbek* coulèrent, leurs chaudières explosèrent et plus de cinq mille hommes périrent en quelques minutes sous nos yeux.

*

* *

Roland Beaulès poursuit : Les hommes du *Cap-Arcona* continuaient de sauter à la mer, ils étaient des milliers à essayer de regagner la rive, lorsqu'une vedette allemande arriva, et fonça sur les nageurs, les étripant, les massacrant ! Un avion anglais, venant de l'horizon, repéra la vedette qui tira sur lui. Il fit un écart, revint et lança une bombe en plein milieu de la vedette qui coula en quelques instants (...)

Les SS avaient quitté le navire peu après le bombardement (...) ils avaient liquidé les malades se trouvant au Revier. Il ne restait sur le navire que de pauvres bougres de soldats qui cherchaient à faire ami-ami, nous distribuaient leurs cigarettes, et les officiers marins de ce bateau.

Roland Beaulès et ses camarades forment un groupe de cinq ou six et construisent un radeau, puis...

Vers 19 heures, les membrures du navire tressaillirent, il bougea, nous sentîmes que le dernier acte allait se jouer. En quelques heures le feu avait fait son œuvre, vidé le bateau de ses entrailles. Il ne gardait plus son équilibre ; il tangua.

Sentant le danger, les hommes : déportés, soldats, officiers et marins réagirent. Nous basculâmes tout ce qui pouvait faire des radeaux, des aussières furent passées par-dessus bord, elles nous aideraient peut-être à nous glisser le long de la coque, car le pont supérieur cela représente un troisième étage, et un sacré plongeon (...)

Tout se précipita, nous avons senti le bateau glisser sous nos pieds, la fumée redoublait d'intensité, on se voyait à peine, puis nous avons senti qu'il fallait sauter, le bateau allait s'engloutir d'un moment à l'autre.

Je dus m'y reprendre à deux fois, je n'avais plus assez de force pour me hisser par-dessus le bastingage. Y étant parvenu (...) je lâchai prise et je plongeai les pieds en avant, le bateau se retourna à ce moment-là, ma hanche se frotta sur la coque. Il faisait froid, la grêle tombait.

Revenu à la surface, Roland Beaulès regarde autour de lui. Il ne voit rien. Rien sur l'eau, pas un homme ni un morceau de bois, alors qu'ils ont lancé à la mer des radeaux, des armoires, etc.

Surpris je me mis à nager. Soudain je me sentis happé vers le fond, quelqu'un s'accrochait à moi ; il était sous l'eau, je ne le vis pas. (...) Puis plus rien, j'étais léger, on m'avait lâché.

Il s'arrête pour reprendre son souffle et observe les alentours. Surprise, il aperçoit l'un de ses amis, Pierre, sain et sauf, à quelques dizaines de mètres. Il n'y a qu'eux sur les eaux. Que sont devenus les autres ?

La réponse, nous allons l'avoir – au bout de combien de temps ? je ne saurais le dire – mais soudain la mer se couvrit d'épaves de toutes sortes.

En fait, le bateau s'était renversé sur le flanc. En coulant il avait provoqué un formidable remous engloutissant hommes et matériaux. Puis le calme revint, les épaves refirent surface et se dispersèrent. Hélas, leurs occupants étaient restés au fond.
Ils découvrent une barque retournée chevauchée par une dizaine de déportés russes.

Nous allâmes vers elle et montions dessus, bien heureux de pouvoir nous reposer.
Le bateau s'est stabilisé sur le fond qui, à cet endroit, est de 10/12 mètres. Étant donné sa largeur de 15 mètres, une partie restait émergée, et nous pûmes regagner le navire. Nous avons attendu sur la coque les secours qui arrivèrent vers 23 heures. Nous étions sauvés et libres, car les Anglais étaient à quai.

Bilan de cette tragédie : 13 à 15 000 morts. Sur 6 500 déportés sur le *Cap-Arcona*, on dénombra 350 rescapés dont onze Français.

Roland Beaulès.

27

Le block des handicapés de Buchenwald, quelques jours avant la libération

... Il y a quelques jours, les Juifs ont été rassemblés dans chaque block et, à l'exception de quelques-uns qui ont pu se cacher ou qui ont été pris en charge par d'autres internés, ils ont été emmenés vers leur misérable destin. À peine étaient-ils sortis des blocks qu'ils ont été sauvagement frappés par les SS qui, en outre, lancèrent leurs chiens sur eux. Certains qui se cachaient ont été abattus froidement à coups de revolver.

Pécriaux nous a dit hier que le commandant SS ayant rassemblé les chefs de block, Lagerschutz et autres fonctionnaires, leur a annoncé que, quelle que soit l'issue des combats, il n'avait pas l'intention de faire évacuer le camp mais qu'il le remettrait intact aux mains des Alliés. Cette affirmation, sujette à caution, nous a quelque peu rassurés, car si l'évacuation était nécessaire, nous savons que la plupart d'entre nous seront massacrés sur la route.

Chaque jour de nombreux SS quittent le camp pour rejoindre la ligne de feu et prendre part aux combats. Une activité fébrile règne dans l'appareil administratif et nous sentons que les jours qui vont suivre auront une portée capitale pour nous.

Dans la matinée du 6 avril, l'ordre criminel tant redouté se propage rapidement d'un bloc à l'autre : « Le camp va être évacué en totalité... »

Un désespoir intense envahit bientôt la majeure partie des internés car l'évacuation signifie la mort certaine pour la plupart. Pourtant les alliés combattent à une trentaine de kilomètres de Buchenwald et nous étions en droit d'espérer en la libération prochaine.

Puis, fondés ou non, d'autres bruits circulent bientôt :

« Les Reviers et les blocs d'invalides ne seront pas évacués. Le commandant SS les abandonnera en bon état sous la responsabilité des médecins... »

Ces bonnes nouvelles sont évidemment bien accueillies par ceux qu'elles concernent, mais nous avons peine à y croire. Les SS n'ont jamais eu aucun égard pour nous et nous comprenons mal qu'après nous avoir considérés comme des parasites, ils nous témoignent tant d'attentions. Cela ne nous dit rien qui vaille, et si effectivement nous n'évacuons pas, il est à craindre que des mesures spéciales, autres que celles envisagées, soient prises contre nous.

Les divers kommandos ont cessé tout travail et une activité intense, inaccoutumée, règne dans le camp.

L'évacuation va commencer.

Le commandant SS a ordonné le rassemblement de tous les hommes pour midi, ce 8 avril. Hier soir, dans certains blocks, un tri avait été fait et les noms des hommes invalides ont été relevés.

À midi, les quelque 50 000 hommes de Buchenwald refusent d'obéir et le commandant SS est contraint de reporter le rassemblement à 14 heures.

Des SS armés de mitrailleuses encadrent la place d'appel alors que d'autres surgissent dans les blocks, revolver ou mitraillette au poing pour en chasser les habitants. Les coups de feu claquent de tous les côtés en l'air, par intimidation et sur les hommes qui se cachent ou se sauvent. Les morts sont déjà nombreux.

Malgré cette résistance courageuse, des convois sont formés et des centaines, des milliers d'hommes partent déjà.

Le lendemain, puis le surlendemain, le désordre est si grand que les SS ne peuvent effectuer aucun recensement. Ils se bornent à constituer des colonnes qui sont immédiatement prises en charge et étroitement gardées.

Malgré les risques que nous courons d'être cernés et joints à une colonne de départ, mes voisins de travée et moi, nous nous glissons dans le grand camp. Nous franchissons les portes sans difficulté, car aucun gardien n'est plus en fonction. Les services de salubrité sont désorganisés et déjà les immondices recouvrent le sol, répandant une odeur nauséabonde.

De nombreux blocks sont à moitié vides de leurs occupants et, dans les rues, des groupes se forment, commentant la situation. Nombreux sont ceux qui, afin d'éviter l'évacuation, se sont réfugiés dans les blocks du petit camp ou cachés dans quelque coin.

Malgré le désordre qui s'accentue, les sanitaires continuent à assurer leur service et, ce matin du 10 avril, les infirmiers et les médecins viennent effectuer le contrôle des poux. Quelle stupidité ! Le camp est presque encerclé, des milliers de camarades sont partis. La bataille est aux portes du camp, notre sort est incertain, mais on se préoccupe encore de savoir si nous avons des poux...

Mais peu après le début de cette comédie, un ordre impératif est hurlé :

« Le contrôle des poux est terminé. Habillez-vous et préparez-vous. Nous évacuons le camp. Prenez chacun une couverture et le minimum de choses à emporter. » D'après les précisions qui nous ont été données, nous n'avons que quelques kilomètres à parcourir à pied. Ensuite, nous serons évacués en chemin de fer...

La consternation règne alors dans le block. Personnellement, je n'ai plus guère espoir de sortir vivant de cet enfer.

Sans hâte, nous rassemblons les quelques choses que nous voulons emporter, puis nous sortons du block. Nous cherchons une bonne nouvelle, une raison d'espérer, une précision autre que ce que nous redoutons.

Les heures s'écoulent sans qu'aucun fait nouveau se produise lorsqu'en fin d'après-midi le chef de block ordonne notre rassemblement dans le petit enclos, en bout de block.

Sous la surveillance et la responsabilité du chef, le médecin doit désigner rapidement ceux qui, suffisamment valides, sont susceptibles d'évacuer le camp à pied.

Mais toute liberté est laissée à ceux qui manifestent le désir de partir plutôt que de rester. Le chef de block est nerveux et le médecin ne l'est pas moins. Des hommes qui sont pourtant reconnus inaptes à la marche sont néanmoins refoulés par le chef de block.

J'entre dans la catégorie des inaptes et me retrouve bientôt assis sur un banc parmi une centaine d'autres bancals et malades.

Papa Tournant et Salomon ont été refoulés et aussitôt ils ont été happés et joints à une colonne en formation et dirigés sur la place d'appel. Les reverrons-nous jamais ?

Pendant que nous sommes assis et que nous discutons de la situation, évaluant la proximité des combats et le déplacement de la bataille, trois avions américains surgissent soudain et survolent le camp à une cinquantaine de mètres d'altitude. Ce sont de petits avions de reconnaissance, hauts sur roues et larges d'ailes. Ils volent à une vitesse relativement faible et leurs occupants ont toute facilité pour observer ce qui se passe au sol. Il n'en faut pas davantage pour que l'espoir renaisse au cœur de chacun.

Lorsque nous pénétrons dans le block, nous éprouvons une pénible impression. Ce vide inaccoutumé, consécutif au départ de nombreux camarades, produit sur nous une sorte de contrainte. Les conversations sont rares et se font à voix basse.

Mais quelle n'est pas notre surprise lorsque nous voyons Tournant et Salomon revenir soudain parmi nous.

« Comment se fait-il ?

– (…) Lorsque nous sommes arrivés à la hauteur du petit Revier, en remontant vers la place d'appel, les SS nous attendaient. Ah ! si vous aviez vu cela… »

À moins de cent mètres d'ici, les SS ont commencé à massacrer tous ceux qui boitaient trop et les malheureux s'écroulaient en hurlant d'épouvantables cris d'horreur et de souffrance. Aboyant furieusement, les chiens sautaient sur les malheureux et les égorgeaient, excités par la voix de leurs maîtres. D'autres tombaient sous les balles ou les coups de bâton.

Les SS s'amusaient à les achever. D'innombrables cadavres jalonnaient déjà les rues du camp. Nous avons bien vite compris le sort qui nous était réservé et, tournant au coin d'un block, nous nous sommes faufilés et avons pu nous cacher. Quoi qu'il arrive, nous resterons ici. (…)

Le 11 avril 1945, il semble que les combats se soient apaisés. Qu'est-ce à dire ?

Le camp est calme, semble désert. Nous n'avons pas touché nos rations et la faim va se faire sentir. Depuis hier soir, nous n'avons plus le droit de sortir de nos blocks et il serait de la plus grande imprudence de mettre le nez dehors. Tous les SS sont sur le pied de guerre et certains circulent dans les rues du camp. (…)

En fin de matinée, des coups de feu claquent soudain à quelques kilomètres de nous et le tir des armes automatiques et la canonnade s'intensifient subitement.

On pourrait supposer que durant la nuit les Allemands se sont repliés sans combattre vers notre camp, autour duquel des ouvrages légers de défense ont été hâtivement construits en vue de la défense de la colline, et que les quelques Alliés les ont suivis jusque-là, ne rencontrant de résistance qu'à deux pas de nous.

Je me décide enfin à quitter ma niche et me dirige vers l'extrémité ouest du block dans l'espoir d'y glaner une information.

Quelques interstices dans les parois de bois permettent de jeter un coup d'œil à l'extérieur, mais la vue est bouchée par les autres baraques.

Ah! une porte du petit Revier s'entrouvre légèrement à quelques mètres de notre block. Aussitôt, un Russe qui guettait à une fente ouvre également la porte à côté de laquelle nous nous trouvons, et interpelle un infirmier qui montre son nez.

Je ne comprends rien à ce jargon, mais la traduction nous est rapidement donnée et une explosion de joie intérieure nous inonde le cœur : « C'est une pointe avancée de chars alliés qui a pénétré profondément dans les lignes allemandes. Si les Allemands, qui ne semblent pas disposer de puissants moyens de défense dans ce secteur, ne parviennent pas à repousser les assaillants, la journée du 11 avril nous apportera certainement la délivrance, à moins que… »

Les quelques heures qui suivent n'apportent aucun changement notable dans la situation, mais, toutefois, les combats se rapprochent encore.

Le chef de block a demandé à ce que le calme et la plus grande discipline règnent dans le block. Nous ignorons quel sort les SS nous réserveront au dernier moment et, ni par le bruit ni par les sorties injustifiées, nous ne devons donner à nos gardiens la moindre occasion de leur rappeler que nous sommes là et d'intervenir.

Marcel Petit[1].

1. Déporté malgré qu'il fût unijambiste.

28

Une évasion de dernière heure

12 avril 1945, 18 heures (environ)

Depuis ce matin nous marchons par colonnes de 250. Nous sommes environ quinze cents dont les sept cents Juifs hongrois. De Colditz nous avons gagné la route de Dresde et, dit-on, nous allons obliquer vers le sud, direction Tchécoslovaquie.

Avant le départ nous recevons un litre de soupe, la meilleure de toute notre captivité (il y entrait toutes les réserves du camp!) et un pain entier par personne : c'est Byzance! On nous conseille néanmoins de l'économiser : c'est tout ce que nous aurons jusqu'à Prague...

Prudemment, je mange tout au cours de la journée : je sais qu'il est imprudent de s'endormir avec de la nourriture en réserve : on risque d'y laisser sa peau et, en tout état de cause, avec ma jambe blessée je ne pourrai jamais aller jusqu'à Prague. Alors autant prendre des forces tout de suite. Deux fois déjà, nous avons pu nous rendre compte du sort qui attendait les traînards : une ou deux balles dans la tête et on bascule le corps dans le caniveau...

Même jour, 17 ou 18 heures : nous sommes parqués à la sortie est d'un bourg dont nous avons pu voir le nom, Hartha, dans une prairie en cuvette traversée par un ruisseau. Toute la journée nous avons entendu le canon. Nos anges gardiens sont nerveux. Ils nous encerclent, évidemment, mais, non moins évidemment, ils apprécient l'aide des ronces électrifiées. Le ronronnement d'un «Piper» vient mettre le comble à leurs transes.

Un homme de génie – qui? on ne le saura jamais – lance parmi les SS eux-mêmes ce bruit qui révèle un don très réel pour les œuvres d'imagination : «Les Américains sont à l'entrée ouest de Hartha!»

Pierre Cullioli s'approche de moi.

«C'est le moment, ils regardent tous en l'air, rassemble tes quatre hommes.» (Nous avions effectivement prévu des évasions par groupes de cinq préconstitués, et Cullioli, qui était l'initiateur de cette idée, m'avait confié la responsabilité d'un groupe.)

J'en trouve deux et je complète au hasard des sympathies et des disponibilités. D'ailleurs les autres tombent dans le panneau tendu à nos gardiens et se précipitent vers l'ouest en nous disant : «Ce n'est pas la peine de ficher le camp, les Américains sont là!»

Nous ne perdons pas de temps à discuter : nous sommes deux groupes de cinq, être plus nombreux serait dangereux. C'est une vraie bénédiction : la masse des prisonniers s'est portée vers l'ouest du bivouac «pour voir arriver les Américains» et les sentinelles ont bien sûr resserré leurs rangs de ce côté, laissant, du même coup, du nôtre, de larges endroits hors de leur vue. Nous profitons d'un de ces vides pour nous glisser hors de l'espace encerclé et gagner un bosquet tout proche. Nous n'avons pas fait cent mètres que la «reprise en main» nous paraît s'exercer et que nous entendons pleuvoir des «*zum Appel antreten*» que nous considérons comme ne devant plus nous concerner : d'ici qu'ils aient fini leur appel, nous espérons bien être hors de portée. Nous marchons en file indienne, à flanc de coteau, dissimulés à la vue par le bosquet que nous suivons. Je marche derrière Pierre et nous échangeons nos points de vue sur le plan à adopter pour rejoindre dans les meilleurs délais et les meilleures conditions de sécurité les troupes alliées, quand, tout à coup, nous nous trouvons face à face avec trois Allemands, portant un uniforme aux marques «SS» qui leur allait comme, si j'ose dire, des boucles d'oreilles à un lapin. C'étaient sans doute trois «vieux», mobilisés de la dernière heure, qu'on avait revêtus de cette défroque pour en faire des gardiens de camp bien malgré eux.

La surprise une fois passée, la conversation s'est engagée, non sans une certaine méfiance de part et d'autre :

Eux : «Où allez-vous comme ça?»

Nous : «Ben… mais… et vous?»

Eux : « Nous cherchons un coin tranquille… pour nous changer. »

Nous : « Alors dans ce cas, on ne s'est pas vu, ni les uns ni les autres. »

Eux : « D'accord, on ne s'est pas vu. »

Nous : « Eh ! si vous vous mettez en civil, vous n'avez plus besoin de vos armes… »

Eux : « Ah non, pas question ! »

Nous n'insistons pas. En réalité, nous sommes un peu suffoqués, mais nous n'en laissons rien paraître. Nous nous souhaitons mutuellement bonne chance dans nos entreprises respectives et nous séparons… sans aucun regret. Nous tenons alors un « conseil de guerre » d'où il ressort que si d'une part, il n'est guère sain de moisir dans le coin, d'autre part, il serait bon de savoir ce qui se passe de l'autre côté de la vallée avant de s'y aventurer.

Pierre et moi décidons que le plus simple est d'y aller voir et je me charge de la commission. Évidemment, pour une opération de reconnaissance, la tenue rayée n'est peut-être pas des plus recommandée mais je n'ai pas le choix, et d'ailleurs dans le soir qui commence sérieusement à tomber, les raies plutôt crasseuses de mon pantalon seront difficiles à distinguer (pour le haut, j'ai un pull-over). Pour être plus leste je laisse ce qui me sert de chaussures au gros de la troupe et je gagne la lisière du bois : trois cents mètres à faire en terrain découvert, par un crépuscule qui me semble tout à coup beaucoup plus clair que tout à l'heure.

Il doit y avoir du nouveau au bivouac qui se trouve à quelque trois ou quatre cents mètres, car, alors que je suis à peu près au milieu du découvert, j'entends des coups de feu et des balles sifflent au-dessus de ma tête. Après un moment d'hésitation, je décide que le mieux est sans doute de continuer, les mains dans les poches, comme si je n'étais pas concerné. La pratique confirme la théorie et je rejoins l'autre rive sans encombre.

Enfin, nouveau bosquet. Je pousse une reconnaissance jusqu'en haut de la colline où je trouve un abri en nid de pigeon, vraisemblablement préparé pour y installer une mitrailleuse ou un antichar : de là on domine toute la plaine environnante. Pas un chat, sauf au loin la colonne que nous avons abandonnée et qui reprend la route sans nous attendre. En me retournant, je me trouve face à face avec un jouvenceau de seize ou dix-sept ans, accompagné d'une gretchen très affairée à rajuster sa tenue. L'Amour n'a ni temps ni lieu ! J'ai le sentiment gênant d'être indiscret, mais, sans me laisser arrêter par cette considération, je me rappelle que je suis désormais un officier allié en mission de reconnaissance, et fort de l'uniforme que je pourrais porter, j'interpelle mes tourtereaux avec autorité : « Vous n'avez rien à faire ici, rentrez chez vous immédiatement. Je vous préviens que tout Allemand en état de porter les armes sera fusillé s'il se trouve dehors après la tombée du jour. » Mon bluff semble réussir et ils s'en vont poursuivre leurs ébats sous un toit, du moins je le suppose.

Je retourne chercher mes camarades qui, accompagnés de mes chaussures, avaient, sans m'attendre, passé le découvert et rejoint le bosquet. La nuit est complètement tombée quand nous atteignons un boqueteau en ravin que j'avais repéré précédemment.

(...)

(Le même jour, 10 heures ? 11 heures ? minuit ?)

Nous n'avons pas de montre; mais nous estimons que nous sommes depuis près de deux heures dans ce boqueteau. Nous avons tenté de reprendre quelques forces en dormant à tour de rôle. Il est temps maintenant de se remettre en marche si nous voulons faire un chemin utile pendant le reste de la nuit. Pierre considère qu'il est plus prudent de séparer la troupe en deux groupes et me confie la responsabilité de l'un d'eux. Après une discussion sur la répartition des hommes qui me rappelle la formation des équipes de football dans la cour du lycée Henri-IV, Pierre prend le départ le premier, avec son équipe et nous le suivons à dix minutes, direction sud-ouest.

Nous avons la chance de pouvoir nous diriger sous un ciel très clair, plein d'étoiles, avec un fond de lueurs d'incendies à l'horizon lointain. Nous marchons le plus souvent à travers champs, évitant les villages et les aboiements des chiens.

Je dois abandonner la tête de la troupe : je marche de plus en plus difficilement – toujours cette fichue jambe gauche – et suis retardé en outre par une crise de dysenterie... Bolek refuse de me laisser et m'attend. Il me soutient et me permet de rejoindre les trois autres qui ont pris quelques centaines de mètres d'avance mais se sont arrêtés pour se reposer à l'orée d'un bois. Cette halte nous permet – me permet en particulier – de reprendre un peu de vigueur. Nous tenons de nouveau conseil pour savoir si nous allons traverser le bois – nous sommes à l'amorce d'une percée qui semble aller dans notre direction – ou le contourner, ce qui sera certes plus long. Nous préférons voir autour de nous et adoptons la seconde solution. En reprenant notre marche, nous nous apercevons que nous nous sommes reposés au bas d'un poste de guet. Militaire ? Garde-chasse ? Peu importe, il est vide de locataire. Nous apprendrons ultérieurement que cette forêt avait servi de cantonnement à un bataillon de SS hongrois en déroute.

Nous nous dirigeons maintenant uniquement à la lueur de l'incendie dont nous ne savons d'ailleurs estimer avec précision ni l'importance ni la distance qui nous en sépare encore. Mais enfin, si ça brûle, c'est qu'on se bat, et si on se bat, c'est qu'il y a des troupes alliées… Cela dit, nous crevons de faim, de soif et de froid : nous trompons la faim et un peu la soif aux dépens d'un champ de poireaux. Le froid, quant à lui persiste.

(…)

Le jour se lève quand nous arrivons sur une crête dominant une petite vallée au fond de laquelle serpentent côte à côte un ruisseau et une voie de chemin de fer d'intérêt local. Nous sommes totalement épuisés.

Nous nous laissons tomber sur le sol. Nous entendons tonner le canon à une distance que nous estimons inférieure à dix kilomètres. Mais dix kilomètres c'est encore loin pour nous, et qui nous dit que ce sont bien des canons alliés, quoi qu'en dise un de nos camarades, sous-officier de carrière dans le civil ?

À trois cents mètres en contrebas, sur le ruisseau, il y a un bâtiment qui semble être un moulin, et dont la cheminée fume. Si nous pouvions nous y installer en attendant les Alliés, nous aurions un peu plus chaud. Je décide d'aller me rendre compte des possibilités par moi-même. J'achève de noircir les rayures primitivement blanches de mon pantalon avec de la terre et j'échange mon pull contre celui kaki de l'un des nôtres. M'appuyant sur un bâton, j'entreprends la descente. Au meunier – est-ce vraiment un meunier ? – je me présente comme un Kriegsgefangene[1] lâchement abandonné dans la nature

1. Prisonnier de guerre.

par des gardiens honteusement déserteurs, et ne sachant où aller. Je lui demande un asile provisoire pour moi et mes camarades. Il me le refuse – et me dissuade facilement d'insister – sous un prétexte que je considère comme parfaitement valable : «J'ai déjà, me dit-il, deux sections de la Wehrmacht chez moi. Alors plus de place pour personne.» Ce voisinage ne me paraissant pas des plus souhaitable, je retourne rendre compte à mes camarades. À ce moment nous entendons le bruit d'une mitrailleuse lourde, genre 13,2, à moins que ce ne soit celui d'un petit canon à répétition, genre 25 antichar du début de la guerre. Je ne peux plus faire un pas. La remontée m'a épuisé. Deux volontaires se présentent pour aller voir ce qui se passe, les deux autres n'ayant pas attendu pour s'endormir sur place. Les éclaireurs sont à peine hors de vue que j'entends des obus qui sifflent au-dessus de nos têtes… dans le bon sens. Je réveille les deux dormeurs, et sans attendre le retour de la patrouille, nous partons, cahin-caha en ce qui me concerne, la rejoindre. En fait nous n'avons pas loin à marcher : un village que nous n'avions pas vu apparaît dans un repli de terrain. Il semble désert. Une grange achève de brûler. Les bêtes errent à l'abandon.

Nous faisons prudemment le tour et pénétrons enfin par la rue principale – entrée ouest. Toujours personne. Au milieu de la route, une valise qui a visiblement été abandonnée par un fuyard. J'empêche un de mes camarades d'y toucher : gare aux mines ! Au cas particulier la précaution se révélera inutile : presque arrivés au cœur du village, nous voyons déboucher, dissimulé par un drapeau blanc de la taille d'un drap, un parlementaire nous apportant la reddition du village, et ce, au nom du bourgmestre, qui était prudemment resté à l'abri et avait envoyé… un Polonais !

Grands et magnanimes, nous acceptons cette reddition sans conditions. J'occupe le bureau du maire non sans offrir à ce dernier un cigare que je trouve dans un de ses tiroirs, je réquisitionne la mairesse… en qualité de cuisinière, signe tous les bons de réquisition que désire le maire, tant pour la nourriture que pour le logement, rassemble les quelques pétoires encore dans le village, et après que nous nous sommes tous restaurés, je pique une bonne sieste.

Quelques heures plus tard arrive une Jeep US à l'équipage de laquelle je remets moralement les clés de cette importante métropole saxonne qu'est le village de Gröblitz. Mon anglais étant fort rouillé à cette époque, pour autant qu'il ait jamais été bon, c'est en... polonais, grâce aux bons offices de l'un de mes camarades d'évasion, que se fit l'essentiel des échanges de vues avec les GI.

*

Voilà donc comment nous avons rejoint la 6th Armoured Division, 3rd Army, armée Patton.

Jacques Richard-Mounet.

29

Le rapatriement des «personnes déplacées»

Déporté à Buchenwald, puis évadé au cours d'une évacuation, Abel Farnoux rejoint les lignes américaines et devient officier du 5e bureau de commandement et de renseignement civil. Il a désormais pour mission d'aider au rapatriement des «personnes déplacées».

Mon colonel m'avait donné le commandement d'une petite ville de quelques milliers d'habitants.

Mon rôle consistait à trouver les moyens de rapatrier les personnes déplacées, civiles et militaires. La plupart venaient de l'Est. Pour moi, il s'agissait aussi de découvrir les faux rapatriés mais surtout d'apprendre où étaient les déportés restés en zone soviétique et organiser leur rapatriement. C'est ainsi que j'appris l'existence de divers camps de concentration non connus, dont l'un à Litomerice, de l'autre côté de l'Elbe par rapport au fameux camp de Terezin en Tchécoslovaquie, en zone soviétique. Y avait-il à Litomerice des déportés français? Des déportés résistants? Or un des noms donnés correspondait bien à celui d'une déportée résistante dont je connaissais l'existence. Les autorités américaines interdisaient à tout membre de l'armée américaine, dont je faisais partie, de se rendre en zone soviétique. J'ai fini par aller avec mon uniforme de lieutenant américain, en infraction aux ordres américains, à Litomerice où j'ai appris par des Tchèques la situation catastrophique du camp de Terezin.

J'ai demandé où se trouvait la déportée que je connaissais. On m'a dit qu'elle était intransportable en l'état. J'ai alors demandé au médecin belge déporté qui assumait la responsabilité du camp quels étaient les déportés résistants français suffisamment valides pour partir avec moi. C'était non seulement pour les rapatrier, mais pour qu'ils témoignent le plus rapidement possible pour pouvoir accélérer le rapatriement des déportés de la zone soviétique. Et c'est ainsi que j'ai ramené en zone américaine Yvette, devenue plus tard mon épouse, sa belle-sœur, une jeune amie qu'elles protégeaient et Paul Colette (l'homme qui avait tiré sur Laval). Près de deux cents kilomètres de tournants de montagne, quelques coups de feu de SS isolés, avant de déboucher sur la plaine de Chemnitz et ses troupeaux de chevaux. J'ai laissé nos quatre déportés en zone américaine, le 21 mai à 2 heures du matin. Sur mon bureau, j'ai trouvé un ordre : «*Rendre compte immédiatement.*» Je suis allé chez le colonel qui m'a dit : «Vous partez tout à l'heure à Paris. Vous ne faites plus partie de l'armée américaine. Prenez les vêtements civils que voici.» Une fois que je fus en civil le colonel m'a serré la main en disant : «Je vous félicite, bonne chance.»

Abel Farnoux.

30
Hommage à Maurice Thiriat [1]

Quand, par une impérieuse nécessité, fut créé le journal *Le Déporté* et que Maurice Thiriart en prit la direction, une grande confusion régnait chez tous les survivants des camps de concentration. Il n'existait ni carte de « déportés résistants » et de « déportés politiques », ni aucun des textes législatifs conférant à la déportation sa spécificité. Non seulement les prisonniers de guerre et les STO étaient englobés avec les déportés sous l'appellation vague de « rapatriés », mais la plupart des rescapés ne connaissaient que le camp où ils avaient été détenus ; ignorant jusqu'au nom même des autres grands camps. Les veuves, les enfants, les familles de ceux qui n'étaient pas revenus étaient à la recherche de témoignages et se sentaient complètement désemparés devant la complexité des formalités administratives. Mais surtout aucun lien, aucune tribune apolitique ne permettait aux déportés de se regrouper et de faire entendre leur voix. (...)

Pour que le phénomène concentrationnaire ne se trouvât pas, dès l'origine, romancé ou accaparé à des fins politiques, il était indispensable qu'un journal indépendant et libre exprimât les thèses respectives des diverses familles spirituelles de la Résistance et soutînt les intérêts des ayants droit. Tel fut précisément le but que Maurice Thiriart assigna au journal de l'Union des associations de déportés, internés et familles. (...)

1. Extrait d'un article paru dans *Le Déporté*, n° 295, mai-juin 1973, intitulé « Vingt années de journalisme consacrées à la déportation ».

Et dans un éditorial daté de 1953, il précisait : «*Nous avons recherché à ce que* Le Déporté *soit pour vous un guide, un conseiller pour tout ce qui concerne vos droits, un informateur. Nous avons pensé que nous ne devions pas nous cantonner dans un organe purement revendicatif (...)*»

Car Maurice Thiriart ne limitait nullement ses efforts à la défense des droits des déportés. Il me l'a souvent rappelé au cours de notre longue collaboration. C'est ainsi qu'il écrivait, en 1954 : «*Notre journal n'est pas seulement un organe de liaison entre nos camarades disséminés (...) mais aussi de lutte pour une humanité meilleure (...)*»

Le jugement de l'Histoire

On peut dire que du premier appel dans *Le Déporté* jusqu'à son dernier éditorial, moins de quinze jours avant sa mort, il est resté obsédé par le devoir que nous avions de laisser un témoignage exemplaire du drame que nous avions vécu. «*Bientôt, n'en doutons pas, la grande misère de la déportation sera devenue aussi mythique que les persécutions des guerres de religion ou de l'Inquisition*», écrivait-il aux heures de découragement. Mais il se reprenait vite, prenant prétexte de tout, d'un anniversaire, d'une cérémonie ou comme ici d'un livre de François Mauriac contre la torture : « *(...) Ainsi ceux qui périrent dans les camps (...) ne seront pas morts pour rien et nous, les survivants du plus atroce des avilissements, nous serons à vos côtés pour aider à instituer un idéal de vie aux génération futures, afin qu'elles soient les concentrationnaires du Bien et du Beau comme nous le fûmes de l'ignoble et de la souffrance (...)*»

Sans cesse, il rappelait... qu'«*il est des leçons d'un passé, d'un passé assez récent puisque nous l'avons vécu, que nous ne saurions oublier sans dommage pour l'éducation de notre jeunesse*». En avril 1965, pour l'anniversaire de la libération des camps, il écrivait noblement : «*Vingt années n'ont pu tisser le linceul de l'oubli et les survivants parlent aujourd'hui. Ils parlent d'un monde qu'ils ont connu et que l'imagination la plus malfaisante ne laissait pas deviner (...) La Résistance sur la terre de France, qui avait cessé pour ceux qui avaient été jetés dans ce néant, changeait de forme : elle devenait une lutte pour l'esprit. Nous témoignons que, dans la société concentrationnaire qui condamnait la société qui l'avait créée, l'esprit vécut.*»

C'est pourquoi il attachait tant de prix aux monuments de la déportation, tel celui du Struthof à l'érection duquel l'UNADIF et la FNDIR ont tant contribué : «*Le Struthof est le douloureux symbole de l'histoire de la Résistance et de la Déportation; c'est le message permanent, transmis aux générations futures, des survivants à leurs morts (...) Ceux qui ont survécu au crime le plus atroce des génocides en sont les héritiers spirituels (...)*»

Défense de notre titre

Mais pour que l'Histoire ne confonde pas, plus tard, les déportés et les déplacements de populations inhérents à toute guerre mondiale, encore fallait-il que la terminologie «déporté» et «déportation» fût strictement limitative. «*Il ne s'agit ni de brimer, ni de nier l'existence des STO. Ils ont eu leurs souffrances, leurs morts (...) mais sans commune mesure avec les chiffres terrifiants des déportés (...) Nous continuerons à nous battre pour garder notre petit titre de rien du tout, tragique et atroce monopole que la Nation se doit de nous laisser.*»

Nous, les anciens déportés

Maurice Thiriart se faisait une conception sévère des obligations des anciens déportés, pour continuer à soutenir l'idéal qu'ils avaient défendu. Aucune occasion ne lui manquait pour le rappeler et il entrait carrément lui-même dans la lutte. Par exemple quand le maréchal Juin préfaça un livre hostile à la Résistance et à la Déportation : «*C'est avec une grande tristesse, et pour beaucoup d'entre nous une vive colère, que nous avons vu associer deux noms, le vôtre et celui du diffamateur qui a été condamné le 11 novembre 1951 à huit jours d'emprisonnement pour outrage et diffamation envers la Fédération nationale des déportés et internés de la Résistance.*»

Ou bien quand David Rousset entreprit sa campagne contre les camps de concentration en Union soviétique : «*Tant qu'il reste un homme ou une femme derrière les barbelés soviétiques, tant que des êtres qui ont un visage humain et un cœur comme nous sont voués à l'esclavage (...) nous les anciens déportés qui avons vécu dans notre chair l'amertume et la désespérance concentrationnaires, nous ne nous lasserons jamais de crier à la face du monde notre indignation devant cette nouvelle tentative d'extermination (...)*»

L'Europe unie

Notre ami était profondément convaincu de la nécessité de faire l'Europe. Il ne cessait de regretter que jadis les cités grecques n'eussent pas su se fondre dans une vaste fédération hellénique qui aurait aisément pu s'opposer aux Macédoniens, puis à Rome. D'où son adhésion entière à l'Union des Résistants pour une Europe unie (URPE). Dès 1962, il écrivait : «*Nous posons la question à nos camarades lecteurs du* Déporté. *En effet, notre journal n'est-il pas l'organe par excellence qui prête sa voix aux revendications d'une catégorie de victimes de la barbarie nazie, qui auraient les plus grandes raisons de se montrer irréconciliables ? Les charniers, les camps de la mort et les atrocités que des millions d'êtres ont subies ne doivent pas s'estomper dans un oubli qui serait criminel, mais ceux qui sont revenus de cette géhenne sont en droit d'attendre que les fils de nos persécuteurs ne retombent pas dans les errements monstrueux et venimeux d'un régime imposé à leurs pères. Mais pour cela il faut leur montrer l'atroce image du passé en les invitant à construire avec eux un avenir de paix dans la liberté. Il faut que la nouvelle Allemagne apprenne à nous comprendre (...)*»

Dans de nombreuses chroniques, il soutenait ces thèses européennes qui lui tenaient tant à cœur : «*Il est nécessaire de penser le problème du point de vue de la jeunesse, une jeunesse qui va éclore au sein de cette future collaboration humaine qui s'appelle l'Europe unie.*»

Élargissant le rôle qu'il assignait à notre fédération, il proposait : «*L'UNADIF peut être le système de référence par excellence pour un vaste rendez-vous de la jeunesse qui a déjà pris conscience, aussi bien en Allemagne qu'en France, de l'inutilité des conflits nationaux qui amènent qu'un cortège de ruines et de malheur (...) La jeunesse franco-allemande a une mission à remplir (...) autour d'elle pourront se grouper toutes les forces vives des nations européennes (...) Un vainqueur militaire n'effacera jamais un Debussy, un Descartes, pas plus qu'un Beethoven ou un Kant n'ont été détruits par un bombardement aérien (...)*»

L'URPE, affirmait-il, «*a une mission sacrée à remplir*» et il conviait tous les anciens résistants à «*travailler à l'avènement d'une Europe unie qui serait la patrie d'hommes libres et dégagés de tous préjugés raciaux, nationalistes ou autres*».

Maurice Braun.

31

Ratification de la Convention franco-allemande sur le jugement des criminels de guerre nazis

Le 20 février 1971, René Clavel, président de l'Union nationale des déportés, internés et victimes de guerre (UNDIVG), arrivait à Bonn, pour assister, comme représentant des déportés, internés et Résistants de France, aux débats de ratification, par le Bundesrat, de la Convention franco-allemande du 2 février 1971, sur le jugement des criminels de guerre nazis.

Le 21 février, à 11 heures 30, accompagné du chef de cabinet de l'ambassadeur de France à Bonn, il se rendait au Bundesrat où il était reçu très protocolairement par le Président et la Chambre du Sénat.

Par mesure de courtoisie, le Président du Sénat demandait et obtenait, à la fin du débat sur le point 4 de l'ordre du jour, qu'il soit passé immédiatement à la discussion de l'article 17 ayant trait à la ratification.

À 12 heures 15, le projet de texte de ratification était présenté par le ministre de la Justice.

Mis aux voix, il était adopté par les représentants des onze Länder, à l'unanimité.

32

En Indochine aussi !

Atrocités japonaises à Hanoi

Les arrestations opérées pour des motifs divers : infraction aux ordres de l'autorité japonaise interdisant la réunion de plus de trois personnes sur la voie publique; appartenance aux services de police de sûreté; fonction de censeur au contrôle postal; rédaction de tracts; rafle de police; propagande et pronostics sur l'issue de la guerre en Asie, rébellion contre l'armée japonaise; responsabilité dans l'évasion de trois Chinois; complicité avec le Viêt-minh; incident grave provoqué par le personnel annamite de la Trésorerie générale; dénonciations calomnieuses adressées par des Indochinois à la gendarmerie japonaise; fonctionnaires du service radioélectrique accusés d'avoir guidé des avions américains lors du bombardement de l'état-major japonais de Saigon; détention d'armes et de postes émetteurs de radio, ou demeurés inconnus des intéressés eux-mêmes) se décomposant comme suit : 21 hommes, 12 femmes écroués à la Shell; 96 hommes, 8 femmes écroués à la Sûreté.

Quinze Français ont succombé aux horribles traitements auxquels ils ont été soumis. Certains sont morts dans leur cellule sans avoir reçu aucun soin malgré leurs demandes réitérées et celles de l'hôpital où ils ont expiré quelques heures ou quelques jours après; enfin, d'autres sont morts peu de temps après leur libération.

Régime intérieur

Le régime intérieur réglant la vie des détenus dans les prisons improvisées par les Nippons était ainsi établi :

Locaux de détention : cellule, cage de trois mètres sur trois, entourée de barreaux de bois. Les détenus couchant sur le plancher surélevé, recouvert de nattes sales et déchirées. Places normales : six personnes, alors que de seize à vingt détenus y sont entassés. Une couverture remplie de poux et de punaises est délivrée le soir puis retirée le matin.

Promiscuité avec de nombreux Indochinois détenus de droit commun (vols, meurtres, etc.) couverts de vermine et de plaies purulentes (lépreux, syphilitiques, etc.).

Alimentation : trois boules de riz salé par jour pesant environ et ensemble de 200 à 250 grammes.

Hygiène : impossibilité de faire la moindre toilette, de changer de linge, pas de savon, pas de serviette, interdiction de détenir le plus ordinaire objet de toilette, pas de papier hygiénique ni même ordinaire.

Les cellules, pas plus que les lieux communs, ne sont jamais balayés ni lavés.

Pas de moustiquaire. La lumière du jour n'arrive pas aux cellules qui sont constamment éclairées à l'électricité.

État sanitaire : rétention d'urine marquée et généralisée allant jusqu'à douze jours, faute de boisson. Constipation opiniâtre allant de quinze à vingt-huit jours, généralisée et génératrice de troubles graves.

Aucun soin médical n'est donné, pas plus qu'il n'est distribué de médicaments en dépit d'un état sanitaire déplorable qui s'aggrave chaque jour, et ce, malgré les demandes et plaintes réitérées présentées par les détenus. Ceux-ci sont dévorés par la vermine (poux, punaises, puces, moustiques).

Le typhus s'installe et fait des victimes. Les plaies et blessures graves, conséquences des brutalités endurées soit par application du régime intérieur, soit, le plus souvent, au cours des interrogatoires, ne sont jamais soignées, s'infectent et s'aggravent singulièrement.

Les malades à l'état chronique porteurs des médicaments convenant à leur traitement en sont dépouillés au moment de leur incarcération. En pleine crise, ils réclament ces produits qui leur sont refusés et ils en meurent (cas d'un diabétique).

Les cas de gale, béri-béri, les affections cardiaques et fébriles se multiplient, l'amaigrissement en peu de semaines varie de 10 à 40 kilogrammes.

Discipline intérieure : de 6 heures du matin à 20 heures, la position assise en tailleur (jambes et bras croisés) est obligatoire. La nuit, la position allongée sans bouger est obligatoire bien que chaque détenu dispose de moins d'un mètre carré.

Interdictions : de s'appuyer au mur ou aux barreaux, de parler, de bouger, de recevoir de l'extérieur des moustiquaires, des produits anti-moustiques, du linge de rechange, des médicaments, des aliments et même des nouvelles des familles – à plus forte raison d'en donner –, de détenir du matériel de table (bols, etc.). On mange avec ses doigts, la boule de riz est placée dans un mouchoir ou dans la main, tout le monde (les malades contagieux compris) boit dans le même bol qui est retiré sitôt après usage.

Toute infraction, même légère, aux règles ci-dessus, est très brutalement réprimée (gifles, coups de poing, coups de pied, coups de crosse et de matraque sur la tête également). Les infractions à des interdictions non formulées n'en sont pas moins rigoureusement sanctionnées, parfois même par des violences poussées au dernier degré (nombreux coups de pied dans les partie les plus sensibles du corps avec un acharnement sauvage, prises de jiu-jitsu avec piétinement du ventre, du visage et des parties sensibles lorsque la victime est à terre – cette opération est quelquefois répétée dix, quinze, vingt et trente fois, jusqu'à ce que le patient tombe en syncope.

Les cellules sont ouvertes deux à trois fois par jour, selon l'humeur fantaisiste des sentinelles, aux détenus, pour leur permettre de se rendre aux w-c. (…)

Interrogatoires

Les interrogatoires sont conduits dans la plupart des cas avec une sauvagerie inqualifiable. Des interprètes annamites ou chinois, incapables et souvent hostiles aux Français, sont utilisés par les Nippons. Il en résulte que ceux-ci peu patients à l'ordinaire, sont exaspérés par l'incohérence des réponses et frappent, torturent honteusement, sans raison bien souvent.

La cruauté des interrogateurs n'en demeure pas moins réelle et voici une liste qui fait ressortir, d'une part, la nature des brutalités ou supplices infligés dans l'ordre de gravité : gifles; coups de poing; coups de pied; coups de bambou (simple); matraquage; coups de rotin; de cravache; de planche sur le visage; de ceinturon; de fusil d'exercice d'escrime; de manche de pioche; de crosse de fusil; de plat de sabre ou de baïonnette; de bambou lesté d'acier et de plomb.

Mise à genoux sur du sable, une barre sur les jarrets avec un crayon inséré en coin entre les doigts liés ensemble.

Tréteau (le supplice du «tréteau» consiste à faire agenouiller le patient sur deux lattis à arêtes vives et à lui placer ensuite une barre sur les jarrets pendant que deux Japonais montent sur les extrémités de la barre).

Allumettes taillées en pointe insérées sous les ongles et allumées ensuite.

Corps et visage piétinés.

Séance de jiu-jitsu.

Magnéto (courant à haute fréquence).

Suspension par les bras attachés derrière le dos avec balancement du corps dans cette position durant des heures, et des coups de cravache scandant les balancements.

Torsion des parties sexuelles.

Supplice de l'eau.

Attaché à un arbre durant six jours sans boire ni manger, ni dormir.

Brûlures de cigarette sur le corps.

Les brutalités et tortures ci-dessus ont été endurées au cours des interrogatoires et sont tout à fait indépendantes de celles qui étaient largement pratiquées dans l'application du régime intérieur décrit d'autre part[1].

1. Extrait de *Crimes japonais après le 9 mars 1945*, Saigon, Imprimerie française d'Outre-Mer. Voir articles dans *Le Déporté*, n° 499 (mai 1996), n° 501 (octobre 1996), n° 502 (décembre 1996), n° 503 (février 1997).

33

Combien de déportés de France[1] ?

Il fut longtemps très difficile d'aboutir à un chiffre précis, mais l'Institut d'histoire du temps présent, avec les services du ministère des Anciens Combattants, a pu approcher la vérité, c'est-à-dire le chiffre global de 141 000 déportés :

– 75 000 pour des raisons raciales (2 500 survivants en 1945).

– 66 000 pour des raisons diverses dont 42 000 pour faits de résistance (23 000 survivants en 1945).

1. FNDIR-UNADIF, *Leçons de ténèbres*, Plon, 1995.

Table

ANNEXES

Composition : In Folio, Paris.

Achevé d'imprimer en décembre 1997
sur presse Cameron
dans les ateliers de
Bussière Camedan Imprimeries
à Saint-Amand-Montrond (Cher)
pour le compte des Éditions Stock
23 rue du Sommerard, 75005 Paris

Imprimé en France

Dépôt légal : décembre 1997.
N° d'Édition : 6774. N° d'Impression : 4/1344.
54-07-4734-02/7

ISBN 2-234-04734-X